U0143272

名家通识讲座书系

# 西方哲学
# 十五讲

□ 张志伟 著

北京大学出版社
PEKING UNIVERSITY PRESS

**图书在版编目（CIP）数据**

西方哲学十五讲 / 张志伟著. —北京：北京大学出版社，2004.3
（名家通识讲座书系）
ISBN 978-7-301-06868-7

Ⅰ. ①西…　Ⅱ. ①张…　Ⅲ. ①哲学－西方国家－高等学校－教材
Ⅳ. ①B5

中国版本图书馆 CIP 数据核字（2003）第 121610 号

| | |
|---|---|
| 书　　　名 | 西方哲学十五讲 |
| | XIFANG ZHEXUE SHIWUJIANG |
| 著作责任者 | 张志伟　著 |
| 责 任 编 辑 | 王立刚 |
| 标 准 书 号 | ISBN 978-7-301-06868-7 |
| 出 版 发 行 | 北京大学出版社 |
| 地　　　址 | 北京市海淀区成府路 205 号　　100871 |
| 网　　　址 | http://www.pup.cn　新浪微博：@北京大学出版社 |
| 电 子 邮 箱 | zpup@pup.cn |
| 电　　　话 | 邮购部 010-62752015　发行部 010-62750672 |
| | 编辑部 010-62752728 |
| 印 刷 者 | 三河市北燕印装有限公司 |
| 经 销 者 | 新华书店 |
| | 730 毫米×1020 毫米　16 开本　24.5 印张　420 千字 |
| | 2004 年 3 月第 1 版　2023 年 10 月第 29 次印刷 |
| 定　　　价 | 49.00 元 |

# 《名家通识讲座书系》
# 编审委员会

# 《名家通识讲座书系》总序

## 本书系编审委员会

　　《名家通识讲座书系》是由北京大学发起,全国十多所重点大学和一些科研单位协作编写的一套大型多学科普及读物。全套书系计划出版 100 种,涵盖文、史、哲、艺术、社会科学、自然科学等各个主要学科领域,第一、二批近 50 种将在 2004 年内出齐。北京大学校长许智宏院士出任这套书系的编审委员会主任,北大中文系主任温儒敏教授任执行主编,来自全国一大批各学科领域的权威专家主持各书的撰写。到目前为止,这是同类普及性读物和教材中学科覆盖面最广、规模最大、编撰阵容最强的丛书之一。

　　本书系的定位是"通识",是高品位的学科普及读物,能够满足社会上各类读者获取知识与提高素养的要求,同时也是配合高校推进素质教育而设计的讲座类书系,可以作为大学本科生通识课(通选课)的教材和课外读物。

　　素质教育正在成为当今大学教育和社会公民教育的趋势。为培养学生健全的人格,拓展与完善学生的知识结构,造就更多有创新潜能的复合型人才,目前全国许多大学都在调整课程,推行学分制改革,改变本科教学以往比较单纯的专业培养模式。多数大学的本科教学计划中,都已经规定和设计了通识课(通选课)的内容和学分比例,要求学生在完成本专业课程之外,选修一定比例的外专业课程,包括供全校选修的通识课(通选课)。但是,从调查的情况看,许多学校虽然在努力建设通识课,也还存在一些困难和问题:主要是缺少统一的规划,到底应当有哪些基本的通识课,可能通盘考虑不够;课程不正规,往往因人设课;课量不足,学生缺少选择的空间;更普遍的问题是,很少有真正适合通识课教学的教材,有时只好用专业课教材替代,影响了教学效果。一般来说,综合性大学这方面情况稍好,其他普通的大学,特别是理、工、医、农类学校因为相对缺少这方面的教学资源,加上很少有可供选择的教材,开设通识课的困难就更大。

　　这些年来,各地也陆续出版过一些面向素质教育的丛书或教材,但无论数量还是质量,都还远远不能满足需要。到底应当如何建设好通识课,使之能真正纳入正常的教学系统,并达到较好的教学效果?这是许多学校师生普遍关心的问题。从 2000 年开始，由北大中文系主任温儒敏教授发起，联合了本校和一些兄弟院校的老师，经过广泛的调查，并征求许多院校通识课主讲教师的意见，提出要策划一套大型的多学科的青年普及读物，同时又是大学素质教育通识课系列教材。这项建议得到北京大学校长许智宏院士的支持，并由他牵头，组成了一个在学术界和教育界都有相当影响力的编审委员会，实际上也就是有效地联合了许多重点大学，协力同心来做成这套大型的书系。北京大学出版社历来以出版高质量的大学教科书闻名，由北大出版社承担这样一套多学科的大型书系的出版任务，也顺理成章。

编写出版这套书的目标是明确的，那就是：充分整合和利用全国各相关学科的教学资源，通过本书系的编写、出版和推广，将素质教育的理念贯彻到通识课知识体系和教学方式中，使这一类课程的学科搭配结构更合理，更正规，更具有系统性和开放性，从而也更方便全国各大学设计和安排这一类课程。

2001 年底，本书系的第一批课题确定。选题的确定，主要是考虑大学生素质教育和知识结构的需要，也参考了一些重点大学的相关课程安排。课题的酝酿和作者的聘请反复征求过各学科专家以及教育部各学科教学指导委员会的意见，并直接得到许多大学和科研机构的支持。第一批选题的作者当中，有一部分就是由各大学推荐的，他们已经在所属学校成功地开设过相关的通识课程。令人感动的是，虽然受聘的作者大都是各学科领域的顶尖学者，不少还是学科带头人，科研与教学工作本来就很忙，但多数作者还是非常乐于接受聘请，宁可先放下其他工作，也要挤时间保证这套书的完成。学者们如此关心和积极参与素质教育之大业，应当对他们表示崇高的敬意。

本书系的内容设计充分照顾到社会上一般青年读者的阅读选择，适合自学；同时又能满足大学通识课教学的需要。每一种书都有一定的知识系统，有相对独立的学科范围和专业性，但又不同于专业教科书，不是专业课的压缩或简化。重要的是能适合本专业之外的一般大学生和读者，深入浅出地传授相关学科的知识，扩展学术的胸襟和眼光，进而增进学生的人格素养。本书系每一种选题都在努力做到入乎其内，出乎其外，把学问真正做活了，并能加以普及，因此对这套书作者的要求很高。我们所邀请的大都是那些真正有学术建树，有良好的教学经验，又能将学问深入浅出地传送出来的重量级学者，是请"大家"来讲"通识"，所以命名为《名家通识讲座书系》。其意图就是精选名校名牌课程，实现大学教学资源共享，让更多的学子能够通过这套书，亲炙名家名师课堂。

本书系由不同的作者撰写，这些作者有不同的治学风格，但又都有共同的追求，既注意知识的相对稳定性，重点突出，通俗易懂，又能适当接触学科前沿，引发跨学科的思考和学习的兴趣。

本书系大都采用学术讲座的风格,有意保留讲课的口气和生动的文风,有"讲"的现场感,比较亲切、有趣。

本书系的拟想读者主要是青年,适合社会上一般读者作为提高文化素养的普及性读物;如果用作大学通识课教材,教员上课时可以参照其框架和基本内容,再加补充发挥;或者预先指定学生阅读某些章节,上课时组织学生讨论;也可以把本书系作为参考教材。

本书系每一本都是"十五讲",主要是要求在较少的篇幅内讲清楚某一学科领域的通识,而选为教材,十五讲又正好讲一个学期,符合一般通识课的课时要求。同时这也有意形成一种系列出版物的鲜明特色,一个图书品牌。

我们希望这套书的出版既能满足社会上读者的需要,又能够有效地促进全国各大学的素质教育和通识课的建设,从而联合更多学界同仁,一起来努力营造一项宏大的文化教育工程。

# 目　录

# 智慧的痛苦

什么是哲学

智慧的痛苦

问题与对话

　　人们通常将世界上的哲学形态分为三种主要类型：西方哲学、中国哲学和印度哲学。不过，按照"哲学"这个概念的起源和比较严格的意义，哲学就是西方哲学。当我们说"哲学就是西方哲学"的时候，并不包含任何孰高孰低的价值评判，只是在明确一个历史事实。如果从世界范围来考察各种哲学形态，我们倾向于使用"思想"这个更为基本更为宽泛的概念。西方、中国、印度以及全世界的各个民族都有作为其文化精神和最高的意识形态的"思想"，"哲学"则是西方思想所采取的特殊形式，虽然这一形式的确产生了世界性的广泛影响。当然，从广义上将西方思想、中国思想和印度思想统统叫做"哲学"也未尝不可，但是一定要清楚，它们实际上是三种不同类型的哲学。因此，所谓"西方哲学"中虽然有"西方"二字，但却不是一个严格意义上的地域或空间概念，而是指一种不同于中国思想和印度思想的思想形态。实际上，作为西方哲学两大源头的希腊哲学和基督教思想，都起源于世界的东方。

　　那么，哲学或者说西方哲学有什么不同寻常的特点呢？这不是三言两语能够说清楚的，我们准备通过《西方哲学十五讲》来试着回答这个问题。

　　在我们这个时代，人们对哲学或者敬而远之，或者不屑一顾。当一位以哲学为职业的人需要自我介绍的时候,他经常会感到很尴尬,似乎以哲学为职业是一件令人难堪的事,至少不那么理直气壮。别人看他的眼神,就好像在看一件出土文物或者活的化石标本。为什么会这样?原因是多方面的,在很多情况下是出于人们对哲学的误解,不过说到底,主要的责任还是在我们这些所谓研究哲学的人身上,我们没有把哲学讲清楚。另一方面,哲学与意识形态的关系太密切了,以至于一说到哲学问题,几乎就变成了政治问题,人们只好三缄其口。改革开放以前,极左思潮、教条主义泛滥,直到今天还在影响着我们的头脑,有许多人为设置的禁区,甚至是我们自己给自己设置的禁区。这与哲学的本性是相悖的:哲学是自由思想,条条框框的限制不可能出哲学家,这也就是为什么我们现在没有真正意义上的哲学家的主要原因之一。

所以,我们这第一讲首先需要为哲学"正名",与大家讨论哲学是什么。

有人可能皱眉头:"哲学是什么"这样的问题也值得讨论吗?对于任何一门学科来说,"是什么"亦即定义总是最基本的问题,我们还需要讨论这样"小儿科"的问题吗?!我认为有这个必要。在某种意义上说,哲学所有的意味都包含在"哲学是什么"这个问题之中了,对哲学的一切误解也都是由于没有搞清楚"哲学是什么"。显然,这个问题是哲学中最基本的问题,不幸的是,也是最艰难的问题。难到什么程度?难到了直到今天尚未有结论的程度。这话听起来似乎有点儿不可思议:一门有着二千六百多年历史的学科,竟然直到今天还不知道自己"是什么"!

事实就是如此。

当然,这并不是说哲学家们没有给哲学下定义,并不是说没有人对这个问题给出自己的答案。问题在于,有多少哲学家就有多少种关于哲学的定义,而且相互之间从来没有达到过起码的共识。不仅如此,在哲学领域中,几乎所有的问题、概念、理论学说和体系都处在"众说纷纭莫衷一是"的境地,套用近代英国哲学家霍布斯的一句话,哲学简直就是"一切人反对一切人的战场"。

由此可见,"哲学是什么"的问题的确是一个问题。

在讨论"哲学是什么"这个问题之前,先让我们看一看人们关于哲学所持的一些成见。

首先,有人认为"哲学是科学"。我们关于科学的观念,基本上还停留在十八九世纪,那就是将科学看做是绝对真理的典型。在我们的日常语言中,经常会听到"你这样说有科学根据吗"、"你的理论不够科学"、"要讲科学"等等诸如此类的话,意思是说要讲道理,要有逻辑,要能够放之四海而皆准,要有普遍必然性即真理性。虽然 20 世纪以来,西方人关于科学的观念发生了很大的变化,他们认识到作为绝对真理的科学是不存在的,但是崇尚科学的精神并没有变。于是,人们通常总是用衡量科学的标准来衡量哲学。哲学不具有任何科学的基本特征,因而哲学不是科学,这是批评哲学的人的一件百试不爽的致命武器。而维护哲学的人则千方百计试图证明哲学是科学,哲学将是科学,哲学至少在理论上是科学。我们必须承认,哲学的确不具有科学知识的基本特征,因而它不是像自然科学那样的科学知识。不过,哲学不是科学并不意味着它就没有存在的意义和价值了。恰恰相反,哲学不是科学,正是其存在的意义和价值所在。

其次,有人认为"哲学是让人聪明而有智慧的学问"。显然,没有学过哲学的人并不一定就不聪明,学过哲学的人也并不一定就有智慧。实际上与通常的观点正好相反,按照哲学的本性而论,哲学不是让人有智慧,而是让人知道自己没有智慧因而去追求和热爱智慧的学问。不仅如此,事实上自有哲学以来,哲学家们几乎在所有的哲学问题上都是"众说纷纭莫衷一是",而且越是争论就越是争论不清,因而哲学非但没有让人聪明,反而越来越使人糊涂了。哲学家们争论来争论去,不但争不出个结果来,甚至越追问越争论问题就越多了。有人可能会对此嗤之以鼻:"世上本无事,庸人自扰之"。的确,哲学问题并不是世界本身产生出来的问题,而是人产生出来的问题,不过它们并不是哲学家闲极无聊制造出来显示自己智力的东西,其实都来源于我们的日常生活。在日常生活中许多事情可能是自明的,在哲学家看来却大有问题,例如"我是谁"的问题。成龙有一部电影叫做《我是谁》,主角因为大脑受到伤害,失去了记忆,结果不知道自己是谁了。看起来我们都知道"我是谁",然而"我"在哪里呢?"我"究竟是心灵还是身体,抑或是心灵与身体的统一?心灵在成熟,身体也在生长,这是不是说"我"也始终在变化呢?如果"我"是变动不居的,"我"与"我"自己有没有同一性呢?……只一个"我"就可以问出一大堆问题来。实际上,日常生活中许多看上去不证自明的东西都是经不起追问和推敲的。

最后,还有一种见解认为"哲学是讲道理的学问"。这话固然不错,但也要看对"讲道理"怎样理解。不只是哲学,实际上所有的科学都是讲"道理"的学问。当然我们也可以说,相对于其他学科,哲学是讲"大道理"的学问。于是,按照"小道理"服从"中道理","中道理"服从"大道理"的推论,哲学应该是一切科学的科学,许多人的确按照这个思路,把哲学看做是所有科学知识的概括和总结。这些都是理论上的推论,实际情况却不是这样。这基本上是 20 世纪以前传统哲学的观点,20 世纪以后的哲学家们早已经不这样看待哲学了。例如,我们把辩证法看做是宇宙万物普遍的规律和法则,也是我们论证说理的工具,然而却经常会听到人们嘲笑辩证法是"变戏法"。由于我们的误解和教条化,使得这同一套方法,在任何时候任何情况下,甚至对于相互冲突相互矛盾的事物,都可以说得通,都能够言之有理。显然,正如世界上不存在包治百病的灵丹妙药一样,也没有总是有理的道理。如果真有这样的道理,它一定是没有道理的。所以,我们更倾向于把哲学看做是"分析"道理的学问。

关于哲学的成见还有很多,我们就不一一列举了。还是让我们从根本上来解决问题,问一问:什么是哲学?

# 一　什么是哲学

什么是哲学?这个问题看上去很容易,实际上是很难的。通常数学家们或者物理学家们不会在诸如"数学是什么"或者"物理学是什么"这样的问题上纠缠不休,哲学家们就不同了,恐怕有多少哲学家就有多少哲学的定义。为了避免在毫无准备的情况下陷入哲学家们的争论而迷失方向,我们先来看一看哲学这个概念的来源,或许对问题的解决有一些帮助。

我们随便翻开一本词典就会看到,哲学这个概念源于希腊语 philosophia,由 philos 和 sophia 组合而成,意思是"爱智慧"。一般说来,但凡知道哲学的人都知道这个意思。然而,在这个人人皆知的词源背后所蕴含的深意却并不是人人都了解的。为什么哲学通常被看做是"智慧"的同义语,而其本义却不是"智慧"而是"爱智慧"呢?因为"智慧"之为"智慧"并不是"小聪明",也不是一般所说的"明智",它指的是宇宙自然之最深邃最根本的奥秘,标志的是一个至高无上、永恒无限的理想境界。所以古希腊著名哲学家柏拉图才会说,智慧这个词太大了,它只适合神而不适合人,我们人只能爱智慧。由此可见,真正意义上的智慧与通常所说的知识是不同的:知识或者科学知识是我们认识世界改造世界的工具和手段,它们通常都具有功利性或有用性,而人追求和热爱智慧却没有别的目的而只是为了智慧本身,正如亚里士多德所说,虽然一切科学都比哲学更有用,但是惟有哲学是真正自由的学问。换言之,哲学家原本或者应该是最谦虚的人,他们知道人至多只能爱智慧而不可能占有智慧,因为人生有限而智慧是无限的,而且这种无限的理想境界属于"绝对的无限",甚至不可能依靠人类的无限延续来实现,更何况人类能否无限延续下去也是成问题的。不幸的是,哲学家的"野心"逐渐膨胀,越来越大,即使古往今来的帝王将相都无法与之同日而语。帝王将相们的野心至多也就是称霸全世界,哲学家的理想却是要发现和破解整个宇宙的奥秘。所以,他们实在不甘心只是爱智慧。与此同时,自然科学的进步和发展亦给予了哲学家以很大的鼓舞:既然自然科学可以成为普遍必然的真理性知识,那么作为一切科学的基础的哲学当然也不例外,而且更应该成为真理性的知识。于是,使哲学从"智慧之爱"变成"智慧之学"就成了哲学家们千方百计企图实现的梦想,虽然这个梦想因为违背了哲学的本性而注定是不可能实现的。

我们还可以通过哲学与科学和宗教之间的关系来对比哲学的本性。

科学或自然科学是我们认识世界和改造世界的工具和手段,作为人类认识能力的产物,它以理性为基础,其成果表现为具有一定的普遍必然性的知识和实用性的技术。宗教所依靠的不是理性而是信仰,它们产生于人类精神的"终极关怀",亦即对宇宙的真实存在和终极奥秘以及包括人自己在内的所有存在物的来源、归宿和实在性的关怀或牵挂,因而宗教的对象是具有永恒无限之特征的超验的和理想性的存在,对于这样的对象是不可能通过认识来把握的,所以只能信仰。在某种意义上说,哲学居于科学与宗教之间:一方面它像科学一样属于理论思维,因而从根子上总是诉诸理性,另一方面它又像宗教一样起源于人类精神的"终极关怀",追求热爱的是永恒无限的智慧境界。表面看来,与科学和宗教相比,哲学自有哲学的优越之处,因为科学知识解决不了人类精神终极关怀的问题,而宗教则由于诉诸信仰,所以缺少理论上的合理性。然而实际上,哲学的优越之处恰恰是它的局限所在:哲学既起源于人类精神的终极关怀,它的对象就一定是永恒无限的东西,那实际上是我们的认识能力亦即理性所难以企及的。结果,哲学既缺少宗教单纯诉诸信仰的方便法门,同时又无法达到科学知识所特有的确定性,这就使哲学陷入了极为尴尬的境地,它的问题几乎都是无法解答或者没有终极答案的难题,以至于20世纪著名哲学家维特根斯坦说,"哲学问题具有这样的形式:'我找不着北'"[1]。

哲学家们为什么会"找不着北"?

因为哲学的问题几乎都是一些无法解决没有答案的难题。

通常我们所说的问题其实可以分为"问题"和"难题"两类。所谓"问题"在一般情况下是可以得到解决的,这样的问题有答案而且大多只有一个答案,例如 $1+1=2$ 之类。难题就不同了。我们所说的"难题"一般是没有答案的,准确地说是没有惟一的答案,只能有各式各样不同的解答方式,由于这些解答方式没有一个可以最终解决问题,因而都是"平等的"或等值的。如果我们细心地想一想就一定会发现,人世间的事情实际上是难题多于问题的。

哲学问题不仅是难题,而且是难题中的难题。

从理论上讲,哲学所探讨的对象不是经验的对象而是超验的对象,例如宇宙万物的本原、存在、实体或本体,包括人在内所有存在物的来源和归宿等等。当然,哲学也有比较具体和现实的问题,例如认识论、伦理学、历史哲学、社会政治哲学的问题,不过由于这些问题都属于最基本的问题,而越是基本的问题就越不简单,所以同样没有确定的答案。举个不恰当的例子,我们都知道 $1+1=2$,但是要想说清楚为什么 $1+1=2$,并不简单。另一方面,从实际情况看,尽管两千多年来,哲学家们费尽千辛万苦企图使哲学成为科学乃至科学之科学,竭尽其所能来证明哲学是科学,但是他们的愿望无一不是落了空,哲学家们在所有的哲学问题上都是争论不休,从来就没有达到过一种科学知识应该具备的普遍必然性。于是,批评哲学的人就有了一件十分有效的武器,而维护哲学的人则多了一块治不好除不掉的心病。实际上,无论是批评哲学的人还是维护哲学的人,都误解了哲学的本性。我们以为,哲学不是科学,因而不能用衡量科学的标准来衡量哲学。更重要的是,哲学不是科学并不是哲学的耻辱,恰恰相反,倒是哲学优越于科学之处。如前所述,科学不过是人类认识世界改造世界的工具和手段,科学自己不能决定它的目标或发展方向,如果我们要求哲学成为科学,那就意味着哲学也变成了认识世界改造世界的工具和手段。倘若如此,文明发展的方向由什么来树立或确定呢? 显然,就哲学的意义和地位而言,它应该担负起为人类文明树立和确定目标和发展方向的重任。所以仅仅就此而论,我们也不应该让哲学变成科学。

哲学不是科学,两者的"发展方式"也是不一样的。

在某种意义上说,科学的发展是"线性的"知识积累的过程,我们用不着非要了解一门科学的历史一样可以学习和利用它的成果,因为它的最新成果就凝聚在当下的某种载体之中,我们拿过来学就可以了。哲学却不是这样"进步"的。毫无疑问,现代人在知识的拥有量上比前人"进步"得多,随便一所医学院校的学生所拥有的知识,即使是医学始祖希波克拉底也难以望其项背,一个中学生所具备的数学知识亦可以超过几百年以前的大数学家,但是哲学就不同了。哲学史上几乎每一部哲学著作都具有晦涩难懂的特点，只有很少的人能够理解它们，不要说一般的人，不要说我们，即便是现当代的哲学大师也不敢说他们在思维水平上比柏拉图或者亚里士多德更高明。

为什么？

如果有一个问题，我们经过长期艰苦卓绝的努力，终于有了惟一正确的答案，那么虽然前此以往的探索都具有历史的意义，但是在这个惟一正确的答案面前，它们都失去了存在的价值。就知识而言，我们用不着理会它们，只需掌握这个正确答案就行了。然而，如果有一个问题是永远不可能有标准答案的，只有各式各样不同的解答方式，那么在这些解答方式之间就不存在孰高孰低的问题，它们都超越了时间和历史，无论在什么时候都是可供后人选择的道路。换言之，由于哲学问题乃是永恒无解因而万古常新的难题，故而一切答案都不具有终极的意义，各式各样不同的解答方式都具有"平等的"的价值。在哲学史上，亚里士多德不能掩盖柏拉图的光辉，黑格尔也不可能动摇康德的历史地位，由于他们把解决问题的某种方式发挥到了极致，便成了不可替代的"典型"，在哲学史上树起了一座座"里程碑"。这有点儿像文学的历史，例如"唐诗"和"宋词"：唐代是律诗的典范，后人写诗决超不过李杜；宋代是词的绝顶，后人很难觅得苏辛佳句。如果说两者之间有什么区别的话，那就是文学家们是将某一种艺术典型推向了顶峰，而哲学家们则是将一条思想之路走到了"绝境"。哲学家通常思想的都是带有根本性的问题，他们思得也很"根本"，于是就把一种解决问题的方式推到了极端，后人若要解决问题就不可能再走老路，因为那条路已经被走"绝"了，他只好换一条路走。所以，哲学并不只有一条路而是有许多条路，任何一条路都不足以代表哲学本身，所有的哲学运思之路"综合"在一起，才构成了一幅比较完整的哲学图画。换言之，哲学是由过去、现在乃至将来那一条条思想之路构成的。

然而，如果哲学问题注定无法得到最终的解决，我们为什么还要追问这些难题？就此而论，哲学作为"智慧之爱"给我们带来的与其说是愉悦不如说是痛苦，那么我们为什么要追求这种"智慧的痛苦"？

## 二　智慧的痛苦

在《圣经》"创世纪"中有一则尽人皆知的伊甸园神话：

上帝在创造了世界万物之后,感到有些孤单,于是便用泥土照着自己的样子创造了亚当。为了不使亚当感到孤单,又趁着亚当睡觉的时候取了他的一条肋骨,创造了夏娃。上帝在东方辟了一个园子叫做伊甸园给亚当和夏娃居住,把天上飞的地上跑的都交给亚当夏娃管理,那里简直就是天堂。在伊甸园里有许多树,其中有两棵树最特别,一棵是生命之树,一棵是智慧之树。据说吃了生命之树的果子可以长生不老,吃了智慧之树的果子便有了智慧。上帝告诫亚当和夏娃,伊甸园中惟有智慧之树的果子不能吃,吃了就会死。但是后来亚当和夏娃禁不住蛇(撒旦)的诱惑,终于偷吃了智慧之树的果子,于是悲剧发生了:他们因此被赶出了伊甸园,而且子孙万代都不得不为这个"原罪"付出代价。

伊甸园神话的寓意很清楚:智慧与原罪密切相关,甚至可以说智慧就是人的原罪。

假如伊甸园神话不是神话,也不是故事,而是事实,亚当和夏娃的确是因为一个果子而被逐出了天堂,我们无话可说,只能怪他们运气太差。因为上帝只是说智慧之树的果子不能吃,却没有禁止他们吃生命之树的果子。如果亚当和夏娃先吃生命之树的果子,然后再吃智慧之树的果子,那么他们就与上帝没有什么区别,上帝也拿他们没有办法。从这个角度看,人类犯原罪这件事实在没有道理可讲。

其实不然。

伊甸园神话具有非常深刻的象征意义,它并不是说人是因为追求智慧才成为有死的,而是说人是因为追求智慧才知道自己是有死的。智慧的痛苦就源于此。

当人类从自然之中脱颖而出,割断了连接他与自然母亲的脐带而独立存在之后,他就再也不能完全依靠自然的本能行动了,他必须依靠理性的眼睛在数不清的可能性中为自己做出选择,从而便置身于危险之中。一方面人是自然的成员,像其他有限的自然存在物一样受不可抗拒的自然法则的限制,生生死死,不能自己;但另一方面人又是一种有理性的存在,他不仅试图以此来把握自然的规律,同时亦生发出了超越自身有限性的理想,然而作为自然存在物他又不可能违背自然规律现实地实现这一理想,但是无论如何也无法改变他追求和向往这一理想的信念。终有一死的人向往永生,向往永生的人终有一死,这就是人生在世最深刻最根本的悖论。正是从这一最深刻最根本的悖论之中,生发出了哲学问题:它意味着人被抛入这样的境域,他自始至终面临着有限与无限、相对与绝对、暂时与永恒、现实与理想、此岸与彼岸之间的激烈冲突,在它们之间横着一道不可逾越的鸿沟。

显然,只要当无限、绝对、永恒、理想和彼岸从遥远的地平线上升起,人就注定了追求和热爱智慧的命运。所以我们说智慧是一种痛苦,而且是一切痛苦中最痛苦的痛苦。这痛苦之痛和苦的程度,我们除了说它刻骨铭心而外,实在难以用语言来形容。它的刻骨铭心之处不仅在于人注定了要追求智慧却又注定了不可能通达智慧的境界,而且更在于追求智慧便使人知道了自己的有限性,知道了自己的有死性。其实,千百年来人类上天入地、建功立业,归根结底不过是为了超越自身有限性这一理想,然而迄今为止仍然没有找到一条通达智慧境界的出路。不过尽管如此,人类亦不可能由于这理想不能实现就放弃追求,因为这追求乃源于人之为人的本性。结果,这一切就被寄托在了追求和热爱智慧的过程之中。

所以就此而论,哲学既是最深刻的痛苦,也是至高无上的快乐。因为哲学乃是人生所能通达的最高境界,正是在智慧的痛苦之中,人赋予人生以意义,实现着自身的价值。

人生在世不仅活着,而且希望知道他为什么活着,明白人生的意义和价值。然而,作为一个自然存在物,他生存于其中的自然界并没有什么意义和价值,应该说,所谓意义和价值是人赋予这个世界的。因为他不能忍受一个没有意义没有价值的世界,所以他需要意义和价值。这一点我们从"价值"这个概念的词源就可以看清楚。

所谓"价值(value)"一词的词源最初来自梵文的 wer(掩盖、保护)和 wal(掩盖、加固),拉丁文的 vallo(用堤护住、加固)、valeo(成为有力量的、坚固的、健康的)和 valus(堤),具有"对人有掩护、保护、维持作用"的意思,后来演化为"可珍惜、令人重视、可尊重"的词义[2]。在通常意义上,当人们说某个事物有"价值"的时候,总是在对人有好处、有意义的意义上使用的。因此在哲学上,"价值"是与主体的目的、意愿或需要相关的概念。

显然,与主体的目的、意愿或需要相关的事物有很多,从广义上说,我们甚至可以把一切与主体相关的东西都看做是"有价值的",因此人的存在其实就是一种价值性的存在。由此而论,与主体相关的一切事物就构成了一个价值系统,其中有基本的价值,较低的价值,也有较高的价值,亦应该有某种最高的价值,这个最高的价值或内在的目的就是人类理性"终极关怀"的对象。因此,价值对人来说有外在的价值和内在的价值的区别。毫无疑问,人类这种存在与一切有生命的存在一样首先必须满足吃、穿、住等最基本的生活需要,而且他的确像动物一样能够适应和利用周围的自然条件来维持自己的生存,当然在这方面他做得比动物要好得多。但是对人来说仅仅满足了这些生存需要是不够的,它们只是生存的基本条件而不是生存的目的,他应该有更高的需要和追求,他需要知道他生存的意义和目的是什么。所以人而且只有人有"终极关怀",他能够把自己的一切生存活动指向某种作为最高价值或内在目的的理想境界。

人的生活实践是某种价值性的生存活动,这不仅体现了人类认识世界改造世界的主体能动性,而且是人类保护自身存在以抵御虚无主义的防线或"堤坝"。如前所述,当人类脱离了自然母亲的怀抱从自然之中脱颖而出之后,他就再也不可能像自然存在物和动物那样完全在自然的推动下按照自然的本能而活动了,因为人有了理性,他必须由他自己去面对自然的种种艰难险阻,通过对自然的本质和规律的认识来指导自己的生存活动,在数不清的生存可能性中去自己选择自己的生存之路,这就使他面对着一个充满了偶然性、不确定性和危险的世界。于是,生存对人来说至少存在着两大难题:一是如何通过认识自然改造自然来维持自己自然生命的存在,一是如何通过某种方式为自己的存在确立根据、价值或目的。我们可以把前者看做是关于"如何活着"的问题,而把后者看做是关于"为什么活着"的问题。显然,与"如何活着"相关的是一类价值,与"为什么活着"相关的则是另一类价值,而且这后一方面对我们来说更为重要因而更有"价值",或者可以说,它们才是真正意义上的价值。对于人类这种有理性的自然存在者而言,他不仅存在着而且还要追问为什么而存在,即其存在的意义、目的或价值。但是这些意义、目的或价值并不是自然而然地"写"在自然之中摆在人的面前的,它们需要人自己去探索、"发现"甚至"创造"。作为自然存在物,有没有价值对人来说是无关紧要的,但是作为有理性的存在,价值却是他必需的甚至是性命攸关的东西。从这个意义上说,无论价值具有怎样的客观内容,它们都是因为人的存在才存在的。换言之,一个没有人的世界一定是一个没有意义、没有理想、没有价值的世界。但是自有人类以来,这个世界就变成了一个价值的世界,或者也可以说是因为人而成为了一个价值的世界。显然,由于价值通常被人看做是其存在的理想性的标志,他无论如何无法想象也无法忍受一个没有价值的世界,所以他总要为自己的存在寻求某种理想的意义和价值。因此,人类就需要有"价值"这座"堤坝"来维护自己的存在,而价值就体现着人类理性的存在意义、最高目的和至上的理想境界。

在某种意义上说,人类确立价值的目的是针对虚无主义的。人既不能忍受一个没有价值的世界,而且始终不满足于他所面对的现实,所以他就建立了一个理想的世界作为现实世界的补充和超越,并且以之作为他生存的根基和目标。如果我们既不满足于现实——通常我们的确如此,又无法确证理想的存在——这也是经常会发生的事情,虚无主义就产生了,而且具有毁灭性的力量。由此可见,只要人存在着就始终面临着虚无主义的危险,所以他需要有价值和理想,否则他就找不到为什么要生存下去的理由和根据。

当然,由于人类同时具有自然的有限性和理性的开放性,其存在的意义和价值必须亦只能由他自己去探索和确立,因而他的价值目的毕竟是理想性的而不可能最终成为现实,而且始终只是他追求和探索的目标而没有现成的终极答案。所以,人类生存的价值方式既是他不同于一切自然存在而且高于一切自然存在的优越的生存方式,也是一种十分"危险"的生存方式,以这种方式生存于世无异于一种"冒险":价值无疑是我们赖以存在的根本支柱,但是当我们以有限的人生追求无限的理想的时候,受到种种限制的理性既无法弄明白究竟什么是我们应该追求的最高理想,不可能完全现实地实现这一理想,也无法完全充分地确证这一理想,甚至无法证明的确客观地存在着这样的理想。然而我们却别无选择,因为人生的意义、目的和价值对我们而言性命攸关,我们不可能因为有危险就放弃人生的理想和追求。我们必须冒险,因为只有冒险才可能有希望,或许正是在危险中蕴含着希望。

话说到这里,我们就会发现,伊甸园神话还有另一方面的意义:它意味着人的自由,意味着人的开放性存在。

伊甸园神话中最令人难以理解的并不是亚当犯了原罪,而是亚当怎么可能会犯原罪。如果上帝是全知全能全善的,亚当怎么可能犯罪呢?难道说上帝眼看着亚当犯罪而不加干涉吗?难道上帝不能预知亚当会犯罪吗?难道上帝明知亚当犯罪也不去制止他,任由他成为千古的罪人而且还株连他的所有后人吗?显然,如果上帝明知道亚当要偷吃禁果而不去阻止他,上帝就不是全善的。如果上帝不知道亚当要偷吃禁果,上帝就不是全知的。如果上帝不能预知亚当要偷吃禁果而去阻止他,上帝就不是全能的……所有这些问题,能不能有一个"合理的"解释呢?

我们或许可以有一种解释:人是上帝所创造的最高级的产物,它的"高级"就体现在自由上,因为创造一个完全被上帝所支配的造物并不能真正显示上帝的荣耀。所以,不是人凭他自己就可以违背上帝的意志,而是上帝赋予了人违背他的意志的自由。

这一解释同样也适用于自然的进化。

通常我们总是说,人是万物之灵,人是自然进化的最高阶段。然而,随着人类文明的"进步"和"发展",不但没有使自然更加欣欣向荣,反而一步一步地将自然推向了毁灭的边缘。这似乎也有点儿不可思议:难道自然产生人类的目的就是为了自我毁灭的吗?! 实际上,我们应该这样看:自然进化的最高阶段就是自由,而自由毕竟是要冒险的。因为人的自由不同于上帝——如果有上帝的话——的自由。我们把上帝设想为无限的存在,人则是有限的存在。上帝说有光就有了光,上帝的自由是创造的自由。人是被造物,他的自由主要体现在选择的自由,即在数不清的可能性中选择自己的道路。而且人的自由选择始终是受限制的,我们不知道我们的选择是不是最佳的或者惟一正确的选择,困难之处在于,我们经常是只有到了水落石出的时候才能确定我们的选择是正确的还是错误的,然而那时已经没有了退路。自由之所以在20世纪之前一向是美好的理想,而到了20世纪却变成了人人避之不及的命运,其原因就在于以往人们在谈到自由的时候主要说的是"人类"的自由,这样的自由是抽象的、普遍性的东西,而当自由实实在在地落在个人身上的时候,自由不仅仅意味着选择,也意味着必须由我们自己来负责任,由我们自己来承受选择的后果。

总之,人不仅因为智慧的痛苦而成其为人,而且具有开放性、非现成性的自由本性,这就决定了智慧乃是一个无限的开放的理想境界。于是,我们或许可以给哲学问题永恒无解万古常新的本性以一种比较合理的解释:由于人是某种尚未定型、永远开放的自由存在,因而他的至高无上的终极理想本身也一定是一种尚未定型、永远开放的对象。既然如此,哲学问题当然不可能有最终的解决,如果有的话,那时人也就终结了,或者说结束了自己的"进化"。因此,爱智慧根源于人的本性,这是人必须经历的痛苦,正是在这种痛苦之中,人成其为人。人"成其为人"的意思并不是说,有一个永恒不变的"本质""等待"着人去实现,而是说"人是人的未来",他的"本质"是未定的和开放的,由他自己来塑造自己本身。

因此,一般的哲学问题乃是人类明知道永恒无解但是却不得不永远追问下去的难题。人们追问哲学问题不仅仅有痛苦,有无奈,也有欢乐,毋宁说在"智慧的痛苦"中就蕴含着"智慧的欢乐",而且是真正持久崇高的欢乐。按照我们的哲学史观,哲学不仅起源于问题,而且它的意义和价值就体现在永恒的探索之中,因而哲学是哲学史,哲学史是问题史。然而,如果哲学史是问题史,那么我们的问题——"哲学是什么"——就不是一个问题而是两个问题:"哲学是什么"和"什么是哲学"。表面看来,这两种不同的追问方式都是在追问哲学的那个"什么"(概念、定义、规定),似乎没有什么本质性的区别,实际上并非如此。

当我们追问某种东西"是什么"的时候,通常在逻辑上问的是这种东西的"本质"或"本性",亦即规定它"是什么"的"定义"。然而所谓"定义"所表述的既可以是曾经如此或现在如此的实际状态,也可以是将来如此或应该如此的理想状态,前者说的是"是如何",后者讲的则是"应如何",一个是"实然",一个是"应然"。在一般情况下,一门学科的基本规定是没有这种区别的,或者说上述两方面是统一的,但是哲学却不在这"一般情况"之列。由于哲学家们在"哲学是什么"这个问题上始终未能达成普遍的共识,使得我们只知道以往人们关于哲学的不同规定,而无法确定关于哲学的一般规定,所以在"哲学是什么"与"什么是哲学"之间就出现了差别。在某种意义上说,"哲学是什么"问的是作为历史事实的哲学过去和现在"是什么",而"什么是哲学"问的则是究竟什么样的哲学才能够被我们称之为哲学,亦即作为普遍意义的哲学"是什么"。当我们以这两种不同的方式追问哲学的时候,似乎显得对哲学有点儿不太恭敬,因为这意味着在"哲学过去和现在是什么"与"哲学应该是什么"之间存在着差别,把这个问题问到底就很可能得出这样的结论:无论哲学过去或者现在是什么样子,它有可能还不是它应该所是的样子。然而事实就是如此。

那么,把"哲学是什么"这个问题区分为"哲学是什么"与"什么是哲学"这样两种不同的问题形式究竟有什么意义?如果这种区别是有意义的,我们除了知道历史上不同的哲学思想之外,究竟能否把握所谓一般意义上的哲学或者说哲学的普遍规定?

首先,"哲学是什么"与"什么是哲学"的区别给我们的启发是,哲学的一般规定与科学的一般规定是不同的,它具有更广泛的"宽容性"和"历史性"。关于哲学的规定应该体现它的研究领域和范围(这种领域和范围亦有其不确定性),与此同时亦不应该企图以一种哲学思想代替全部哲学,除非这种哲学思想确实可以涵盖过去、现在乃至将来所有哲学(倘若如此,它也就不是"一种"哲学了)。因为哲学的问题和对象根源于人类要求超越自身的有限性而通达无限之自由境界的最高理想,就人类有理性而言他一定会产生这样的理想,但是就人类的有限性而言他又不可能现实地实现这一理想,虽然他无法实现这一理想但他又不可能不追求这一理想,哲学就产生于这个"悖论"之中。由于在有限与无限、现实与理想、此岸与彼岸、暂时与永恒之间横着一道不可逾越的鸿沟,而我们命中注定要千方百计地去尝试各种方式以图超越这一界限,所以真正的哲学问题不仅是没有终极的答案,而且永远也不会过时,因而哲学就表现为过去、现在和将来人们面对共同的哲学问题而采取的不同的解答方式。由此可见,哲学不可能存在于"一种"哲学之中,而只能存在于所有哲学之中,因为任何一种哲学都只不过代表着哲学问题的一种解答方式,而不可能代表哲学问题的所有解答方式。我们之所以坚持在"哲学是什么"与"什么是哲学"之间做出区别,目的就是为了说明所谓哲学归根结底乃是哲学史这个道理。这也就是说,谁要想给哲学下一个定义,他就必须把过去、现在乃至将来所有可能的哲学都考虑在内,我们不能按照给科学下定义的方式来规定哲学,因为一旦哲学有了这样的科学的定义,哲学也就不再是哲学了。

所以,"什么是哲学"这个问题,是需要用整个哲学史来回答的。我们只能通过追问"哲学是什么"的问题,来回答"什么是哲学"的问题。

哲学的本性既然如此,我们应该怎样学习哲学呢?

## 三　问题与对话

通常在非哲学专业的人看来——其实大多数学习哲学专业的学生也是一样,哲学不仅无用,而且晦涩难懂,因而人们若不是对哲学敬而远之,就是对之不屑一顾。我们前面所说的话,试图消除关于哲学无用的成见。现在的问题是,即使我们喜欢哲学,但也读不懂哲学著作,那么我们怎么学哲学?

哲学著作晦涩难懂是众所周知的,然而这种现象并不正常,虽然的确有其深刻的原因。其中最根本的原因就在于我们的语言。

我们只有一种语言,即日常语言或自然语言,无论你学了多少种外语,那些外语也一样是日常语言或自然语言。当我们使用语言来表达日常生活现实世界中的事物时,当然没有问题,因为我们的语言就是在日常生活现实世界中形成的。但是,当我们试图表达哲学思想的时候,并没有另一种语言可供使用,换言之,我们也只能使用日常语言来表达思想。这样一来,我们的日常语言就不得不扮演"一仆二主"的角色:同样一种语言,既要用来表达日常生活中有限具体的事物,又要用来表达抽象的有时甚至是无限的哲学对象。问题是,我们能否使用有规定性的话语来表达无限的哲学对象?!这显然是成问题的。

因而哲学家们始终挣扎在这种困境之中。

并不是哲学家们都不会正经说话,也并不是我们的理解力都成问题,以至于不能理解哲学著作的深奥寓意。在某种意义上说,哲学著作晦涩难懂的根本原因在于,哲学问题作为永恒无解的难题,的确难以用言语来表达。哲学家们并不是在故作高深,而是有苦难言:他们不是不想把问题说清楚,但是却苦于说不清楚,他们千方百计试图找到某种适合表达哲学思想的话语方式,但是始终没有成功。不过,哲学家们的表达方式有问题是一回事,我们能不能理解他们的思想可以是另一回事。换句话说,只要我们熟悉了哲学家们表达思想的方式,完全可以理解他们的思想。这就是熟悉他们的问题,按照他们的思路,理解他们的思想。

不过话说回来,无论如何哲学不应该让人们敬而远之。哲学看起来高深莫测,实际上还是平易近人的,因为它与我们的日常生活密切相关。

假如我们面前有一张桌子,就以这张桌子为例。

摆在我们面前的这张桌子是从哪里来的?使桌子成为桌子的究竟是构成桌子的材料,还是桌子的概念?构成桌子的材料与桌子的概念之间是一种什么样的关系?具体的桌子生灭变化,桌子的概念是不变的,那么桌子的概念是以什么方式存在的?假如桌子都毁灭了,不存在了,桌子的概念还有什么意义?我们怎么知道它是桌子而不是椅子?我们能够形成关于桌子的知识吗?我们关于桌子的知识与桌子本身是符合一致的吗?……如此等等。

按照柏拉图的思路,世界上有三张桌子:一张是画家画的桌子,一张现实中的桌子,一张是作为桌子的概念的桌子。柏拉图认为,画中的桌子摹仿的是现实中的桌子,因而最不可靠。现实中的桌子既不完善,也不能永存,也不是最真实的存在。只有桌子的概念,不会因为现实中的桌子的毁灭而消失,它才是真正真实的存在。显然,经验论者肯定不会同意柏拉图的观点。按照他们的观念,只有现实存在的、被我们感觉到的具体的桌子才是实在的,所谓一般普遍的桌子概念并不存在,也没有意义。然而,若是从德国哲学家海德格尔的立场看,现实中的桌子不过是物,认识中的桌子受到主客二元式的认识框架的限制,不可能把握桌子的本性。只有画家的桌子不同,他实际上将桌子、使用桌子的人——尽管它可能并没有出现在画面上——连同他的世界,浓缩在一幅画中,等候欣赏者融入其中,打开艺术的世界……

可见,由一张桌子几乎可以问出所有的哲学问题来。

那么,我们应该怎样学习哲学呢?

海德格尔晚年编辑自己的著作全集时曾经写下了这样一句话:他的著作是"道路,而不是著作"(Wege-nicht Werke),这里的"道路"用的是复数。言外之意,哲学问题的终极解决是不可能的,我们所能做的就是不断地探索。所以,学习哲学就是"上路"——踏上爱智慧的思想之路,哲学永远"在途中"。由此可见,哲学并不存在于某一本教科书、某一种哲学体系或理论学说之中,而存在于过去、现在乃至将来所有哲学运思的道路之中。换言之,哲学就是哲学史,哲学史则是问题史,因而哲学的全部意义乃存在于追问和求索之中。

当我们说哲学是哲学史的时候,这意味着任何一种哲学思想都同时具有历史性和现实性。这种历史性与现实性之间充满张力的有机结合与统一,就体现在思想与思想的"对话"之中。

如果哲学是哲学史,哲学史是问题史,那么哲学史就是哲学家们围绕哲学问题而展开的思想"对话"的过程。就"对话"而言,它可以包含三个层面:一是哲学家们与哲学对象之间的"对话",二是哲学家们相互之间的思想"对话",三是我们在学习哲学亦即学习哲学史的过程中与哲学家们所进行的思想"对话"。在某种意义上说,"对话"乃是哲学保持其历史性与现实性之间内在张力的基本功能,而且"对话"(dialogue)正是"辩证法"(dialectics)的本义。

首先,哲学史是哲学家与哲学对象之间进行思想"对话"的过程。

哲学是思想,哲学的对象是思想的对象。亚里士多德在《形而上学》中指出,"就其自身的思想,是关于就其自身为最善的东西而思想,最高层次的思想,是以至善为对象的思想。理智通过分享思想对象而思想自身。它由于接触和思想变成思想的对象,所以思想和被思想的东西是同一的。思想就是对被思想者的接受,对实体的接受。在具有对象时思想就在实现着。这样看来,在理智所具有的东西中,思想的现实活动比对象更为神圣,思辨是最大的快乐,是至高无上的。"[3]黑格尔以亚里士多德这段话作为《哲学全书》的结束语,并非偶然。套用黑格尔的术语,哲学家的哲学思考乃是"对思想的思想",亦即思想与思想的"对话"。

从终极关怀的角度看,哲学问题并不是自然的问题,而是人类精神所特有的问题。哲学是人类精神为自己所设想的理想家园,它体现的是人类试图超越自身有限性而通达的某种至高无上的、无限的、自由的理想境界。就此而论,哲学的对象不是现实存在的东西,而是理想性的存在。思想这个对象,也就是有限的思想者去思想某种无限的思想。这并不是说,存在着某种脱离人类精神而独立存在的思想对象,实际上所谓无限的思想不过是人类的理想对象,因而哲学就是思想与思想的"对话",即现实存在的人类精神与自己的理想境界之间的"对话",亦即人类精神的"反思"。这种"反思"有时可能被哲学家们"外化"为某种客观对象而思考之,但归根结底具有理想性的特征。

其次,哲学史也是哲学家们相互之间进行思想"对话"的过程。由于哲学问题永恒无解,故而吸引着一代代睿智的头脑思考和探索。毫无疑问,哲学家们都是在前人思考的基础上进行哲学思考的,因而哲学史具有前后继承和发展的特征。然而另一方面我们也必须看到,哲学问题都是基本的或者根本的问题,哲学家们的思考也非常根本,以至于他们只要发现了一条有望通达理想境界的道路,便会将其发挥到极致,这就不可避免地使之走到了尽头。所以,哲学家们的思想不仅具有历史的继承性,而且也具有独一无二不可替代的典型特征。这样一来,后来的哲学家们就必须将前人之所思都思清楚,然后才能开辟自己的道路。换句话说,哲学家们对于哲学对象的思考本身亦成为了后人的思考对象,而且在哲学思考中占据着越来越重要的地位。海德格尔、伽达默尔、德里达等当代哲学大师有许多著作都是在研究和解读以往的哲学思想时展开的,这绝不是偶然现象。不恰当地说,或许正是哲学家们艰苦卓绝的运思,为作为哲学对象的理想境界增添了丰富的内容。

最后,我们学习哲学史也是我们与哲学家进行思想"对话"的活动。

学习哲学史就是学习哲学史上哲学家们的思想,亦即我们的思想"思想"哲学家们的思想,也可看做是思想与思想之间的"对话"。由于哲学家们的思想保存在他们的著作之中,学习哲学史也就是"读书",所以与哲学家们的"对话"通常是通过"读书"而实现的。尽管历史上的哲学家们斯人已逝,我们读他们的"书"却不是读死书。虽然这些书的内容大多已经过时了,但是哲学家们解决问题的方式却没有也永远不会过时,因为哲学问题并没有过时,这些问题不仅是他们面临的难题,也是我们面临的难题,甚至可以说是人类永远面临的难题。既然哲学问题没有终极的答案,那么任何一种解答方式都不可能取代其他的解答方式,也不可能为其他的解答方式所取代,所有一切解答方式都有其各自独特的意义和价值,它们为后人提供了各式各样可供选择的可能方式。因此,对于学习哲学史的人来说,学习哲学史无非是将人类精神所思想过的东西再思想一遍,把人类精神已经走过的思想之路再走一遍,然后选择或者开创我们自己的路。如果把我们与哲学家们统统看做是"人类"的话,那么我们思想他们的思想,重走他们的道路,也可看做是一种"回忆",回忆我们"曾经"思考过的问题,因而也可以看做是我们自己对自己的反思[4]。

由此可见,我们学习哲学史并不是站在哲学史之外,在某种意义上说,前人的思想就构成了我们现存在的组成部分。哲学史上哲学家的思想之所以具有不朽的生命力,原因就在于此。当我们与哲学家们进行思想之间的"对话"的时候,他们的思想就"复活"了。其实,历史上的哲学思想原本就是"活的",它们构成了哲学不可缺少的组成部分,因而它们的"复活"并不是"复古"。换言之,哲学家们的思想既是历史性的,同时又超越了历史,在任何时候任何情况下都具有现实性。所以,哲学史从来就不是什么死材料的堆积,而是一种活生生的思想律动。

显然,就"对话"的本性而论,我们与哲学家们的思想对话并不是"单向性"的受动活动,而是"双向性"的互动活动,这种思想与思想的对话类似现代解释学所说的"视界交融"。

哲学家们的思想保存在他们的著作之中,读他们的书需要"理解"和"解释",而"理解"和"解释"的过程在某种程度上也是"再创造"的过程。以往传统的解释理论追求知识的客观性,将理解和解释看做是对本文原著之纯粹的再现,强调以"我注六经"的方式研读原著。但是现代解释学却告诉我们,任何人都不可能完全再现所谓客观存在的文本,因为古人有古人的"视界",我们有我们的"视界"。换句话说,古人与我们处在不同的历史、文化、社会、个人环境等等的背景之下,我们既不可能完完全全地将古人的视界"复制"到现代来,也不可能彻底摆脱掉自己的视界,纯粹沉浸在古人的视界之中。从这个意义上说,理解和解释实际上是不同视界之间的碰撞和交融,而且正是因为如此,人类文化才有可能进步和发展。

总而言之,哲学永恒的生命力就在于其历史性与现实性之间的内在张力。哲学家们与哲学对象之间的关系,哲学家们相互之间的关系,我们与哲学家们之间的关系,都可以看做是人类精神自己与自己之间的关系,因而哲学乃是人类精神的反思,也就是思想与思想的"对话"。就此而论,哲学家们的思想就"活"在思想与思想的对话之中,也可以说哲学就"活"在思想与思想的对话之中。就此而论,任何一种哲学思想都不仅具有"历史性",而且具有"现实性"。因为前人所面临的哲学问题同样也是我们所面临的问题,所以他们的解答方式对我们来说具有超越时间和历史的意义:历史上已经过去了的思想实际上并没有过去,它们作为一条条思想之路也构成了我们的存在的一部分,所以我们的思想包含而且必须包含过去的思想才成其为思想。或者说,离开了历史,我们的思想甚至我们的存在便是残缺不全的,因而"历史性"在此就有了"现实性"的意义。

因此,学习哲学史的过程并不是被动地接受知识,而是富于创造性的"视界交融",亦即我们与以往的哲学家们就大家共同关心的哲学问题进行思想之间"对话"的过程。

学习是一种"对话",而"对话"自有"对话"的内在逻辑,它至少包含三种要素:

首先,"对话"的双方一定要有共同的"话题",这样"话"才能"对"起来。我们之所以能够与哲学家们进行思想上的对话,就在于我们与他们之间有着共同的"话题",这就是永恒无解、万古常新的哲学问题。换言之,他们面对的问题也是我们面对的问题,尽管由于历史、文化、社会等因素,这些问题有时会发生形态上的变化,但是在根本上是一致的。

其次,"对话"之为"对话"乃"相对而说",因而是一种相互间的交流,亦即"视界交融"。就对话而言,对话的双方是平等的,否则就谈不上对话。我们的确是在学习哲学史,然而我们并不是作为一无所知的小学生向哲学大师们请教,而是与他们一同讨论哲学问题。如果我们只是小学生,那么充其量我们只能学到一些"知识",即了解到哲学家们说了些什么,不过倘若如此,我们仍然站在哲学之外。只有当我们与古人面临同样的哲学问题的时候,我们才深入到了哲学之中。既然我们与古人有同样的问题,那么就不只是他们说话我们倾听,我们也有自己的"发言权"。

最后,"对话"需要相互之间的"理解",如果你说的话我"听"不懂,那么"话"也是"对"不起来的。所以,学习哲学史最好阅读哲学家们的原文原著,直接与他们进行思想上的"对话",不能仅仅依赖于二手甚至三手的资料。就此而论,我们这门课只是引导同学们进入哲学运思之路的"入门",决不能以此来代替哲学原著的研读。当然,我们不可能让古人理解我们,因为他们已经无法开口说话了,他们要说的话就在他们的书里,所以这种"对话"看起来有点不平等。但是,如果我们不是把哲学家们的书看做是死东西,而是看做有着丰富意蕴的活生生的有生命的存在,那么当我们有所问时,他们也会有所答的。显然,我们只有深入到哲学的维度,才有资格与哲学家们进行对话,而深入到哲学维度的最好方法就是深入到哲学问题之中,把哲学家的问题当作你的问题,或者把你的问题上升到哲学问题的高度。

因此,进入哲学王国的秘诀就是:将哲学家们的问题当作你自己面对的问题,或者把你自己的问题上升到哲学的高度。哲学不是知识,而是思考。思考之为思考,总是针对问题的,总是由问题而引发的。

最后，希望大家有条件有机会都来学一学哲学。的确，在我们这个时代，哲学受到了冷落，因为它不能用来烤面包（威廉·詹姆斯语），没有实用性，而且不够科学。所以，人们即使不会轻视哲学，也会对它敬而远之。哲学所能得到是最好待遇，就是被束之高阁。实际上，这是很不正常的。

现代社会以越来越精细的分工为前提，我们每个人都必须在这个现代化的社会大机器上找到自己的位置。你要从事某一种职业，例如在某个学科的某个分支中的某个领域中的某个问题上，奉献一辈子的精力，弄好了，也许你还能获得诺贝尔奖呢！这就是我们称之为"专业缺憾"的问题：我们每个人都必须以牺牲其他兴趣和才能为代价，片面地发挥自己某一方面的才能，以便相互之间共享各自的成果。我研究数学，你研究法学，他研究计算机……我们各自研究不同的学科，相互之间共享各自的成果。针对这种现象，西方世界从20世纪50年代开始，就在探索人的全面发展和通才教育等问题，然而在我看来，收效甚微。19世纪黑格尔的时代，还有可能产生百科全书式的科学家、思想家，马克思还可以设想，在未来社会中，一个人可以上午种田，下午打渔，晚上思考哲学问题。现在，我们甚至连幻想都不可能幻想了。因为一个人根本就没有可能了解他所研究的整个学科，更谈不上对其他学科的通晓了。当然，社会的发展也有变通的办法：科学技术的发展，越来越向简单易用的方向努力，我们也可以称之为"傻瓜化"——我可以不懂计算机技术和原理，但是我可以轻松地学会使用计算机。我不懂也用不着懂数学、物理学、生物学，包括法学，我一样可以享受这些学科的成果，以此来弥补所谓的"专业缺憾"。

但是，让我们仔细想一想，哲学能不能也像其他自然科学那样"傻瓜化"？换言之，我们能不能让哲学家们去思考哲学问题，去建立世界观、方法论和人生观，然后我们拿过来"共享"？当然不行。果真如此的话，那就意味着我们的思想由某些哲学家控制，我们自己不过是行尸走肉而已。我可以不懂计算机而使用计算机，我可以不懂各种各样的科学技术而去享受科学技术的最新成果，但我不能不懂人生的意义而了此一生。

所以，哲学不同于一般的科学知识，它应该是每个人的需要，它要求每个人的灵魂在场。

我们这一讲与大家讨论的主题是"智慧的痛苦"。我想说的是，人成其为人是一次非常"悲壮"的"探险"，而且很可能只有一次"机会"，所以是没有归程的，这是一条充满艰险的"江湖不归路"。智慧的痛苦就是做人的痛苦，这是哲学层面的痛苦，当你感受到智慧的痛苦的时候，你才会知道究竟什么叫做"刻骨铭心"。哲学将我们带入智慧的痛苦之中,哲学也在寻求破解这一痛苦的办法,哲学家们寻寻觅觅了两千六百多年——实际上自有人类就开始了这样的探索,但是迄今为止我们仍然没有找到一个行之有效的办法,可能注定了永远也不可能解决这个难题,不过即使明知道如此亦仍然是义无反顾。于是,我们将发现,人类之所以千百年来自觉自愿地投身于这"智慧的痛苦",是因为我们注定了只能"爱智慧",而"爱智慧"的快乐不在于"有智慧"的结果,而在于永恒的探索和追问的过程之中。

我们必须经受智慧的痛苦,才能体验智慧给我们带来的欢乐。

**参考书目**

1. 黑格尔:《哲学史讲演录》,四卷本,商务印书馆,1983 年。
2. 文德尔班:《哲学史教程》,上下卷,商务印书馆,1993 年。
3. 《西方哲学原著选读》,上下卷,商务印书馆,2000 年。
4. 赵敦华:《西方哲学简史》,北京大学出版社,2000 年。
5. 张志伟主编:《西方哲学史》,中国人民大学出版社,2001 年。

**注　释**

〔1〕 维特根斯坦:《哲学研究》,第 123 节,陈嘉映译,第 75 页,上海人民出版社,2001 年。
〔2〕 参见李德顺主编:《价值学大词典》,第 261 页,中国人民大学出版社,1995 年。
〔3〕 亚里士多德:《形而上学》,$1072^b19$—26,见《亚里士多德全集》第七卷,第 278 页,中国人民大学出版社,1993 年。
〔4〕 参见叶秀山:《历史性的思想与思想性的历史》,《哲学研究》,1986 年第 11 期。

## 第二讲

# 哲学的诞生

希腊思想的起源
希腊哲学的基本特征
宇宙论的问题
本体论的转向

哲学诞生于古代希腊。

古希腊哲学是西方哲学的发源地,希腊人堪称哲学的民族。他们不仅奠定了西方思想、概念和体系的基础,从而奠定了西方文明的基础,而且提出并讨论了几乎所有的哲学问题。正如恩格斯所说:"在希腊哲学的多种多样的形式中,差不多可以找到以后各种观点的胚胎、萌芽。"[1]

从时间上说,希腊哲学从公元前6世纪左右开始形成,一直延续到公元6世纪初,前后一千多年。公元529年,皈依了基督教的东罗马帝国皇帝查士丁尼下令封闭了最后一所柏拉图学园,通常人们以这一年作为希腊哲学终结的标志。就其历史而言,希腊哲学经历了希腊古典时期、希腊化时期、罗马共和国时期和罗马帝国时期。人们有时也称这一时期的西方哲学为"古希腊罗马哲学",实际上这是不确切的。罗马人并没有给哲学贡献什么新的内容,所谓"罗马哲学"不过是希腊哲学的延续而已。

哲学为什么诞生在希腊而不是别的地方? 这是迄今为止仍然没有解开的谜。

要想破解希腊哲学诞生之谜,先要破解希腊文明诞生之谜。实际上,不仅哲学为什么会在希腊诞生是一个谜,希腊文明的诞生本身就是一个谜。英国哲学家罗素曾经说过:"在全部的历史里,最使人感到惊异或难于解说的莫过于希腊文明的突然兴起了。构成文明的大部分东西已经在埃及和美索不达米亚存在了好几千年,又从那里传播到了四邻的国家。但是其中却始终缺少着某些因素,直到希腊人才把它们提供出来。"[2]尽管他的话过于极端,体现了十足的欧洲中心论的观点,但是如果就哲学本身的含义而论,他们的话并非没有道理,因为哲学本来就是希腊人的创造。显然,与中国、印度、埃及和巴比伦等古老文明相比,希腊文明在时间上要晚得多,在地域上要小得多,在民族构成的人数上更是少得多,然而它给世界带来的影响却极其深远,至少与这些古老伟大的文明不相上下,如果考虑到以希腊为渊源的西方文明所产生的世界性影响,希腊文明的确令人叹为观止。

总而言之,希腊文明的确不同寻常。

# 一　希腊思想的起源

古代希腊除了现在希腊所在的巴尔干半岛南部而外,还包括地中海沿岸小亚细亚半岛的西部即伊奥尼亚地区、意大利南部及爱琴海中的各岛屿等。在这块不大的地域中,海陆交错,山峦重叠,除了北部地区而外,几乎没有一个地方与海洋的距离超过 50 公里,其自然环境与东方大河流域的古老文明迥然相异。正是这样相对恶劣的自然环境,迫使希腊人走上了征服海洋,以工商业和手工业为主的发展道路。

古代希腊这片土地之所以成为西方哲学的源头,与其特定的社会历史条件、丰厚的文化背景和独特的地理位置密切相关。不过,仅仅是这些条件,似乎还不足以说明希腊文明乃至希腊哲学的诞生。我们所熟悉的希腊文明一般被称为希腊古典文化,它大约始于公元前八九世纪,在此之前则是一些连希腊人自己都不能确定其真实可靠性的神话传说。因此与那些有着 5000 年甚至 7000 年悠久历史的东方文明古国——中国、印度、巴比伦、埃及等——相比,希腊文明太"年轻"了。一位埃及祭司就曾经对希腊人说:你们希腊人啊,还是小孩子。按照传统的观点,也是"欧洲中心论"的观点,朝气蓬勃的希腊文明是文明健康发展的楷模,而东方古老文明则过早地衰老了,意思是说,希腊文明的发展是正常的,东方文明则是病态的。后来又有一种相反的观点认为,实际上东方古老文明缓慢的发展才是正常的,希腊文明则是异常的,类似神童,发展快是以寿命缩短为代价的。其实,按照一百多年来的考古发现,希腊文明实际上比人们曾经以为的要古老得多,也比希腊人自己以为的要古老得多。我们虽然不敢说因此而解开了这个世界历史之谜,但是这些考古发现的确有助于我们为希腊哲学的诞生之谜提供一种新的解释。

说到这些传奇般的考古发现,有两个人的名字值得一提,一位是德国人海因里希·谢里曼,一位英国人阿图尔·伊文斯,前者是商人,后者是考古学家。

历史上人们通常把希腊文明看做是大约在公元前 9 世纪左右兴起的文明形态,史称"希腊古典文化",在此之前则是《荷马史诗》描述的神话传说时代。人们都把《荷马史诗》看做是神话传说,海因里希·谢里曼却不以为然。他独出心裁地认为《荷马史诗》并不是神话传说,不是故事,那些希腊英雄确有其人。于是,谢里曼从 1870 年开始,把经商得来的财富用于考古发掘,试图证明《荷马史诗》中所记载的都是确凿的历史史实。虽然在考古学方面他是半瓶子醋,而且对许多考古发现的解释都是错误的,但是谢里曼非常幸运,他的独出心裁的猜想产生了丰硕的成果,《荷马史诗》中的许多故事和人物被证明都具有历史的意义,这些发现立刻轰动了全世界。谢里曼并不满足于这些惊人的发现,他要寻找传说中的米诺斯国王的王宫,可惜由于种种原因未能如愿。不过米诺斯王宫并没有沉寂多久,十几年之后,英国考古学家阿图尔·伊文斯在 1900 年带领 150 名工作人员对克里特岛进行了大规模的考古发掘。结果,人们终于发现了克里特 – 迈锡尼文明,这一发现一下子把希腊文明的起源向前推进到了公元前 3000 年左右,这就使我们掌握了可能连希腊人自己都不知道的历史真相。

有人可能会问:这些考古发现与哲学有关系吗?

的确有关系。

我们发现,克里特 – 迈锡尼文明与当时的东方文明非常类似,也是中央集权式的帝国。如果这种制度延续下去,可能就不会有城邦制的希腊文明了。然而,公元前 12 世纪时多利安人部落闯入了希腊半岛,克里特 – 迈锡尼文明土崩瓦解,毁于一旦,这就使希腊文明的历史出现了"断层",以至于后来的希腊人除了神话传说而外,甚至不知道自己还有过如此辉煌的过去。值得注意的是,在那场文明浩劫之中,不只是一个朝代灭亡了,而且是一种王国制度被永远摧毁,一种以王宫为中心的社会生活形态被彻底废除了。这不仅使希腊人没有再像前人以及其他古老文明那样延续中央集权制度,而且相对而言亦使他们比较少地受传统观念的限制和束缚,这就为城邦的建立和理性思想的诞生提供了前提。[3]

研究希腊文明的法国著名学者韦尔南道出了希腊哲学的诞生秘密：哲学是城邦的女儿。

古代希腊虽然统称为希腊，但却不是一个统一的国家，而是由许多地域较小、相互独立的城邦所组成的，我们今天所说的"政治学"（politics）就起源于治理"城邦"（polis）的学问。希腊的城邦在政治、经济和文化等方面的发展并不是均衡的。以希腊文化的中心，也是哲学繁荣时期的中心雅典为例，经过梭伦、克利斯提尼和伯利克里等人的政治改革，雅典逐渐形成了比较完善的城邦民主制度：城邦的每个自由人都是公民，公共事务由他们选举出来的执政官主持，由全体公民组成的公民大会以直接民主表决的方式决定城邦的重大事务。这种相对而言比较民主的社会制度使它的公民具有强烈的独立自主性，这就为思想自由创造了良好的条件，从而为哲学的生长提供了丰腴的沃土。思想自由这个条件非常重要，甚至可以说是哲学产生的决定性的关键。其实不仅仅是哲学产生的决定性条件，也是所有哲学思考的决定性条件。

请听一听伯利克里在阵亡烈士墓碑前的演讲：

"我要说，我们的政治制度不是从我们邻人的制度中模仿得来的。我们的制度是别人的模范，而不是我们模仿任何其他人的，我们的制度之所以被称为民主政治，因为政权是在全体公民手中，而不是在少数人手中。解决私人争执的时候，每个人在法律上都是平等的；让一个人担任公职优先于他人的时候，所考虑的不在某一个特殊阶级的成员，而是他们具有的真正才能。任何人，只要他能够对国家有所贡献，绝对不会因为贫穷而在政治上湮没无闻。正因为我们的政治生活是自由而公开的，我们彼此间的日常生活也会是这样的。"[4]

伯利克里讲这段话的时候，距今已经有两千四百多年了，但是岁月的流逝并没有使我们对这段话感到陌生，因为他所说的也正是我们梦寐以求的理想。虽然在雅典最兴盛的时期，它的人口也不过25万至30万人，其中大约有8万至10万奴隶，2万多外邦人，只有3万左右的成年男子公民，因而自由并不是每个人都能享受的权利。但是它毕竟使我们今天以之为理想的东西实现了，起码是部分地实现了，这也就是为什么后人始终把雅典的城邦民主制看做典范的原因所在。正是这样的民主氛围，为哲学的诞生、形成和发展提供了最重要的条件：思想的自由。

毫无疑问，哲学的诞生是需要条件的。首先，一般说来，哲学的诞生标志着终极关怀成为人们思考的问题,而且不是通过信仰的方式或者艺术的方式,而是通过理论的方式,追问和探索这个至高无上的理想境界。其次,哲学的诞生需要有闲暇。只有当人们满足了吃、穿、住等基本的生活条件,才能有时间和精力来思考哲学问题。最后,哲学的诞生需要有思想的自由。尽管有了这些条件不一定就能够产生哲学,但是如果没有这些条件一定不会产生哲学。这就是逻辑学上所说的"必要条件":"有之未必然,无之必不然"。我们发现,这些条件在希腊城邦民主制中都可以得到满足,却是中央集权制的大帝国不一定能够满足的。首先,终极关怀的问题对任何民族来说都一样会产生,希腊人当然不会例外,不同的是希腊人思考这些问题采取了思辨的形式;其次,希腊的城邦民主制也是家庭奴隶制,公民有足够的闲暇从事哲学思考;最后,城邦民主制为自由思考提供了基本条件,而这恰恰是其他东方古老文明所少有的。

有人可能会说,克里特－迈锡尼文明的发现早已不是什么新闻了。的确如此。但是当韦尔南把克里特－迈锡尼文明与后来的希腊文明联系起来考察的时候,当他突出强调希腊文明的"中断"对于城邦制度的形成具有重要意义的时候,尽管我们不能说已经解开了希腊文明产生这个历史之谜,但至少为希腊哲学的诞生提供了一种比较合理的解释。如果我们把迈锡尼制度与希腊城邦制度作一番对比就会发现,它们是性质完全不同的两种制度。迈锡尼王国与东方各大文明非常类似,它的社会生活以王宫为中心,王宫同时具有宗教、政治、军事、行政和经济的作用。在这种被称为王宫经济的体制中,国王集政权和王权的所有职能于一身,依靠一个传统的固定职业阶层——书吏,借助于一种由王宫显贵和王室检察官组成的复杂的等级制度,严密地控制和管理着经济生活的各个领域和社会活动的各个方面。[5]城邦制度就完全不同了。首先,城邦制度意味着话语具有压倒其他一切权力手段的特殊优势。话语成为重要的政治工具,国家一切权力的关键,指挥和统治他人的方式。于是原来那些由国王解决的属于最高领导权范围的涉及全体人利益的问题,现在都交给了论辩的艺术,通过论战来解决。其次,社会生活中最重要的活动都被赋予了完全的公开性,甚至可以说只有当一个公共领域出现时,城邦才能存在。最后,那些组成城邦的公民,不论他们的出身、地位和职务有多么不同,从某种意义上讲都是"同类人"[6]。

话语的威力、公开活动的兴起和公民的平等地位,这一切就为哲学的诞生准备了条件。我们过去以为,从心理学的规律看来,人们的认识活动是由外而内的:先认识自然,然后通过认识自然而认识人自己,这种观念并不完全正确。希腊人不是将他们对自然的观念投射到社会之上,而是将他们对于城邦社会的观念投射到了自然之上。所以,虽然希腊哲学最初的思考对象的确是自然,但是它并不是将自然宇宙的观念投射到人类社会,而是把城邦的秩序和法则投射到自然宇宙。我们都知道,古代人开始认识自然的时候并没有什么科学实验和考察的工具可供他们使用,他们的思想大多是猜测性的论断,而这种论断归根到底是从他们生活于其中的社会环境出发的,因而生活在不同的社会环境之中的人看待自然的方式是不同的:当宗教神话还是维系社会生活的主要纽带的时候,人们眼中所见肯定是某种由一个或一些神灵所统治的等级森严的自然秩序,而当相对平等的法律制度是维系社会生活的主要因素的时候,自然就呈现为围绕着某个中心而展开的所有部分都服从共同的秩序和规律的宇宙图景。由此可见,希腊自然观与其他古老文明的自然观之间的区别并不在于科学不科学,而在于前者是从城邦制度的角度而后者则是从宗教神话或是宗法制度的角度看待自然的不同结果。

因此,希腊文明的独特性就在于它的变化不是在宗教领域内部发生的,新的思想形态是在宗教的边缘和外部形成的,有时甚至与某些宗教信仰或官方礼仪公开对立,而这一变化的可能性就在于此前相当发达的文明湮没了。这就是说,克里特 – 迈锡尼文化与东方古代文明具有大致类似的基本特征,如果正常发展下去,大概不会有我们所了解的希腊文明,也不会有今天的西方文明。历史之所以并非如此,是因为文明的中断使后来的希腊文明在一定程度上免除了古老传统、宗教和宗法制度的限制,而这些东西通常是代代相传的,它们发挥着维系文明的稳定性基础性的作用。例如在缓慢持续发展的中国文明之中,古老的传统始终保持着根深蒂固的强大势力,一切有所创新的思想除非纳入传统的框架之内,或者采取阐释传统思想的方式,否则是不可能存在的,这就在相当程度上限制了新思想的产生、传播和影响。简言之,文明发展的中断为希腊人的思想解放创造了条件,以至于甚至形成了西方哲学反传统的"传统"。

一般说来,人类文明的发展必须克服来自外在的和内在的两方面的限制:外在的限制是人类生活于其中的自然环境,他必须通过认识自然和改造自然的实践活动求得生存,而人类克服外在自然之限制的根本方式就是以社会性的存在对付自然的挑战,这就形成了所谓内在的限制。为了在自然中生存下去,人类结成了社会,而宗教、神话、宗法、伦理等成文与不成文的规范就成了维系人类社会存在的纽带,这些东西既可以是一个社会保持其存在的支柱,同时也最终将成为阻碍社会进步和新思想产生的障碍,而且它们往往以极其强大的势力顽固地束缚着人们的思想和行为。在我们今天传统的制约仍然需要勇气、时间和精力去克服,更不用说古代人了。由此可见,希腊理性的诞生的确在很大程度上得益于希腊文明的"中断",这一中断使希腊人比较少地受传统的限制和束缚,使新思想的产生和传播有了一个比较自由的空间。当然,这也只是相对而言的自由,因为希腊远古曾经发达的文明虽然湮没了,但是后来恢复起来的文明也有自己的宗教和宗法制度的传统,仍然需要人们去克服,只不过这个包袱相对而言不那么沉重罢了。

下面让我们来看一看希腊哲学的基本特征。

## 二 希腊哲学的基本特征

人生在世,人生活在世界之中。人生活在世界之中,一定会对世界有看法,有想法。这些看法、想法就是世界观。人有世界观,但不必一定要看到整个世界的样子,他可以通过想象力来幻想,因而世界各大文明的世界观的最早形态都是宗教或是神话。然而,人对世界的看法不可能永远停留在想象和幻想的阶段,所谓世界观需要真实地把握世界的整体,这就需要相当的抽象思维能力,而希腊人正是在此超越了神话和宗教的层面,开始了哲学的思考。

希腊哲学产生、形成和发展的过程,可以看做是哲学思维产生、形成和发展的过程。当希腊人开始哲学思考的时候,还没有抽象的概念可以使用。经过艰苦卓绝的思维劳作,他们才从生活中,从感觉经验中超拔出来,形成了具有一定抽象性和普遍性的哲学概念,而这些哲学概念往往都带有感性的特征。所以,就同一个概念而言,希腊人与我们的理解肯定是不一样的。例如,早期希腊哲学中,哲学始祖泰勒斯的学生阿那克西曼德把宇宙万物的本原规定为 apeiron,以前我们把这个概念翻译为"无限",于是有人便望文生义,认为阿那克西曼德的思想具有超时代的意义。实际上,这个概念译作"无定形"比较合适,其含义主要是强调本原的流变性和无规定性,而不是我们所理解的具有数学特征的"无限"。

因此,在讨论希腊哲学之前,为了不至于因为我们的思维方式使它过于"现代化",为了尽量按其本来的面目了解它,先让我们来分析它的基本特征。

希腊哲学的主题是获得关于宇宙万物的必然性或规律的知识。

希腊哲学体现了希腊人探索命运和必然性的那种坚韧不拔百折不挠的精神。尽管希腊人以身为自由公民为荣,但是自由在他们那里还没有成为一个理论问题,基督教以后,自由才成为一个理论问题。在他们看来,宇宙万物的主宰不是宙斯,因为即使众神也要服从命运和必然性。人世间的战争源自诸神之间的争吵,而诸神之间的争吵则是连宙斯也控制不了的命运。正如阿那克西曼德所说:"一切存在着的东西都由此生成的也是它们灭亡后的归宿,这是命运注定的。根据时间的安排,它们要为各自对他物的损害而互相补偿,得到报应。"[7]然而,尽管希腊人承认一切都是由命运和必然性所决定的,但是他们并不因此就对命运采取放任自流漠不关心的态度,而是义无反顾地逃避或抗争。就哲学而言,命运的观念从必然性演化为规律,而希腊人始终不变的是对知识的探求,因此哲学家的使命就是认识和解释命运、必然性或规律。

以希腊悲剧《俄底浦斯》为例。俄底浦斯尚未出生,神就向他的父母发出警告:他将杀父娶母。他的父母为了逃避命运抛弃了他,由养父母把俄底浦斯养大了。然而,俄底浦斯并不知道他的父母是养父母,为了逃避杀父娶母的命运,他离家出走了。在路上因为与人发生冲突,他在不知情的情况下杀死了自己的亲生父亲。由于俄底浦斯凭其智慧回答了斯芬克斯的谜语,迫其自杀,成了人人敬仰的英雄,做了一个城邦的国王。按照这个城邦的习俗,他在不知情的情况下娶了自己的母亲。结果,俄底浦斯包括他的父母都在逃避命运,不过正是在逃避命运的过程中,他们一步步地实现了命运。《俄底浦斯》告诉我们,在希腊人看来,命运的确是宇宙万物的主宰,不过他们并没有在命运面前低头,而是在否认这是自己的命运,或者逃避自己的命运的过程中,展开了丰富多彩乃至惊心动魄的人生。

所以,可以说,希腊精神是一种积极的悲剧精神。人人都知道命运是命中注定的,但是这并不影响希腊人积极地投入生活之中。即使命运已经确定,他们仍然要证明自己有不同的命运。

实际上,希腊著名哲学家苏格拉底的经历也可以用来说明问题。苏格拉底被看做是与孔子、释迦牟尼和耶稣并肩的人类导师。他的朋友到德尔斐神庙询问苏格拉底是不是希腊最有智慧的人,神喻的回答是肯定的。苏格拉底很诧异,因为他一向认为自己是无知的。于是,他便到公共场合与各个方面的专家探讨相关的问题,例如向艺术家请教什么是美,向将军请教什么是勇敢,向政治家请教什么是正义……目的是证明神喻错了,他并不是最有智慧的人。结果他发现那些自认为有智慧的人实际上是无知的,于是他终于明白了,神喻之所以说他有智慧并不是说他有知识,而是因为他自知无知,所以始终在求知。显然,苏格拉底执拗地求证神喻的过程也就变成了他求知警世的过程,当然在某种程度上也注定了他的命运。

希腊哲学作为西方哲学的源头,也是西方哲学中的一种特殊的哲学形态,具有许多不同寻常的特征,首先就是它的朴素直观性。

就思维方式而言,西方哲学以理论思维或思辨思维为其基本特征,而希腊哲学正是思辨思维的发源地。所谓"思辨思维"或者"理论思维"也就是"抽象思维"(abstraction),亦即将某种"属性"从事物中"拖"(traction)出来(ab),当作思想的对象来思考。我们知道,思辨思维作为抽象思维,与朴素直观性是相对的。那么,既然希腊哲学是思辨思维的诞生地,我们为什么又说它具有朴素直观性的特点呢?希腊哲学的思维方式的确是一种思辨思维,不过我们必须留神尽量不要使它过于"现代化"。当希腊人开始进行哲学思考的时候,他们并不像我们这样随便就有抽象概念可用,那时还没有形成抽象的概念,在他们与自然之间还没有任何观念的"中介",这种关系是直接的,因而他们只能借助于感性的表象来表达抽象的观念,所以希腊哲学的思辨思维始终带有感性的外壳。在某种意义上说,希腊人的一项历史使命就是经过艰苦的思维劳作,从感性表象中产生出抽象概念来,这就决定了希腊哲学的思辨性具有朴素直观的特点,而它的表达方式亦充满了丰富多彩的生活气息。

例如早期希腊自然哲学家用质料——水、火、土、气等——来表示自然的"本原",希腊哲学中的许多抽象概念大多来自感性的表象:柏拉图的"理念(idea)"和亚里士多德的"形式(eidos)"都源于动词"看(eido)"。许多希腊哲学家没有理论体系,甚至很少推理论证,他们经常使用的说明方式是断言和比喻。

其次是希腊哲学的经验主义。

希腊哲学的时代不是建构理论体系的时代,而是探索的时代,哲学家们从事哲学思考的目的不在于建立体系而在于解决问题。因此,希腊哲学在方法上就具有某种"经验主义"的特征。在希腊哲学这里,经验主义不是与理性主义或唯理论相对的规定,意思是说希腊哲学基本上是建立在经验观察的基础之上,他们从经验出发,通过经验去说明经验。在希腊人看来,哲学的目的是为了"拯救现象",他们所说的现象并不是我们所说的与本质相对的现象。在相当长的时间内,希腊人还没有明确划分本质与现象。对他们来说,世界只有一个,那就是自然,而现象就是对人所显现出来的一切事物,现象之外无他。所以,一切理论的目的都是为了解释现象说明现象的。任何存在都有其合理性,都是有原因的,哲学的工作就在于说明或者揭示这种合理性。当我们解释了某个现象的存在根据的时候,这个现象就得到了保存,否则就是不合理的。所以,希腊哲学在某种意义上乃是"就事论事"的哲学,它们都是针对某个问题或某个具体事物的,因而总是从经验出发去解释经验,从现象出发去解释现象,而不是为了建立某种哲学体系,亦即从一个基本原则出发推演出来的体系。因此,在希腊哲学中并没有形成完整严密的理论体系,而且由于其对现象的解释建立是在经验和观察的基础之上的,因而不可避免地充满了矛盾。

最后是希腊哲学的宇宙论性质。

就希腊哲学而言,所谓"宇宙论"就是自然哲学。在希腊哲学中,自然哲学占有十分重要的地位,即使是在宇宙论衰落之后,自然哲学仍然构成了希腊哲学的重要内容,例如在亚里士多德留给我们的著作中,有百分之八十是自然哲学方面的著作。

希腊人把宇宙自然、城邦国家和人看做是同制同构的:自然是"大宇宙",城邦是"中宇宙",人则是"小宇宙"。他们研究自然的目的不仅仅是为了研究自然而研究自然,也是为了说明城邦和人自身的。需要说明的是,希腊人的自然观与我们的自然观是不同的,在某种意义上说,他们的自然观与中国先秦时期哲学的自然观更接近。虽然我们把希腊人看做是自然科学的创制者,实际上他们所理解的科学与近代以来人们所理解的科学差别很大。希腊人像其他东方文明一样,把自然看做是活生生的有生命的神圣的存在,他们只是解释自然而从来没有要去改造自然,把自然看做是可以由人加以利用并为人服务的"改造自然"的观念是近代西方文明的产物。当然,希腊人的自然主义态度和追求知识的理想的确使他们形成了一种科学思维方式,而这种思维方式对西方文明产生了极其深远的影响。

希腊人最初也是最主要的哲学研究对象是自然,研究自然的哲学叫做"自然哲学"。由于希腊早期的自然哲学研究的核心问题是宇宙万物的本原和生成演变过程,因而又被称之为宇宙论或宇宙生成论。早期希腊哲学按照地域可以分为东部的伊奥尼亚学派、西部的南意大利学派和北部阿布德拉学派,当然这并不意味着同一个地区的哲学思想都是一致的。

# 三 宇宙论的问题

哲学产生于问题,产生于希腊人对自然感到迷惑不解从而有了探索自然的冲动,产生于希腊人试图按照自然本身的样子而不是按照神话传说来看待自然的要求。

为什么希腊人在开始哲学思考的时候,首先以自然为认识的对象?

因为当希腊人开始哲学思考的时候,他们与自然还是一体的,认识自然也就是认识自己。从心理学的角度看,人类的认识活动是"由外而内"的:他先要认识外在的对象,然后才能把自己当作对象来认识。从认识论的角度看,认识需要有对象。人必须首先对象化自身,然后才能把自己当作对象来认识。另外,从朴素直观的立场看,人无论如何不过是自然万物中的一种存在物,因而古人从一开始就把自己看做是自然的一部分,所以通过认识自然来认识人自己,应该是合乎情理的。希腊人之所以把自然看做是大宇宙,把人看做是小宇宙,就是源于人与自然同质同构的道理。

由此可见,哲学产生于自然对人类来说成了问题。

亚里士多德曾经说过,求知是所有人的本性,人是由于好奇或惊异(thaumazein)而开始哲学思考的。在说明他的观点的时候,亚里士多德所举的例子都是自然的问题:"不论现在还是最初,人都是由于好奇而开始哲学思考,开始是对身边所不懂的东西感到奇怪,继而逐步前进,而对更重大的事情发生疑问,例如关于月象的变化,关于太阳和星辰的变化,以及万物的生成"[8]。一个感到疑难和好奇的人便觉得自己无知,而一个为了摆脱无知而进行哲学思考的人显然不是以某种实用性为目的的,他为了知识而追求知识。因此,也许一切知识都比哲学更有用处,但是惟有哲学是真正自由的学问。在某种意义上说,当希腊人产生了"为什么"的疑问的时候,产生哲学的土壤就成熟了。一般说来,神话传说和宗教是不问为什么的,它们从来不需要合理的回答,它们本身就是一种自圆其说的对世界和自然的解释,我们不用问也不能问"为什么"。哲学和科学就不同了。

那么,希腊人最初问的"为什么"是什么?

当希腊人开始用理性的目光看待自然的时候,在他们的面前就出现了一个四季交替、草木枯荣的奇特景象。于是,希腊人便产生了一个奇怪的问题:为什么存在着的东西存在,而不是归于虚无呢?他们问的这个问题很奇怪,即使是在今天,我们绝大多数的人都不会问这样的问题。然而问题看起来很奇怪,但却并不意味着没有道理。希腊人之所以有此一问,是因为古人那种非常原始朴素的观念。我们都知道,万物有生必有死,因而存在着的东西一定会归于虚无。然而,四季交替,草木枯荣的自然景象却告诉我们,万物有生有死,但是万物聚合而成的自然却没有因为万物的生灭变化而毁灭,而是对我们表现为一种永恒的循环。这就让希腊人奇怪了:生灭变化的东西一定会变成没有,一切东西都没有了,自然本身也就没有了。既然四季交替,草木枯荣,说明在生灭变化的万物之中,存在着某种始终不变的东西,他们称这个东西为万物的"本原"。

于是,哲学的第一个概念就这样产生了。

按照亚里士多德的经典定义,所谓"本原"(arche)就是万物从它那里来,毁灭之后又回到它那里去,万物生灭变化,惟独它不变的东西。在希腊语中,arche 有多种含义,其中最主要的有两个,一个是开端,一个是主宰,因此这个概念曾经被翻译为"始基":既是开始又是基础。希腊人正是用这个概念来表达既是开端又是主宰的东西。按照希腊人的朴素观念,任何事物,如果开端随着发展消失不见了,这个事物也一定会消失不见的。反之,永恒存在的自然一定是循环的轮回,非如此不能解释自然的永恒性。这就是说,开端并不因为是开端就消失不见了,它仍然存在着,并且主宰着整个发展的过程。所以在希腊人看来,真正原始古老的开端也就是万物的主宰,这就是宇宙万物的本原。

那么,宇宙万物的本原是什么?当希腊人开始哲学思考的时候,世界和自然还没有被划分为本质与现象两个方面,自然就是自然,自然是一个整体。虽然如此,区别还是有的,否则就不是哲学了。这个区别就是自然对我们表现出来的"结果",与造成这些结果的"原因"。哲学家不同于神学家的地方就在于,他们不是以想象和幻想的方式,而是以理性认识的方式看待自然的,因而他们试图以自然的东西说明自然,这就形成了希腊哲学的早期形态,即"自然哲学",也被称之为"宇宙论"或"宇宙生成论"。所以,在哲学的第一个问题,即"本原"的问题中,其实包含着两个问题:一个是本原是什么的问题,一个生成的原因问题,亦即使自然万物运动变化的动力问题。对希腊人来说,哲学的工作就是发现自然中最古老的开端,亦即时间上在先的东西。人们曾经尝试过不同的解释:本原是水,本原是火,本原是气……希腊人认为,自然是由水、火、土、气四种元素组成的,哲学家的工作就是确定究竟哪一个是时间上在先的本原。

第一个提出并且试图回答本原问题的哲学家,是米利都学派的泰勒斯。

显然,哲学由日常生活中诞生,但是又不同于日常生活。哲学家所说的水、火、土、气,既是自然元素,又不完全是自然元素,而是哲学的概念。以哲学始祖泰勒斯为例。泰勒斯(Thales)是希腊七贤之一,希腊最早的哲学学派伊奥尼亚地区米利都学派的创始人,由于年代久远,生卒不详。当时希腊人对古人有一种推算年龄的术语,叫做"盛年"(akme),这个概念的原义是最高点、极盛期、开花的时期。在希腊人看来,一个人通常在 40 岁时应该出成果了,就像我们所说的"三十而立"。泰勒斯的盛年被定在公元前 585 年,因为据说他预言了这一年的日食。从柏拉图和亚里士多德的时代开始,人们就尊称泰勒斯为哲学的始祖,有两件传闻逸事表明他的确当之无愧。

一件事是有一天泰勒斯两眼向上专注于观察天象,不留神掉到了沟里,一位色雷斯女仆便嘲笑他连眼前的事都看不清楚,还想了解天上的事。另一件事是泰勒斯为了证明哲学家之所以贫穷并不是因为哲学无用,他根据自己的天文气象知识预感橄榄会大丰收,于是买下了所有的榨油作坊,结果获得了很大的利润。把这两件事联系在一起看,很有意思。从古至今的哲学家中有许多都是科学家,他们的智力水平超乎常人,他们都关注知识,但所关注的不是知识的实用性而是知识本身,他们寻求破解的不是具体事物的个别原因,而是所有事物的一般的共同原因。所以,他们骨子里是哲学家而不是科学家,也不是神学家。一说到眼前的事情,哲学家们往往显得笨拙迂腐,但要是一说起抽象思辨玄妙奥秘的事,他们便会滔滔不绝,那是他们的强项。如此说来,泰勒斯作为有记载以来第一个因为观察天象而掉进沟里的人,只此一项就可以被尊为哲学的始祖。

米利都学派有三位代表:泰勒斯、泰勒斯的学生阿那克西曼德(Anaximander,盛年约在公元前 570 年)和阿那克西曼德的学生阿那克西美尼(Anaximenes,盛年约在公元前 546 年)。实际上泰勒斯只留下了两句话,而且还是"据说"。一句话是"大地浮在水上",一句话"宇宙充满了灵魂"。罗素对于一个初次学习哲学的人读到泰勒斯的话时可能出现的情形做了生动的描述:人们都把哲学看做是高深莫测的神圣殿堂,然而当他们读到泰勒斯的这两句话时,不免有些泄气,这两句话实在是毫无深刻含义可言。顺便说一句,读哲学史最好不看罗素的《西方哲学史》。一般说来,大哲学家写的哲学史往往受其哲学立场的限制,有太多的偏见,黑格尔算是个例外。因为黑格尔非常自觉地从哲学史而不是他自己的哲学出发来理解和论述哲学史的,这就使他成为了哲学史这门学科的创始人。

如果从字面上理解泰勒斯的这两句话,那么的确如此。然而我们必须记住，我们不能按照通常的方式来理解泰勒斯的这两句话。所谓"大地浮在水上"的意思是说水是万物的本原，虽然我们没有充分的证据认为泰勒斯已经使用本原这个概念了，一般说来，泰勒斯的学生阿那克西曼德被认为是第一个使用本原概念的哲学家。那么，泰勒斯为什么用"水"而不是其他自然元素表示本原呢？亚里士多德有一些猜测，例如水是生成、生长的生命元素，水神是诸神中最古老的神等等。我们知道，在世界各大文明中不仅水神都是最古老的神，而且都有大洪水的传说。当泰勒斯开始哲学思考的时候，他不可能完全摆脱宗教神话的影响，而且在某种意义上说，希腊神话也是哲学诞生的温床。按照希腊人的观念，人间的战争是诸神争吵的结果，而诸神包括宙斯也不得不服从命运的支配。这就是说，在人间战争与诸神争吵之间肯定存在着某种必然性的关系，但这种关系又不是直接的，不是肉眼能够看得见的，所以在宗教神话中这种必然性被归结为没有道理可讲的命运。于是在命运面前，宗教神话停步不前了，哲学家则开始了思考，他要寻求的是能够说得清道得明，而且合乎道理的原因。因此，泰勒斯所说的水，并不是日常生活中我们喝的水，而是一个哲学概念。我们说过，当希腊人最初开始哲学思考的时候，他们还没有一般性的普遍概念可用，只能使用日常生活中的感性事物来表示某种普遍一般的东西。对泰勒斯来说，水是一种自然元素而不是超自然的东西，而水的流动性、易变性、可塑性和生命原则等等，正是化生万物的本原应该具有的基本特征。

泰勒斯的另一句话是"宇宙充满了灵魂"，因为在他看来，灵魂是一种活动的能力。这就涉及到了自然哲学或宇宙论的另一个问题：万物周而复始，循环不已，究竟是由什么推动的？后来阿那克西美尼认为本原是"气"，实际上相当于把泰勒斯的这两个命题合而为一了：在希腊人那里，灵魂（psuche）的原义是"呼气"、"呼吸"。本原是气，是生命，或者灵魂，本原是活生生的有生命的，因而本原自身就包含着生成的动力。

泰勒斯用"水"来表示本原，体现了自然哲学家们的一个朴素的观念：本原是无定形的（apeiron），阿那克西曼德就称本原为"无定形"（apeiron）。我们说过，过去将 apeiron 译作"无限"实际上把这个概念"现代化"了。在希腊语中，apeiron 是"没有"或"无"（a）"界限"、"规定"（peiras）的意思。万物从一个东西即本原产生出来，生灭变化之后又回归本原，因而自然原本是混沌（chaos），而后才分化万物，而本原变化万物但终归还要回归自身，所以本原是一切，但又什么都不是，这就是"无定形"的含义。

在这一派哲学家中，赫拉克利特的思想最具有代表性。

赫拉克利特（Heracleitos，盛年约在公元前504—公元前501）出生于米利都以北的另一座商业城邦爱菲斯，在当时就有"晦涩哲学家"之称。赫拉克利特是他那个时代遗留残篇最多的哲学家，有一百三十多条，他在哲学史上的重要地位以及对后世的影响，由此可见一斑。

赫拉克利特宣称："这个万物自同的宇宙，既不是任何神，也不是任何人所创造的，它过去是、现在是、将来也是一团永恒的活生生的火，按照一定的分寸燃烧，按照一定分寸熄灭。"[9]人们通常说赫拉克利特以火为宇宙万物的本原，或许说他以火来体现本原的流变性更为恰当。因为在希腊人的水、火、土、气四大元素中，火是最特殊的，它本身不是什么，而是其他元素的燃烧。所以，火这个概念与"无定形"一样，突出的是运动变化的永恒性。另外，虽然一切皆流，无物常住，一切都在变化，惟有变是不变的，但是变化也不是无迹可寻，变化亦有一定的尺度，这个规范万物运动变化的尺度就是逻各斯。

在赫拉克利特哲学中，最富特色和深意的重要概念就是这个"逻各斯"。"逻各斯"（logos）在古希腊语中本是一个源于动词 lego（说）的普通名词，基本含义是言说、话语，据此而派生出道理、理由、理性、考虑、比例、规则等许多其他的含义。汉语由于难以找到与之相应的概念，因而通常音译为"逻各斯"，有时亦以老子的"道"译之。在赫拉克利特那里，逻各斯的含义很多，主要指万物必须依据和遵守的尺度或比例、普遍原则或必然性，相当于我们所说的"规律"。早期希腊自然哲学从朴素的辩证法出发，断定自然万物均处在运动变化之中。然而，如果一切都处在运动变化之中，知识就没有立足的依据。因此，赫拉克利特以逻各斯作为运动变化的尺度，亦即我们所说的规律，使知识有了确定性。逻各斯是西方哲学的一个重要概念，"逻辑"（logic）就是从它衍生出来的。《新约·约翰福音》一开篇就说"泰初有道"，"道"即逻各斯，所以又有"圣言"之说。

赫拉克利特哲学最显著的特色是朴素的辩证法，黑格尔称之为辩证法的奠基人，并且不无夸张地说："没有一个赫拉克利特的命题，我没有纳入我的逻辑学中。"[10]赫拉克利特有关辩证法的残篇很多，例如："相反的力量造成和谐，就像弓与琴一样"、"生与死、醒与睡、少与老是同一的"、"向上的路和向下的路是同一条"、"人不能两次踏入同一条河流"、"我们踏入又不踏入同一条河流，我们存在又不存在"等等。[11]当然，这些辩证法思想毕竟是朴素的、直观的和单纯论断性的，而且具有相对主义的因素，这就为他的弟子克拉底鲁对其思想的片面发挥留下了余地，据说克拉底鲁宣称"人一次也不能踏入同一条河流"。另外，就"人不能两次踏入同一条河流"这一命题而论，赫拉克利特似乎主要关注的是河流的变化，然而实际上踏入流动的河流的人也一样处在运动变化之中，而这正是后来智者的思路。

然而，当哲学家们用"无定形"的本原来解释自然万物的流动和变化的时候，知识的问题却越来越突出了。赫拉克利特认识到自然惯于隐藏自己，他对于人们能否认识逻各斯没有把握。由于当时的哲学家都是通过经验观察来认识自然解释自然的，而且"无定形"的"混沌"更是认识的障碍，所以当哲学家们争论究竟什么是无定形的本原时，另一些哲学家则认为本原必须是"有定形"的，即有规定性的，他们崇尚的是秩序，即 cosmos。cosmos 作为天体的秩序，或有秩序的天体，后来演变成了"宇宙"这个概念。这一派哲学家以毕达哥拉斯学派和爱利亚学派为代表，正是他们哲学家扭转了哲学的方向，奠定了西方哲学的基础。

## 四　本体论的转向

毕达哥拉斯学派是一个以毕达哥拉斯(Puthagoras，盛年约在公元前 532 年)为创始人，集政治活动、宗教信仰和学术研究为一体的团体。他们擅长数学，勾股定理至今被称之为毕达哥拉斯定理。可能正是因为对数学的研究，使他们认为数是万物的本原，理由是万物中普遍存在着数学结构，例如比例关系规定着事物的存在，也是天体运行的规律。显然，"数"尽管还不是思想概念，仍然具有感性的特征，但是与水、火、土、气相比，毕竟具有相当的普遍性和抽象性。通常我们将其看做是从早期自然哲学到巴门尼德存在论的中间环节。巴门尼德与赫拉克利特是同时代的人，两者的思想形成了鲜明的对照：赫拉克利特强调运动和变化，巴门尼德强调静止不动；赫拉克利特主张万物是多，巴门尼德则主张存在是一。在某种意义上说，他们两个人，一个代表着始终处在生灭变化之中，既存在又不存在的"现象"，一个代表着不动不变始终如一的"本质"(存在)，两者就好像哲学的一对孪生兄弟，一阴一阳，一正一反，他们的思想后来都汇集到了柏拉图的"理念论"之中。

巴门尼德(Parmenides，盛年约在公元前 504—公元前 501)，生活在南意大利的爱利亚城邦，他是爱利亚学派的主要代表。在他的哲理长诗一开篇，巴门尼德就借女神之口为众人指点迷津，希望把人们从黑暗带到光明之中。我们的认识面对着两条道路，一条是"真理之路"，一条是"意见之路"。"真理之路"以"存在"为对象，"意见之路"则以"非存在"为对象。"非存在"不是不存在,而是既存在又不存在的自然事物。在巴门尼德看来,只有存在是可以思想和述说的,非存在既不能被思想也不能被述说。因此,知识只有一条路,那就是存在之路。在希腊人那里,知识与意见有着严格的区别:知识具有普遍必然性,意见则是因人而异的。巴门尼德把以往的自然哲学都看做是"意见之路",他现在所做的工作就是使哲学走上"真理之路"。哲学家们要追问的总是最根本的东西,亦即第一性的东西。如果说以泰勒斯为首的一些哲学家追问的是时间上在先的最古老的开端和主宰,那么我们可以说巴门尼德扭转了哲学的方向,他要追问的真正第一性的东西不是时间上在先的本原,而是逻辑上在先的本质,他称之为"存在"。巴门尼德关于两条道路的划分,相当于我们所说的本质与现象,只不过还没有那么明确。他所做的努力,无非是使人们从变动不居、生灭不已的感觉经验超越出来,转向常住不变、永恒惟一的本质。

那么,巴门尼德为什么要与自然哲学反其道而行之呢?

希腊哲学要寻求的是运动变化的自然万物之中具有普遍性的和永恒不变的东西。然而自然哲学家们所说的本原都具有感性具体性的特点,因为他们本来就是要以一种自然元素来说明所有的自然元素,而这样的本原不可能具有普遍性和永恒性,更不用说我们对之难以形成知识了。不仅如此,虽然本原被看做是最原始的东西,然而哲学家们在追问本原的时候却因众说纷纭而陷入了无休止的争论之中,这样一来知识就难以确定一个立足点。显然,知识必须从一个确定无疑的东西出发,不能陷入无穷后退之中。后来,亚里士多德还专门提出了一个"无穷后退不可能"的原则,所谓"无穷后退不可能"原则指的是,如果知识是存在的——在希腊人看来确实如此,那么就必须有一个确定无疑的立足点而不能无休止地追溯其根据,即无穷后退,否则知识就是不可能的。换言之,如果知识是可能的,那么无穷后退就是不可能的。这不仅是亚里士多德的原则,实际上也是古典哲学乃至形而上学的一个基本原则,直到康德和黑格尔都是如此。现代哲学不再坚持这样绝对的立场了,因为我们不再像以往的哲学和科学那样将知识尤其是科学知识看做是绝对的普遍必然的了。

问题是,我们怎样才能获得关于存在的知识?巴门尼德凭什么说只有存在是认识的对象?巴门尼德延续着前面的推论:只有存在能够被思想和述说,非存在不能被思想也不能被述说。既然如此,凡是能够被思想和述说的就一定是存在的。于是他得出结论:"作为思想和作为存在是一回事情"[12]。通常我们把这个命题简略为"思维与存在的同一性",而且归之于黑格尔。实际上,巴门尼德早就提出这个命题了,只不过它的含义与黑格尔不尽相同。我们可以把这个命题看做是思辨思维的公式:认识无非是要达到与对象的同一性,而这个同一性在感觉经验中是无论如何也不可能获得的,只能在思想或者理性认识之中有其根据。因为思想是普遍性,存在也是普遍性,惟有在思想中达到知识与对象的同一性。由此,巴门尼德便为西方哲学奠定了基本的思维方式,那就是通过理性认识的方式认识万物的本质。

巴门尼德哲学是希腊哲学的转折点,虽然这一转折的深远意义直到苏格拉底之后才真正显现出来。巴门尼德对哲学的伟大贡献是多方面的。首先,他关于两条道路或两个世界(本质世界和现象世界)的划分,确定了后来西方哲学所关注的基本方向。其次,他将"存在"确立为哲学研究的对象,奠定了本体论的基础;再次,他不再像自然哲学家那样武断地宣称,而开始使用逻辑论证的方法,使哲学向理论化体系化的方向发展;最后,他关于"作为思想和作为存在是一回事情"的命题确定了理论思维或思辨思维的基本形式。

巴门尼德将"存在"确定为哲学研究的对象,具有极其重要的理论意义,它使西方哲学从宇宙生成论转向了本体论,而且蔚为大观,统治西方哲学长达两千多年。

所谓"本体论"(ontology)应该译作"存在论",因为其词义就是关于"存在"(to on)的理论(logos)。宇宙生成论与本体论的根本区别在于,前者追问的是宇宙自然在时间上最原始的开端和主宰,因而本原通常是时间上在先的质料性的东西,而后者则追问的是宇宙自然在本质上真正第一性的东西,存在乃是在逻辑上在先的东西。

那么,巴门尼德为什么用"存在"来规定逻辑上在先的本质呢?

先让我们看一看"to on"(Being)这个概念的翻译。在希腊语中,to on 有两种含义,一是所有存在着的东西,一是存在者的存在,汉语并没有与之对应的概念,因为 to on(Being),可以有"在"、"是"、"有"等等的含义,汉语却没有一个可以将这些含义包容一身的概念。译作"存在"实在有点儿勉为其难,因为汉语中的"存在"意指"存有"和"在场",两者都有某种具体性,而"to on"则是看不见摸不着的抽象概念。近年来,学术界关于这个概念的翻译展开了热烈的争论,现在还没有定论,或许也不可能有定论,因为一种语言翻译另一种语言任何时候都不可能完全令人满意,哲学概念尤其如此。所以,我们仍然沿用"存在"这个概念,取约定俗成之意,实乃不得已而为之。

"存在"概念的产生有着深刻的语言学背景,在某种意义上说,它是印欧语系所特有的系词结构的产物。

在印欧语系中，逐渐形成了一种基本的语句结构，即系词结构：一个语句通常是由系词连接主词和宾词而形成的。不同的语言会形成不同的思维方式，也会形成不同的表达哲学思想的方式，因而不同的哲学形态，如西方哲学与中国哲学，其差异总有语言学上的根源。希腊人最初以自然万物的本原为研究对象，其目的是寻找生灭变化的自然万物中始终保持不变的东西。自然哲学家们以某种自然元素如水、气等作为本原，因为本原需要满足一个条件，这就是它必须能够在保持自身的同时还要能够转化为其他的自然元素，如此才能说明自然万物的多样性和统一性。但是，如果本原也是一种自然元素，也处在变化之中，那么它就不是真正不变的东西，而且由于在本原问题上哲学家们存在着争论，从而难以形成普遍的共识。于是，巴门尼德认为本原不可能是不变的东西，因为它们处在运动之中，只是既存在又不存在的"非存在"。那么，什么才是真正不变的东西呢？我们用语言来述说事物。在希腊人看来，语言所表述的东西与被表述的东西是一回事，语言就是存在。在语言中，主词和宾词都是可变的，惟有连接两者的系词"是"是不变的：天"是"蓝的，花"是"红的，这"是"一棵树等等。一切东西首先是，然后才是什么，换言之，这个"是"是使什么成为什么的根据和前提。现在我们要寻找变化中不变的东西，而不变的只有这个"是"，加之由"是"的不定式亦衍生出了它的分词形式和名词形式，这就使我们可以像追问其他概念的含义一样，追问"是"是什么。在巴门尼德看来，正是这个"是"使是什么的东西成为了什么，正是这个"存在"使存在着的东西存在出来了。这就是说，"是"先于所是的东西，"存在"先于存在者——当然这里所说的"先于"指的是逻辑上在先。或者说，一切是什么的东西先要"是"然后才是"什么"，一切存在者先要存在然后才能存在出来。于是，存在不仅是所有事物中惟一不变的东西，而且它也是一切存在着的东西之所以存在的前提和根据。

巴门尼德是本体论的奠基人，其思想的倾向就是以思想的普遍性为基础，摒弃了自然哲学追问时间上在先的开端的思路，探索自然在逻辑上本质上在先的根据。所谓逻辑上在先，说的是一事物之所以为这一事物固然有构成它的材料问题，但是构成事物的材料并不是决定事物之为事物的根本，决定事物是事物的乃是它的定义、概念或本质。当然，巴门尼德的思想毕竟是比较朴素的，他虽然否定了意见之路，但却并未将之从哲学中驱逐出去，仍然为之保留了一定的位置，随之而来的问题不仅包括一与多的关系问题，而且还包括如何处理本质与现象之间的关系的问题。巴门尼德的两条道路

——真理之路和意见之路也就是后来"本质"与"现象"之区别的雏形,这亦构成了本体论或形而上学的基本原则,同时也是它的难题之一。当然,巴门尼德所能做的只是确立了存在作为哲学的对象,至于存在与非存在、本质与现象、感觉与理性等等的关系问题,他留给了后人。

说到巴门尼德与前人的分歧,我们以桌子为例。

就对桌子的认识而言,早期希腊哲学的两派,一派从泰勒斯开始试图通过从构成桌子的材料追问桌子的来源,以这种方式认识桌子。他们会这样追问下去:桌子是由木头构成的,那么木头是从哪里来的? 木头来自树木,那么树木是从哪里来的? ……另一派以巴门尼德为代表则主张,我们不可能从材料上追问出桌子的来源,通过构成桌子的材料也不可能认识桌子。认识桌子的关键在于认识使桌子成为桌子的东西,这就是桌子的"概念"或定义。如果我们进一步追问使自然万物成为自然万物的东西是什么,对巴门尼德来说,这个问题也就是自然万物中最普遍的东西是什么,他的回答就是"存在"。

巴门尼德对自然哲学的挑战,实际上也是对常识的挑战。例如他认为存在是一,多是不存在的;存在是静止的,运动是不可能的,很自然地受到了人们的嘲笑。他的学生芝诺(Zenon,盛年约在公元前464—公元前461)为了维护老师的学说提出了许多"悖论",例如"阿基里斯追龟"、"二分法"、"飞矢不动"、"运动场"等,意在将主张万物是多和运动的人的观点推向自相矛盾。

我们以芝诺反对运动的论证二分法、阿基里斯追龟和飞矢不动为例。

先说"二分法"。物体的运动总是从一点走到另一点,比如从 A 点到 B 点,在 AB 两点之间有 100 米的距离,如果物体要从 A 点运动到 B 点,就必须先完成全程的一半,即 50 米,我们把这一点称为 C。但是要从 A 点到 C 点,先要完成全程的一半的一半,即 25 米,我们把这一点称为 D。然而要从 A 点到 D 点,还须完成全程的一半的一半的一半,即 12.5 米……如此类推,乃至无穷。这样算下来,从 A 点到 B 点之间有着无限的距离,因而永远也达不到目的地。

再说"阿基里斯追龟"。在《荷马史诗》中,阿基里斯是希腊跑得最快的英雄,而且谁都知道,乌龟爬得最慢。但是芝诺却证明说,在赛跑中最快的永远赶不上最慢的,阿基里斯追不上乌龟。因为追赶者与被追赶者同时开始运动,而追赶者必须首先到达被追赶者起步的那一点,例如阿基里斯距离乌龟 100 米,当阿基里斯跑到 100 米处时,乌龟向前爬行了 1 米。当阿基里斯跑到 1 米处时,乌龟向前爬了 1 厘米。当阿基里斯跑到 1 厘米处时,乌龟又向前爬了百分之一厘米……如此类推，以至无穷，在他们之间存在着无限可分的距离，所以阿基里斯永远也追不上乌龟。

最后一个例子："飞矢不动"。芝诺声称任何物体都占有自己的空间，不占有空间的东西就不存在，超出自己的空间也意味着这个物体的毁灭。倘若如此，当我们把箭射出去之后，这箭究竟在运动还是不在运动？由于这支箭占有自己的空间，而且不能离开自己的空间，因此运动着的箭实际上并没有运动。

芝诺想证明什么？他要证明，巴门尼德坚持存在是一，是静止不动的，虽然看起来很荒谬，其实是合理的。而那些坚持认为存在是多，存在是运动变化的人好像合乎情理，其实是荒谬的。我们说过，希腊人研究自然的目的是"拯救现象"，为现象提供合理的根据和说明。现在芝诺通过将运动推到矛盾的地步，来说明运动是不可能的，或者准确地说，运动是不合理的。黑格尔之后，尤其是恩格斯之后，人们用运动本身就是因为矛盾才是可能的，来回答芝诺的挑战。不过，问题并没有因此就不存在了，实际上芝诺悖论至今仍然是人们研究的课题。与芝诺同时代的人们都感到芝诺的悖论与经验不合，因为我们明明能够从 A 点走到 B 点，阿基里斯肯定追得上乌龟，射出去的箭当然处在运动之中，但是却又难以从理论上驳斥芝诺。有一个典型的例子：有一个叫第奥根尼的人向他的学生证明芝诺悖论是错误的，他一言不发，在屋子里走了一个来回。学生一看，原来如此。但是紧接着第奥根尼就要求他的学生也来证明芝诺的悖论是错误的，于是他的学生学老师的样子也在屋里走来走去，据说第奥根尼毫不客气地打了他一顿。这个故事告诉我们，芝诺本人肯定会走路，也不可能比乌龟走得慢，但是经验观察虽然如此，运动理论上却存在着矛盾。如果我们用行动来证明芝诺是错误的，当然没有任何意义，因为理论需要理论上的批评。

显然，芝诺同时代的自然哲学家们都知道芝诺悖论与实际情况不符，但是却又难以从理论上提出有力的反驳，这就使他们陷入了进退维谷的窘境。为了回应巴门尼德和芝诺的挑战，有些哲学家便从一元论转向了多元论：既然用一来说明多有问题，我们就用多来说明多。主要代表人物是恩培多克勒（Empedocles，盛年约在公元前 444 年）和阿那克萨戈拉（Anaxagoras，盛年约在公元前 440 年）。恩培多克勒提出了"四根说"，以水、火、土、气为万物的本原，以"友爱"和"争吵"为聚散万物的力量。阿那克萨戈拉则提出了"种子说"，认为自然万物是由千差万别多种多样的"种子"构成的，在一事物中占优势的"种子"决定着这一事物的本性。他还以一种精神性的实体"努斯"

(nous)作为事物运动变化的原因。另外,哲学之花后来在雅典迎风怒放,有阿那克萨戈拉的一份功劳,他的一大贡献就是把哲学从外邦带回了雅典,苏格拉底就是他的学生的学生。

早期希腊自然哲学的最高成果是德谟克利特的原子论。

德谟克利特(Democritus,盛年约在公元前 420 年)对自然哲学进行了总结,他以原子和虚空作为自然万物的本原。在希腊语中,"原子"的本义是"不可分"的意思(atom),因而是构成万物的最小单位。所谓"虚空"并不是空无所有,而是原子运动的场所,所以像原子一样是实在的。原子在质上是同一的,但是在形状、位置和秩序有差别,所以构成了千差万别的事物,宇宙的生成则起源于原子在虚空中的碰撞。

德谟克利特认为原子(atom)与虚空构成了万物:原子——不可分的最小单位——是存在,而虚空是非存在,不过非存在并不是不存在,而是存在的另一种状态,它是原子运动的场所。与阿那克萨戈拉多种多样的种子不同,原子是同质的,这就是说,万事万物都是由一种东西构成的,它们之间的区别乃在于原子之间存在的形状、位置和秩序之间的区别。换言之,由于原子之间在形状、位置和秩序上有所不同,它们所组成的事物亦有所不同。这样,德谟克利特就比较好地解释了自然万物的统一性和多样性:万物为一,都是由同一种东西组成的,万物亦是多种多样的,因为原子之间有形状、位置和秩序的不同。由于存在着虚空,原子就有了运动的场所——原子在虚空中的碰撞造成了它们的组合与分解,从而形成了万事万物。

与以往的自然哲学相比,原子论在理论上似乎更合理一些。它一方面坚持用质料来规定本原,另一方面则以原子和虚空来解释宇宙自然的统一性和多样性。然而我们发现,原子论具有十分浓厚的机械论的色彩:原来活生生的有生命的自然现在变成了一大堆像散沙一样的各自独立的原子的集合,而运动和变化则体现为单纯量的组合与分解。因此,看上去原子论解决了自然的统一性和多样性,而实际上这些问题并没有得到真正的解决:与其说自然是统一的,不如说它是分散的;与其说自然是多种多样的,不如说多样性只是某种假象,实际上万物不存在质的区别。德谟克利特曾经说,万物之间并没有区别,一切都是约定俗成的,因为真正存在的只是同质的原子:"……甜和苦是从俗约定的,热和冷是从俗约定的,颜色也不例外,实际上只有原子和虚空。"[13]于是我们发现,"本原"这个概念在多元论哲学中其含义除了"开端"和"主宰"之外,尤其突出了"元素"的规定。与此同时,他们的自然观亦越来越具有机械论的色彩。

现在,我们对早期希腊哲学的形成和演变作一个简单的回顾:

早期希腊哲学试图解决的问题是自然万物的本原问题,哲学家们在一定程度上摆脱了宗教传统的限制,试图以自然来说明自然,从各种角度进行了艰苦卓绝的探索。然而,由于这个时期的自然哲学建立在经验和观察的基础上,它的问题是哲学的而其内容却是科学的,因而需要但却缺少科学实验的理论和手段,所以主要是朴素直观和猜想性的,难以形成普遍必然的知识。于是,爱利亚学派的巴门尼德揭示了自然哲学的缺陷,摒弃了自然哲学的宇宙论道路,将哲学的研究对象转向了"存在",这就为后来长期主宰西方哲学的形而上学或本体论奠定了基础。此后的自然哲学家们为了解决巴门尼德提出的难题而采取了多元论的方式,最终形成了当时自然哲学的最高成就,即德谟克利特的原子论。

然而,原子论哲学的创立也标志着早期希腊自然哲学的结束。

首先,当希腊哲学深入到事物内部,试图说明构成自然的元素和结构的时候,这些问题实际上应该由自然科学来解决,至少需要科学工具和手段的支持,而这恰恰是希腊自然哲学所无法满足的条件。其次,从米利都学派到原子论,朴素辩证的自然观逐渐具有了比较浓厚的机械论色彩,原本蕴含于本原之中的运动变化的原因被排除在了事物之外,因而难以说明宇宙万物的自我生成。最后,希腊哲学追求的是关于自然的知识,自然哲学演变的结果却是众说纷纭、莫衷一是,因而不可能满足这一要求。因此,尽管自然哲学后来仍然是希腊哲学所研究的重要问题,但是早期希腊自然哲学的宇宙论终于衰落了。随着人们抽象思维的进一步发展,随着哲学中心向雅典的转移,随着雅典民主制带来的经济繁荣、社会开明、文化发达和知识进步,人们的视野更加开阔,思想日益活跃,对社会和人自身的问题愈加关注。

早期希腊哲学讨论了许多哲学问题。它要解决自然万物的生成变化和来源归宿的问题,自然万物多种多样,本原只能有一个,这就形成了一与多的关系问题。既然讲生成,就一定会遭遇运动与静止的关系问题。希腊人要把握关于自然的知识,因而不可避免地要关涉到感性与理性的关系问题。以后我们将看到,这些问题虽然是由自然哲学提出来的,但却不仅仅是自然哲学的问题,也是后来的哲学家们一再探讨的哲学问题,不过由于探讨问题的方式发生了变化,在形态上则有所不同。

**参考书目**

1. 苗力田主编:《古希腊哲学》,中国人民大学出版社,1995 年。

2．汪子嵩等：《希腊哲学史》，第一卷，人民出版社，1988 年。

3．叶秀山：《前苏格拉底哲学》，人民出版社，1997 年。

4．宋继杰主编：《BEING 与西方哲学传统》（论文集），上下卷，河北大学出版社，2002 年。

## 注 释

〔1〕 《马克思恩格斯全集》，中文第一版，第 20 卷，第 386 页。

〔2〕 罗素：《西方哲学史》，上卷，第 24 页，商务印书馆，1982 年。

〔3〕 参见〔法〕让 - 皮埃尔·韦尔南：《希腊思想的起源》（"法兰西思想文化丛书"之一），
三联书店，1996 年。

〔4〕 《历史上最伟大的演说辞》，第 11 页，天津社会科学院出版社，2001 年。

〔5〕 《希腊思想的起源》，第 12 页。

〔6〕 《希腊思想的起源》，第 37—39 页，第 47 页。

〔7〕 苗力田主编：《古希腊哲学》，第 25 页，中国人民大学出版社，1995 年。

〔8〕 亚里士多德：《形而上学》，《亚里士多德全集》第七卷，第 31 页。

〔9〕 《古希腊哲学》，第 37—38 页。

〔10〕 黑格尔：《哲学史讲演录》，第一卷，第 295 页，三联书店，1956 年。

〔11〕 参见《古希腊哲学》，第 40—43 页。

〔12〕 《古希腊哲学》，第 93 页。

〔13〕 《古希腊哲学》，第 167 页。

**第三讲**

# 苏格拉底的问题

智者运动
苏格拉底之死
德性即知识
"是什么"的问题
助产术

希腊哲学的繁荣时期是"雅典时期",大体上指公元前 5 世纪到公元前 4 世纪 40 年代马其顿统一希腊以前的一百多年,在这一时期希腊城邦制从繁荣走向衰落,而希腊哲学却达到了它的鼎盛。这一时期哲学的主要代表是具有师承关系的三位哲学家:苏格拉底、苏格拉底的学生柏拉图和柏拉图的学生亚里士多德。

苏格拉底(Socrates,公元前 469—公元前 399)出生在雅典,做过阿那克萨戈拉的学生阿尔克劳的学生。我们说过,阿那克萨戈拉有一项功绩就是将哲学从外邦带回了希腊本土,带到了雅典。苏格拉底与孔子、释迦牟尼和耶稣等人并称人类的导师,他虽然没有写过什么哲学著作,但却以他的言行对西方文明产生了至今难以估量的深刻影响。有人可能会问,既然苏格拉底没有写过哲学著作,我们如何能够了解他的哲学思想?主要通过苏格拉底的学生柏拉图和同时代人的回忆和记录。柏拉图的哲学写作采取了对话的形式,其中绝大多数对话的主角都是苏格拉底。当然,由此亦产生了另一个问题:在这些对话中,究竟哪些是苏格拉底的思想,哪些是柏拉图自己的思想？实际上,这是很难区分的。学术界一般将柏拉图早期的一些主要讨论伦理学问题的对话称之为"苏格拉底对话",根据其他的一些证据例如亚里士多德的记述,梳理出苏格拉底本人的思想。

苏格拉底的思想具有划时代的意义,以至于后人以他来划分时代,称此前的自然哲学为"前苏格拉底哲学"。在某种意义上说,此后两千多年的西方哲学乃是由苏格拉底等三位具有师承关系的伟大哲学家奠基的。

我们这一讲的题目是"苏格拉底的问题"。"苏格拉底的问题"有三重含义:其一是苏格拉底之死乃历史上的一大公案,究竟谁是谁非是一个问题,这就是说,苏格拉底本人就是一个问题;其二是苏格拉底面临的哲学问题促使他走上了理性主义的道路,这个问题就是知识的问题;其三是苏格拉底把哲学要解决的问题定位在"是什么"的问题上,从而确定了西方哲学解决问题的基本思路。

说到苏格拉底,不能不说一说智者运动。

# 一　智者运动

据说阿那克萨戈拉是第一个将哲学从外邦带回雅典的,不过使雅典的思想活跃起来的却是智者。当然。智者们不仅使雅典的思想活跃起来,也使之陷入了混乱。

所谓"智者",古希腊语为 sophistes,原本泛指有智有识有才之士,例如"七贤",雅典最早的改革家梭伦和哲学始祖泰勒斯都名列七贤。但是到了公元前 5 世纪时,"智者"一词则专指一批收费授徒、重点教授修辞学和论辩术并以此为职业的教师。我们经常会听到"智者派"、"智者学派"的说法,其实这种说法是不确切的。因为智者除了在职业特点和思想倾向方面比较类似而外,并不是一个统一的哲学流派,智者们相互之间在理论上也没有多少共同之处。显然,"智者"与"哲学家"(philosophos)不一样,虽然两者都与"智慧"(sophia)有关,但实际上他们所理解的"智慧"是不同的。哲学家理解的智慧是与知识联系在一起的,而智者所理解的智慧可能称之为意见更合适。因为智者具有明显的感觉主义、相对主义和怀疑主义的倾向,甚至就是以此作为其基本特征的,这也就是为什么苏格拉底、柏拉图和亚里士多德都把智者当作批判对象的原因。因此在相当长的历史时期内,智者们声名狼藉,俨然就是哲学的"敌人",以至于"智者"这个概念一向都被看做是"诡辩"的同义语,直到黑格尔才恢复了智者的本来面目,开始比较客观地评价智者的地位和作用。

当我们说黑格尔"恢复"了智者的本来面目,并不是说智者不应该受到批评,而是说,智者运动的兴起有其历史的原因,智者的活动除了"消极意义",也有一定的"积极意义"。

智者的出现是雅典民主制的产物。城邦民主制度意味着话语具有压倒其他一切权力手段的特殊优势。话语成为重要的政治工具,国家一切权力的关键,指挥和统治他人的方式。[1]于是,修辞学和论辩术便应运而生,并且得到了迅速的发展。

按照希腊人的观念,每个自由人都禀赋正义,都是天生的公民,所以参政议政,参与决定城邦大事,乃是他们天经地义的职责。既然每个公民都必须参加政治活动,都需要在公共集会上发表自己的观点,或者赞同和反对他人的观点,或者吸引更多的人赞同自己的观点,这就需要使用语言的艺术和技巧。智者作为职业教师,其职能就是教授修辞学和论辩术,被公认是第一个智者的普罗泰戈拉就声称,智者所教授的技术可以使人们学会"在私事中如何能把家庭料理得井井有条,在公事中如何能在言语上和行动上对城邦产生最大的影响"[2]。如果仅此而已,智者还不至于声名狼藉、恶名远扬。问题在于,从智者的角度说,他们关心的只是论辩的效果,至于真假、善恶、是非、曲直,他们是不管的。不但不管,为了赢得更多的学生,他们还有意模糊是非善恶的界限,声称世界上本来没有什么善恶是非,只要你掌握了论辩的技术,你就是是非善恶的标准。所以他们经常允诺说,他们在任何情况下都可以帮助你说服他人。这就是说,智者可以帮助你证明煤是黑的,雪是白的,也可以帮助你证明煤是白的,雪是黑的。当然,智者的确使雅典的政治生活越来越不正常,但是政治生活不正常的根本原因不在智者,而在于民主制的衰落。如前所述,智者的产生与雅典民主制的观念有关,与此同时它也标志着雅典民主制的衰落。不过,智者的泛滥的确进一步加速了民主制的衰落。

普罗泰戈拉(Protagoras,约公元前490—公元前410)遗留下来的两个命题就很能说明问题。这两个命题,一个是"人是万物的尺度",一个是"一切理论都有其对立的说法"。"人是万物的尺度"这句话经常被人们看做是强调主体能动性的人本主义的命题,其实不过是望文生义罢了。普罗泰戈拉所说的"人"不是一般的人而是"个人",他所说的"尺度"不是理性而是感觉,因而有点儿以"无度"为度的意思。按照柏拉图的解释,这一命题的含义是:"对我来说,事物就是对我所呈现的样子,对你来说,事物又是对你所呈现的样子,而你和我都是人","因而可以说,对于每个感知者来说,事物就是他所感知的那个样子"[3]。例如一阵风刮来,有人感觉冷,有人感觉热。这阵风究竟是冷是热? 全凭个人的感觉。这就是说,衡量自然万物的尺度就是个人的感觉。既然个人是万物的尺度,事物就是你所感知的那个样子,那么每个人的意见都是正确的,因而自然万物实际上没有普遍的尺度,没有一定之规。既然每个人的意见都是正确的,那么对于同一个事物就可以形成相互对立的不同说法,都可以形成相互对立的不同理论。这两个命题表明,智者运动具有明显的怀疑主义和相对主义的倾向。

既然如此,为什么说智者的活动也有积极意义呢?

显然,智者的兴起与早期希腊自然哲学的衰落有密切的关系。自然哲学家们在本原问题上众说纷纭莫衷一是,从而动摇了人们对获得知识的信心,而智者们的活动实际上把这种局面确定了下来,将个人的意见看做决定一切的基础。我们曾经说过,当赫拉克利特声称"人不能两次踏进同一条河流"的时候,他似乎只看到了河流的变化,而没有注意到,其实河流也不可能两次面对同一个人,因为人也是始终处在变化之中。现在,智者意识到了这个问题:不仅人与人不同,而且同一个人也处在变化之中,所以万事并无一定之规,全看个人当下的感觉了。于是,智者们将哲学的研究对象从自然转向了人和社会,而且依然如故地贯彻了他们的怀疑主义和相对主义的倾向。我们之所以说智者的活动也有积极意义,就在于智者的怀疑主义和相对主义倾向在社会政治领域发挥了启蒙的作用。

还是以普罗泰戈拉为例。

普罗泰戈拉以一个神话故事来解释人类社会的产生。这个神话故事说,一切生物都是众神用土、水以及这两种元素的合成物在大地内部创造出来的。在出世前,诸神委派伊庇米修斯给它们配备适当的能力,普罗米修斯负责检查。然而,伊庇米修斯在野兽身上用完了所有的能力,忘了给人配备应有的能力。出世的时刻就要到了,普罗米修斯只好偷了赫淮斯托斯和雅典娜的机械技术和火送给了人,人类便由此而获得了谋生所必需的智慧和技能。不久之后,人类便发明了有音节的语言和名称,并且造出了房屋、衣服等等,从土地获得了生活资料。人类一开始时是分散居住的,为了保护自己免受野兽的攻击,便聚集在一起,形成了城邦。然而,由于缺少政治技术,人们经常相互侵害,于是宙斯便派赫尔墨斯给人类送来了尊敬和正义,分配给了所有的人,以之作为治理城邦的原则、友谊与和睦的纽带,社会和国家就这样产生了。

普罗泰戈拉以神话的方式说明,人类不同于动物的根本特征是技术和智慧,城邦既不是神创造的,也不是自然产生的,而是起源于人类自我保护的本能,这种思想可以看做是后世社会契约论的先驱。在他看来,专门的技术需要专家,但是正义和其他政治德性却是人人具有的,所以治国安邦的大事每个人都可以发表意见,都有参与的权利。因此,这种思想为城邦民主制提供了某种理论基础。

如果每个雅典公民都禀赋正义,那么城邦民主制当然可能是最好的制度。然而,我们靠什么来保证所有的公民都大公无私呢?每个公民都独立自主、各行其是,主宰政治生活的不再是公正或正义,而是说服和论辩的技巧。但是另一方面,与此形成鲜明对照的是,人们仍然迷信社会制度和伦理观念是神灵制定的,或者是自然天定的。智者的兴起不仅应和了社会政治生活的需要,也是哲学从对自然现象的惊异转向对社会现象的惊异的产物,其结果主要是否定的:继自然哲学家们动摇了宗教神话的自然观之后,他们动摇了传统的社会伦理观念。正是通过各种集会演讲、法庭辩论、问题解答等形式,智者们在给学生传授修辞学、论辩术以提高他们论辩技巧和获胜能力的同时,贯穿了批判迷信、抨击传统、藐视权威、高扬个性、崇尚感觉、鼓吹怀疑的思想内容,也正是由于这些内容和风气的传播,客观上起到了社会启蒙的思想解放的作用。所以,人们有时把智者运动与文艺复兴时期的人文主义相比,称智者为第一批人文主义者或思想启蒙者。公正地讲,智者们对哲学、逻辑学、语法学、修辞学等学科的发展也确实有过重大的贡献。可以说,没有智者作开路先锋,并提供正反两方面的启发,就很难有后来的苏格拉底和柏拉图的哲学。

智者中最著名的除了普罗泰戈拉就是高尔吉亚(Gorgias,约公元前483—公元前375)了。芝诺以"多"和"运动"的悖论,为巴门尼德的存在是惟一的和不动的思想进行辩护。高尔吉亚则正好相反,他使"存在"陷入了悖论之中。针对存在论,他提出了三个相反的命题:

第一,无物存在。如果有某物,那么它有三种可能:存在;非存在;既存在又非存在。首先,设若该物(是)非存在,那就意味着它既(是)存在又非存在。但说同一个东西既存在又非存在是荒谬的。况且,存在和非存在是矛盾的,假如非存在存在,存在就不存在了,而这是不可能的。既然存在不可能不存在,非存在就不存在。其次,设若该物存在,那么它或者是永恒的或者是生成的,或者既是永恒的又是生成的。然而,假如它是永恒的,它便没有开始,因而是无限的;如果它是无限的,那就不在任何地方。因为如果它在某个地方,它处于其中的那个地方便与它不同,这样一来它就为某物所包围,因而不再是无限的了。假如它是生成的,它要么从存在中生成,要么从非存在中生成。它不可能从存在中生成,因为如果它是存在的,就不是生成的,而是始终存在;它也不可能从非存在中生成,因为从非存在不可能生成存在。既然存在不是永恒的也不是生成的,更不是既永恒又生成的,所以存在不存在。最后,第三种可能也不成立。因为既然第一、二两种可能情况皆不成立,那么,由它们合成的第三种可能情况自然不成立。既然某物存在只有上述三种可能,而它们无一成立,结论就只能是:无物存在。

第二,即使有物存在,也不可认识。这个命题的实质是:思想和存在不同一。显然,高尔吉亚批评的目标是巴门尼德关于"作为思想和作为存在是一回事"这一命题。他进行了两方面的论证。首先,我们所思想的东西并不因此而存在。假如我们所思想的东西是真实的存在,那么凡是我们所想的就都存在了,但这是荒谬的。因为我们想到有一个飞行的人或一辆在海上奔驰的马车,但并不真有一个人在飞,真有一辆马车在海上奔驰。其次,如若我们所想的东西是真实的存在,那么,不存在的东西就思想不到了。然而,这是不成立的。因为女妖、狮头蛇尾羊身的吐火怪兽以及其他许多非存在物都被思想到了。所以,即使有物存在,也不可认识,不能被思想。

第三,即使能认识存在,也无法把它说出来告诉别人。认识存在要靠各种感觉,而告诉别人则要靠语言。感觉不能互相替换,语言更不能和存在替换。"语言不是主体和存在物,所以我们告诉别人的不是存在而是语言。语言是跟主体相异的东西。因而,既然可见物不可能变成可听物,可听物也不能变成可见物,那么作为外于主体的存在物就不可能变成我们的语言。"[4]既然存在不能变成语言,即使我们认识了存在,也不能告诉别人。

高尔吉亚的这一番辩论是不是代表了他的哲学观点呢?我们不得而知。比较合理的解释是,作为智者,他很可能只看重论辩而并没有自己的主张。尽管如此,对于本体论来说,这三个命题的确是其难以回避的难题,直到今天仍然以各式各样的形式困扰着哲学家们,这就是为什么我们不厌其烦地转述他的论证的原因。

通过高尔吉亚的论辩我们发现,智者之所长,正是自然哲学家之所短,这就是推理论证。在一般情况下,自然哲学家们只是独断地宣称而少有论证,智者们的目的却恰恰在于论证,虽然他们只是为了论证而论证,并没有正面肯定的东西,但是他们的论证方式对后来的哲学家们确实有重要的启发作用。

在某种意义上说,诡辩是人类抽象思维达到较高程度的时候才会出现的思维活动,因而智者的论辩并非没有理论意义,只是他们仅仅关注于如何给对方的论据制造矛盾,最终走向了怀疑主义和相对主义。据说普罗泰戈拉曾经就标枪致人死命一案与伯利克里争辩了一整天,争辩的问题是:究竟是标枪还是掷标枪者,或者是竞技会的组织者,应该为此负法律责任。这还算是一场比较认真的讨论,因为当时雅典的法律规定,动物或者工具致人死命,也要负法律责任。下面的传说可能纯属杜撰,但却表现了智者诡辩的特点:有学生向普罗泰戈拉缴了一半学费,双方约定出师后学生用第一次打赢官司的钱付另外一半学费。然而这个学生总是不打官司,普罗泰戈拉急于拿回那一半学费,便主动去与他的学生打官司。他想得很好:如果我赢了官司,你要给我赔偿。如果我输了,你也要将第一次打赢官司的收入给我作学费。然而学生却不这样看,他认为我赢了,按照规矩你得给我赔偿。如果我输了,我没有打赢官司,当然也就用不着给你钱。

高尔吉亚之后,智者运动越来越朝着玩弄技巧、热衷诡辩的方向发展,逐渐失去了开启智慧、解放思想的积极作用,反而腐蚀了雅典的社会风气,破坏了人们对真理的追求。不过即使如此,智者的活动也不是没有意义的:他们以极端的和否定的方式提出了一个使后来的哲学家们必须直面的难题,这就是具有普遍性的知识是否可能的问题。

在某种意义上说,这就是苏格拉底所面对的问题。

# 二　苏格拉底之死

据说苏格拉底生得很丑,但是死得很美。他被当时雅典的民主制度判处了死刑,造就了西方哲学史乃至思想史上的一大公案。历来在苏格拉底之死的问题上就存在着两种相反的观点,一种认为苏格拉底是为真理而献身的典范,因而堪称圣人,这种观点占多数,主要是西方的观点;另一种观点主要是前苏联和我们过去的观点,因为苏格拉底是被民主制度判处死刑的,按照阶级分析的逻辑,他当然是民主制度的死敌,所以他是没落的奴隶主阶级的代表,应该判处死刑,而且死有余辜。实际上,造成苏格拉底之死的原因是多方面的。我们可以把这一事件看做是印证黑格尔悲剧理论的最佳典型例证:城邦与苏格拉底各有自己的道理,问题在于两者之间是矛盾冲突的。

黑格尔的悲剧理论很有意思。按照他的观点,悲剧之所以具有震撼心灵的力量,不在于它表现了人们悲惨的命运,强化了恶人当道,好人受苦的情景,以便引起人们的同情和同病相怜的感受。换言之,悲剧不是正义与邪恶、好人与坏人那样清楚明白的矛盾对立,那只能说是"悲惨"而不是悲剧。悲剧是矛盾的双方都没有错,都有各自的道理,只不过由于两者的道理是相互冲突的,从而造成了无法挽回的后果。

例如希腊悲剧《安提戈涅》。

安提戈涅的哥哥与城邦统治者发生了冲突,他一气之下叛离城邦,企图借别的城邦的力量夺回自己的权力,结果失败身亡,战死沙场。为了惩罚他,城邦统治者颁布了法令,不许掩埋他的尸体。古希腊人与我们中国人一样,有"入土为安"的观念。如果人死了,尸体没有被掩埋,那么他的灵魂就变成了孤魂野鬼,永远不得安宁。因此,这可以说是一切惩罚中最严厉也是最可怕的惩罚。安提戈涅为了使哥哥的灵魂得到安宁,便千方百计去掩埋哥哥的尸体,于是与城邦统治者发生了冲突。城邦统治者的儿子正是安提戈涅的情人,因为安提戈涅被判处死刑,他也殉情而死。这出希腊悲剧是黑格尔印证其悲剧理论最得意的典型:冲突的双方都有自己的道理,城邦统治者出于维护城邦的利益,这是新兴的法律;安提戈涅出于原始的家庭血缘法则,也有她的道理。但是双方发生了无法调和的冲突。

苏格拉底之死的确也是这样一出悲剧:城邦出于维护城邦利益的原因判处苏格拉底死刑,苏格拉底也是为了城邦的利益坚持自己的原则而以身殉道。

苏格拉底受到人们起诉的时候,已经 70 岁了。令人不解的是,苏格拉底给城邦造成麻烦也不是一天两天了,换句话说,城邦容忍他已几十年,却在苏格拉底晚年行将就木的时候判了他死刑。人们起诉他的直接罪名有两条,一条是苏格拉底教唆年轻人反对他们的长辈,用我们的话说就是"教唆犯",一条是苏格拉底引进新的神灵,不信城邦的守护神。实际上,这两条都有向传统观念和习俗挑战的因素。苏格拉底认为尊重长辈但不能盲从,需要判断是非对错,首先应该遵从真理。苏格拉底还认为,每当他需要决断时,心灵中总有一个守护神告诉他应该怎么做,而这就意味着他只相信自己的守护神而不尊重城邦的守护神。实际上,在这一案件的背后是两种从根本上对立的原则,一方是苏格拉底,一方是城邦民主制。

如前所述,城邦民主制是哲学诞生的摇篮,城邦民主制也是后来政治思想家们一致赞颂的政治制度。然而我们也应该看到,且不说我们可能将古代的民主制度过分美化了,因为它并不完美,即便我们以之为理想,仍然有一些致命的障碍，使后人难以在现实中实现这一理想。这就是为什么十七八世纪的哲学家、思想家都以希腊民主制为理想，但是除了个别的例外（如卢梭），都不约而同地提倡法制的代议制政府的原因：城邦的直接民主制需要所有的公民都民心淳朴，富有正义感，这样才能比较合理地决定城邦大事，否则会出现什么结果是可以想象的，智者的诡辩正是民主制败坏的产物。人们凭话语的力量参加并且影响政治决策，逐渐地人们不再在乎事情本身的合理性，而是把注意力集中在自己的提案能否被通过，于是论辩术和修辞学就获得了重要的地位，智者的工作就是教授人们论辩术和修辞学，使他们在公民大会上有能力说服别人。于是，公民大会的政治生活便失去了它的合理性，完全变成了诡辩的市场。由此可见，城邦民主制的原则是合理的，但是现在它失去了积极的作用。换言之，雅典的城邦民主制的确曾经是光辉的典范，但已经是过去的辉煌。

苏格拉底正处在这样一个雅典民主制衰落的时期。

再看苏格拉底。表面看来，苏格拉底提倡的原则即使不是反民主制的，也是非民主制的，至少在雅典人看来是这样的。城邦民主制的基本原则是每一个公民都有参加政治生活的权利和义务，这就是说，他们用不着学习就天生禀赋正义感，就知道怎样决定城邦的大事，这可以说是雅典民主制的根本原则。然而苏格拉底可不这么看。他认为雅典之所以衰落了，根本原因就在于民主制的原则出了问题。正如做鞋子的工匠必须懂得做鞋子的知识一样，管理城邦也需要专门的知识。如果让不懂得治国的民众决定城邦大事，不可能治理好城邦。所以，苏格拉底鼓吹专家治国论。但是，雅典人无论如何难以接受苏格拉底的理论，因为那完全违背了民主制的基本原则。显然，这种专家治国论与城邦民主制是相互矛盾的。

因此，苏格拉底与城邦的矛盾，是两种原则的冲突，它们都有自己的道理，但相互之间有一个"时间差"或"时代差"，碰到一起当然要发生矛盾。民主制是合理的，但是这种合理性已经过去了。苏格拉底的原则也是合理的，但那要等到上千年以后才会成为现实的原则。这就是说，苏格拉底生不逢时，他的原则是希腊人无论如何也无法接受的。

所以，苏格拉底必死。

在某种意义上说，苏格拉底也是在自己"找死"。由 500 人组成的陪审团，280 人认为苏格拉底有罪，220 人认为人无罪，实际上只有 30 票的差距。按照雅典的法律，苏格拉底并不一定承受死刑，他可以交付罚金，以罚代刑。可是苏格拉底认为自己没有罪，声称不交罚金。不仅如此，苏格拉底认为自己是阿波罗太阳神给雅典人的恩赐,所以不但不应该被判处死刑,城邦还应该为他提供免费食宿。不用说,苏格拉底的态度激怒了评审团,吵吵嚷嚷的法庭最终判处他死刑。由于此时雅典朝拜德尔菲神庙的船只尚未回返,按照习俗,这期间是不执行死刑的,所以苏格拉底有充分的时间逃走,他的学生们已经买通了看守,准备护送苏格拉底离开雅典。但是却被苏格拉底拒绝了,他说尽管评审团的判决是错误的,但是我作为遵纪守法的公民却没有理由不服从它。所以,他拒绝逃走。有一种观点认为苏格拉底是有意激怒评审团来判处他死刑的,因为他要以自己的死唤醒雅典人。

苏格拉底属于那种实践哲学家,他一生探索真理,虽然没有留下任何著作,但却留下了许多故事。使生苏格拉底死,使死苏格拉底生的,就是他对知识的不懈追求。在城邦民主制度衰落的背景下,苏格拉底试图通过知识来挽救雅典。在他看来,对任何事物,我们只有具有了知识才能知道怎样做和做得更好。所以,他给自己安排的工作就是在任何一种公共场合与人交谈,刺激人们的求知欲,让人们知道自己是无知的。他自比牛虻,说雅典这匹马太迟钝了,需要有人时不时地刺激它一下。在某种意义上说,苏格拉底企图通过自己的死来唤醒雅典人的良知,雅典人后来也的确觉悟了,为苏格拉底平了反,也惩罚了起诉苏格拉底的人:按照雅典的法律规定,你起诉他人如果败诉,你就必须承担法律责任。换言之,你起诉别人,如果别人没有问题,那就是你有问题。可惜的是,即使雅典人觉悟了,也仍然无能为力。

苏格拉底的思想集中表现在"德性即知识"的学说之中。

## 三 德性即知识

我们一想到苏格拉底,立刻就会浮现出一位整天与人对话探讨哲学问题的哲学家的形象。说到这里,还有一个故事。苏格拉底有一个朋友好事,有一天到德尔菲神庙求问神喻,询问苏格拉底是不是希腊最聪明的人,神说是。苏格拉底听到之后感到很诧异,因为他最初追随自然哲学家学习哲学,但是却发现由此不可能获得知识,正在困惑苦恼之中,自认为自己是无知的,神怎么说他是最聪明的呢?于是,苏格拉底开始四处寻找各方面的专家,以求证神说错了,神也有说错的时候。他找政治家谈论正义,找艺术家讨论美,找将军讨论勇敢……然而,令苏格拉底失望的是,这些人自认为自己有知识,而实际上都经不起追问。这样一来,苏格拉底终于觉悟到神之所以说他是最聪明的人,不是因为他有知识,而是因为他知道自己无知,所以才会追求和探索知识。于是,苏格拉底从此之后便以与人对话为职业,目的在于揭露人们的无知,促使他们走上求知的道路。这恐怕也是苏格拉底不招人待见的原因之一。试想:如果你总是在诘问和反驳像总统、教皇或者各行各业的权威那样的社会名流,你会有什么下场?假如你问倒了总统,证明总统实际上对于治理国家没有知识;问倒了教皇,证明教皇实际上对教义的理解是完全错误的……其结果当然是这些社会名流的信誉受到了严重的损害。不用说总统或者教皇,就是他们的支持者也饶不了你。

如果苏格拉底只是不断地在诘问,只是不断地在对话中揭示自相矛盾之处,那么他与智者就没有什么区别了,事实上有许多人就是因为如此而把苏格拉底看做是智者的。苏格拉底当然不是智者,尽管在论辩方式上他与智者有许多类似之处,但是智者强调意见,而苏格拉底的目的则在于获得知识。尽管所有的苏格拉底对话最终都没有结论,但是他的目的很清楚,那就是通过对话获得具有普遍必然性的真理性知识。

苏格拉底为什么如此执著地追求知识?当然不仅仅是为了知识本身。如前所述,苏格拉底的时代正是雅典城邦由盛而衰的时代,如何挽救雅典文明,乃是时代向哲学家们提出的重要问题。苏格拉底经过长时间的思考,认定只有知识才能救雅典。按照他的观点,我们只有认清了事物的真相,才能把握事物的本性,把握了事物的本性,才能把事情做好。现在的问题是,人们不仅对于自己所从事的职业缺少真实可靠的知识,而且通常都是在盲目无知的情况下参与政治生活的,这就是雅典衰落的根本原因。

那么,我们怎样才能获得知识?苏格拉底没有像自然哲学家们那样向自然追问知识,而是转向了人自身内部,把知识的对象确定为认识自己。"认识你自己"本是希腊德尔菲神庙门楣上的铭言,苏格拉底将其作为自己哲学原则的宣言,具有深刻的背景和重要的意义。

苏格拉底以认识自己为座右铭,有早期自然哲学家和智者运动两方面的背景。在苏格拉底看来,自然哲学家们不去关心自身而去关心自然,而且在对宇宙万物本原的探讨上以感官物为依据,以自然物作原因,因而自以为是,众说纷纭,让人无所适从。实际上,自然万物真正的主宰和原因并不是物质性的本原,而是它的内在目的,亦即"善"(agathon)。由于认识自然的本性为我们的能力所不及,因而哲学的真正对象不是自然而是人自己,即认识人自身中的"善"。另一方面,智者们虽然注重社会和人生问题,扭转了哲学研究的方向,但是却高扬个体,推崇感觉,导致了对普遍、理性和确定性的贬低或否定,由此走向了诡辩论或怀疑主义,因而不可能真正认识自己,更违背了哲学爱智慧求知识的初衷。所以苏格拉底以"认识你自己"作为其哲学的座右铭。

对苏格拉底而言,认识人自己就是认识心灵的内在原则,亦即认识"德性"。

自然万物之中都蕴含着内在目的,苏格拉底称之为"善"。在苏格拉底这里,"善"还没有成为纯粹的伦理学范畴,而是泛指事物自身的本性,也是它们追求实现的目标。具体到人身上,"善"就表现为"德性"。所谓"德性"(arete)在希腊语中原指事物的特性、品格、特长、功能,亦即使一事物成为该事物的本性,例如马的 arete 是奔驰能力,鸟的 arete 是飞翔能力,两者的arete 是不同的。人造物也是一样,例如织布梭子无论是什么材料做成的,它的 arete 都在于能够织布。因而人的 arete 就是人之为人的本性。

德性是人之为人的本性,由神平均分配给了每一个人,因而人人都具有德性。但是说人人都有"德性",并非指现实地拥有,而是潜在地拥有。换言之,人并不是生来就符合人的本性,只有在理性指导下认识自己的德性,才能使之实现出来,成为现实的和真正的善。所以苏格拉底认为,未经理性审慎的生活是没有价值的,一个人只有真正认识了他自己,才能实现自己的本性,完成自己的使命,成为一个有德性的人。因此,他把德性与知识等同起来,得出了"知识即德性,无知即罪恶"、"无人有意作恶"的结论。在苏格拉底看来,趋善避恶是人的本性,没有人志愿追求恶或他认为恶的东西,是行善还是作恶,关键取决于他的知识,因而每个人在他有知识的事情上是善的,在他无知识的事情上则是恶的。

苏格拉底是一个理想主义者,在某种意义上说,他认为人性本善,不过善是潜在的,需要认识将它实现出来。然而,我们不可小看这里所说的"潜在",因为"潜在的"善乃是苏格拉底伦理思想的基本前提。如果人没有潜在的德性(善),那么苏格拉底此后的一系列推论就失去了根据。正是因为人有潜在的德性,当他认识自己的时候,才能将德性发挥出来,从而成为现实的有德性的人。由于苏格拉底把德性与知识等同起来的观点,奠定了理性主义伦理学的基础,所以人们通常称之为伦理学的创始人。问题是,我们对于自己潜在的"德性"有了知识,是不是就一定会成为现实的有德性的人?未必。正如亚里士多德所分析的,"他在把德性看做知识时,取消了灵魂的非理性部分,因而也取消了激情和性格"。同时,知识并不是德性的充分条件,有知识并不意味着一定有德性,"因为知道公正的人不会马上变得公正,其他德性的情况亦同样"[5]。人性之中有理性,但不仅仅有理性,还有其他的东西,例如激情和性格。苏格拉底将人性等同于理性,忽略了其中所含的情感等非理性的因素,而且他相信只要我们对德性有了知识就一定会成为有德性的人,这恐怕有些过于乐观了。不仅如此,亚里士多德认为苏格拉底将德性只看做理论知识,而不研究德性在人的生活行为中是怎样产生和实现的,实际上抹杀了伦理学的经验内容。亚里士多德把知识(科学)划分为理论知识、实践知识和创制知识。苏格拉底认为只要我们知道了正义同时就是正义的人了,因为我们只要学会了几何学和建筑学,我们也就是几何学家和建筑师了。然而,实践知识不同于理论知识,因为德性不只是一种道德知识,更重要的是一种道德行为。我们不只是要知道勇敢是什么,而是还要成为勇敢的人。我们不只是要知道正义是什么,而是要成为正义的人。当然,要做一个勇敢的人或者正义的人,应该知道什么是勇敢以及什么是正义。但是,仅仅知道了什么是勇敢什么是正义,并不一定就能够做到勇敢和正义。苏格拉底是一位实践哲学家,他从来不是停留在口头上,而是口传身教,身体力行,不过在理论上他的确过分强调"知"对"行"重要意义,忽略了两者之间的差别。

让我们回到苏格拉底的问题上去:既然认识你自己就是认识德性而德性就是知识,那么问题的关键就在于,什么是真正的知识?

## 四 "是什么"的问题

由于希腊人一开始从事哲学思考的时候便以"学以致知"为最高的理想,所以当自然哲学陷入了困境之后,这就迫使哲学家们重新思考知识的问题。巴门尼德以两条道路的区分揭示了自然哲学的局限,说明我们对于始终处在流变之中的感性事物是不可能有知识的,真正的知识是对于惟一、永恒、不动的"存在"的思想,真理乃在于思想与存在的同一性。问题是,巴门尼德要求摒弃变动不居的"非存在"而去"思想"永恒、惟一、不动不变的"存在",这项工作毕竟太笼统了,也难以具体操作实现。现在,苏格拉底把巴门尼德所确立的一般原则落实在了一个具体的问题上,这就是"是什么"的问题。

让我们简略回顾一下上一讲的基本内容。

希腊人从一开始进行哲学思考的时候,虽然走的是自然哲学或者宇宙论的路子,但是有些基本观念其实也构成了后来的形而上学或者本体论的基本前提,实际上也构成了哲学的基本前提,只是后来才受到了哲学家们的质疑。例如宇宙万物是一个整体，作为整体的宇宙是有秩序的，因而是合乎理性的；有秩序的宇宙整体有一个统一的根据，这就是哲学的研究对象等等。所不同的是，在此基本观念的基础上，解决哲学问题的思路和方式有所区别。自然哲学试图追溯宇宙万物最原始的开端，即"时间上在先"的本原，而巴门尼德则意识到此路不通，他要扭转哲学的方向，把哲学的对象确定为"逻辑上在先"的存在，也就是我们通常所说的本质。然而问题是，不仅自然哲学家们面临着一与多的关系问题，巴门尼德同样如此。我们面前的大千世界是千差万别多种多样的，那是用"存在是一"难以解释说明的。不仅如此，虽然巴门尼德为解决问题指出了方向："作为思想和作为存在是一回事"，通过理性认识把握事物最普遍最一般的本质，但是究竟怎样实施对存在的认识，尚且不得而知。这也就是为什么巴门尼德在前苏格拉底哲学中主要扮演的是"破坏"而不是"建设"的角色的原因所在：自然哲学家们都不得不面临巴门尼德的挑战，但是却难以接受他解决问题的方案。

苏格拉底对哲学的伟大贡献就在于将巴门尼德宏大的方案落在了实处，具体化为"是什么"的问题。

希腊哲学的基本问题是知识问题。当苏格拉底登上哲学舞台的时候，这个问题已经被智者搅得一团糟了。如果苏格拉底要解决知识问题，他就不仅要说明获得知识是可能的，而且要说明获得知识的具体途径。如前所述，苏格拉底用"德性即知识"来说明获得知识的可能性，而以"是什么"的问题来落实获得知识的具体途径。

如果说知识就是德性，德性就是知识，那么认识德性所认识的是什么？换言之，究竟什么样的知识才能被看做是真正的知识？苏格拉底的回答是，认识的目的在于认识事物的"是什么"，或者说，认识事物的定义或概念，亦即我们所说的"本质规定"。据柏拉图所述，苏格拉底的对话大多以追问"是什么"为其主题，如"什么是勇敢"、"什么是节制"、"什么是正义"、"什么是德性"、"什么是美"等等，而且他所追问的并不是具体的和特殊的"勇敢"或"美"，而是"勇敢自身"或"美自身"，亦即"勇敢"或"美"的类本质。由此可见，苏格拉底要求认识的是使一事物成为该事物的本质规定，因而他所理解的知识乃是对事物之一般、普遍的类本质的认识，惟有它才是具有确定性、普遍性和必然性的知识。

让我们以苏格拉底追问美"是什么"的问题为例，看一看苏格拉底问题的形式、特征和实质吧。柏拉图《大希庇亚篇》记述了苏格拉底与智者希庇亚讨论美是什么的对话。苏格拉底声称他遇到了一位论敌需要希庇亚的帮

助,希庇亚则自吹自擂说他可以应付一切论敌,于是苏格拉底便假扮论敌与希庇亚展开了论辩:

> **苏格拉底:**我尽可能扮演我的论敌,向你提出问题。如果他听到了你讨论优美的文章,他就会按照他的习惯先盘问你美本身究竟是什么。他会说:有正义的人之所以是有正义的,是不是由于正义?
>
> **希庇亚:**我回答,那是由于正义。
>
> **苏格拉底:**那么,正义是真实存在的?
>
> **希庇亚:**当然。
>
> **苏格拉底:**有学问的人之所以有学问,是由于学问;一切善的东西之所以善,是由于善?
>
> **希庇亚:**那是很明显的。
>
> **苏格拉底:**那么美的东西之所以美,是否也是由于美本身?
>
> **希庇亚:**是的,由于美本身。
>
> **苏格拉底:**我们的论敌要问了:请告诉我什么是美?
>
> **希庇亚:**我想他问的问题是,什么东西是美的?
>
> **苏格拉底:**我想不是这个意思,他要问的是美是什么。
>
> **希庇亚:**这两个问题有区别吗?
>
> **苏格拉底:**有区别。他问的不是:什么东西是美的,而是:什么是美?请你想一想。
>
> **希庇亚:**我懂了,我来告诉他什么是美,叫他无法反驳。什么是美,苏格拉底你记清楚,美是一位漂亮小姐。
>
> **苏格拉底:**好! 回答得真妙! 不过我要是这样回答,可要遭到论敌反驳呀。我的论敌会这样问我:"苏格拉底,请答复这个问题:凡是美的那些东西真正是美,是不是因为有一个美本身存在,才使那些东西美呢?"我就会回答他说,一位漂亮的年轻小姐的美,就是使一切东西成其为美的。你以为如何?
>
> **希庇亚:**他敢说漂亮的年轻小姐不美吗?
>
> **苏格拉底:**他当然敢,他会说:"你真妙,苏格拉底,但是一匹漂亮的母马不也可以是美的吗? 神不是也曾经称赞过马的美?"
>
> **希庇亚:**不错,神说母马很美,是有道理的。
>
> **苏格拉底:**那好,他会接着说:"一架美的竖琴有没有美?"
>
> **希庇亚:**应该承认,竖琴可以是美的。

**苏格拉底**：一个美的陶罐呢？

**希庇亚**：这可太不像话了，怎么可以在正经的谈话中说起这些不三不四的东西呢？

**苏格拉底**：但是陶罐要是做工精细，可以是很美的呀。

**希庇亚**：这倒也是。

**苏格拉底**：那么你也承认一个美的陶罐也有美了？

**希庇亚**：陶罐做工好当然也有它的美，不过这种美总不能与一匹母马，一位漂亮小姐的美相提并论吧。

**苏格拉底**：正如赫拉克利特所说的，最美的猴子和人相比还是丑，而学识渊博的人和神相比则不过是猴子。既然最美的陶罐也比小姐丑，那么是不是可以说最美的小姐也比女神丑呢？

**希庇亚**：的确如此。

**苏格拉底**：但是我们的论敌肯定会讥笑我们：按照你的说法，岂不是美的东西既美又丑了吗？请注意我的问题，我没有问什么东西是美的，而是问美之为美，美本身是什么。正是这个美本身加了在某个东西上，这个东西才是美的。你总不能说，这个美本身就是一位漂亮小姐、一匹母马或者陶罐吧？

**希庇亚**：这问题太简单了！如果他问的是凡是什么东西一旦加上了它就会变得美了，这个美不是别的，就是黄金，再丑的东西一旦镶上黄金，就显得美了。

**苏格拉底**：他会反驳说，那些真正的艺术家的作品可不是靠黄金点缀才是美的，一座雕像没有黄金镶嵌也可以是美的。

**希庇亚**：这么说，你想知道的美，本身就是美，在任何时候任何情况下对任何人都不会显得丑，是吗？

**苏格拉底**：这回你说对了。

**希庇亚**：那好，我告诉你：对一切人来说，无论古今，一个凡人所能有的最高的美就是家里钱多，身体好，全希腊都尊重他，长命百岁，自己替父母举行隆重的葬礼，死后又有子女替自己举行隆重的葬礼。

**苏格拉底**：哈哈，了不起，这番话太妙了，也就是你说得出来。但是我们的论敌一定会说："我问的是美本身，这个美本身，加到任何东西上都能够使之成为美的，美本身无论在任何时候任何情况下都是美的，换言之，无论过去、现在还是将来，美本身永远是美的。"

…………

智者希庇亚对于这样的"支离破碎"、"咬文嚼字"的讨论不以为然,他还是认为美不是别的,只要能在法院、议会或者大官面前发表一番措词美妙又有说服力的议论,靠它可以赚一大笔钱,既可以自己享受,又可以周济亲友,那就是美。当然,苏格拉底也没有给出美的定义,他只是更清楚地了解到:"美是难的"[6]。

请大家注意,为什么苏格拉底之所以一而再再而三地提醒希庇亚,他问的问题不是"什么东西是美的",而是"美本身是什么",希庇亚却一而再再而三地用美的东西来回答美本身的问题呢?因为希腊人在开始哲学思考的时候,还没有抽象概念可以使用,最初都是用感性事物来象征抽象的东西,例如用水、火、气等说明本原。经过了长期艰苦卓绝的思维劳作,希腊人才从感性经验中超拔出来,达到了一定程度的抽象思维。当苏格拉底把哲学的问题集中在"是什么"的问题上的时候,其意义就在于他把哲学要解决的问题确定在如何从感觉经验中归纳抽象出普遍概念来。所以亚里士多德把两项贡献归功于苏格拉底,这就是"归纳论证"和"普遍定义"。在这里,苏格拉底与希庇亚(包括许多苏格拉底的对话者),分别代表的是理性与感性,哲学思维与日常经验。当然,苏格拉底并没有把这两个方面完全对立起来,他要做的工作就是在日常生活中发现事物的本性,真正把这两个方面对立起来的是他的学生柏拉图。

由此可见,苏格拉底通过"是什么"的问题试图追问的是事物的普遍定义和一般的共相,他要从具体事物之中发现使这一事物成其为自身的本性。我们可能会说,所谓美不过是我们从许多美的事物中抽象出来的共性,苏格拉底可不这么看。如前所述,具体事物的美都是相对的,我们不可能从中发现美本身。而且更重要的是,如果没有美本身,怎么可能有美的事物?

表面看来,苏格拉底的哲学活动主要是在逻辑学的意义上澄清与道德相关的某些概念,实际上它具有深刻的本体论、认识论和方法论的意义。在某种意义上说,苏格拉底所提出的"是什么"的问题,为整个西方哲学史确定了基本的方向。

从本体论上说,千差万别多种多样的自然事物都是变动不居生灭不已的,惟有其中普遍性的东西是永恒不变的,正是它们构成了事物的本质,并且是其存在的根据。从认识论上看,知识与意见有别:知识是确定的、绝对的、普遍的,而意见则是不确定的、相对的和个别的。对于始终处于流变之中的感性事物而言,我们只能有意见而不可能形成知识,惟有认识事物的

"是什么"即确定的、普遍的本质,我们才能形成知识。最后从方法论上看,苏格拉底所提出的"是什么"的问题,为西方哲学的认识论原则确定了基本的形式。因此,亚里士多德充分肯定了苏格拉底对哲学的贡献,他指出:"苏格拉底寻求事物的本质即事物是什么是很自然的;因为他正在寻求推理,而本质是推理的出发点。那时尚不存在一种辩证能力可以使人们即便没有关于本质的知识也能思考对立物并探讨对立物是否属于同一门科学。可以把两件事情公平地归于苏格拉底,即归纳论证和普遍定义。这两者都涉及科学知识的出发点。"[7]显然,苏格拉底对概念定义的探索推进了柏拉图理念论的产生,不过他并没有把普遍从特殊事物中分离出来,所以后人为了区别两者,有时将苏格拉底的上述思想称为"概念论"。

显而易见,从巴门尼德到苏格拉底,围绕着知识问题,西方哲学的本体论思路越来越清晰起来了。

对苏格拉底来说,认识的目的在于认识事物"是什么",而认识的方法就是"辩证法"。

## 五　助产术

按照苏格拉底,我们每个人都禀赋德性,不过如果对德性没有知识,我们就还不是有德性的人。现在的问题是,我们怎样才能认识自己的德性?苏格拉底主张实施"助产术",因为他自认为自己是无知的,所以他不"生产"知识,而是帮助别人"生产"知识。

苏格拉底的母亲是助产婆,也就是接生婆。按照希腊的习俗,只有不生育的妇女才能作产婆。苏格拉底声称他继承了母亲的"技术"。不同的是,他所实施的对象是男人而不是女人,是灵魂而不是肉体。他认为自己"这种艺术最伟大的地方在于它能够以各种方式考察年轻人的心灵所产生的是幻想错觉还是真知灼见"。所以,凡与他交往的人,都取得了令人吃惊的进步,但"他们能做到这一点,并不是因为从我这里学到了什么东西,而是因为他们在自身中发现了许多美好的东西并把它们产生出来"[8],而他自己扮演的则始终只是助产士的角色。

苏格拉底的"助产术"也被他称为"辩证法"(dialektike)。辩证法的本义就是"对(dia-)话(logos)"。黑格尔将苏格拉底看做辩证法的创始人,不过他所说的辩证法创始人不仅仅苏格拉底一个人,还有赫拉克利特和芝诺。苏格拉底的辩证法与智者的论辩术有关。如前所述,普罗泰戈拉说过:"一切理论都有其对立的说法"。智者所做的工作就是针对对方的观点提出相反的立论,这种诡辩论的方法可能就是辩证法的最初含义,例如康德《纯粹理性批判》中的"先验辩证论"就是这样理解辩证法的。苏格拉底则试图通过对话的方式寻求事物"是什么"的定义,就此而论,辩证法到了苏格拉底之手,的确显示了它积极的、建设性的意义。

苏格拉底的助产术所采用的方式是问答法,即通过发问与回答的形式,运用比喻、启发等手段,使对方对所讨论之问题的认识从具体到抽象,从特殊到普遍,一步步逐渐深入,最后得出正确认识,生下自己孕育的真理胎儿。这种方法,一般被总结为四个环节:反讥、归纳、诱导和定义。

"反讥"是助产术的第一步,指通过反问揭露对方谈话中的矛盾或漏洞。之所以首先要反讥,是为了打掉对方自以为是的傲气,迫使他承认对原以为十分熟悉的东西实际上一无所知。因为只有以"自知我无知"的心态出场,才有可能接受手术。"归纳"是助产术中引导方向的重要步骤。它通过对答问者具体而片面的意见的否定,一步步地将其导向普遍的、确定的、真实的知识。"诱导"是助产术的实质,也可以看做是狭义的助产术。它通过启发、比喻等方式,帮助对方说出蕴藏在头脑中的思想,进而考察其真伪。这是苏格拉底助产术的精髓所在,即不把观点从外面强加于人,不盛气凌人地宣旨颁诏,而是让对方自己去领会和体悟。"定义"是助产术所要达到的目的,即通过对所论德性的共同性质作出说明,获得确切的概念性认识,并牢牢掌握它。由于苏格拉底一直以助产者而不是生产者自居,所以,虽然他广泛地与人讨论勇敢、节制、友谊、虔敬等德性问题,但从未下过一个绝对的定义。这不仅是因为他把关注的重点放在了助产术的过程中,而且也预示着哲学问题是永恒无解的,故思想永远在追问的途中。

为追求绝对的确定性的知识,苏格拉底把他的助产术运用于不同的对象,讨论了各种问题。我们以《拉凯斯篇》中对"勇敢"的讨论为例。拉凯斯是当时有名的将军,自以为对勇敢十分了解。而苏格拉底恰恰在勇敢是什么的问题上把他问倒了:

**苏格拉底:**拉凯斯,让我们首先确定一下勇敢的性质,然后再来讨论年轻人如何通过学习和训练获得这种性质。如果你行的话,告诉我什么是勇敢。

**拉凯斯:**苏格拉底,这个问题在我看来确实不难。勇敢的人就是不逃跑,坚守阵地,与敌人作战的人。这样说不会有错。

苏格拉底:很好,拉凯斯,不过我恐怕没有把话说清楚,我要问的不是这个问题。

拉凯斯:你这是什么意思?

苏格拉底:我会努力解释的。你把坚守阵地,与敌人作战称做是勇敢的,是吗?但是对另一个跑动着作战的而不是固守阵地的人,你把他称做什么?

拉凯斯:怎么个跑法?

苏格拉底:骑兵,车战。

拉凯斯:骑兵有骑兵的战法,但是重装步兵的战法是要保持队形的。

苏格拉底:那么,拉凯斯,你就得把拉克戴孟人在普拉蒂亚战役中的表现当作一个例外了。在波斯人摆出的轻盾阵面前,他们不肯与之交锋,而是溜掉了。等波斯人摆下的阵势散去,他们却又像骑兵一样进行回击,打赢了这场战役。

拉凯斯:这件事没错。

苏格拉底:我说我的问题提得很糟糕,也使你的回答很糟糕,就是这个意思。因为我问你的不仅是重装步兵的勇敢,还有骑兵的和各种士兵的勇敢,不仅是战争中的人的勇敢,还有在海上冒险的人的勇敢,处于疾病、贫穷,还有政治事务中的人的勇敢,不就是抗拒痛苦或恐惧的人的勇敢,还有恐惧欲望和快乐的人的勇敢,既是保持阵脚,又是打击敌人。拉凯斯,你说有没有这样一种勇敢?

拉凯斯:有,肯定有,苏格拉底。

苏格拉底:所有这些人都是勇敢的,但有些人在抗拒快乐中表现出勇敢,有些人在忍受痛苦中表现出勇敢,有些人在克制欲望中表现出勇敢,有些人在克服恐惧中表现出勇敢。当然我也应该想,在同样情况下有些人则显得胆怯。

拉凯斯:你说得对。

苏格拉底:我在问的是一般的勇敢和胆怯。我想从勇敢开始再次提问,这种普遍的性质是什么?这种普遍的性质在所有具体事例中都同样被称做勇敢。你现在该明白我说的意思了吧?

拉凯斯:我还是不太明白。

苏格拉底:我的意思是这样的,比如我问什么是被称做快的这种性质,这种性质可以在跑步、弹琴、讲话、学习以及其他各种类似的行为中找到,或者倒不如说,我们可以在我们拥有的、值得一提的胳膊、腿、嘴、声音、心灵的各种行为中找到,难道你们不会用快这个术语来描述它们吗?

**拉凯斯:**你说得对。

**苏格拉底:**假定有人问我,苏格拉底,这种存在于各种活动中,被称做快的普遍性质是什么? 那么我会说,这种性质就是在较短的时间里做较多的事,无论是跑步还是讲话,还是别的任何一种行为。

**拉凯斯:**你说得对。

**苏格拉底:**拉凯斯,现在你能否试着以同样的方式告诉我,被称做勇敢的这种普遍性质是什么? 包括可以使用这个术语的各种勇敢,也包括可以用于快乐和痛苦的勇敢以及我刚才提到的各种勇敢。

**拉凯斯:**如果我要说的是渗透在各种事例中的这种普遍性质,那么我得说勇敢就是灵魂的某种忍耐。

**苏格拉底:**如果要回答我们自己的问题,这正是我们必须做的。不过在我看来,并非每一种忍耐都称得上勇敢。请听我的理由。我敢肯定,拉凯斯,你把勇敢视为一种非常高尚的品质。

**拉凯斯:**它确实是最高尚的。

**苏格拉底:**那么你会说聪明的忍耐也是好的和高尚的,对吗?

**拉凯斯:**非常高尚。

**苏格拉底:**那么对愚蠢的忍耐你会怎么说? 这种忍耐是否要被当作坏的和有害的?

**拉凯斯:**对。

**苏格拉底:**有什么高尚的东西是坏的和有害的吗?

**拉凯斯:**我一定不会这样说,苏格拉底。

**苏格拉底:**那么你也不会承认这种忍耐是高尚的,因为它不是高尚的,而勇敢是高尚的,对吗?

**拉凯斯:**你说得对。

**苏格拉底:**那么,按照你的说法,只有聪明的忍耐才是勇敢,对吗?

**拉凯斯:**好像是这么回事。

**苏格拉底:**但是这个表示性质的形容词"聪明的"指哪方面的聪明? 在大事情上还是在小事情上? 比如,某个人在花钱方面表现出聪明的忍耐,现在花钱为的是最后能够挣钱,你会称他为勇敢的吗?

**拉凯斯:**肯定不会。

**苏格拉底**：又比如，假定某人是医生，他的儿子或他的某个病人患了肺炎，请求医生允许他吃喝某种食物，而医生坚决地加以拒绝，这也称得上勇敢吗？

**拉凯斯**：不，这根本不是勇敢，与勇敢毫无关系。

**苏格拉底**：再以战争为例，假定某人在战斗中表现出忍耐，但又精于算计，他知道不久就会有援兵到来，到那时候敌人就会比现在少，攻击力也会比现在弱，而他现在所占的地势也很有利，于是就奋勇作战。你会说这样有智慧、有准备的人是勇敢的，还是说处在相反形势下，但仍旧表现出忍耐、坚守阵地的敌人更加勇敢？

**拉凯斯**：我会说后者更加勇敢，苏格拉底。

**苏格拉底**：但是与前者的忍耐相比，这显然是一种愚蠢的忍耐，对吗？

**拉凯斯**：对。

**苏格拉底**：懂得骑术的骑兵表现出忍耐，不懂骑术的骑兵也表现出忍耐，那么你会说懂得骑术的反而不如不懂骑术的那么勇敢吗？

**拉凯斯**：我会这样说。

**苏格拉底**：照你这种说法，那么能下井、潜水或做其他类似事情的人，不如没有潜水技能或其他类似技能的人勇敢吗？

**拉凯斯**：为什么不能这样说？苏格拉底，除此之外，这个人还能怎么说？

**苏格拉底**：如果这就是这个人的想法，那么确实无法再有别的说法了。

**拉凯斯**：但这就是我的想法。

**苏格拉底**：然而，拉凯斯，与那些掌握了技能的人相比，无技能的人的冒险和忍耐是愚蠢的。

**拉凯斯**：对。

**苏格拉底**：我们在前面说过，愚蠢的鲁莽和忍耐是坏的、有害的，对吗？

**拉凯斯**：对。

**苏格拉底**：而我们承认勇敢是一种高尚的品质。

**拉凯斯**：对。

**苏格拉底**：但我们现在却自相矛盾，把前面当作耻辱的那种愚蠢的忍耐说成是勇敢。

拉凯斯：是这样的。

苏格拉底：我们这样说对吗？

拉凯斯：肯定不对，苏格拉底。

苏格拉底：那么按照你的说法，拉凯斯，你和我没有把自己调和得像多利亚式音乐那么和谐，这种和谐就是言语和行动的一致，而我们的言语和行动不一致。任何人看到我们的行为都会说我们拥有这种品质，而我想，听了我们刚才有关勇敢的讨论，人们都不会说我们拥有勇敢这种品质。

拉凯斯：你说得很对。

苏格拉底：这种状况能令我们满意吗？

拉凯斯：完全不能。

…………

拉凯斯完全为这场讨论所吸引，愿意继续讨论下去，他觉得自己对勇敢的性质还是知道的，但却无法说出来。[9]

苏格拉底的这种方法直接为柏拉图所继承和发展，不仅对哲学也对后来西方整个的教育思想和教育方法产生了重要影响，黑格尔更是将这种对话内在化于精神之中，将其发展为详尽完善的辩证法体系。在黑格尔那里，苏格拉底式的两个人之间的对话，转化成了精神自己与自己的"对话"——自我矛盾运动。亚里士多德曾经说："苏格拉底通过他的定义推进了理念论的产生。"[10]事实的确如此。不过正如亚里士多德所说，苏格拉底还没有把普遍或定义从特殊事物中分离出来，是他的后继者才使它们分离并称之为理念，而这种分离，正是我们在理念论中所发现的种种困难的根本原因。

苏格拉底被城邦判处死刑之后，他的学生们形成了许多学派，其中当然以柏拉图学派最著名。后世通常将柏拉图学派称之为"大苏格拉底学派"，其他的苏格拉底学派则被称之为"小苏格拉底学派"。

**参考书目**

1.《柏拉图全集》，四卷本，王晓朝译，人民出版社，2002 年。

2. 叶秀山：《苏格拉底及其哲学思想》，人民出版社，1997 年。

3. 苗力田主编：《古希腊哲学》，中国人民大学出版社，1995 年。

4. 汪子嵩等：《希腊哲学史》，第二卷，人民出版社，1993 年。

**注　释**

〔1〕　参见让－皮埃尔·韦尔南:《希腊思想的起源》,第 37 页。

〔2〕　《古希腊哲学》,第 180 页。

〔3〕　《古希腊哲学》,第 181 页。

〔4〕　《古希腊哲学》,第 193 页。

〔5〕　参见《古希腊哲学》,第 220 页。

〔6〕　参见柏拉图:《文艺对话集》,朱光潜译,第 178—210 页,人民文学出版社,1983 年。

〔7〕　《古希腊哲学》,第 219 页。

〔8〕　《古希腊哲学》,第 211 页。

〔9〕　参见《柏拉图全集》,第一卷,王晓朝译,第 182 页以下诸页,人民出版社,2002 年。

〔10〕　参见《古希腊哲学》,第 219 页。

**第四讲**

# 柏拉图的"洞穴"

理想国
两个世界
回忆说与灵魂转向说
对理念论的反思
通种论
摹仿创世说

苏格拉底述而不著,甚至也不能说"述",而是"行",他是一位实践哲学家。记述苏格拉底的思想,把他的思想发扬光大的,是他的学生柏拉图。

柏拉图(Plato,公元前 427—公元前 347)不仅是古希腊哲学,也是全部西方哲学乃至整个西方文化最伟大的哲学家和思想家之一。柏拉图对西方哲学的影响是难以估量的,以至于英国哲学家怀特海甚至声称一部西方哲学史不过是为柏拉图作注脚而已。这话说得虽然有些夸张,但柏拉图的影响由此可见一斑。他对哲学的贡献就在于把巴门尼德—苏格拉底的思路确定下来,奠定了西方哲学的基本观念。

柏拉图早年喜爱文学,写过诗歌和悲剧,并且对政治感兴趣,二十岁左右与苏格拉底相遇,回家把诗稿统统烧掉,从此醉心于哲学研究。苏格拉底之死,使他对城邦完全失望,于是离开雅典到埃及、西西里等地游历,寻求治国安邦的灵丹妙药,时间达十多年之久。公元前 387 年,已届不惑之年的柏拉图回到雅典,在城外西北角一座为纪念希腊英雄阿卡德穆而设的花园和运动场附近创立了自己的学校学园。这是西方最早的高等学府,后世的高等学术机构(academy)因此而得名。柏拉图学园一直延续了 900 年之久,要不是在公元 529 年被皈依了基督教的罗马皇帝封闭了的话,也许今天还在招生呢。

柏拉图是希腊哲学史上第一个有大量著作传世的哲学家,这与柏拉图学园有很大的关系,虽然柏拉图去世之后,学园再没有产生过像柏拉图这个"级别"的哲学家,但是在保存传播柏拉图哲学方面肯定有积极的作用。由于柏拉图哲学的起源与发展长达半个世纪之久,其思想始终处在探索和变化之中,而且其哲学著作采取了文学对话的形式,主要有《申辩篇》、《斐多篇》、《会饮篇》、《国家篇》、《斐德罗篇》、《巴门尼德篇》、《蒂迈欧篇》、《法律篇》(未完成)等对话,这些对话人物性格鲜明,场景生动有趣,语言优美华丽,论证严密细致,内容丰富深刻,不仅在哲学上而且在文学上亦具有极其重要的意义和价值,但是大部分对话的时间顺序不得而知,这就使后人的研究面临着许多难题。不仅如此,还有一种说法认为柏拉图哲学应该有两个"版本",一个是"对外的",那是发表出来给大众看的,另一个则是"对内的",只有成为柏拉图的弟子,"登堂入室"才能得到"真传"。柏拉图留传后世的都是"对外的"部分,"对内的"部分我们是看不到的,以至于在柏拉图研究中专门有一个主题是"不成文的学说"。亚里士多德著作的命运与他的老师柏拉图正好相反,他流传后世的都是"对内的"部分,"对外的"部分都遗失了。这种说法虽然不能太当真,但也不能说没有一点儿根据。有鉴于此,历来的柏拉图研究倾向于对他的对话逐篇解读,一般不提倡把柏拉图哲学看做是一个完整的体系,笼统一般地进行描述。然而我们的时间和篇幅有限,只能笼统地描述了,不得已而为之。

我们这一讲的主题是"柏拉图的'洞穴'"。"洞穴"是柏拉图说明其哲学思想的一个比喻。在某种意义上说,这个比喻不仅集中体现了柏拉图的思想,也构成了西方哲学的基本思路。在讨论柏拉图的哲学思想之前,先让我们看一看这个"洞穴"比喻说了些什么。

"洞穴"比喻出现在《国家篇》(汉译为《理想国》)第七卷中,内容是这样的:

假设人类居住在一个洞穴之中,有一条长长的过道通向外面。人类从一开始就住在这里,像囚徒一样双腿和脖子都被锁链锁住了,所以他们不能回头,只能看到眼前的洞壁。在他们之后有一堆火在燃烧,在火与囚徒之间有一条路和一道矮墙,简直就像是木偶戏的舞台。沿着矮墙,有一些人举着各式各样动物和人的雕像走来走去,火光把这些雕像投射到洞壁上,形成了各式各样的影子。由于那些囚徒生来就不能转身掉头,所以他们就把洞壁上的影子看做是真实的存在。假设有一天,不知因为什么原因,有一个囚徒挣脱了锁链,他回过头来,看到了火光,最初他的眼睛不习惯光亮,当然很痛苦,他会认为他所看到的不是真实的存在。但是当他习惯了之后就会发现,过去被看做是真实存在的东西不过是影像,眼前的东西才是真实的。再假设,他被拉出了洞穴,当他面对太阳的时候,一定会被阳光照得眼花缭乱,经过一段时间之后,他终于发现,在太阳照耀下的外面的世界才是真实的世界。这时他开始怜悯起自己的那些仍然生活在洞穴之中的同伴,于是他决定回去拯救他们。然而,他已经不能适应洞穴中的世界了,在他的同伴看来,是他自己把眼睛弄坏了。如果他执意要释放他们,把他们带向光明,他可能要付出生命的代价。

柏拉图通过"洞穴"比喻来区分假相的世界和真实的世界,前者被称之为"可感世界",后者被称之为"理念世界",相当于我们所说的现象和本质。哲学家眼中的世界与日常生活中人们眼中的世界是不同的,甚至可以说正好相反。人们在日常生活中从来不会怀疑周围的事物的真实性,哲学家却告诉我们,眼前的世界不过是假相,假相背后的本质才是真实的存在,而真实的存在只有思想才能把握。哲学家是第一个自觉地走出洞穴的人,而他的神圣使命就是把人类从黑暗中引向光明。柏拉图的洞穴比喻明确区分了现象与本质,主张摒弃感觉经验,以思想把握真理,既奠定了西方哲学此后两千多年的基本思路,也引发了一系列的哲学问题,例如本质与现象、一与多、一般与个别、共相与殊相、理性与感性等等。

当柏拉图在洞穴比喻中把哲学家塑造为殉道者的时候,在他的心中一定想起了他的老师苏格拉底。像苏格拉底一样,柏拉图面临的问题是希腊文明的衰落,开出来的"药方"则是知识。

我们先来看看柏拉图的理想国方案。

# 一　理想国

柏拉图20岁时跟随苏格拉底学习哲学,8年以后苏格拉底被判死刑,当时柏拉图不在雅典。毫无疑问,苏格拉底之死在柏拉图哲学思想的发展过程中具有极其重要的意义。

在柏拉图看来,苏格拉底之死是城邦犯下的一桩罪行。不过真正令人深思的是,恶为什么会战胜善?谎言怎么会掩盖真理?非正义为什么会战胜正义?苏格拉底是一个好公民,为什么雅典城邦竟然对于自己最好的公民如此忘恩负义?如此等等,就是柏拉图思考的问题,这些问题使他逐渐将人的教育和城邦的组织管理作为哲学的中心问题。

柏拉图政治学说的出发点是寻求正义,这应该是一个城邦(国家)秩序井然稳定发展的基础。

在柏拉图看来,人的灵魂由理性、激情、欲望三部分构成,正义的人必须让理性统治激情,由激情抑制欲望。个人是缩小了的国家,国家是放大了的个人。所以,国家的三个阶层即统治者、武士和生产者,它们各自的德性应该是智慧、勇敢和节制。统治者的职能是依靠智慧,理性地管理国家;武士的职能是发挥激情,勇敢地保卫国家;生产者的职能是节制欲望,安分守己,努力劳动。如果这三个阶层各自具备了自己的德性,各司其职,不相僭越,国家就达到了正义,否则便是不正义。

智慧、勇敢、节制和正义,正是希腊人的四主德。

柏拉图还被看做是共产主义的创始人。他把私有制认作一切灾难的主要祸根,为了培养前两个阶层的集体主义精神,他主张实行平均主义式的共产主义原则,让他们过军队般的生活,没有私产,没有家庭。还要实行优生优育,按照不同年龄进行严格的不同科目的教育,儿童时开始接受美育、体育、智育和德育的训练,最初学习音乐和健康的传说,同时进行体育锻炼,智育训练经历由低到高、从意见到知识的步骤,先学数学和天文学,最后是哲学(辩证法)。柏拉图秉承苏格拉底的观念,认为一切工作都以知识为基础,治理国家更是如此,而真正对于治理国家有全面系统的知识的人,应该是哲学家,因为只有哲学家才能洞悉宇宙万物的奥秘。所以柏拉图断言,"除非真正的哲学家获得政治权利,或者城邦中拥有权力的人,由于某种奇迹,变成了真正的哲学家,否则,人类中的罪恶将永远不会停止。"[1]让统治者成为哲学家,那是奇迹,实际上是不可能的。因而要想把国家治理好就只有一种可能,让哲学家为王。这就是"哲学王"的理想。

其实让哲学家为王,与希望统治者成为哲学家,一样是不切实际的。因为哲学家的工作是在现实世界之外建立一个理想的世界,作为理想目标。由于这个理想世界太理想化了,所以我们通常称之为"乌托邦",即"无何有之乡"的意思。哲学家生活在理想之中,如果让他去负起使理想成为现实的重任,有点勉为其难了。更何况哲学家也是人,无论如何不可能满足柏拉图为哲学王所规定的条件。像所有的人一样,哲学家始终生活在理想与现实的矛盾和冲突之中,也许他面临的冲突更加激烈,因为他身处现实与理想这两个极端之间。

"哲学王"的观念无论在西方还是东方都可以说源远流长。如果解决问题需要把握事情的真相,也就是获得知识,那么哲学作为"智慧之爱",在一切知识中应该是最高的,因为它所把握的不是小知识小聪明,而是宇宙万物的奥秘。所以,哲学家是真正称得上有知识的人,他当然是治理国家的行家里手,这是任何人都无法与之比拟的。由此可见,哲学家的"野心"最大,与他相比,帝王将相的野心实在是小巫见大巫:哲学家们要统治的不是一个国家,也不是一个世界,而是整个宇宙。因而治理区区一个小小的国家当然不在话下。

显然,柏拉图的理想国的方案由于不切实际是不可能实现的,于是他在晚年的《法律篇》中退而求其次,对之作了较大的修改,主张法制,主张家庭的存在和一定的私有财产等。由此可见,柏拉图的政治思想经历了一个从人治到法治的过程。许多年以后,新柏拉图主义哲学家普罗提诺(一译柏罗丁)曾经向罗马皇帝进言,建议按照柏拉图《法律篇》提供的方案,建立一座名为 Platonpolis(柏拉图城邦)的哲学家之城,皇帝很感兴趣,但遭到了大臣们的反对,结果只好作罢。不然的话,我们倒可以通过这一项伟大的实验看一看,让哲学家为王是不是能够把国家治理得更好。

柏拉图相信,只有哲学才能拯救希腊文明,于是他在综合吸收毕达哥拉斯、赫拉克利特、巴门尼德、阿那克萨戈拉等哲学家有关思想的基础上,主要沿着苏格拉底寻求普遍定义和绝对本质的思路前进,建立了自己的哲学亦即"理念论",这是西方哲学史上第一个庞大的哲学体系。当然,由于柏拉图的著述活动历经几十年之久,思想前后变化很大,而其多数著作难以确定写作的时间,因此尽管有些学者将他的思想分为早期、中期和晚期有一定的道理,但是严格说来,我们不应该将他的全部思想看做是一个统一而严密的体系。不仅如此,由于柏拉图的哲学思想呈现在他的对话录之中,逐篇解读他的著作应该是了解其思想的最合理的方式。遗憾的是,受时间和篇幅所限,我们不可能这样做,只好权当柏拉图哲学是一个完整的体系,简述其哲学的基本内容。

## 二　两个世界

柏拉图哲学的核心概念是"理念"。

所谓"理念",柏拉图使用的原文是 idea 和 eidos(多数时候用的是 idea),这两个概念均出自动词 idein(看),本义指"看见的东西"即形状,转义为灵魂所见的东西。在英文中通常以大写的 Idea 与小写的 idea 来区别客观的"理念"与主观的"观念"。希腊人对"看"十分看重,亚里士多德就曾经说过,在一切感官中,视觉最重要。的确,我们主要是通过眼睛的"看"来了解这个世界的,而万物之间的区别就在于形象不同。如果视觉的形象因为感觉的原因而变换不定,那么就需要深入了解万物之间真正的区别是什么,在柏拉图看来,这乃是灵魂的工作。希腊人从事哲学思考的过程,也是哲学概念的形成过程,这些概念不仅大多有其感性的来源,而且具有非常丰富的含义,那是后来被逐渐抽象化了的概念所无法表达的。因此,有的学者主张将 idea 译为"相"是很有道理的,不过我们遵从约定俗成的原则,仍然沿用"理念"这个译名。

　　"理念"显然是从苏格拉底关于"是什么"的定义而来,它的基本规定之一就是"由一种特殊性质所表明的类",不过"理念"并非单纯的抽象概念,而是超越于个别事物之外并且作为其存在之根据的实在。"有许多美丽的事物以及善的事物,我们说它们存在,并以这样的话定义它们","另方面,我们又说有一个美自身、善自身,相应于每一组我们认为是众多的事物都有一个单一的理念。它是一个统一体。我们把它称为真正的实在"[2]。一类事物有一个理念,感觉事物是多而理念是一,它作为其自身是永恒不变的自我完善的整体。所以,理念不仅不会受事物的影响,而且理念与理念之间也没有任何联系,因为理念是绝对的自身存在而不可能变为他物。个别事物始终处在生灭变化之中,它们是个别、相对和偶然的,而理念则是永恒不变的,它们是普遍、绝对和必然的存在。因此,个别事物是感觉的对象,而它们的类是知识的对象。至于理念与事物之间的关系,柏拉图认为,可知的理念是可感的事物的根据和原因,可感的事物是可知的理念的派生物。

　　柏拉图曾经通过两种方式来说明理念是如何派生事物的。

　　一是"分有"。具体事物之所以存在,是因为它们分有了同名的理念。"如果在美自身之外还有美的事物,那么它之所以美的原因不是别的,就是因为它分有美自身。每类事物都是如此。"[3]所谓"美自身"或"某某自身",意指美的理念或某某理念。

　　二是"摹仿"。造物主是根据理念来创造具体事物的,所以事物因摹仿理念而存在。"木工是根据理念来制造我们所使用的床和桌子,按床的理念制床,按桌子的理念制造桌子。其他事物亦同样。"[4]我们曾经说过,从我们眼前的桌子几乎可以追问出所有的哲学问题来。就以桌子为例。按照柏拉图,有三种桌子存在,即作为理念的桌子自身,因摹仿理念而存在的可感的桌子以及因摹仿可感的桌子而存在的画家所描绘的桌子。这三张桌子当中,哪个是真实的存在? 画家画的桌子不过是现实存在的桌子的摹本或者影像,而现实存在的桌子不过是桌子的理念的摹本或者影像,真实存在的是作为理念的桌子。画家画的桌子与现实存在的桌子都是个别的、偶然的,处在生灭变化之中,桌子的理念就不同了。画中的桌子和现实中的桌子可以毁灭,是不可能长久的,桌子的理念却是永恒的存在。

亚里士多德认为,柏拉图的"摹仿"源自毕达哥拉斯学派关于万物摹仿数的思想,只有"分有"是新的概念。不过,"分有"与"摹仿"实际上并无本质的差别,不同之处只在于有无造物主。因此可以说,"摹仿"是有造物主的"分有","分有"是无造物主的"摹仿"。

由此可见,柏拉图的理念具有多重含义:

首先,理念是事物的共相。理念是通过对事物的抽象而形成的普遍共相,亦即事物的类概念或本质;其次,理念是事物存在的根据。个别事物是由于分有了理念而成为这一事物的,离开了理念就没有事物;再次,理念是事物摹仿的模型。理念是事物之完满的模型,事物则是理念的不完满的摹本,事物是因为摹仿了它的理念而成其为事物的;最后,理念是事物追求的目的。理念是事物的本质,事物存在的目标就是实现它的本质,从而成为完满的存在。[5]

把事物的本质——理念,与事物分开,并且以理念为存在的根据,是柏拉图哲学的基本原则。而柏拉图面临的难题,按照亚里士多德的说法,就是"分离"问题,亦即理念与事物的分离所引发的一系列问题。以后我们将专门讨论这个分离问题。

一类事物有一个理念,各式各样的事物有各式各样的理念。不同的事物组成了事物的世界,而由它们的理念所组成的总体就是柏拉图所谓的理念世界。在柏拉图看来,前者是可感世界,后者是可知世界。

在某种意义上说,柏拉图关于两个世界的思想继承了巴门尼德关于认识的两条道路的学说,不同之处在于他不是把感觉事物仅仅看做"非存在",而是看做既存在又不存在的现象,因而在某种意义上说是对赫拉克利特和巴门尼德哲学的综合。一方面与赫拉克利特一样,柏拉图认为感官所及的一切事物都处在生灭变化中,而生灭变化的事物既不是不存在也不是存在,既不是无也不是有,而是介于两者之间,是既有又无既存在又不存在的东西,亦即我们所说的现象。另一方面与巴门尼德一样,柏拉图认识到在现象之中不可能有永恒不变的东西,因此在始终处于变化之中的、相对的和暂时的事物世界之外,一定存在着另一个稳定的、绝对的和永恒的世界作为它们的根据,否则一切都将失去存在,甚至根本就不可能存在。

从知识论的角度看,这两个世界一个是可感的对象,一个是可知的对象。存在是"知识"的对象,不存在作为空无,是"无知"的对象,而介于存在和不存在之间的事物则是"意见"的对象。我们对于始终处在生灭变化之中的感觉事物只能产生个别、偶然、相对的意见,惟有超越于感觉事物之上的真实的存在才是普遍、必然和绝对的知识的对象。既然意见与知识有别,它们各自的对象也一定是不同的。

柏拉图试图通过一系列的比喻来论证两个世界的学说,其中最著名的是三个比喻:"太阳比喻"、"线段比喻"和我们讨论过的"洞穴比喻"。

"太阳比喻"。犹如可感的事物世界由太阳所主宰,可知的理念世界由"善"理念所统治。万物之所以有可见性,眼睛之所以有视力,都是因为有太阳。同理,理念之所以有可知性,心灵之所以有认识理念的能力,皆因善理念的存在。"给认识的对象以真理,给认识者以知识能力的实在,即是善的理念",它是"知识和一切已知真理的原因",比其他理念"具有更大的价值,更高的荣耀"[6]。

"线段比喻"。在"太阳比喻"之后,柏拉图进一步用"线段比喻"形象而明晰地说明了两个世界及其关系:"用一条线来代表它们。将这一条线分成二个不相等的部分,一部分相当于可见世界,另一部分相当于可知世界。然后按同一比例将各个部分再行划分,一部分是比较清晰的,另一部分比较模糊"。[7]可见世界的第一部分是影像,第二部分是影像的原本,即具体事物,这两部分"有不同的真实程度,摹本之于原本,正如意见领域之于知识的领域"[8]。可知世界的第一部分是数理理念,即几何、数学及相近学科的研究对象,第二部分是伦理理念,"指人的理性自身凭借辩证法的力量而认识到的那种东西"[9],包括美、正义、勇敢等,最高的理念是善。与上述两大世界四个层次相适应,人的灵魂也有四种不同的功能,从低到高依次为猜想、相信、推论和理智。

"洞穴比喻"。"洞穴比喻"我们已经讨论过了。柏拉图明确指出,这个比喻"可以整个地应用到以前的论证上,将囚徒们居住的洞穴比做可见世界,里面的火光比做太阳。如果你把上升的途径及对上方万物的静观比做是灵魂上升到可知世界,就没有误解我的意思"[10]。可见,"洞穴比喻"与

"线段比喻"的实质是一样的,都是为了论证两个领域及其各自等级层次的区分。

通过一系列的论证和比喻,柏拉图终于完成了他关于两个世界的区分,从而建立起他的理念世界。显然,他的目的是要人们去关注众多、相对、变动、暂时的事物之外的那个单一、绝对、不动、永恒的理念,并且从中获得真正的认识。例如,人们要获得美的认识,就不能靠美的人物、美的雕像、美的建筑、美的风景或美的图画等事物,因为它们总是相对的,不可能十全十美,也不可能永远美丽,只有去把握美自身即美的理念,它才是永恒的、绝对的、无限的。

如前所述,一类事物有一个理念,各式各样的事物有各式各样的理念。不同的事物组成了事物的世界,而由它们的理念所组成的总体就是柏拉图所谓的理念世界。在柏拉图看来,前者是可感世界,后者是可知世界。这两个世界实际上是赫拉克利特与巴门尼德的结合:自然万物始终处在运动变化之中,惟有变化本身是不变的(赫拉克利特);始终处在运动变化之中的东西都不是真实的,惟有不动不变永恒为一的存在是真理(巴门尼德)。前者是我们所说的"现象",后者则是我们所说的"本质"(当然,在柏拉图的时代,人们还没有形成本质的概念)。在某种意义上说,柏拉图的两个世界是由认识论划分的,亦即源于感性认识与理性认识之间的区别。在柏拉图的时代,人们还没有将感性认识与理性认识结合起来的观念,因而对于柏拉图来说,我们的理性认识不可能从感性认识"上升"而来,这就使关于理念世界的认识成了问题。

柏拉图的理念论涉及到了西方哲学的一个非常重要的问题,这就是概念与事物之间的关系问题。这不仅关系到以往哲学所遭遇的难题:一与多、运动与静止、一般与个别等等,也关系到后来的哲学所遭遇的难题:共相与殊相、本质与现象、感性与理性等等。

如前所述,按照柏拉图,存在着三张桌子:画家画的桌子、现实中的桌子和桌子的概念。在他看来,只有桌子的概念(他称之为理念)是真正真实的存在。个别具体的事物始终处在生灭变化之中,而且是不完善的、有缺陷的。而使所有同类的事物归属的类概念,则是普遍的、无限的、完善的、永恒不变的。于是从柏拉图开始,西方哲学就走上了这样一条理性认识的道路。我们把握真理的道路是从个别的事物抽象到它们的类概念,从这些类概念抽象到更高更抽象的种概念,从这些种概念再抽象到属概念……最后抽象到最普遍最抽象的存在。问题是:我们关于事物的概念与事物本身究竟是什么样的关系？事物的概念究竟是存在于事物本身之中，还是仅仅存在于我们的思想之中？反过来说，事物的概念究竟是我们的思想所形成的，还是也存在于事物之中？换言之，事物的概念究竟是主观的还是客观的？如果某一类事物灭亡了，例如恐龙大约在六千五百万年以前灭绝了，那么恐龙的概念是不是仍然存在，仍然是永恒不变的？……类似的问题，我们还可以问很多。

在某种意义上说，柏拉图提出理念论的目的是为了解决知识的问题。在他看来，事物的世界可感而不可知，理念的世界可知而不可感。既然如此，我们如何能够认识理念呢？

## 三　回忆说与灵魂转向说

在知识问题上，早期自然哲学家大多自觉或不自觉地以感性经验为认识的依据，巴门尼德揭露了这种思维方式的局限性，主张惟有对存在的思想才是真理之路。柏拉图像巴门尼德一样否定了感觉经验在认识中的作用，因为不可感知的、普遍的、绝对的理念不可能来源于我们对事物的感觉经验，无论我们经验到多少张个别具体的桌子，也不可能从中产生普遍、抽象、永恒存在乃至无限的桌子概念，这就彻底断绝了通过感觉经验认识理念的可能性。既然我们不是通过感觉经验，那是通过什么方式认识理念的？为了解决这个问题，柏拉图提出了"回忆说"。

柏拉图讲了一个故事：我们的灵魂原本高居于天上的理念世界，"那时它追随神，无视我们现在称做存在的东西，只昂首于真正的存在"[11]，所以它对理念领域有所观照，具备一切知识。但是后来灵魂附着于躯体之后，由于受到躯体的干扰和污染，因此遗忘了一切。只有经过合适的训练，灵魂才能回忆起曾经见过的东西。因此，回忆的过程也就是学习的过程，不过是把被我们遗忘了的东西回忆起来而已，"所有的研究，所有的学习不过是回忆而已"[12]。当然，并不是所有的灵魂都能轻易地回忆起它们，凡在投生前只约略窥见，或在投生后受邪恶熏陶而堕落的，都不易做到这一点，只有少数人保持着回忆的能力。

在西方哲学史上，柏拉图的回忆说以粗糙的形式第一次提出了先验论的问题。如果理念与事物判然有别，关于理念的知识就不可能从感觉经验中获得，它只能是先天的。换句话说，如果普遍的共相不可能来源于个别偶然的感觉经验，我们只能说在感觉之先，它就存在于我们的头脑之中了。后来近代哲学中唯理论的天赋观念论与康德的批判哲学,都与此密切相关。

在《曼诺篇》中,柏拉图通过苏格拉底与一个孩子之间的对话来证明他的回忆说:[13]

**苏格拉底:**告诉我,孩子,你知道这样一个图形是正方形吗(他在沙地上画了一个正方形)?

**孩子:**知道。

**苏格拉底:**正方形有4条边,并且每条边相等?

**孩子:**是的。

**苏格拉底:**通过正方形的各边中点所画的线也是相等的,是不是?

**孩子:**是的。

**苏格拉底:**这种形状可大可小?

**孩子:**肯定。

**苏格拉底:**如果这条边长2尺,那条边也是2尺,那么整个正方形的面积是多少? 让我解释一下:如果一条边长2尺,另一条边长只有1尺,那么整个面积总共就是2平方尺?

**孩子:**是的。

**苏格拉底:**现在另一条边长也是2尺,那么就有了两个2尺?

**孩子:**是这样。

**苏格拉底:**那么总的面积就是2尺的平方?

**孩子:**是的。

**苏格拉底:**2的平方是多少? 算一算,告诉我。

**孩子:**4,苏格拉底。

**苏格拉底:**如果有一个正方形的面积比这个正方形大一倍,是不是它的各条边也是相等的?

**孩子:**是的。

**苏格拉底:**那么,它的面积是多少?

**孩子:**8。

**苏格拉底:**你是说我们从4条这样长的边中得到的面积为8平方尺的图形的?

**孩子:**是的。

**苏格拉底:**让我们画出这个正方形,它的4条边的长度相等,这就是你所说的面积为8平方尺的图形吗?

**孩子**：是的。

**苏格拉底**：在它之中有 4 个正方形，每个正方形都等于面积为 4 平方尺的正方形？

**孩子**：没错。

**苏格拉底**：整个面积又是多少呢？4 倍于这个面积，不是吗？

**孩子**：一定是这样的。

**苏格拉底**：4 倍和 2 倍是相等的吗？

**孩子**：不是，绝不相等。

**苏格拉底**：那它是多少呢？

**孩子**：4 倍。

**苏格拉底**：4 乘以 4 等于 16，对不对？

**孩子**：是的。

…………

柏拉图要证明的是，这个孩子对几何学一无所知，但经过苏格拉底的诱导，说出了正确的答案，这表明在孩子的头脑中原本就有关于几何学的知识，只是被他"遗忘"了，而学习不过就是把这些知识重新回忆起来而已。问题是，理念究竟存在于我们头脑中的什么地方？以灵魂不朽来解决知识问题毕竟存在着太多的问题，于是柏拉图提出了比回忆说更精致的灵魂转向说。

柏拉图在他的"洞穴"比喻中提出了一种认识论思想："灵魂转向说"。

一群人犹如囚徒世代居住在洞穴里，由于被锁住而不能走动、回头和环顾左右，只能直视洞壁的情景。他们便把洞壁上的影像当作真实的事物。如果有一个囚徒挣脱锁链，回头第一次见到火光，虽然一时会刺眼眩目，但经适应后他就会分清影像与雕像，并明白雕像比影像更真实。如果他走出洞外，第一次看到太阳下的真实事物，也会再次眼花缭乱，先见到阴影，再看水中映象，进而看事物，最后抬头望天，直接见到太阳，这才知道太阳是万物的主宰。这个比喻"可以整个地应用到以前的论证上，将囚徒们居住的洞穴比做可见世界，里面的火光比做太阳。如果你把上升的途径及对上方万物的静观比做是灵魂上升到可知世界，就没有误解我的意思"[14]。

在柏拉图看来，上述这个过程就是灵魂转向的过程。

从毕达哥拉斯—巴门尼德—苏格拉底—柏拉图，都是为了解决知识问题，柏拉图洞穴说的依据也是感性与理性的区别：可感事物是不真实的，可知的理念才是知识的对象。由此可见，虽然西方古典哲学的基础和核心是形而上学，但是从一开始就注定了形而上学问题必须以认识论问题的解决为前提的局面。

显然，洞穴说所比喻的不是认识的发展过程，不是从低到高的发展，而是"灵魂的转向"。正如"洞穴比喻"所表明的，我们不可能通过洞壁上的影像认识身后的事物，除非转过身来；我们不可能知道太阳是万物的主宰，除非被拉出洞外。我们对理念的认识也是如此，它是灵魂的认识功能依次转向的结果。由此可见，先天性在此不再像回忆说那样表现为具体的知识，而是表现为认识的功能。

自古以来就有经验论与先验论之争，这是认识论无法回避的难题。

对一些哲学家来说，我们对于事物的认识来源于对它们的感觉经验，在此基础上形成了知识，因而若想检验我们的知识是不是真理知识，是不是科学，就必须检查知识是不是与对象符合一致。这里至少存在着两个难题：首先，如果知识建立在感觉经验的基础上，它的普遍必然性即科学性或真理性（如果有的话）是从哪里来的？感觉经验总是个别、相对、偶然的，普遍必然性不可能从它们之中发现出来，因而知识的普遍必然性是一个难题。其次，即使我们认可知识就建立在感觉经验的基础之上，还有一个问题无法解决，那就是我们怎么才能知道我们的知识与对象是符合一致的。因为我们不可能跳出自身之外去比较我们的知识与对象的关系。因此，历史上始终有一些哲学家持先验论的立场，第一个持这一立场的哲学家就是柏拉图，以后我们将看到还有一些非常著名的哲学家如笛卡尔、莱布尼茨、康德等坚持这一立场，虽然他们的观点各有不同。

## 四　对理念论的反思

柏拉图的理念论存在着许多问题：理念与事物是一种什么样的关系？理念如何分有或是摹仿理念？自然万物可感而不可知，理念可知而不可感，我们怎样认识理念？

在哲学史上第一个批判理念论的不是别人而是柏拉图自己，而且他的自我批评毫不客气，就连他的学生亚里士多德对理念论的批评实际上也没有超过柏拉图。在《巴门尼德篇》中，柏拉图以"少年苏格拉底"代表他自己的理念论，以巴门尼德为批评者，深入探讨了理念论所面临的问题。[15]

第一，关于理念的普遍性问题。柏拉图的理念论具有浓厚的价值含义，所以虽然按理念论所说,每类事物都有一个同名理念作为存在的根据,但是对树、火、人等自然物是否存在理念的问题,他却犹疑不决,感到没有把握;对头发、污泥、秽物等低下事物,他虽然认为如果有这类理念实在太荒谬了,但如果要否定它们也有困难,因为这样一来,势必将否认任何事物都因理念而存在的理论前提。于是,柏拉图对这个引起他不安的问题采取了回避的态度,"恐怕陷入无底的谬说泥坑中而殄灭"[16]。这个问题涉及到了形而上学中的一个很重要的问题。宇宙万物的根据或本质是"真",而"真"与"善"和"美"应该有共通之处,至少"真"不应该是"不善"或"恶",所以人们才会陷入疑惑之中:如果宇宙万物具有统一的根据或本质,难道说善与恶都来源于同一个根据?就基督教来说,如果上帝是全知、全能、全善的,这个世界上怎么可能还存在着恶?显然,从形而上学的角度看,我们不能只承认善的理念,而不承认恶的理念。

第二,关于理念被分有问题。事物分有理念而存在,这是柏拉图坚定不移的信念。至于怎样分有,却是一个难题。柏拉图承认,事物对同名理念的分有只能有两种方式,或者是分有整个的理念,或者是分有理念的一部分,但这两种方式都有困难。因为理念的首要特性是单一完整性,而事物则是多数的。如果每个事物都分有一个整体的理念,那么有许多事物就需要有许多个理念。这就与理念论的基本原则,即多数同类的事物只能有一个同名的理念,发生了矛盾。如果事物分有理念的一部分,那同样破坏了理念的完整性,把同一理念肢解成很多部分了。例如,如果大的事物分有"大的理念"的一部分,因为部分小于整体,它分有的便是小而不是大了。如果相等的事物分有"相等的理念",由于部分小于相等自身,它所分有的便不是相等了。如果小的事物分有"小的理念"的部分,因为整体大于部分,那么"小的理念"相应于小的事物,就是大而不是小了。既然只能有两种分有方式,而这两种方式都难成立,那么分有说本身是否成立呢,柏拉图感到左右为难。

还是中国哲学比较方便,朱熹的理学以"月映万川"来比喻理与事物之间的关系,他不用也不需要证明。

第三,"实在世界的重叠"或者"第三者"难题。如果有许多同类的事物就需要有一个同一的理念,例如许多大的事物有一个共同的"大的理念",那么这个"大的理念"与其他大的事物放在一起,也需要有一个同一的理念,这就是第二个"大的理念",如此类推,可以有无数个"大的理念",从而陷入了"实在世界的重叠"。后来亚里士多德称之为"第三者"的论证的难题:如果同类事物之外有一个同名的理念独立存在,那么就可以在理念和事物之外出现一个"第三者",即第二个理念,如此类推,以致无穷。用模仿说能不能避免这个困难呢?好像也不行。按照模仿说,事物与理念是摹本与原型之间的关系,摹本与原型相似,反之亦然,原型与摹本也相似。既然两者相似,它们就应该分有一个共同的原型,还是避免不了"第三者"的难题。

第四,有关"分离"的问题。理念是在事物之外独立存在的实在,这是理念论的基本原则。然而,如果理念是独立存在的,那么理念就不在我们中间存在,理念与我们的世界是两个分离的世界。在理念世界里,理念与理念可以有相互关系,在我们的世界里,事物与事物之间也有相互关系,但是我们世界中的任何事物都不能与理念世界中的理念发生关系。例如,我们世界中的奴隶不是"主人的理念"的奴隶,主人也不是"奴隶的理念"的主人,"主人的理念"只与"奴隶的理念"有关。照此推论,我们只能与我们的世界中的东西发生认识的关系,理念世界也是如此。这样一来,一方面是我们不可能认识理念。另一方面是神也不可能认识我们世界中的事物,换言之,如果分有说和摹仿说都不成立,理念世界和事物世界的联系就会割断,就会推出两个无法接受又不得不接受的结论。首先,"美本身、善本身及其他我们认为自身存在的理念,是不为我们所认知的"。本来是作为认识对象而设立的东西现在由于各处一域竟然无法认识,它还有什么意义呢? 其次,"如果神是最完美的主人,具有最精确的知识,那么,他作为主人不能统治我们,他的知识不涉及我们或我们世界的任何事情。我们的权威不能伸展到神,我们的知识也不能知道神圣的事物。如此推论,神不是我们的主人,不知道人类的事情"[17]。

通过柏拉图对理念论的自我反思,我们可以看到,古代哲学家们主要是面对问题进行探索,并不是很在乎体系的问题,不像后来有些哲学家,一旦他的哲学体系建立起来了,他所关注的就不再是问题,而是如何完善和修补自己的体系了。不过,柏拉图虽然有勇于揭露自己学说弱点的自我反思和自我批判精神,但是却无法放弃其哲学的基本观点。他明确宣称:"如果一个人注意到这些及类似的困难,便否认有事物的形式(即理念——引者注),不承认每个事物都有它自己的、总是同一的、决定性的形式,那么他的理智将无处落脚。他将完全毁坏论辩的能力。"[18]这就是说,对柏拉图而言,理念独立存在于事物之外,乃是理念论的基本原则,非如此不能确定知识的基础。于是,柏拉图干脆撇开那些难题,把思考的重心从事物与理念之间的分有关系转移到理念与理念之间的分有关系上来。

讨论理念之间的结合分有关系,形成了柏拉图的"通种论"。

# 五  通种论

柏拉图在《巴门尼德篇》、《智者篇》等对话中讨论了理念与理念之间的"分有"问题,由此而形成了"通种论",我们只介绍《智者篇》中的通种论。

在《智者篇》里,柏拉图指出,理念之间的关系有而且只有三种可能情况,即全部能结合、全部不能结合、有的能结合有的不能结合。论证表明,前两种情况都不可能,所以,只剩下一种可能情况:有的能结合,有的不能结合。为简明起见,他没有对各种理念的关系进行讨论,只选择了"存在"、"非存在"、"运动"、"静止"、"相同"、"相异"这六个最普遍的理念作为代表来讨论,而这些理念所体现的正是希腊哲学所讨论的中心问题。由于这些最普遍的理念外延最大,在逻辑上也被称为"种"(genos),所以,哲学史上通常把柏拉图关于这些理念关系的研究称做"通种论"。

柏拉图将理念之间的结合也称为"分有",不过这个分有与事物对理念的分有却是不同的。因为事物对理念的分有指理念给事物以存在的根据,而理念间的分有说的则是它们之间的互相联系。为了便于区别,我们把理念间的分有称为柏拉图的第二种分有说。

柏拉图提出通种论,讨论理念与理念之间的关系,究竟想要解决什么问题?

我们曾经说过,希腊人思考哲学问题在很大程度上是为了"拯救现象"。柏拉图划分了两个世界,在可感世界之上营造了一个理念世界,其目的也是为了解释和说明我们生活于其中的可感世界,即为这个变动不居的现象界提供存在的根据。通过"分有"和"模仿"来说明两个世界之间的关系当然是为了解释可感世界,探讨理念与理念之间的关系也是如此。我们面前的任何事物都不是单纯的,实际上具有许多性质,有些性质之间还是相互矛盾的。因此,要说明一个具有多种性质的事物,一个理念是不够的,它可能涉及到多个理念,这就需要研究理念与理念之间的关系。例如一张桌子具有大小、形状、颜色、硬度等等性质,如果不是"桌子"的理念包含着这些性质——一般说来是不可能的,因为理念是单纯的,那么无论如何"桌子"的理念都与这些性质的理念有关。

柏拉图从众多范畴中选取这六个范畴并不是偶然的。自从巴门尼德提出了存在哲学,尤其是芝诺将"运动"迫入悖论之后,"存在"与"非存在"、"运动"与"静止"就成了早期希腊哲学面对的最根本的难题。而"相同"与"相异"作为最普遍的概念,体现了事物之间最普遍的关系。

1．"存在"与"非存在"能否彼此结合分有？

在这个问题上,柏拉图不同意巴门尼德的观点。巴门尼德把"存在"与"非存在"对立了起来,柏拉图则认为这不过是表面现象,而实际上当人们说某物"是"(存在)"非存在"的时候,已经肯定它是"存在"了。对柏拉图来说,"非存在"并不是不存在,并不是与"存在"相反的东西,而只是指与"存在"不同(相异)的东西。例如,"运动"不是"静止",这并不否定"运动"与"静止"是存在的,只是意味着两者不相同而已,即"运动"异于"静止"。因此,"不是什么"也是"是什么"。"非存在"不过是异于这类存在的性质的另一种存在。这就把"存在"与"非存在"这两个对立的概念结合起来了——一切事物都与自身相同并且与其他事物相异。

2．"运动"与"静止"能否彼此结合分有？

如前所述,柏拉图认为理念之中只有一部分理念可以相互分有,另一部分则不能相互分有,在他看来,"运动"与"静止"就属于不能相互分有的理念。不过在专门讨论"运动"的时候,他又认为就运动、变化而言,动中有静,静中有动。情况可能是这样的:具体到"运动"与"静止"之间的关系,两者是不能相互分有的,但如果就概念而论,"运动"与自身是相同的,或者说,"运动"本身是不运动不变化的,所以"运动"本身是"静止"不变的。

3．"相同"与"相异"能否彼此分有？

柏拉图认为,"相同"与"相异"彼此是不同一的,但是"相同"与"相异"与自身又是相同的,而与其他范畴是相异的。同样的道理,其他范畴既与自身相同,亦与其他相异。因此,同中有异,异中有同,"相同"与"相异"彼此相互结合,是对立的统一。

4．"存在"与"运动"、"静止"、"相同"、"相异"能否彼此分有？

赫拉克利特认为"一切皆流,无物常住",万物都处在既存在又不存在的永恒的流变之中,而巴门尼德则主张存在是一,是静止不动的。柏拉图与两者不同,他认为"存在"与"运动"和"静止"是能够彼此结合的。由于"存在"、"运动"和"静止"既是自身相同,又与其他范畴相异,所以,"存在"、"运动"、"静止"与"相同"和"相异"是能够彼此分有的。

5．"非存在"与"运动"、"静止"、"相同"、"相异"能否彼此分有？

相对于"运动"而言,"静止"是"非存在";相对于"静止"而言,"运动"是"非存在";相对于"相同"而言,"相异"是"非存在";相对于"相异"而言,"相同"是"非存在"。因此,"非存在"与"运动"、"静止"、"相同"、"相异"是彼此结合相互分有的。

通过考察,柏拉图得出了结论:存在、非存在、相同、相异可以互相结合;这四个理念与运动、静止也可以互相结合;但运动和静止不能互相结合。这就证实了前面所说的第三种可能:有的理念能结合,有的不能结合。

柏拉图的"通种论"是他对理念论作出的重大修正之一。因为按照柏拉图以前的观点,理念具有单一的、孤立的、封闭的特性,而现在理念之间则可以沟通了。理念分有说的提出,其意义远不只是修正了他自己的理念论。柏拉图不仅克服了巴门尼德等人把存在与非存在绝对对立起来,贬低非存在的僵化观念,而且在西方思想史上第一次探讨了作为一般和抽象存在的范畴之间的关系,确立了"存在"与"非存在"、"相同"与"相异"等范畴间的对立统一关系,从而推动了辨证思维的发展。黑格尔对此十分赞赏,认为"这乃是柏拉图哲学中最内在的实质和真正伟大之所在"[19]。

柏拉图的通种论是西方哲学中范畴理论的起源。范畴不仅仅是逻辑学的研究对象,而且也是本体论的研究对象。柏拉图之后,经过亚里士多德、中世纪经院哲学,到康德和黑格尔,本体论意义上的范畴理论逐渐臻于完善,最高的成就即是黑格尔的《逻辑学》。在某种意义上说,范畴理论探讨的乃是世界的逻辑结构,以后我们将看到,形而上学最终就落实在范畴体系之上。

# 六　摹仿创世说

亚里士多德把理念论的难题称之为"分离"问题,即理念与事物的分离造成了理念论的困难。为了说明事物是如何从理念产生的,柏拉图提出了"分有"和"摹仿"两种解释,但都难以自圆其说。《蒂迈欧篇》中的"摹仿创世说"试图通过自然哲学提出一种解决方式。

柏拉图非常轻视自然哲学,专门讨论自然哲学的只有《蒂迈欧篇》这一篇对话。通常《蒂迈欧篇》被看做是柏拉图后期的作品,它以目的论的方式论述了有关宇宙的形成及其结构等思想,提出了一种与以往不同的自然哲学。[20]

自然万物处在生灭变化之中,是可以由感觉感知的,都是生成的。因而整个宇宙也一定是生成的。凡是生成的东西必然由某种原因作用而生成,这个原因就是创造者,但是发现宇宙的父亲和制造者是一项非常艰巨的任务。宇宙的创造者当然要以某种东西作为创造宇宙的模型,宇宙的原型是永恒的而且只有理性才能认识,宇宙不过是它的摹本。按照柏拉图的理念论,可感世界可感而不可知,理念世界可知而不可感,所以描述可感世界的自然哲学应该只是意见而不是知识。但是如果宇宙是某个创造者根据模型创造出来的,那就应该是理性的产物。因此,柏拉图在叙述他的宇宙论时,经常显得有些犹豫不决,没有太大的把握。于是,人们有时把《蒂迈欧篇》看做是一个神话故事,不过谁也不能否认它是柏拉图经过深思熟虑而提出来的哲学思想。

柏拉图的宇宙生成学说有三条原则:第一,要区分那存在而不变动的东西和变动而非存在的东西;凡是由理性和逻各斯认知的东西总是自己同一存在的,凡是由意见借助感觉认识的事物总是会变化消灭的。第二,一切变动的东西总是由某种原因作用于它才能变化生成,没有原因就不能生成。第三,创造者要构造事物的形状和性质时,必须以不变的东西作为模型,才能造出美好的东西,如果以变化的事物为原型,造出来的东西便不能是好的。由此出发,柏拉图叙述了宇宙的生成过程。

所谓"宇宙的创造者"即"得穆革"(Demiurgos),柏拉图也称之为神、父亲或创造者。神是善的,他希望万物也像他自己一样只有善而没有恶,于是他将混乱的东西安排得有秩序,因为这样是最好的,他看到理性比非理性好,所以将理性放入灵魂,将灵魂放入躯体,将宇宙创造成为一个有理性和灵魂的生物。由此可见,柏拉图的宇宙生成论是一种理性的目的论,而他所说的"神"既不是传统希腊神话中的拟人化的神(实际上诸神也是由这个创造者创造出来的),也不是类似后来基督教神学中的上帝,因为这个创造者并不是从无中创造世界,只是将原来没有秩序的东西安排成为有秩序的宇宙。这样的"神"应该是一种理性神,不过也有人格性,因为他创造宇宙的活动是有目的有意志的活动。

在柏拉图看来,这样创造出来的宇宙只能是一个,它是一个有理性有灵魂的生物,因而得穆革所依照的范型也必然是一个有理性的作为整体而存在的生物。按照柏拉图的理念论,创造宇宙所依据的模型应该是永恒不动、自我同一的理念,不过他似乎在此更强调这个模型是有生命的生物,从而突出了理念的能动性。当然,仅有理念,神还创造不出宇宙,因为他不可能无中生有。他还需要两样东西,即"材料"和"场所"。材料(或"载体")指水、火、土、气,它们在创世之先就已混沌地存在着。场所(khoros),即空间,它是接受器或容器,犹如宇宙万物之母。

神首先创造出"世界灵魂"。它是弥漫于世界并在内部推动形体运动的力量,由同和异两个部分构成,按相反方向作圆周运动,它是神的影像,同时也是理念世界和可感世界的中介,其职责是使事物受理念支配。然后,神用全部材料按一定比例和几何结构创造出天体,它在数量上只是一个,呈圆球形。神在创世的同时也创造了时间,所以,可感世界的一切都发生在时间之中。神接着创造了各种动物,它们按居住领域被分成四类,天上的小神、空气中的有翼动物、水栖动物和陆地动物。神最后创造出人,首先是人的理性灵魂,接着是灵魂的非理性部分,然后再创造人的肉体。人是大宇宙的缩小,身体各部分都合乎目的而具有完满性。由于人独具理性灵魂,所以人为万物之灵。

《蒂迈欧篇》通常被认为是柏拉图后期的作品,联系到理念论的困境和柏拉图的自我批评,我们可以把这篇对话中的"摹仿创世说"看做是柏拉图解决理念与可感事物之间关系的一种理论。虽然柏拉图在《国家篇》中就已经通过"摹仿"来说明事物与理念之间的关系,但是显然《蒂迈欧篇》中的"摹仿创世说"更加系统和完整。

现在,回到我们这一讲的主题:"柏拉图的洞穴"。为什么用这样一个标题?因为在我看来,"洞穴"这个比喻代表了柏拉图的基本思想,由于柏拉图的思想为西方哲学奠定了基础,所以也体现了西方哲学的基本精神。

柏拉图通过"洞穴"比喻,明确地区别了两个世界:可感世界和理念世界。对于普通人来说,只有一个世界,那就是我们生活于其中的日常世界,也就是感觉经验的世界,早期希腊自然哲学其实就是这种朴素世界观的哲学代表。而爱利亚学派的巴门尼德则把这条道路称之为"意见之路",主张认识的道路应该是通过思想把握存在的"真理之路"。柏拉图在两者之间进行了某种"综合",形成了两个世界的理论。一方面,他并不否认可感世界的"存在",但认为这个可感世界可感而不可知,我们对此只有意见而没有知识,另一方面则是将理念世界看做是可感世界的存在根据,可知而不可感的含义是说,我们面对的是现象,我们所能看到的也只是现象,真实的存在是眼睛所看不见的。由此引出了现象与本质、感性与理性、经验与超验等一系列的问题。因而就是这个"洞穴"比喻为后来的西方哲学定下了基调,它代表着一种看待世界的方式(世界观),这种方式主宰了西方哲学上千年。

在某种意义上说,柏拉图在希腊哲学中属于"另类"。希腊人是现实主义的,他们基本上没有超验的观念,所以柏拉图之后,即使是他的学生亚里士多德,亦立刻回到经验之中去了。

希腊哲学毕竟具有浓厚的东方色彩,而名副其实的西方哲学——欧洲哲学——是从中世纪经院哲学开始的,教父哲学时代还有东方教父和西方教父之分,经院哲学则是纯粹的日耳曼民族的哲学。柏拉图的思想路线在希腊也许算是异类,但在欧洲哲学中则是主流。在某种意义上说,后世的哲学家们都在努力走出"洞穴",并且努力使所有的人都走出"洞穴"。

**参考书目**

1.《柏拉图全集》,四卷本,王晓朝译,人民出版社,2002 年。

2.泰勒:《柏拉图——生平及其著作》,山东人民出版社,1991 年。

3.柏拉图:《理想国》,商务印书馆,1986 年。

4.柏拉图:《巴门尼德斯篇》,陈康译注,商务印书馆,1982 年。

**注 释**

〔1〕《古希腊哲学》,第 236 页。

〔2〕《古希腊哲学》,第 308 页。

〔3〕《古希腊哲学》,第 265 页。

〔4〕《古希腊哲学》,第 323 页。

〔5〕参见范明生:《柏拉图哲学述评》,上海人民出版社,1984 年。

〔6〕《古希腊哲学》,第 310 页。

〔7〕《古希腊哲学》,第 311 页。

〔8〕《古希腊哲学》,第 312 页。

〔9〕《古希腊哲学》,第 313 页。

〔10〕《古希腊哲学》,第 317 页。

〔11〕《古希腊哲学》,第 284 页。

〔12〕《古希腊哲学》,第 251 页。

〔13〕参见《古希腊哲学》,第 252—256 页。

〔14〕《古希腊哲学》,第 317 页。

〔15〕参见汪子嵩等:《希腊哲学史》,第二卷,第 859 页以下诸页,人民出版社,1993 年。

〔16〕《古希腊哲学》,第 331 页。

〔17〕《古希腊哲学》,第 336 页。

〔18〕《古希腊哲学》,第 337 页。

〔19〕黑格尔:《哲学史讲演录》,第二卷,第 204 页,商务印书馆,1982 年。

〔20〕参见:《希腊哲学史》,第二卷,第 1015 页以下诸页。

# 亚里士多德的形而上学

科学分类
原因论
形而上学
伦理学

　　亚里士多德是柏拉图的学生,不过他的观点却与老师不同。亚里士多德将柏拉图的问题称做"分离问题",即理念与事物的分离所造成的一系列问题,他认为分离于事物之外的理念是不存在的,事物的概念与事物本身不可分割,原本是一体。在某种意义上说,在亚里士多德的思想中深深地渗透着经验的因素,他重新恢复了被柏拉图抛弃的自然哲学的地位,以至于在他流传下来的著作中,自然哲学方面的著作占了百分之八十。

　　亚里士多德有一句名言:"吾爱吾师,但吾更爱真理。"古代人与我们不同,他们的哲学思考面对的是问题,很少在体系上下功夫,柏拉图也许是在体系上下功夫最多的希腊哲学家,虽然他的体系与后世那些恢弘、庞大、严密、规整的体系难以相提并论。后世的哲学家们为什么热衷于建立体系?一方面是因为哲学作为世界观是对世界之整体性的总的看法,把千差万别多种多样的事物总括为一个整体,当然需要体系,更何况哲学家们越来越意识到,使哲学成为科学的惟一可能性就在于哲学的体系性。另一方面,出于同样的原因,哲学家们相信,这个统一的体系将解决所有的哲学问题。于是,当一个哲学体系建立之后,哲学家们通常就会把问题抛在一边儿,工作的重心就转移到了如何维护这个体系。这就像一座大厦建成之后,工人们的工作就是如何维护它,至于地基是否坚固,材料是否可靠,设计有没有问题,基本上就不在考虑的范围之内了。当然,哲学本身的特点也是一个原因:由于哲学的对象是最高的存在,在此存在之上没有更高的根据,而它的普遍性似乎也不需要经验的证明,所以在许多哲学家看来,哲学是自圆其说的。因此,如果我们对比古代哲学家与近代哲学家就会发现,面对人们的诘问,他们的反应是不同的:古代哲学家不会考虑体系问题,他们会直面问题展开思考,而近代哲学家则一般是千方百计地维护自己的体系。换句话说,古代哲学家可以为了解决问题而不顾体系,近代哲学家则往往为了体系而不顾这体系是否能够解决问题。如前所述,在哲学史上第一个批评理念论的不是别人恰恰是柏拉图自己,就是一个例子。而亚里士多德以追求真理为哲学的第一要务,亦体现了哲学的探索精神。

柏拉图和亚里士多德是古代哲学家中流传著作最多的两位哲学家,他们的思想都对后世产生了难以估量的影响,其中柏拉图的思想被认为是为西方哲学定下了基调,而亚里士多德则被公认是古希腊哲学的集大成者,有史以来第一位百科全书式的思想家。然而与老师相比,亚里士多德的经历和命运要曲折坎坷得多。在某种意义上说,柏拉图对后世产生巨大的影响是必然的,而亚里士多德对后世产生巨大的影响则不能不说是一个奇迹。

哲学家的思想记载在他们的著作里,如果我们读不到他们的著作,也就无从理解他们的思想,甚至可能根本就不知道还有这样一位哲学家。在古代,思想的保存和传播太艰难了,大多数哲学家的著作都遗失了,我们只能通过当时及后人的只言片语揣测他们的思想。柏拉图是第一个有大量著作传世的哲学家,主要原因就是他创办了自己的学校——柏拉图学园,而柏拉图学园延续了九百多年。所以柏拉图的著作流传至今,是一件很正常的事。亚里士多德就不同了,如果我们了解了他的生平经历,就会理解为什么我们说亚里士多德能够对后世产生巨大的影响,可能是一个奇迹。[1]

亚里士多德(Aristoteles,公元前384—公元前322)出生在希腊北部马其顿王国治下的斯塔吉拉城,他的父亲是马其顿王国的御医。17岁时,亚里士多德来到了雅典,进入学园成了柏拉图的学生,在那里学习工作了20年。他聪慧勤奋,博览群书,被称为学园之灵(nous)。亚里士多德可能是古希腊学者中第一个博览群书的人,这看起来有些奇怪,事实上的确如此。因为在古代希腊,有教养的人不读书而"听"书,由奴隶朗诵给他们听,所以亚里士多德就有了"读书者"这一引人注目的称号。另外,柏拉图对以往的学说不屑一顾,而亚里士多德博览群书,这说明他十分注意吸取前人的成果。公元前347年柏拉图去世,亚里士多德离开了雅典。通常人们认为是因为柏拉图没有把学园传给亚里士多德,实际上可能更多的是出于政治方面的原因。当时马其顿对邻国虎视眈眈,雅典反马其顿的情绪高涨。对于雅典人来说,亚里士多德始终是一个"外国人",而且是"敌国人",因而他不可能继承柏拉图的遗产,雅典也已经不适合他生活。公元前343年亚里士多德应马其顿国王菲力浦二世的邀请担任亚历山大王子的老师,公元前337年,希腊各城邦承认了马其顿的统治地位,次年菲力浦二世遇刺身亡,亚历山大大帝继位。第二年,亚里士多德时隔12年后重返雅典,进入吕克昂学校执教。一般的教科书都说亚里士多德建立了吕克昂学园与柏拉图学园抗衡,这种说法并不确切。亚里士多德不是雅典公民,是不可能建立学园的,而且在他执教之前,吕克昂学校就存在了,这里是公开进行体育训练和其他教育活动的公共场所,不过,亚里士多德作为吕克昂最著名的教师,有可能主持过吕克昂的工作。由于亚里士多德习惯于一边散步一边与学生们讨论哲学问题,所以人们称之为"漫步学派"(Peripatikoi),过去我们翻译成"逍遥学派",是不合适的。哲学思考是非常艰苦的,不信请读一读亚里士多德的书,看看能不能"逍遥"起来。

亚历山大大帝猝死后,希腊掀起了反马其顿的高潮,雅典正是反马其顿的中心,亚里士多德因为与亚历山大大帝的关系,当然首当其冲。据说亚里士多德说他不能让雅典人对哲学犯第二次罪(第一次是处死了苏格拉底),所以他逃离了雅典,不久就在孤独中离开了人世。

由此可见,由于种种原因,主要是由于政治原因,亚里士多德在世时其声望、地位和影响都难以同柏拉图相比,而其坎坷的经历直接影响到他的著作的流传。在印刷术出现之前,像柏拉图这样有延续九百多年之久的学园为之传抄讲解的哲学家,仍然有著作遗失,更何况亚里士多德。鉴于希腊人的敌视态度,我们今天能够看到亚里士多德的著作,已属万幸。而实际上,亚里士多德著作能够流传至今的确是一个奇迹。亚里士多德去世之后,他的手稿就失踪了,他的学派几乎一脉单传,然而在300年后,也就是公元前一世纪时,已是凤毛麟角的再传弟子安德罗尼柯供职于罗马图书馆,而亚里士多德的手稿也恰好被掠到了罗马图书馆,于是经过安德罗尼柯的整理,亚里士多德的手稿终于得见天日,否则我们就根本不可能在两千多年后与他进行思想间的对话。

亚里士多德专心治学,著述宏丰。据说他的全部著作多达一千多卷,留传下来的有 47 篇（只占全部著作的五分之一，且不包括一些残篇），内容广泛，涉及逻辑学、自然学、生物学、天文学、心理学、哲学、伦理学、政治学、语言学和文学等学科，几乎覆盖了当时所有的知识领域。中文译本的《亚里士多德全集》共计 10 卷，三百余万字。亚里士多德的主要著作有《工具论》、《物理学》、《论灵魂》、《形而上学》、《尼各马科伦理学》、《政治学》、《论诗》（亦译为《诗学》）等。如果单就文风而论，很难想象亚里士多德是柏拉图的学生。因为柏拉图的对话不仅在哲学上玄思奥妙、气势恢弘，而且文采飞扬，篇篇都是文学精品。亚里士多德的著作则抽象枯燥，晦涩难懂，毫无文采可言。这实在有些不可思议。不过也有一种比较合理的解释。

古人通常都有两套学说，一套是对外给大众看的学说，一般都经过精心的加工和修饰；一套是对内给弟子们口传身教的学说，所谓"登堂入室"，成为入室弟子才能得到真传。据说，柏拉图对内的学说都失传了，留下的都是经过修饰可以出版的东西，而亚里士多德对外的著作都失传了，留下的都是对内的讲稿。例如，如果我们翻一翻研究柏拉图的著作，一定会遇到这样一类研究柏拉图"未成文学说"的著作。这一传说不能说完全没有根据，文笔风格上的差异可以看做某种佐证。

关于亚里士多德思想的特点，黑格尔说得很好："我们不必在亚里士多德那里去寻找一个哲学系统。亚里士多德详述了全部人类概念，把它们加以思考；他的哲学是包罗万象的。在整体的某些特殊部分中，亚里士多德很少以演绎和推论迈步前进；相反地他却显出是从经验着手，他论证，但却是关于经验的。他的方式常是习见的方式，但有一点却是他所独具的，就是当他在这样做的时候，他是始终极为深刻地思辨的。"[2]这其实也是希腊哲学的特点。我们说过，当希腊人开始哲学思考的时候，他们并没有合适的抽象概念，因而在他们的哲学思考中渗透了经验的因素就不足为奇了。不仅如此，这也许还是希腊哲学"优于"后人的地方。希腊哲学是从感觉经验到抽象思维的艰难历程，因此希腊人的哲学思考不仅始终面对的是现实事物，而且体现了自然万物活生生的生命。

总之，亚里士多德留给后世的是一堆历经坎坷、杂乱无章的手稿，现在我们见到的《亚里士多德全集》是后人整理出来的，从内容的编排到前后时间的顺序，肯定与亚里士多德的本义不可能符合一致。因此，当我们以体系或者逻辑的方式描述或者解释亚里士多德的时候，最好经常提醒自己，这是我们的理解，并非就是亚里士多德自己的思想。

如前所述，亚里士多德的著作百分之八十是自然哲学方面的著作，不过他在哲学史上的影响主要还是在形而上学方面。所以我们在这里所讨论的只是亚里士多德思想的很小一部分，当然这一部分的影响并不小，它以各式各样的形式主宰了西方哲学两千多年。在讨论亚里士多德的形而上学之前，先让我们看一看亚里士多德关于知识或者科学的分类。

# 一　科学分类

亚里士多德是有史以来第一个全面系统地为科学知识分类的哲学家、思想家。不过需要注意的是，当亚里士多德说到"科学"的时候，他所指的也是"哲学"。在他的时代，甚至直到两千多年后的 18 世纪，哲学与科学还是同义语。不仅许多自然科学家的著作冠以"哲学"的字样，如牛顿的物理学著作叫做《自然哲学的数学原理》，甚至有些科学试验的仪器还被称为哲学仪器。还有一点需要注意，希腊人意义上的知识或科学与我们所说的知识或科学是不同的。我们所说的科学通常指的是科学技术，它们是认识世界改造世界的工具和手段，这样的科学对希腊人来说是不可思议的。按照希腊人的观念，宇宙自然是活生生的有生命的有机整体，自然是神圣的，人是自然的一部分，自然是大宇宙，人是小宇宙。因此，他们的确主张认识自然，认识自然的本性，并且把这种认识看做是人的使命和最高的境界，但是却没有"改造自然"的观念。自然不能"改造"也不应该"改造"，那将使神圣的活生生的自然失去生命。其实不仅是希腊人，古代各大古老文明都具有类似的朴素观念，所谓"改造自然"的观念是近代才产生的。

亚里士多德的哲学活动集中体现了希腊哲学的基本精神，这就是学以致知，为知识而追求知识，为智慧而追求智慧的探索精神。对他来说，知识尤其是哲学的目的是为了求知而且仅仅是为了求知。求知是人的本性，人是因为自知自己无知而求知的。因此，他认为哲学起源于"惊异"（thaumazein）：人最初是对于面前的现象继而对整个宇宙自然感到困惑不解，感到自己无知，于是就去追求知识，因而人追求知识没有别的目的而只是为了求知。当然，一般的知识总是有一定的目的的，不过真正的知识——哲学则是无目的的，或者说它本身就是目的。所以在一切知识中，所有的知识可能都比哲学更有用，但惟有哲学是真正自由的学问。

因此，希腊人对于知识的态度就形成了哲学的基本精神：哲学的目的是最高的智慧境界。我们研究哲学没有别的目的而只是为了哲学而研究哲学的。现在的人们一提到哲学总要追问所谓的现实意义，好像如果没有现实意义,哲学就没有存在的必要。殊不知哲学的目的恰恰是要超越现实,它体现的是人生所能达到的最高的理想和境界。所以,哲学没有有用性,而且正是由于没有有用性,哲学才成为我们追求的目标。

就总体风格而言,亚里士多德不是体系型的哲学家,而是问题型的思想家。他从事哲学思考的目的,并不是像柏拉图那样试图建立一个庞大的体系,而是不断地探讨各种问题。所以,他习惯于先提出问题,然后多角度、多方面地详尽分析,尝试性地得出答案;如果某个答案不合事实或不合道理,他便放弃这个答案,然后沿着另一条思路重新开始。这就使得他的学说往往没有首尾一贯的结论,给人以折中调和甚至矛盾混乱的印象。亚里士多德的这种问题探索法,贯穿在他的整个思想中。最能体现问题探索法的著作是那部著名的《问题集》。在这本书中,亚里士多德分38个大的方面,890个小节,提出并探讨了1000多个问题,分析细致入微,内容包罗万象,广泛涉及了天文、地理、生理、心理、伦理、学理、乐理、生物、医学、饮食、数学等学科,堪称人类历史上第一部"十万个为什么"。

在《论题篇》中,亚里士多德以知识的目的为依据,将科学或知识分为三大类,每一大类又分为若干类:

1."理论知识"(theoretike)是为着自身而被追求的知识,包括"物理学"、"数学"和"第一哲学";

2."实践知识"(praktike)是为着行动而被追求的知识,包括"伦理学"、"家政学"和"政治学";

3."创制知识"(poietike)是为着创作和制造而被追求的知识,包括"修辞学"、"诗学"和"辩证法"。

在"理论知识"中,所谓"物理学"(phusike)应该称之为"自然学"或"自然哲学",它源自"自然"(phusis)。"第一哲学"有时也被称为"神学",相当于后人所说的"形而上学"或"本体论"。就"实践知识"而论,按照行为范围的大小不同,"伦理学"与个人的行为有关,"家政学"与家庭的行为有关,"政治学"则与国家(城邦)的行为有关。"家政学"(oikonomia)旧译"经济学"(economics),"经济学"这一概念也的确由此而来,但在这里可能译作"家政学"更合适。因为在古希腊,经济活动以家庭(oikia)为基本单位。所谓"创制知识"(poietike)旧译"诗学",其实这一类知识不仅包括"诗学",凡是与创造制作有关的知识都在此范围之内。

我们都知道,亚里士多德是形式逻辑的创始人,然而在他的科学分类中并没有逻辑的地位,原因是亚里士多德把逻辑看做是科学的方法或"工具",

而且是包括哲学在内的一切科学的共同的方法和工具，所以后人将他关于逻辑学的论文汇编称之为《工具论》。不仅如此，亚里士多德并没有将逻辑仅仅看做是主观性的思维形式和规则，而是视做客观的形式和规则。

对亚里士多德来说，逻辑研究关涉个别与一般的关系问题，而实际上这不仅仅是逻辑的问题，更是哲学的问题。柏拉图根据为概念所认识的一般、普遍的共相，与被感觉经验所感知的特殊事物之间的区别，创造了可感世界与理念世界这两个相互分离的世界。在某种意义上说，亚里士多德哲学的全部任务就在于消除柏拉图在可感世界与理念世界之间设置的鸿沟，发现在现实事物中一般与个别之间的真实关系。显然，这也是逻辑的主要任务。认识事物无非是认识它的各种属性和"是什么"的定义（logos），认识的形式和规则也就是从一般到特殊的推论，这就是逻辑的三段论推理。不过，逻辑所处理的毕竟只是思维的形式与规则，而我们需要面对的则是具体的事物。于是，更重要的问题便落在了逻辑之外：就一个判断而言，如何理解一个概念从属于另一个概念，即主词与宾词之间的关系，不仅仅是形式的问题，也是实在的问题，这一方面就是形而上学要研究的问题。以后我们还将看到，在中世纪经院哲学那里争论不休的就是这个一般与特殊之间的关系问题，经院哲学家们从来就不是仅仅把这个问题看做是逻辑问题。

无论怎么估价亚里士多德逻辑学对人类知识领域的贡献和影响，都不会过分。

作为一种演绎式的科学，亚里士多德逻辑以及不久以后出现的欧几里得几何学，为科学奠定了现实的基础。欧几里得活跃于公元前300年左右，那是亚里士多德去世后不久。究竟在亚里士多德逻辑学与欧几里得几何学之间是否有某种内在的关联，我们不得而知。但是从理论上说，具有演绎性质的逻辑学对于演绎科学的典范欧几里得几何学，应该具有积极的影响。毫无疑问，西方文明在科学技术方面的进步和发展，与人类的思维推理能力密切相关。从亚里士多德逻辑学到欧几里得几何学，实际上表现为一种抽象的符号推理能力的提高和完善。它标志着人类思维逐渐摆脱了直接的感觉经验，可以从事纯粹的思维操作。在某种意义上说，这也可以看做是西方哲学与中国哲学"分道扬镳"的真正开端。我倾向于认为，在人类各古老文明之间最初具有比较多的类似性，例如古希腊和中国先秦时期的思想在许多方面有可比性，例如他们都把宇宙自然看做是活生生的有生命的整体，都具有丰富的朴素辩证法思想等等。中国哲学与西方哲学之所以后来走上了两条不同的道路，既有历史、文化、社会等方面的原因，也有语言和逻辑方面的原因,因为这些因素都会对思维方式产生深刻的影响。中国先秦时期逻辑学并不逊于古希腊,例如墨家和名家,但是没有像希腊那样发展成为抽象化符号化的形式逻辑和几何学演绎科学,以至于一说到中国哲学与西方哲学的区别,人们总会提到形象思维与抽象思维的区别。

数学尤其是几何学对哲学的影响极为深远。

如果让我们举出钟爱数学的哲学家,可以说出许多人的名字:毕达哥拉斯、柏拉图、帕斯卡尔、笛卡尔、斯宾诺莎、莱布尼茨、康德……他们之中有些人本身就是数学家。20 世纪哲学就更不用说了,英美语言哲学一脉就是起家于数理逻辑的。为什么有这么多的哲学家喜爱数学?因为数学尤其几何学作为演绎科学的典范,为哲学家们构造哲学体系,实现使哲学成为科学乃至科学之科学的理想做出了榜样。几何学之所以受到哲学家们的青睐,就在于它的演绎科学的性质:从理论上说,所有的命题和结论都可以从少数几个不证自明的公理推出来,因而具有严格的普遍性和必然性。由于研究对象的性质,哲学要想成为科学在许多哲学家看来只有一条路,那就是以演绎性的体系来保证它的科学性。以后在相关的地方,我们还将讨论哲学与数学之间的微妙关系。

据说柏拉图对其他关于自然的知识不屑一顾,惟独推崇数学,甚至在学园的大门口铭刻着“不懂几何学者不得入内”。亚里士多德没有这么极端,他对人类所有的知识领域都感兴趣。正是由于亚里士多德能够对当时所有的知识成果兼容并蓄,使他不仅对希腊哲学进行了集大成式的概括和总结,而且成为有史以来第一个百科全书式的思想家和科学家。

在我们讨论亚里士多德的形而上学之前,先来看一看他对希腊哲学的概括和总结。

## 二 原因论

亚里士多德对以往的哲学进行了概括和总结。他认为以往哲学对于自然的探索主要是为了认识事物的“原因”。所谓“原因”(aitia)不是我们所说的因果关系中的原因,而是指一切事物存在和生成的全部根据和条件,类似形而上学的条件。亚里士多德先是将以往关于“原因”的理论归结为四种原因(四因说),然后将这四种原因又归结为形式与质料这两种原因,最后通过潜能与现实这一对概念来说明事物的运动、变化和生成。

亚里士多德概括总结了以往哲学家们关于原因的思想,认为任何事物的生成和存在都有四种缺一不可的根本原因,即质料因、形式因、动力因和所为因。

所谓"质料"(hule),指"是所从出的东西",即事物由之生成并继续存留于其中的东西,如雕像的青铜、酒杯的白银以及诸如此类东西的属。无论是具体的可感物还是抽象物,都由质料构成,如音节离不开字母,圆离不开弧,生命离不开躯体。正因为质料在事物的存在和生成中起着基础的作用,所以它是"载体"的首要含义。

所谓"形式",在亚里士多德那里有两种含义。一是指内在形式,即 eidos,它是事物的"是其所是"(to ti en einai),也就是事物之所以为该事物的本质,如雕像之为雕像,不在青铜,而在雕像的本质。这种形式,与柏拉图的理念(idea 或 eidos)同词源,是亚里士多德哲学中"形式"一词的主要含义和基本用法。二是指外在形式,即形状(morphe),是事物表现于外的那个样子。一般说来,内形式总要通过外形状表现出来,所以,形状也是事物的根本原因。

所谓"动力因",即动变的本原,指让事物得以开始运动的那个初始的东西,如策划者是行为的原因,父亲是孩子的原因等。动力因之所以是根本原因之一,在于任何事物都有动静,离开了动因,就没有事物的存在和生成。动因与事物的关系因事物自身类别的不同而不同。亚里士多德把事物分为两大类,即由于自然而存在的事物和由于技术而存在的事物。前一类包括动物及其部分、植物、单纯物(指水、火、土、气等元素)。后一类范围很广,包括一切技艺产品。区分两类事物的依据,就是看它的动力因在内部还是在外部,"因为所有由于自然而存在的事物,显然都在自身中有一个运动和静止的开端"[3],但是由于技术而存在的床榻、罩袍之类,却没有这样的内部动静开端,它们的动因在外面,即技术者那里,"尽管如果它们偶然地是由石头或土或这两者的混合构成,也会从这些构成材料中得到这种内在的变化本原"[4]。

所谓"所为因",原文的规范表述是 to hou heneka einai,直译为"所为了的那东西",中文常从英译而意译为"目的因"。在亚里士多德看来,任何事物的存在和生成,都不是无缘无故的,总是有所为,即总有一定的目标或目的,例如健康是散步的所为因,即目的。由于技术而存在的事物,其所为因是显而易见的,因为任何一个人都是为了实现他的意图才运用技术创制出某种东西。由于自然而存在的事物其实也是有所为的,只不过不如技术产品那样明显罢了。植物的根向土下钻是为了吸取水分和养料,叶子向上伸是为了接受阳光；动物的门齿锋利是为了适宜撕扯，臼齿宽厚是为了适宜咀嚼。同样，燕子垒巢、蜘蛛结网也是有所为的。无论自然物还是技术物，都要追求"好"（agathos，它的中性名词 to agathon 即是"善"）的结果。区别只在于：技术物的所为是通过人的意识支配、理性选择并借助于物的中介来实现人自身的目的；自然物的所为则完全是自然而然的，没有谋划、不加思虑地进行，表现为自然整体各部分的自发和谐运动，从而呈现出井然有序的面貌。

亚里士多德的"四因"是对以往哲学的概括和总结。

"质料因"：希腊哲学最初的哲学形态是自然哲学或宇宙论，以探讨"本原"为核心，而哲学家们大多用构成万事万物的材料作为本原，例如水、火、土、气。亚里士多德所说的质料因就是这些哲学家的观点。在亚里士多德看来，水、火、土、气等构成自然万物的质料的确是原因，不过不是惟一的原因，而是四种原因之一。

"形式因"：苏格拉底的"是什么"——定义，与柏拉图的理念，说的就是形式因，亦即使一事物成其为这一事物的"什么"。

"动力因"：我们曾经说过，希腊哲学从泰勒斯开始就面临着两个问题，一是万事万物的本原问题，一是宇宙生成的动力问题。泰勒斯的两个命题，"大地浮在水上"说的是本原，"万物是充满灵魂的"关涉的则是使万事万物运动生成的动力。后来的哲学家有人以本原中蕴含着冷与热、凝聚与疏散、友爱与争吵……来说明自然万物的运动，总的说来，希腊哲学家比较倾向于宇宙万物生成发展的动力来自其自身，本原自身就包含着运动发展的动力。

"目的因"：主要是苏格拉底（柏拉图）的"善"（agathon）。

在亚里士多德看来，以往的哲学家探讨了构成事物的种种原因，只不过都不全面，都只是说出了其中的某一种原因，而实际上，构成事物的原因是多种多样的。

后来亚里士多德又将这三种原因归结为两种原因：形式与质料。

原因虽然有四种，但是"后三种原因在多数情况下都可以合而为一。因为所是的那个东西和所为的那个东西是同一个东西，而运动的最初本原又和这两者同类"[5]。事物所是的东西是形式，所为的东西亦是形式（因为形式即是其所是，只有获得了形式才算达到了目的），使事物运动的真正动力还是形式（如房屋建筑的动力是建筑师，而建筑师之能建筑的原因在于他有建筑技术），所以，这三种原因合而为一后可以统称为形式因，与质料因相对应。这样，四因就变成了二因。三因合一是亚里士多德的一个重要观点，它不仅突出了形式的地位和作用,也为第一哲学讨论实体的问题奠定了基础。

质料和形式作为事物的两个根本原因,在同一事物中是彼此对立不能转化的,质料就是质料,形式就是形式。但是超出这个范围,相对于不同事物而言,它们又是相对的、可以转化的了。例如砖瓦对于房屋是质料,对于泥土则是形式。可见,高一层次的东西是形式,低一层次的则是质料,整个链条就是从质料到形式不断发展的系列。这个系列,也是潜能向实现转化的过程。

四因说也好,两因说也好,基本上说的是一事物存在所需的基本要素,相当于静态的结构分析。然而,希腊哲学最初的自然哲学也被我们称之为"宇宙生成论",它是讲运动、发展、生成的,换言之,万事万物都是动态的。因此,我们就需要说明和解释动态的发展。亚里士多德为此引入了"潜能"与"现实"这一对概念。

潜能和实现是亚里士多德哲学中的一对重要范畴,他不仅用这对范畴来阐释质料与形式的关系,而且用以规定运动的本质,建构实体学说,解释实体与可感现象的关系。

"潜能"(dunamis)也可译为"潜在",它的词源含义是"能",即能力、力量。用于哲学中,潜能指事物的这样一种存在状态:具有能够实现其本质和目的的潜在力量,但还没有实现出来,而要实现出来,靠其自身又是无能为力的。所以,亚里士多德在《形而上学》第五卷中反复说明的"潜能"的定义是:"最原始意义上潜能的主要规定是在他物中或作为自身中的他物的变化的本原。"[6]它是动变的一种本原,但是这本原不在被运动物中,而在他物之中,即使在某种情况下在自身中,也是作为自身中的他物。他举了两个例子来说明:建房能力不在房中而在建筑者中;一位医生病了,他有为自己治病的能力,但这种能力不是作为病人而是作为医生才存在的,所以尽管在自身中,却是作为他物。

"实现"(energeia,通常译为"现实",它是个合成词,直译为"在活动中")是与潜能相对而言的另一种事物存在状态,即存在着的事物自身或获得了自己本质的事物。与它关系密切的另一个概念是"现实"(entelekheia,亦是合成词,直译为"在目的中",通常意译为"完全现实性",或音译为"隐德莱希")。在亚里士多德的著作中,这两个概念都对应于潜能,因而他有时混用(多数场合下用的是 energeia)。但严格讲来,二者是有区别的:"实现"重在活动的过程,"现实"则重在完成的结果。

质料与形式的关系亦即潜能与实现的关系。质料以潜能状态存在着,形式则是实现。质料一旦获得了自己的形式,它就实现出来,成了现实的存在。所以二者的关系是相对的,可以转化的。

亚里士多德关于形式与质料的学说看起来是自然哲学,实际上也属于形而上学或本体论。我们讨论巴门尼德的时候分析了宇宙论与本体论的区别:宇宙论是从生成的角度(时间上在先)追问自然万物最古老的开端和主宰,本体论则是从本质上(逻辑上在先)追问使事物成其为事物的本质。实际上,本体论亦难以回避宇宙论的生成问题,柏拉图在《蒂迈欧篇》中探讨自然哲学的问题就是一例。我们虽然可以强调本质之于现象的逻辑上在先的第一性地位,但是现象是如何产生的问题仍然存在。按照亚里士多德,事物的生成是一个从潜能到现实的发展过程,而从潜能到现实不仅仅是时间中的生成,而且具有自己实现自己的逻辑关系。就此而论,亚里士多德的潜能与现实的学说提供了一种可能的解决方式,这种解决方式后来为黑格尔发挥到了极致。

## 三　形而上学

我们都知道亚里士多德有一部著作叫做《形而上学》,是学习哲学的人的必读书,不过很少有人真正读懂了它。更有意思的是,亚里士多德本人并没有使用过"形而上学"这个概念。

说到"形而上学"这个概念,还有一个故事。公元前1世纪时,安德罗尼柯着手整理亚里士多德的手稿时,在整理完了关于自然哲学的手稿即《物理学》(Phusike)之后,整理亚里士多德关于第一哲学的手稿,当时他苦于找不到合适的名字,于是只好称之为 ta mata ta phusika,即《物理学之后诸卷》,后人为了简便,去掉了冠词,就成了 Metaphusika 了。有意思的是,meta-在希腊语中,不仅有"在后"的意思,亦有"元"、"超越"等含义,而这方面的含义恰好与亚里士多德第一哲学的含义相符。于是,Metaphusika 就从书名变成了哲学核心领域的名称。汉语据《周易》:"形而上者谓之道,形而下者谓之器",将 metaphusika 译作"形而上学"。这就是"形而上学"这个概念的来源。

讨论亚里士多德的形而上学,首先应该明确它究竟研究哪些问题。在《形而上学》第三卷中,亚里士多德一开始就指出:"在科学的探索中,首先要处理那些应该首先得到追询的问题。这里包括某些人持不同意见的问题以及其他凑巧被忽视了的问题。对于那些想把问题弄清楚的人,明确问题是有益的。因为以后的顺利在于以前的难点的解决。思想上的难题,显示了事物的症结。一个人在被难题所困扰着的时候,仿佛被捆绑着一样,在任何情况下,都是不可能前进的。所以应该事先把全部困难加以考察。这不但是为了研究问题,同时一个探索问题的人,如若不首先弄清问题之所在,就会像一个行路者不知其去处一样。这样的一些人甚至于不知道所探索的东西是否找到了,因为对于他们来说,目的并不清楚,而对于那些事先已经探讨过的人,目的是清楚的。正如在法庭上听到了双方的证词一样,如若听到了全部的辩辞,我们就可以更好地作出判断来。"[7]

这段话堪称至理名言。

那么,在亚里士多德看来,哲学应该研究哪些问题呢?

1.对于各种原因的研究,是不是同一门学科的任务?

2.这门学科是不是既研究实体的原则,同时又研究公理?

3.是不是同一门学科,研究所有的实体?

4.在可感觉的实体以外,是不是还有别的实体? 如果有,它们是同一类的,还是不同类的?

5.是不是同一门学科,既研究实体,又研究它们的属性? 还有,"同"和"异"、"类似"和"不类似"、"在先"和"在后"这些"相反"的东西由什么学科研究?

6.事物的本原是"种",还是它的组成部分?

7.如果实体是"种",那是最高的"种"呢,还是最接近个别事物的"属"?

8.在质料以外,是不是还有别的"原因"存在? 它们是一个还是几个?是不是还有一些东西,在个别事物之外独立存在着?

9.本原在数目上是同一个呢,还是在定义(逻各斯)上是同一个?

10.有生灭的事物和没有生灭的东西,它们的原则是相同的还是不同的?

11."一"和"存在"是实体还是属性?

12.本原是一般的,还是个别的?

13.本原是潜能的还是现实的存在?

14.数学的对象(数、线、形、点等)是不是实体? 如果它们是实体,它们是和感觉的事物分离而独立存在的,还是只存在于可感觉的事物之中的?[8]

我们之所以不厌其烦地把这些问题摆出来,是想让大家了解一下亚里士多德所关注的是哪些哲学问题以及他严谨细致的研究问题的方式。

亚里士多德的形而上学内容丰富庞杂。我们主要讨论他的存在论、实体论和神学等方面的内容。

## （一）存在论

众所周知，形而上学以"存在"作为研究的对象，以至于后来有人创造了一个概念 ontologia（本体论）作为形而上学的同义语，而 ontologia 就是关于 to on（存在）的 logos（理论）。不过亚里士多德之后，尤其是在近代哲学之中，很少有哲学家是以"存在"作为形而上学的研究对象的，他们研究的是"实体"。

这是为什么？

这个问题与亚里士多德有关，亦与此后形而上学的发展演变有关。

我们在讨论巴门尼德的存在哲学的时候，曾经分析了"存在"概念的形成和演变，在此不再赘述。亚里士多德本来亦以"存在"作为哲学的研究对象，他甚至把以"存在"为研究对象的哲学叫做"第一哲学"，后世的人们经常由此出发来确定哲学对其他科学的至高无上的地位。然而实际上亚里士多德关于形而上学的研究对象的思想处在变化之中。

亚里士多德首先明确了"第一哲学"亦即形而上学的研究对象以及它在人类知识系统中的地位。"存在着一种研究作为存在的存在以及就自身而言依存于它们的东西的科学。它不同于任何一种各部类的科学，因为没有任何别的科学普遍地研究作为存在的存在，而是从存在中切取某一部分，研究这一部分的偶性，例如数学科学。既然我们寻求的是本原和最高的原因，很明显它们必然就自身而言地为某种本性所有。故假若寻求存在物之元素的人寻求的就是这些本原，那么这些元素必然并不为就偶性而言的存在所有，而是为作为存在的存在所有。所以应当把握的是作为存在的存在之最初原因。"[9]在亚里士多德看来，建立一门专门研究"存在"本身的学问是非常必要的。因为所有的具体科学都是割取"存在"的某一方面和某一种性质加以研究，它们对这些"方面"和"性质"的基础和前提——存在本身——则是不闻不问的，因此应当有一门学问专门研究存在本身，这门学问就是"第一哲学"。正如存在是存在的各个方面和各种性质的基础和根据一样，第一哲学也是所有科学知识的基础和根据。由此，亚里士多德便确立了哲学或形而上学的至高无上的特殊地位。于是，西方哲学在长达两千多年的时间内，以哲学作为人类所有知识的"女王"，始终不懈地致力于使哲学成为"科学的科学"，直到 20 世纪才彻底断了这个念头。

然而，问题没有这么简单。我们怎样研究和认识"存在"？经过深入思考之后，亚里士多德发现，我们在究竟应该如何认识"存在"的问题上陷入了困境。认识事物的关键就在于把握事物的本质规定，也就是认识事物的"是什么"，认识"存在"亦当如此，然而实际上我们却不可能像认识具体事物"是什么"那样认识存在"是什么"。因为认识事物"是什么"亦即给事物下定义，而所谓"下定义"也就是通过形式逻辑"种加属差"的方式对之做出规定。例如当我们给玫瑰花下定义的时候，首先要确定玫瑰花属于"花"（种），然后就是说明它又与其他的花有什么不同（属差）。显然，存在是不可能这样下定义的，因为存在乃是最高的概念，因而既没有与之并列的"属差"，更没有在它之上的"种"。所以，我们是不可能认识存在"是什么"的，只能认识存在是怎样存在的，这就是存在的"存在方式"。存在有两类存在方式，亦即"偶然的存在方式"和"本然的存在方式"。例如我们说"这位建筑师是有德性的"，"这位建筑师长得很帅气"，它们所表述的就是建筑师的"偶然的存在方式"，因为一位建筑师的"本然的存在方式"是具有建筑学的知识，至于他有没有德性，长得漂亮不漂亮，与身为建筑师没有必然的联系。换言之，所谓"本然的存在方式"就是必然为存在所拥有的存在方式。于是，亚里士多德就将形而上学的任务确定在研究"存在"的本然的存在方式上，他也称之为"范畴"。

什么是范畴？

"范畴"在希腊语中是 kategoria，亦即"关于（kata）……的述说（agorein）"，亚里士多德用它来表示在判断中论述主词的谓词，不过不是所有的谓词都可以叫做范畴的，范畴是最一般最基本的类概念。因此，所谓"范畴"也就是对事物最普遍最一般的"说明"。在希腊人那里，还没有像后来近代哲学那样，把我们关于事物的知识与事物本身区别开。按照他们的看法，由判断组成的知识是关于事物的述说，如果知识是对事物的真实可靠的述说，那么知识与事物就是一回事。所以，亚里士多德的"范畴"对应的就是存在的存在方式："就自身而言的存在的意义如范畴表所表示的那样，范畴表示多少种，存在就有多少种意义。"[10] 当然，亚里士多德没有称之为存在的"存在方式"，而是称之为"范畴"，表明他试图与柏拉图划清界线：确实存在着一般性的东西，但是它们不能脱离具体事物而独立存在。亚里士多德的立场是，事物的本质（形式）与组成事物的材料（质料）密不可分，以个别的具体事物为存在的前提。不过，普遍一般的形式在现实中虽然不能独立存在，但当我们认识事物的时候，却可以存在于思想之中，所以我们可以通过"范畴"来表现事物的存在方式。

亚里士多德在《范畴篇》中提出了关于事物的十种描述方式，也就是十个范畴。他并没有说只有这十个范畴，不过这十个范畴的确是最基本的。

如果我们要描述一个人，我们会说:[11]

1."实体":他是一个人,这描述的是他"是什么"。

2."数量":他有 2 米高,100 公斤重。

3."性质":他是一个受过高等教育的人。

4."关系":他比一般人都要高。

5."地点":他生活在北京。

6."时间":他昨天出国了。

7."状态":他住在旅馆里。

8."动作":他买了一本书。

9."所有":他拥有这本书。

10."承受":他深受这本书的影响。

这就是我们用来描述事物存在方式的十个范畴,即:实体、数量、性质、关系、何处(地点)、何时(时间)、所处(状态)、所有、动作和承受。于是,亚里士多德对"存在"的研究就转向了对存在的存在方式亦即"范畴"的研究。

## (二)实体论

形而上学研究"作为存在的存在",而研究"存在"也就是研究存在的存在方式,也就是"范畴",可见亚里士多德意义上的形而上学乃是一个范畴的体系。古人云,天网恢恢,疏而不漏。这十个范畴所编织起来的就是存在之网,它们构成了世界的逻辑结构,千差万别、多种多样的存在物都可以由这十个范畴得到合理的说明。

不过需要说明的是,在这十个范畴之中,有一个范畴最重要,它就是"实体"(ousia)。然而"实体"究竟是什么,亚里士多德始终在探索之中,并没有给我们留下一个确定的答案。在某种意义上说,将 ousia 译作实体并不合适,因为按照亚里士多德的规定,所谓"实体"指的是事物的"是什么"(ti esti,what is),或者是事物的"是其所是"(to ti en einai,to be what was),相当于我们所说的"本质"。因此,这个"实体"其实既不"实"也没有"体",而是使事物成其为这个事物的本质规定。然而,当希腊语的哲学概念被译作拉丁语时,这些概念的词义发生了某种演变,例如拉丁语 substantia,后来欧洲现代语言中的"实体"概念都来源于此(如英语之 substance,德语之 Substanz)。substantia 的字面含义是"站在下面的东西或支撑者"。近代英国哲学家洛克曾经对此作了一个很有趣的比喻:如果我们问一个印度人:世界是由什么东西支撑着的？他会回答你：世界驮在一头大象的背上。如果你再问他：大象是由什么东西支撑着的？他会回答你：大象站在一个大龟的背上。假如你再问他，大龟又是由什么支撑着的？那位印度人便无言以对了，不过他会告诉你：我虽然不知道是什么，但是肯定有什么东西支撑着它。洛克解释说，这个我们不知道是什么的东西，就是实体。

显然，中世纪乃至近代哲学所理解的"实体"概念与亚里士多德的规定已经相去甚远了。

在近代哲学中，"实体"从亚里士多德的范畴体系中"独立"出来，成了形而上学的主要对象，而这一变化与经院哲学不无关系。中世纪经院哲学是一种柏拉图主义和亚里士多德主义的混合物，在推理论证的方法上，亚里士多德当然是权威，不过从体系结构方面看，柏拉图等级式的形而上学体系似乎更符合基督教神学的需要，因而为了与上帝的身份和地位相称，实体便从范畴体系中独立出来，成了形而上学最重要的对象。此后，在近代哲学中，形而上学的任务就是研究实体的。根据笛卡尔的定义，"所谓实体，我们只能看做是能自己存在，而其存在并不需要别的事物的一种事物。"[12]斯宾诺莎也说："实体，我理解为在自身内并通过自身而被认识的东西。换言之，形成实体的概念，可以无须借助于他物的概念。"[13]显然，真正符合实体概念的就只有上帝了，尽管哲学家的上帝并不是基督教的人格神，但亦毕竟是超验的至高无上的存在。

这种状况，只是到了黑格尔才有所改变。在某种意义上说，黑格尔恢复了亚里士多德的形而上学传统，并且将亚里士多德许多深刻的思想付诸了现实。

那么，按照亚里士多德的观点，什么是"实体"？归纳起来，主要有三种：第一，《范畴篇》中主张个别的具体事物是第一实体。

第二，《形而上学》第七、八、九卷主张"是其所是"即"形式"是第一实体。

第三，《形而上学》第十二卷认为理性—神是最高实体。

亚里士多德关于神是最高实体的思想，我们在下一节专门讨论，现在说一说前两方面的思想。

按照亚里士多德的一般规定，如果一个事物既是个别的同时又是"可分离的"（独立存在），这个事物就是实体。他在《范畴篇》中为"实体"下了一个最基本的定义："实体，在最严格、最原始、最根本的意义上说，是既不述说一个主体，也不存在于一个主体之中，如'个别的人'、'个别的马'"。[14]这里所说的"主体"不是我们通常所说的"认识主体"、"理性主体"意义上的"主体"，而是判断中的"主词"或者"主语"。我们用以描述事物的存在方式的是命题,在命题中所有的宾词都是对于一个主词的描述和说明,这些描述和说明就是"范畴",而我们用来描述这个主词的范畴就是"实体"。按照亚里士多德的这个规定,所谓"实体"就是在判断中只能充当主词而不能充当宾词的东西,换言之,也就是绝对主词。所以亚里士多德认为,"个别的人"和"个别的马"是"实体"。我们知道,亚里士多德不同意柏拉图关于在事物之外存在着分离的理念的观点,他主张具体个别的事物是真实存在的。在一个判断中,宾词是对主词的述说而不是相反,正如我们可以说"苏格拉底是人",而不能说"人是苏格拉底"一样,像苏格拉底这样具体个别的"这一个"(tode ti)就是"实体",亚里士多德称之为"第一实体"。"属"和"种"则是"第二实体",因为在所有宾词中,只有"属"和"种"才能说明第一实体"是什么"即定义,而且"属"和"种"虽然是表述第一实体的,但它们却不存在于第一实体之中。因此在某种意义上说,只有实体是独立存在的,亚里士多德在这个意义且仅仅在这个意义上认为实体是"分离"的。

然而,亚里士多德的思想后来发生了重大的变化,这个变化的起因就是"质料"的发现。

亚里士多德关于实体是只能充当主词而不能充当宾词的思想,并没有发生变化。但是经过《物理学》对于形式和质料的探讨,使亚里士多德意识到,个别的具体事物还可以再做分析,还可以分为形式和质料。这就需要进一步追问:在个别的具体事物中,究竟质料还是形式是第一实体?在被称之为"哲学词典"的《形而上学》第五卷中,亚里士多德考察了实体的四种含义:(1)土、水、火、气等简单物体(元素)及其由之构成的事物;(2)事物存在的内部原因,如灵魂;(3)事物构成的内在部分,如平面中的线;(4)是其所是。在《形而上学》中,还有一些不同的规定。实际上,亚里士多德在《形而上学》中关于实体讨论最多的是:(1)质料;(2)形式;(3)具体事物。他的问题是,这三者究竟谁更是实体?

显然,由于"质料"的发现,具体事物不再是第一实体。在具体事物中,质料是处在生灭变化之中的,因而是不可定义的,而真正能够定义的是事物中的形式。不仅如此,质料也不具有独立性(分离)和个体性(这一个)。换言之,质料也不是第一实体。最后,就剩下了"形式"。

所谓"实体"乃是对事物"是什么"或"是其所是"的规定。那么,什么是事物的"是其所是"?一个事物的"是其所是"就是由它自己的本性而来的根本规定,也就是事物的"定义"。事物的"定义"根据的是"属加种差",因而只有"属"的公式(logos)是定义,而"属"(eidos)也就是"形式"。这就是说,事物的"是其所是"就是"形式",所以"形式"是第一实体。

关于"形式"是第一实体,亚里士多德还有另一种证明。

我们通过实体要说明的不是事物是如何存在的,而是要说明事物为什么是它自身,为什么这个事物属于这个事物。就具体事物而言,为什么这样的质料能够构成这样的事物?原因不在于质料,而在于事物的"是其所是",即它的"形式"。例如,砖瓦之所以构成了房屋,不在于砖瓦,而在于它们具有了房屋的"形式",即按照房屋的本性组合起来。因此,事物之所以成为这个事物,主要不是由于质料,而是由于"形式","形式"是决定这个事物成为这个事物的根本原因。

亚里士多德关于实体的探索并没有最后的答案。正如他所说的,"存在是什么,换言之,实体是什么,不论古老的过去、现在,以至永远的将来,都是个不断追寻总得不到答案的问题。"[15]

## (三)神　　学

"神"(theos)是亚里士多德哲学中的最高范畴,尽管他对此论述不多。

《形而上学》第十二卷后五章通常被看做是亚里士多德实体学说中的"神学",这部分内容与《形而上学》中的实体学说不是很协调,人们一般认为它属于亚里士多德的早期思想。由于亚里士多德著作的时间顺序难以确定,究竟"神学"属于亚里士多德关于实体的早期思想,还是最高的阶段,我们不得而知。所以,当我们把"神"看做是亚里士多德哲学中的最高范畴的时候,这里所说的"最高"主要是就其含义说的。

亚里士多德首先区别了三种实体:第一,非永恒的感性实体;第二,永恒的感性实体;第三,永恒的非感性实体。"既然实体有三种,两种是自然的,一种是不运动的,应该来谈谈这最后的一种。"[16]所谓两种自然实体,一是指非永恒的感性实体,即他在前面讨论最多的有生灭的具体事物,二是指永恒的感性实体,即天体。这两类自然实体都是运动的,都属于自然哲学即物理学的研究对象。在亚里士多德看来,第一哲学的研究对象是不动的实体,现在他要讨论的就是这种实体。[17]

我们首先需要证明永恒不动的实体是存在的。亚里士多德认为,如果所有的实体都是可以消灭的,那么一切事物就都是可以消灭的,因为实体是事物中首要的东西。反之,如果并不是一切事物都会消灭,那就必然有一种永恒的实体存在。证明如下：

生灭变化属于运动，但运动变化本身是没有生灭变化的，因而是永恒的。就一个具体事物来说，它是运动的，处于生灭变化之中。但是就运动和变化本身而言，则是没有生灭变化的。如果运动有生有灭，运动就是不存在的，生灭变化亦是不可能的，然而我们的确发现存在着具体事物的生灭变化。因此，运动是一切具体事物生灭变化的形式，其自身是没有生灭的。既然运动是永恒的，就一定有永恒的实体。同样的道理，时间本身也是没有生灭变化的。如果时间是生灭变化的，时间就会不存在。如果时间不存在，就不会有"在先"和"在后"了。但是当我们说在时间不存在"之前"或者在时间毁灭"之后"，实际上还是在时间之中。因而时间是不生不灭的。既然时间是永恒的，就一定有永恒的实体。

亚里士多德通过运动与时间的永恒性来证明存在着永恒的实体：既然运动与时间是永恒的，而运动与时间一定属于某个实体，所以必然存在着某种不可毁灭的永恒的实体。

那么，什么东西可以被称为永恒的实体呢？

任何事物总是从潜能到现实的运动，运动就是从潜能到现实的过程（中介）。如果事物只是"能够"运动，只是可能性，而不是现实地运动，就不可能有现实。而且，事物之中总有质料，因而总会有潜能，不可能是绝对的现实。但如果没有绝对完全的现实，我们就无法解释事物的存在。因此从潜能与现实的角度看，永恒的实体必然是完全现实的实体。既然永恒的实体是完全的现实性（隐德莱希），它就不能带有任何质料，因为只要有质料就有潜能，就不是完全的现实。只有不带任何质料的实体才是完全的现实性。

然而，按照通常的观点，事物总是从潜能到现实的运动，因而潜能是在先的。但是如果潜能在先，事物最初只有潜能，它怎样才能成为现实？潜能自己不会运动，也不可能自己成为现实，必须有另一种力量使它运动，而这种力量只能是现实而不能有潜能，因而现实必须是在先的。对亚里士多德来说，潜能在时间上在先，现实则是在逻辑上在先，它是事物从潜能成为现实的"动力因"。

因此，当人们推论事物的运动原因时，最终必然得到一个"第一动者"，这就是"神"或"努斯"（nous），它自身不动却能够引起万物的运动，所以是"不动的动者"。

那么，我们再进一步追问：这个"不动的动者"是如何引起万物运动的？

亚里士多德认为，这个"不动的动者"自身不动而使万物运动，它是愿望的对象和理性的对象,两者是同一的。因为愿望总是以好的东西——善——作为自己的目的,而真正好的善的东西,只有理性才能认识。就此而论,愿望服从理性,而不是相反。虽然两者都是以善为目的,但愿望所见到的只是"像"是善的,惟理性才能达到真正的善。

由于善是愿望与理性所要达到的最高目的,因而这个永恒的"不动的动者"使万物运动的原因就在于它是万物的目的因。所谓"目的因"是这样的存在,一种活动是由于它的善才得以完成的,亦即运动要达到的东西。作为"目的因",它自身是不动的,但由于它是被"爱"被追求的目标,试图达到它的事物便产生了运动。在亚里士多德看来,"第一动者"或"不动的动者"之所以是善或目的因,乃在于作为自身不动的动者,完全的现实性,最完满的存在,当然是必然的而不能是偶然的,其存在方式必定是善的和最好的,所以它是第一原则。

因此,最高的实体是不动的动者,它自己不动,因为它若有运动,那就意味着还有推动它运动的动力,它就不是最高的存在了。它自己虽然不动,但却是万物的动力,因为它是完全的现实性,最完满的存在,而万物都以追求它为自己的使命,正是它引导着万物向现实性运动。

由此可见,如果我们把质料与形式、潜能与现实的关系推到极处,就会发现,一个事物总是从潜能到现实的运动,现实作为目的引导着事物成为它自己,从而达到隐德莱希。但是,就整个宇宙而言,真正的隐德莱希只能是最高的实体,最完满的现实性,不动的动者。

这个"不动的动者"作为愿望与理性的对象,惟有理性才能真正把握它,因为这个最高的实体就是理性自身——"努斯"。

理性的对象是善,当理性真正认识了善的时候,理性与善就是同一的。因而完全意义上的理性也就是完全意义上的善。当理性与它的对象合而为一,它就具有了它的对象的性质。那么,它思想,就是在思想它自己。因此理性与理性的对象是同一的。

在亚里士多德看来,理性思想善,因而便分有了善的属性,这种对善的思想和认识是一种"静观"(theorein)。"静观"是最愉悦的和最美好的,因而"静观"本身就是神圣的和善的。换言之,理性的对象是善,理性在静观中便达到了最美好的善,因而两者是同一的。所以,"静观"是最高的认识能力,它包含着对最高实体的直观的意思。只有在"静观"中才能达到思想与思想的对象的同一。然而,由于人是有限的理性存在,因而并不总能达到这种最高的神圣的静观,只能暂时体会到它的幸福和愉悦。神就不同了。神本身就是永恒的实体,永恒的思想,就是努斯(nous),一种永恒地思想其自身的思想,永远处于最美好的状态之中。于是,从理性与其对象的同一,我们就得到了永远处于这种同一之中的努斯本身,神就是努斯。

因此,最高的实体是善,惟有理性才能把握善,就其最完满的状态而言,理性与善是同一的,当然惟有神才是这个同一。

尽管我们把亚里士多德有关最高实体的学说称为"神学",但他所说的"神"并不是后来基督教的人格神,而是指最高的实体、最完满的现实性、最高的目的。亚里士多德也说过,神是有生命的,不过他指的是神是现实性,因而永远是能动的而不是被动的,后来黑格尔称实体为主体,也是这个意思。

黑格尔对亚里士多德的有关思想推崇备至,在他的《哲学全书》的结尾处,他引用了《形而上学》中的一段话作为其体系的注脚,这段话就是关于神的:

> "就其自身的思想,是关于就其自身为最善的东西而思想,最高层次的思想,是以至善为对象的思想。理智通过分享思想对象而思想自身。它由于接触和思想变成思想的对象,所以思想和被思想的东西是同一的。思想就是对被思想者的接受,对实体的接受。在具有对象时思想就在实现着。这样看来,在理智所具有的东西中,思想的现实活动比对象更为神圣,思辨是最大的快乐,是至高无上的。如若我们能一刻享到神所永久享到的至福,那就令人受宠若惊了。如若享得多些,那就是更大的惊奇。事情就是如此。神是赋有生命的,生命就是思想的现实活动,神是现实性,是就其自身的现实性,他的生命是至善和永恒。我们说,神是有生命的、永恒的至善,由于他永远不断地生活着,永恒归于神,这就是神。"[18]

# 四　伦理学

如前所述,亚里士多德把科学知识分为理论知识、实践知识和创制知识。现在让我们来看一看他的"实践知识"。亚里士多德所说的"实践知识"包括讨论个人的"伦理学"、讨论家庭的"家政学"和讨论城邦的"政治学"。我们在此只讨论他的伦理学。

亚里士多德最重要的伦理学著作是《尼各马科伦理学》,如果他遗留下来的著作中有哪一部是出自他自己之手,那一定是这部著作。

希腊语中的"伦理"(ethike)出于"习惯"(ethos)。亚里士多德说:"德性分为两类:一类是理智的,一类是伦理的。理智德性主要由教导而生成、由培养而增长,所以需要经验和时间。伦理德性则是由风俗习惯沿袭而来,因此把'习惯'(ethos)一词的拼写方法略加改动,就有了'伦理'这个名称。由此可见,对于我们,没有一种伦理德性是自然生成的。因为,没有一种自然存在的东西能够改变习性。例如,石块的本性是下落,即使你把它向上抛一万次也不行,同样不能使火焰下降。凡是自然如此的东西,都不能用习惯改变它。所以,我们的德性既非出于本性,也非反乎本性生成,而是自然地接受了它们,通过习惯而达到完成。"[19]伦理道德既不是完全由教育产生,也不是完全由自然产生,而是从自然接受过来又通过习惯使它完善的。所以亚里士多德并不否认教导的作用,但更强调习惯的影响,这种习惯不同于习俗,而是在社会生活中形成的行为规范。[20]

伦理学的主题不是以认识为目的,而是为了实践:"我们探讨不是为了知道德性是什么,而是为了成为善良的人"[21]。在某种意义上说,有两个问题需要我们思考,其一是,什么是最好的生活方式?其二是,当情况不明显的时候,我们怎样确定什么是应该做的?[22]

亚里士多德把最好的生活方式称为"幸福"(eudaimonia)。万物生长自有其目的,所有目的之总称就是"善"(agathon),亦即完美的"好"的东西,因而我们可以说,万物在本性上都是追求好的东西,因而都是向善的。人的行为都有其目的,在所有的目的中,应该有某种首要的或者最高的目的。这是一种其他所有的一切都是为了它,而它却不以其他东西为目的的目的,即其自身就是目的的目的,这就是最高的善。在描述人类的善的时候,亚里士多德探讨的是作为理性存在的人的行动的终极目的,所以他所说的"幸福"是一个内容丰富的概念。从词根上说,所谓"幸福"就是有一个好的(eu-)守护神(daimon),对希腊人来说,幸福就是一个人在各个方面都是成功的,就像一棵大树枝繁叶茂,兴旺发达,从而成为所有人的楷模。一个人出身高贵、家庭和美、吉星高照、一帆风顺、人丁兴旺、事业成功、寿终正寝……这就是幸福。遇到这样的人,我们会说:做人就要像他那样。

不过,虽然所有的人都异口同声说幸福是最好的事物,但是在究竟什么是幸福的问题上意见并不一致。亚里士多德的回答是,"幸福就是合乎德性的实现活动"[23]。

我们在讨论苏格拉底哲学的时候,分析过"德性"这个概念。在希腊语中,"德性"(arete)的本义指的是一种事物的本性、特征或功能,不同的事物其"德性"是不一样的,例如马会跑,鸟会飞,织布梭子能织布……。人的"德性",亦即人不同于其他东西所特有的才能和品质。人除了一般生物所共有的营养功能和一般动物所共有的感觉功能之外,还有人所特有的理性活动。人的功能是一种生命,是灵魂按照理性的现实活动(energeia)。显然,我们每个人都具有人所具有的德性,但是当我们评价一个人是不是有德性的时候,主要看的是他的行为,这就是说,道德是一种实践活动,不能空谈理论,必须身体力行。既然人的幸福是合乎人的德性的实现活动,因此幸福并不排斥快乐,不过快乐并不等于幸福,只有合乎最好最完善的德性的活动才是真正的幸福,所以幸福就是最好、最高尚、最快乐的活动。

亚里士多德对幸福的看法与一般人是大相径庭的。对希腊人来说,幸福意味着幸运和机遇——你的命好,碰巧有一个好的守护神。亚里士多德则认为命运是常变的,而幸福应该是牢固不变的。一个人若是听凭命运的摆布,只能是一会儿快乐,一会儿倒霉,身不由己。而幸福作为本身就是目的的最高目的,乃是"自足"(autarkeia),亦即自我完善。合乎德性的现实活动是幸福的,相反的活动则导致不幸,这种合乎德性的活动贯彻在生活之中,是最持久最有价值的。

如前所述,亚里士多德把人的德性分为理智德性和伦理德性。从伦理学的角度讲,幸福就是合乎伦理德性的活动。那么,什么是伦理德性?在灵魂中有三种东西:情感、能力和品质。情感本身无所谓善恶,而且是被动的。德性也不是指能力,自然赋予我们的能力亦无善恶之分。因此,德性既不是情感也不是能力,而是一种品质(hekseis)。在亚里士多德看来,品质乃是德性的"种"(genos)。当一个人养成了良好的习惯,尽力去做良好的、合理的、高尚的行为,我们就说这个人的"人品"好。所谓"品质"就是这样的"人品"。问题是,什么样的品质是好的、合乎德性的呢?亚里士多德的回答是,选择行为的"中道"。一个事物或者概念的定义是由"种加属差"构成的,伦理德性的"种"是品质,"属差"就是选择中道。

伦理德性是处理情感和行为的,在这里存在着"过度"、"不足"和"中间"。例如在恐惧和自信之间的中道是勇敢,一个人如果什么都不怕,过于自信,就是莽撞。如果过度恐惧且自信不足,则是怯懦。易怒与麻木的中道是温和,挥霍与吝啬的中道是慷慨,献媚与傲慢的中道是友爱,狡诈与天真的中道是明智……所以,理论知识与实践知识是不同的。理论知识的对象是不变的东西,对于不变的必然的东西,我们只能认识它而不能对它有所作为,而实践知识的对象则是那些在生活中经常变动的事情,我们需要对之深思熟虑,以便判断什么是对自己有益的。

这就是"实践智慧"(phronesis)。

实践智慧是亚里士多德伦理学的一个极其重要的概念,在某种意义上就是他所说的伦理的理性,即人寻求对他自身好(善,有益)和坏(恶,无益)的理性的品质和行为的能力,也就是辨别和选择善恶、利害的能力。当然,实践智慧是通过谋划、了解、谅解以及聪明这些精神能力来进行的,而这些能力既可能产生好的(善的)行为,也可能产生坏的(恶的)行为。不过,如果没有实践智慧,我们就不可能在两个极端之间选择中道。所以,实践智慧类似自由选择的能力,也正是因为如此,在它的背后有一个起决定性作用的东西,这就是人的品质。只有具备好品质的人才能以善为目的,才是真正具有实践智慧的人。

那么,回到最初的问题:什么是幸福以及什么是最高的幸福?幸福是合乎德性的活动,而人的德性就是人的善,所以最高的幸福应该是符合最高的善的,它是最好的东西,而且是自满自足的。而在亚里士多德看来,思辨(theoretikos)就是最高的幸福。我们在介绍亚里士多德的神学的时候,讨论过理性的思辨活动。既然努斯(理性)是人的本性,按照努斯进行思辨活动就是人的最高幸福。因此,哲学智慧是比实践智慧更高的智慧。

从巴门尼德将存在确立为哲学的研究对象,经过苏格拉底—柏拉图对"是什么"亦即本质问题的探索,到亚里士多德的第一哲学,可以看做是形而上学或本体论的形成过程,他们的思考为整个西方古典哲学定下了基调。不过亚里士多德的形而上学(第一哲学)虽然对后世影响非常大,但是其中许多深刻的思想(例如形而上学以实体为核心的范畴体系确立了世界的逻辑结构、潜能与实现的生成论动态因素等等)迟至黑格尔才真正得到发扬光大。

与柏拉图相比,亚里士多德在西方哲学中的影响和地位是起伏不定的。亚里士多德生前从来没有达到过像柏拉图那样声名卓著的地位,而在整个晚期希腊和罗马时期,影响哲学发展的主要还是柏拉图,无论是斯多亚学派还是新柏拉图主义等,都只是吸收了亚里士多德的某些思想。在中世纪,教父哲学和早期经院哲学亦以柏拉图哲学作为理论基础。公元 6 世纪初,东罗马帝国(拜占廷)皇帝查士丁尼认为亚里士多德哲学有违教义,遂下令禁止研究。幸运的是,他的学说在东方遇到知音,其著作先后被译为叙利亚文和阿拉伯文,在阿拉伯世界广为流行。直到 12 世纪,欧洲才重新发现他的著作的希腊语原本。13 世纪时著名的经院哲学家托马斯·阿奎那为重建基督教神哲学体系,致力于用亚里士多德哲学取代柏拉图作理论依据并逐渐获得了成功。经过他的不懈努力,亚里士多德哲学才由异端邪说一变而成为中世纪哲学的最高权威。也正是因为如此,他理所当然地成了西方近代哲学家们批判经院哲学的"替罪羊"。直到 18 世纪以后,人们才逐渐心平气和地和公正地评判亚里士多德哲学,于是就有了柏林科学院的贝克尔本亚里士多德全集,有了汗牛充栋的考订、注释和评价亚里士多德的著作。

恩格斯曾经称亚里士多德为"古代的黑格尔"[24],我们也可以称黑格尔为"近代的亚里士多德"。以后我们将看到,就形而上学而论,亚里士多德哲学与黑格尔哲学的确是西方哲学史上两座遥相呼应的丰碑,它们虽然相隔两千多年,但是却有着一脉相承的内在关联。

古典时期的希腊哲学以苏格拉底、柏拉图和亚里士多德为代表,可以说是希腊哲学的顶峰或鼎盛时期。他们的思想不仅体现了希腊哲学的最高水平,而且对整个西方哲学产生了难以估量的影响,甚至可以说,西方哲学就是由此而奠基的。苏格拉底对"是什么"问题的探索、柏拉图关于两个世界的划分以及他的体系框架、亚里士多德的推理分析方法等等,以理性主义的基调为西方哲学确立了基本的观念和方向,当然也暴露出种种新的难题,从而吸引着哲学家们不断地变换角度和思路,展开了无穷无尽的探索。

无论哲学家们的初衷是什么,这一时期的哲学家都非常关注知识的问题。尽管前苏格拉底哲学的目的也在于知识,但是他们大多是武断地宣称本原是什么,至于知识的可能性等问题则尚未进入他们的视野。经过自然哲学的衰落和智者诡辩的泛滥,知识问题成了哲学亟待解决的当务之急,因而从苏格拉底到亚里士多德这三代哲学家的思考基本上都是围绕知识问题而展开的。然而,由于种种原因,在古代哲学中认识论很不发达,哲学家们还没有自觉地深入思考诸如主体与客体、认识与对象等问题,这就决定了知识问题在此是不可能得到解决的,虽然哲学家们进行了难能可贵的探索,在许多方面形成了极其深刻的思想。

如果在某种意义上说,早期希腊哲学从宇宙生成论的角度所关注的主要问题是一与多的关系问题,亦即自然万物统一的本原与千变万化多种多样的事物之间的关系问题,那么可以说,古典时期的希腊哲学则由于知识问题的重要性,更加关注的是一般与个别的关系问题,柏拉图与亚里士多德之争就是明证。一般与个别的关系问题甚至一直延续到了中古哲学中的经院哲学,构成了唯实论与唯名论争论的核心问题。当然,如前所述,由于在古代哲学中认识论的问题尚未进入哲学家们的理论视野,因而从早期希腊哲学到古典时期的希腊哲学主要是从宇宙论过渡到本体论,这一时期也可以说是本体论或形而上学的形成时期。无论知识问题多么重要,它毕竟还没有脱离本体论而形成相对独立的研究领域,这就限制了它的深入发展。

## 参考书目

1. 苗力田:《亚里士多德全集》,十卷本,中国人民大学出版社,1997 年。
2. 苗力田笺注:《亚里士多德选集·形而上学卷》,中国人民大学出版社,2000 年。
3. 汪子嵩等:《希腊哲学史》,第三卷,人民出版社,2003 年。
4. 汪子嵩:《亚里士多德关于本体的学说》,三联书店,1982 年。
5. 靳希平:《亚里士多德传》,河北人民出版社,1997 年。

## 注 释

〔1〕 关于亚里士多德生平的有关资料,主要引自靳希平:《亚里士多德传》,河北人民出版社,1997 年。
〔2〕 黑格尔:《哲学史讲演录》,第二卷,第 282 页,商务印书馆。
〔3〕 《古希腊哲学》,第 415 页。
〔4〕 《古希腊哲学》,第 415 页。
〔5〕 《古希腊哲学》,第 424 页。
〔6〕 亚里士多德:《形而上学》,《形而上学》,第五卷,参见《亚里士多德全集》,第七卷,第 129 页。
〔7〕 亚里士多德:《形而上学》,第三卷,参见《亚里士多德全集》,第七卷,第 64 页。
〔8〕 参见《形而上学》,第三卷,《亚里士多德全集》,第七卷,第 64 页以下诸页。参见汪子嵩:《亚里士多德关于本体的学说》,第 42 页以下诸页,三联书店 1982 年。
〔9〕 亚里士多德:《形而上学》,第四卷,参见《亚里士多德全集》,第七卷,第 84 页。
〔10〕 亚里士多德:《形而上学》,第五卷,参见《亚里士多德全集》,第七卷,第 121—122 页。
〔11〕 参见靳希平:《亚里士多德传》,第 151 页。
〔12〕 笛卡尔:《哲学原理》,第 20 页,商务印书馆,1958 年。
〔13〕 斯宾诺莎:《伦理学》,第 3 页,商务印书馆,1983 年。
〔14〕 亚里士多德:《范畴篇》,参见《亚里士多德全集》,第一卷,第 6 页,中国人民大学出版社,1990 年。
〔15〕 亚里士多德:《形而上学》,参见《亚里士多德全集》,第七卷,第 153 页。
〔16〕 亚里士多德:《形而上学》,第十二卷,参见《亚里士多德全集》,第七卷,第 275 页。

〔17〕 参见汪子嵩:《亚里士多德关于本体的学说》,第 73 页以下诸页。

〔18〕 亚里士多德:《形而上学》,1072$^b$19—31。《亚里士多德全集》,第七卷,第 279 页。

〔19〕 亚里士多德:《尼各马科伦理学》,苗力田译,第 27—28 页,中国社会科学出版社,1999 年。

〔20〕 关于亚里士多德的伦理学,参见汪子嵩等:《希腊哲学史》,第三卷,第 908 页以下诸页,人民出版社,2003 年。

〔21〕《尼各马科伦理学》,第 29 页。

〔22〕 参见〔美〕加勒特·汤姆森、马歇尔·米斯纳:《亚里士多德》,第 79 页;中华书局,2002 年。

〔23〕《尼各马科伦理学》,第 15 页。

〔24〕《马克思恩格斯选集》,第 3 卷,第 59 页。

# 晚期希腊哲学

伊壁鸠鲁主义

斯多亚学派

怀疑主义

新柏拉图主义

　　"晚期希腊哲学"包括希腊化时期和罗马时期的哲学思想。

　　所谓"希腊化时期"(Hellenistic)一般指公元前 323 年亚历山大大帝去世至公元前 31 年罗马人征服埃及,也有学者主张这个时期从公元前 336 年亚历山大大帝登基开始算起。[1]

　　亚历山大大帝于公元前 336 年登上了马其顿王国的王位,此时的希腊不得不俯首称臣。公元前 334 年,他率领马其顿士兵进攻波斯,占领小亚细亚,攻占叙利亚、埃及、美索不达米亚。公元前 330 年,征服整个波斯,次年继续东进至兴都库什山和大夏(阿富汗北部),进入印度,如果没有喜马拉雅山这一天然屏障,也许历史将记载希腊文明与中国文明之间的碰撞和交汇,世界历史也可能被改写。面对喜马拉雅山,亚历山大大帝只有"望山兴叹",加之士兵极度厌战,不得不退回巴比伦,公元前 323 年突然去世。亚历山大大帝死后,他的帝国三分天下,又存在了三个世纪。亚历山大大帝的军事征服和其后出现的几个王国,将希腊文化扩张开来,与不同的文明相混合,形成了一种不同于古典希腊文化的新文化,史称"希腊化时期"。

　　公元前 1 世纪,罗马崛起,征服了马其顿和埃及,从而结束了希腊化时期,开始了罗马时代。罗马共和国与希腊的城邦民主制一向被人们看做是古代民主制的典范,但战争最终将罗马改造成为伟大的军事帝国。建立在对其他民族的军事征服和掠夺的基础上的罗马帝国,地跨亚、欧、非,被称为"民族大监狱"。公元395年,罗马分裂为东西罗马两个部分,公元476年西罗马帝国被日耳曼人摧毁,而东罗马帝国(拜占廷)则苟延残喘,直到1453年为信奉伊斯兰教的土耳其奥斯曼帝国所灭。罗马人不是一个爱好思辨的民族,加之罗马帝国建立在军事征服和奴役其他民族的基础上,无暇顾及抽象的哲学思考,没有留下像样的精神遗产,其哲学思想不过是希腊哲学的延续。所以,尽管这个时期的哲学经过了希腊化时期、罗马共和国时期和罗马帝国时期,但是我们并不称之为"希腊罗马哲学",而是称之为"晚期希腊哲学"。

与以前的哲学相比,晚期希腊哲学有两个显著的特征。一是这个时期的哲学家们没有提出新的理论学说,通常是以前人的思想成果为依据加以改造或发挥,而且由于理性思辨的衰微,带有退回到柏拉图、亚里士多德之前去的倾向,从而使他们的思想具有比较浓厚的感性色彩。二是因为连年战乱,社会动荡不安,使人们陷入了对生与死等人生哲学问题的思考之中,所以这个时期的哲学思想具有伦理化的倾向。这一时期无论哪一派哲学都是以伦理学为核心来建构理论的,都以灵魂安宁或生活幸福为主要目标。在这一特定的历史时期之所以会出现这样的现象,原因是多方面的。首先是社会剧变的反映。城邦制的瓦解,马其顿人和罗马人的政权交替,造成了剧烈的社会动荡与融合,生活于其中的人们普遍渴望和平安宁的生活。其次是学术发展的结果。随着亚历山大里亚城文化地位的确立和人们视野的开阔,这一时期的学术研究逐渐向专业化的方向发展,几何学、天文学、生物学、地理学、文学等领域在取得辉煌成就的同时,逐步脱离哲学而分化出去,一时间不可能再出现柏拉图、亚里士多德那种综合性的哲学体系,而其他学科所不涉及的伦理学等问题却更加突现出来了。最后是哲学内部的争论。早期和中期希腊哲学家那种穷究天理的思辨精神以及占统治地位的绝对主义哲学形态,遭到了相对主义和怀疑主义的抨击。当希腊哲学因内部争论而变得不如过去自信和强大时,罗马人和东方人的实用态度及宗教观点便乘虚而入,引起了哲学家们的重视。

值得一提的是,希腊化时期在自然科学方面取得的进步超过了17世纪以前任何一个时期。

首先是亚历山大大帝的征服以及其后继者相互之间的征战,刺激了经济和对技术的需要。其次是希腊科学与中东科学之间的直接交流发挥了促进的作用。最后，在希腊文化的熏陶下，希腊化时期的国王们大多慷慨地支持科学研究，例如埃及的亚历山大图书馆就是历史上最早由国家供养的研究院，它包括天文台、实验室、解剖室、植物园、动物园和一个藏书50万至70万册的图书馆。欧几里得（公元前330—公元前260）撰写了《几何学原理》，奠定了几何学的基础，其严密的演绎性公理化系统成为科学甚至哲学的典范。叙拉古（在今西西里岛东部）人阿基米德（公元前287—公元前212）建立了静力学的基本原理，并且做出了许多发明。托勒密根据当时的天文学知识而提出的基于地心说的宇宙图景，在文艺复兴时期以前是这个领域的权威，但亚利斯塔克却独具慧眼，认为居于宇宙中心的不是地球而是太阳，可惜没有引起人们的重视。在医学方面，解剖学的研究使人们首次了解到心脏在血液循环中的作用以及感觉神经和运动神经的功能。与此同时，建筑和艺术也硕果累累，法罗斯岛上的灯塔和罗得岛上的太阳神神像位列古代七大奇迹之中，米洛斯的维纳斯和拉奥孔等不朽的雕像亦创作于这个时期。当然，罗马在帝国初年也曾一度出现"黄金时代"，在科学方面有老普林尼的《自然史》，加图的《农业论》和斯特拉波的《地理学》等巨著问世，史学方面有李维的《罗马史》、塔西陀的《编年史》和《历史》、普鲁塔克的《名人传》与第奥根尼·拉尔修的《名哲言行录》等，文学方面则有维吉尔、贺拉斯等。另外，查士丁尼大帝汇集编纂的罗马法典亦深刻地影响了后来的法律体系。

晚期希腊哲学历经八百多年，由于东西方文化的交汇和新老观念的碰撞，因而派系林立，传承复杂。柏拉图去世之后，柏拉图学园虽然以正统自居，但除了宣讲柏拉图的学说而外，没有新的思想。思想活跃的倒是那些学园之外的哲学流派，主要有伊壁鸠鲁主义、斯多亚学派、怀疑主义和新柏拉图主义。这一时期的哲学问题相对于以往的哲学"缩小"了，主要集中在人生哲学方面，因而德国著名哲学家哲学史家文德尔班称之为"伦理学时期"："由于希腊生活的理想世界已分崩离析，由于民族的宗教日益淹没在客观世界的习俗中，由于被剥夺了独立性的和破碎的政治生活不再唤起虔诚，每个人在心灵深处深深感到只有依靠自己；因此更迫切需要人生目的的科学理论，更迫切需要保证个人幸福的智慧了"[2]。无论是伊壁鸠鲁主义、斯多亚学派还是新柏拉图主义（怀疑主义是以否定的方式），哲学家们试图解决的问题是一个，那就是寻求心灵的安宁。人是宇宙自然的一部分，因而要达到心灵的安宁就必须认识宇宙自然的本性。所以在这个时期，哲学一般被分为三个部分：逻辑学（认识论）、形而上学（物理学）和伦理学。形而上学（物理学)是基础,逻辑学(认识论)是工具,伦理学是目的。

# 一 伊壁鸠鲁主义

伊壁鸠鲁(Epikourus,公元前342—公元前270)生于雅典,到过萨摩斯等地,在那里熟悉了德谟克利特的著作,18岁返回雅典求学,大约36岁时创办了自己的学校,人称"花园"。此后他一直在学校里从事学术工作,终年72岁。伊壁鸠鲁一生撰写的著作据说多达三百多卷,现在仅存残篇和三封书信。

伊壁鸠鲁的哲学体系包括三个部分:研究真理标准的准则学;研究自然及其生灭的物理学;研究人生及其目的的伦理学。在他看来,一个人要想获得灵魂的安宁,享受人生的幸福,就必须认识宇宙自然的本性。因而在他的哲学中,准则学和物理学是手段,伦理学则是目的。

伊壁鸠鲁伦理思想的基础是德谟克利特的原子论和小苏格拉底学派中昔兰尼学派的快乐主义。根据原子论,宇宙是无数的物质原子相互作用的结果,并没有目的性的东西、神的智慧或努斯(理性)起作用,宇宙就是一个机械论的物质的自然宇宙,人与其他自然物一样,也是原子相互作用的产物,他因原子之间的结合而存在,亦因原子之间的分离而消失,无论产生和消失,都是自然而然的。在伊壁鸠鲁看来,在人们活着的时候,让他不为对现世与来世的迷信所产生的恐惧所困扰,让他尽情享受生命中转瞬即逝的时光,让他设法在这短暂的一生中尽可能得到最大的快乐,就是哲学的任务。

准则学是伊壁鸠鲁哲学的导论或入门,它研究的是真理的标准以及获得认识的途径。

伊壁鸠鲁认为,判定真理的标准有三类,即感觉、预见和情感。感觉是绝对真实的,"没有什么东西能驳倒感觉。一个感觉不能驳倒另一个同类的感觉,因为它们的有效性相等;一个感觉不能驳倒另一个异类的感觉,因为二者所判别的对象是不一样的。理性也不能驳倒它们,因为理性是完全来自感觉的"[3]。感觉的真实性保证了我们的理性的真实性。"预见是一种储藏于心灵中的把握、真实的意见、观念或普遍思想",它是对外在东西的回忆。例如,这种东西是一个人,因而一旦听到"人"这个词,我们就会由此预见而想起他的形状。如果我们不先通过预见获悉事物的形状,就不能命名事物。情感是内在的感觉,有快乐和痛苦两种状态。"它们存在于每个生物中,一个与生物相宜,另一个则与之敌对。选择什么和避免什么是通过它们决定的。"[4]

我们之所以通过感觉、预见和快乐与痛苦的情感来判断真理,是因为它们源于自然的本性。

在自然观上,伊壁鸠鲁接受了德谟克利特的原子论,认为世界万物都是由原子和虚空构成的。所以,他虽然并不否认神的存在,但是反对神统治和安排世上一切的观念,而是认为神存在于世界之外,与我们毫无关系。他对德谟克利特的原子论做出了以下三点重要的修正和发展:

第一,原子形状有限。德谟克利特认为原子在形状方面的差别是无限的,大到无穷,小到无限,这就与"原子是看不见、不可分的东西"这一基本前提自相矛盾了。所以原子形状的差别不是绝对无限的,只是数不清而已。

第二,原子有重量。德谟克利特没有提到原子有重量的特性,伊壁鸠鲁则明确主张原子有重量的区别,以便更合理地解释原子运动的原因。在某种意义上说,重量乃是使原子在虚空中运动起来的原因。

第三,原子有偏斜运动。德谟克利特只承认原子的直线下落运动,这种"原子雨"不仅否定了偶然性,而且难以说明原子如何相互碰撞而形成万物。伊壁鸠鲁则承认原子除了直线运动而外也可以有"离开正路"的偏斜运动,从而说明了原子相互碰撞进从而形成万物的原因。

在伊壁鸠鲁看来,物理学对自然的研究是为伦理学服务的,因为只有了解了自然万物的本性,才能具有科学的知识,只有具备了科学的知识,才能真正消除对神灵和死亡的恐惧,享受无疵的快乐。

伦理学是伊壁鸠鲁哲学的核心和目的。"我们认为快乐是幸福生活的始点和终点。我们认为它是最高的和天生的善。我们从它出发开始有各种抉择和避免,我们的目的是要获得它。"但是,"当我们说快乐是终极的目标时,并不是指放荡的快乐和肉体之乐,就像某些由于无知、偏见或蓄意曲解我们意见的人所认为的那样,我们认为,快乐就是身体的无痛苦和灵魂的不受干扰。构成快乐生活的不是无休止的狂欢、美色、鱼肉及其他餐桌上的佳肴,而是清晰的推理、寻求选择和避免的原因、排除那些使灵魂不得安宁的观念"[5]。显然,最使灵魂不得安宁的观念是对神灵和死亡的恐惧感。不过神虽然存在,但他们生活在我们的世界之外,在各个世界之间,因而不会如一般人所想象的那样干预世人的生活,因而不必恐惧。至于死亡,更与我们毫不相干。因为"我们活着时,死亡尚未来临;死亡来临时,我们已经不在了"[6]。所以,有智慧的人既不应厌恶生成,也不应恐惧死亡。

伊壁鸠鲁的思想的确有不够深刻的缺陷,但是并不像人们长期误解的那样鼓吹单纯追求感官的快乐和欲望的满足。虽然他认为如果有人觉得感觉欲望可以给他带来最大的幸福,他尽可以去追求感觉欲望的满足,但是他还是强调精神上的快乐要高于感官的快乐。不仅如此,他并不主张我们完全受感觉欲望的支配,而是认为有一些事情取决于我们的意志自由,所以人是负有道德责任的。

与伊壁鸠鲁主义针锋相对的是斯多亚学派,虽然它们都主张按照自然的本性生活,但是对自然的本性的理解却是不同的。

# 二　斯多亚学派

"斯多亚学派"因该学派的创始人塞浦路斯岛的芝诺在画廊(stoch)中讲学而得名。斯多亚学派是晚期希腊哲学中延续时间最长、影响最广的一个派别,延续了五百多年之久。以时间先后和思想特点为依据,人们一般将该学派划分为三个发展阶段,即理论性的早期斯多亚学派、折中性的中期斯多亚学派和务实性的晚期斯多亚学派。我们主要介绍早期和晚期斯多亚学派。

斯多亚学派与伊壁鸠鲁主义一样,在认识论上坚持感觉经验的立场,主张按照自然的本性而生活就是最大的德性,但是在什么是自然的本性问题上,与伊壁鸠鲁针锋相对,认为自然的本性就是理性,因而按照自然而生活也就是按照理性而生活。伊壁鸠鲁主义与斯多亚学派之争,体现了西方伦理思想史上的两大倾向,即幸福主义与德性论之间的对立。

## (一) 早期斯多亚学派

斯多亚学派的创始人是芝诺(Zenon,约公元前 336—公元前 264),他出生于塞浦路斯岛,所以通常被称为"塞浦路斯岛的芝诺",以区别于巴门尼德的学生"爱利亚的芝诺"。芝诺原为商人,在去雅典经商的途中商船沉没,于是留在雅典学习和研究哲学,后来他在雅典一个装饰着著名画家波立克诺特的作品的画廊中讲学,因此他所创建的学派就被称之为"斯多亚"(stoitikos),即"画廊派"。据说,芝诺这个人学识渊博,道德严肃,深得雅典人的敬仰,享有很高的声誉。芝诺的继承人是出生于小亚细亚阿索斯的克里尼雪斯(Kleanthes,约公元前 313—公元前 232),克里尼雪斯的继承人则是克里西普(Khrisippos,公元前282—公元前206),他也出生于小亚细亚,由于学识渊博,擅长论证,对斯多亚派哲学体系的形成和传播贡献很大,故被誉为该学派的第二创始人。他们虽曾撰写了大量的著作,但都佚失了,我们主要根据后人的记载了解他们的思想。

据说斯多亚学派是最早将哲学划分为三个部分的哲学家,这三个部分就是逻辑学、物理学和伦理学。其中物理学是基础,逻辑学是工具或手段,伦理学则是中心和目的。他们把哲学比喻为一个动物,逻辑学是骨骼,伦理学是肉,物理学是灵魂。他们也把哲学比喻为鸡蛋,逻辑学是蛋壳,伦理学是蛋白,物理学是蛋黄。他们还把哲学比喻为土地,逻辑学是篱笆,伦理学是果实,物理学是土壤或果树。[7]

早期斯多亚学派的哲学思想是亚里士多德的形而上学、小苏格拉底学派犬儒学派的伦理学以及赫拉克利特的自然哲学的混合物,因而存在着许多混乱的地方。一方面他们与伊壁鸠鲁主义一样,在认识论问题上坚持感觉主义的立场,甚至把感觉经验看做是判断真理的标准,但另一方面他们又把自然的本性理解为理性,主张按照理性去生活,在伦理学上坚持的是理性主义的德性论的原则。

斯多亚学派的逻辑学包括辩证法和修辞学两个部分。前者讨论怎样用问答法正确地论述和探讨,包括语言理论和认识理论,涉及真理的标准和概念的形成等问题;后者讨论怎样连续地正确讲话,可分成论证的发明、论证的表达、论证的排列及雄辩等部分。斯多亚学派非常重视逻辑学的研究,发展了亚里士多德的逻辑学,在西方逻辑史上具有一席之地。

我们主要讨论它的认识论思想。

斯多亚学派探讨认识论问题的目的是为了给伦理学提供理性的基础。只有理解了善,才能过善的生活,这就需要认识自然的本性。所以斯多亚学派重点探讨了认识的起源、概念的形成和真理的标准等问题。他们认为,只有个别事物是现实存在的,灵魂原本是一块白板,认识起源于外部事物作用在我们的心灵而产生的表象,相同的记忆或表象的结合产生了经验,概念则是通过对经验的概括形成的。由此可见,早期斯多亚学派在认识的起源问题坚持的是感觉主义的立场。

斯多亚学派的感觉主义不仅表现在认识的起源问题上,亦表现在真理的标准问题上,虽然他们在不同程度上强调了理解的作用。芝诺认为始于感觉的表象必须加以理解和把握才能成为真理。他形象地把感觉比喻为一只张开的手,把同意比做半握的手,把理解比做一只紧紧握住的拳头,知识就是这只拳头为另一只手握住。克里西普则把能理解的表象作为真理的标准,他把表象分为能理解和不能理解的两类,"能理解的表象"产生于真实的对象并且与对象自身相符合,以印记的方式打在灵魂之上,是能理解那个对象的,因而是清晰的明确的,可以用来判别实在事物,因而可以充作真理的标准。所谓"不能理解的表象"不是由真实的对象产生的,或者虽然产生于真实的对象,但却与对象不相符合,所以它既不清楚也不明白,不能作为真理的标准。

感觉是形成一切知识的基础,但是对认识来说仅有感觉是不够的。虽然我们每个人的感觉都是真实可靠的,然而当理性使用概念概括个别情况形成一般的观念和判断的时候,惟有按照正确的规则合乎逻辑地推理,才能把握事物的本质。这就是说,感觉经验不会错,理性却是可能出错的。以后我们将看到,斯多亚学派在伦理学问题上坚持的是一种理性主义的立场,看起来似乎与认识论上的感觉主义相互矛盾,比较合理的解释是,我们每个人都有理性,但并不是每个人都能够认识真理,问题就出在理性认识方面。感觉经验是被动的,因而感觉不会出错。对于感觉经验进行分辨判别,是理性认识的工作,而就认识而言,判断乃是一种自由意志的行为:我们可以排除虚假的东西,按照真理而行动,也可能相反。所以,虽然我们每个人都先天禀赋有与宇宙理性一样的理性,但这并不就意味着我们现实地就是有德性的人。要想成为有德性的人,必须经过后天的学习,亦即学习自然,按照自然的本性而生活。

斯多亚学派的物理学即自然哲学,包括宇宙论和神学两个部分,其总的特征是对自然的神化和精神化解释,或反过来说,是对神的世俗化和自然化的解释。从思想来源看,他们的物理学带有浓厚的混合色彩,基本概念是赫拉克利特的火与逻各斯,又吸收了阿那克西美尼"气"的观点和亚里士多德关于形式与质料的学说。

依照亚里士多德关于形式与质料的学说,"他们认为宇宙中有两种原则,主动原则和被动原则。被动原则是不具性质的实体,即质料。反之,主动原则则是内在于这种实体中的理性,即是神"[8]。神是活生生的、不朽的、有理性的、完美的,他有很多名字,如理智、命运、宙斯、"普纽玛"等。所谓"普纽玛"(pneuma)即贯穿万物的气息,由火与气混合而成。普纽玛是逻各斯(logos),即宇宙理性之火;普纽玛也是气,亦即宇宙理性之灵魂。因此,他们也称普纽玛为"具有匠心智慧的火"或"技术性的火"。

世界是由普纽玛即神圣的火创造出来的有限的球形世界,在世界之外是无限的虚空。整个宇宙是一个有意识、有智慧的和谐的统一体,它构成了一个严密的有机体系,所有一切都是必然的,不存在偶然性。世界的存在既然有开端,所以必定有终结。世界的生成与毁灭是有阶段性的,它产生于火亦毁灭于火,万物都要在一场宇宙大火中回归普纽玛,然后是重生,产生新的世界,如此循环不已。这是一个永无穷尽的轮回过程,每一轮的细节都和以前相似。这就是天意或命运,包括人的意志在内的一切都是绝对地被命运所决定的。人类灵魂是内在的"普纽玛",蕴含在最精细、最高级的质料之中,它是神的一部分,或神的"流射",比身体生活得更久些,但也是可毁灭的,最长也只能延续到那个世界阶段的结束。

比较伊壁鸠鲁主义和斯多亚学派的物理学,我们发现,伊壁鸠鲁的自然是一个机械论的无意识的自然,人生短暂,他所能做的也是应该做的就是在这短暂的时光中尽可能地使自己生活得愉快。而斯多亚学派的自然就不同了,它是一个神圣的、有意识的、有目的的有机宇宙,人作为有理性的存在,从属于更高的宇宙理性,他的生活目的不在于快乐,而在于实现理性,与宇宙理性和谐一致。

斯多亚学派的逻辑学和物理学都是为伦理学服务的,伦理学也是最能代表斯多亚学派之为斯多亚学派的部分。

与伊壁鸠鲁的幸福主义伦理学不同,斯多亚学派在伦理学上主张德性论。在他们看来,德性是生活的最高的目的,至高无上的善。所谓"德性",即按照自然的本性而生活,亦即我们的行为与主宰宇宙的法则和谐一致。动物最初的动机是自我保存,对它们来说,自然的法则就体现在这个动机之中。但是当理性作为一个更加完善的领导者被赋予理性动物(人)的时候,对人来说,正确地按照理性而生活,就是按照自然而生活。正是在这个意义上,芝诺认为,"合乎自然的生活即是德性的生活,德性是自然引导我们所趋向的目标"。克里尼雪斯认为"德性是一种和谐的性情",主张"幸福就在德性之中,因为德性是使整个生活和谐一致的心灵的一种状态"。克里西普则主张"有德性的生活等于根据自然的实际过程中的经验而生活。我们每个人的本性都是整个宇宙的本性的一部分,因而目的就可定义为顺从自然而生活;换句话说,顺从我们每个人自己的本性以及宇宙的本性而生活。在这种生活中,我们禁绝一切为万物的共同法律所不允许的行为。共同法律即是贯穿万物的正确理性,与宇宙即一切存在物的主宰和统治者相等同。当所有的行为都促进个人的精神与宇宙统治者的意志相和谐时,这种事物就构成了幸福之人的德性以及生活的宁静安定"[9]。因此,如果一个人使自己的本性与宇宙本性和谐一致,遵从宇宙本性行事,那么他就具有了德性。

宇宙是有理性的、有秩序的、有目的的和谐整体,人是宇宙的一部分,神圣之火的一个火花,他是一个小宇宙,因而人的本性与宇宙的本性是同一的,他应该与宇宙的目的协调行动,把神圣的目的当作自己行动的目的。如此说来,虽然伊壁鸠鲁和斯多亚学派都主张按照自然而生活,但他们所理解的自然是不同的。

因此,斯多亚学派的伦理学是一种理性主义的伦理学。要遵从自然而生活,遵从宇宙的逻各斯,使自己的行动符合理性,就必须使自己的灵魂清醒,让理性领导自己,理解自己在大宇宙中所处的地位,有意识有理性地作为一个宇宙成员尽其本分,这样的生活就是有德性的。所以,真正有德性的行为就是有意识地导向最高目的的行为,是清醒地了解道德法则而做出来的。这就意味着道德行为乃是一个人对善有完全充分的知识,而且有意识地实现善。显然,斯多亚学派的德性论继承了苏格拉底的有关思想,主张无意识无知的行为不是德性。因而有人认为德性不是天生的,而是通过学习和实践获得的。

德性论是斯多亚学派伦理学的核心,德性是惟一的善,不道德是惟一的恶,其余的一切如健康、生命、荣誉、财产、地位、权力、友谊、成功等等,本身并不是善。与此相反的东西,如死亡、贫穷、痛苦等等,本身也不是恶。所有这些东西的价值取决于德性,只有以德性为前提,它们才有价值。最基本的德性有四类:实践智慧、勇敢、节制和正义,亦即柏拉图《理想国》中的四主德。而最具有德性的人是"有智慧的人"即"哲人"。哲人没有激情,他不为恐惧或情欲所左右,不为法律所束缚,他的内在价值甚至不低于宙斯,他自己是自己生活的主宰。

斯多亚学派的伦理学还包括"世界主义"的政治理想。在他们看来,人应该遵从理性而生活,而理性人人具有,因而人与人是平等的。人的本性都是宇宙本性的一部分,都是神圣之火的火花,无论在王座上还是在枷锁中,人都是自由而平等的。整个世界应该是一个具有完善德性的、与宇宙秩序相一致的大家庭,不应有财富、种族、门第等等级差异。晚期斯多亚学派中既有奴隶也有皇帝,正体现了他们的理想。

早期斯多亚学派与伊壁鸠鲁主义一样,一反古典时期希腊哲学的理性主义,在认识问题上诉诸感觉经验,而且同样主张德性在于顺从自然的本性而生活,但是他们对自然的本性的理解却与伊壁鸠鲁有所不同。认识上的感觉主义似乎并没有妨碍斯多亚学派在伦理问题上持理性主义的态度,当他们视自然的本性为理性（逻各斯）时，其摒弃感觉欲望的程度甚至达到了禁欲主义的地步。

## （二）罗马斯多亚学派

晚期斯多亚学派又被称为罗马斯多亚学派。晚期斯多亚学派与他们的前辈相比有两个突出的特点。一是他们的著作均用拉丁语写成，且大多被完整地保留下来了。二是明显表现出罗马人不擅思辨，偏重务实的民族特征。所以，逻辑学和物理学不再受到重视，伦理学的中心地位愈益突出，对人的地位、责任、道德规范、生活方式和内心修养等直接关系到个人幸福的实践性问题更为关注，并且使伦理学与神学结合得更加密切，以便与普通人的宗教信仰和生活方式相协调。于是，伦理学在他们那里变成了"解脱哲学"或"拯救哲学"，对早期基督教有很大的影响。

晚期斯多亚学派的代表人物是塞涅卡、爱比克泰德和马可·奥勒留。他们之中既有奴隶，也有皇帝或大臣，的确体现了斯多亚学派崇尚平等的理想。

塞涅卡（Seneca，公元前4—公元65）是西班牙人，著名的罗马暴君尼禄的老师和显臣，因卷入宫廷阴谋被赐死。他的主要哲学著作有《论幸福生活》、《论天命》等。

塞涅卡认为，哲学的目的在于把人引向德性，而德性就是要尊重自然，顺从神意，"按照自然的规范进行自我修养"。要做到这一点，必须精神健全，既考虑身体的需要又不过分忧虑，既应充分享受幸运的恩赐又不为此成为奴隶。"这样就会得到一种持久的心灵安宁，一种自由，不为任何刺激和恐惧所动"。特别要认识到肉体快乐的危害，"要知道，肉体上的快乐是不足道的，短暂的，而且是非常有害的，不要这些东西，就得到一种有力的、愉快的提高，不可动摇，始终如一，安宁和睦，伟大与宽容相结合"[10]。

晚期斯多亚学派特别强调了身体与灵魂的二元论。塞涅卡主张身体是躯壳，是心灵的枷锁和监狱，强化了斯多亚学派中的禁欲主义倾向。至于身体与心灵同样来源于自然，都应该有其存在的根据这一点，他是不考虑的。不仅如此，在他的宿命论中更突出地体现了斯多亚学派中的内在矛盾：任何人都不可能改变命运决定了的事，命运决定一切，我们所能做的不过是顺应命运而已。

然而，宣扬摒弃物欲、抑制激情的塞涅卡，自己却聚财敛物、穷奢极欲。

当有人指责他言行不一时,他是这样狡辩的:"哲学家所谈的并不是他自己怎样生活,而是应当怎样生活。我是讲美德,而不是讲我自己;……要知道,如果我的生活完全符合我的学说,谁还会比我更幸福呢?"[11]塞涅卡的言行不一虽然遭人唾弃,但是亦表明,或许恰恰是在哲学家那里,世俗与神圣之间的矛盾与冲突显得更加尖锐。

爱比克泰德(Epictetus,约55—135)本为奴隶,后来获得了自由。他的主人把他送到斯多亚学派那里学习哲学。他仿效苏格拉底,述而不作。他的学生阿里安将其言论整理出来,辑成《爱比克泰德谈论集》传世。

爱比克泰德的伦理思想的核心是忍让和克制。一切东西都是神创造的,皆为神预先决定。一切荣华富贵,生老病死,都非个人能力所为,我们只能绝对接受。人是神灵本质的一个特殊部分,并且在人自己身上包含着神的某一部分。神即是善,神的本质在哪里,善的本质也就在哪里。神的本质不是肉体、土地和名誉,而是智慧、知识和健全的理性。所以,人应当克制欲望,保持理性,实现道德的善,不去追逐自己能力之外的东西。"好好地运用在我们能力范围以内的东西,别的就听其自然吧。'自然'是什么意思呢?就是神的愿望。"[12]惟其如此,我们的心灵才能获得安宁。另一方面,人有能力自己的意志,对事物做出判断,以正确的抉择战胜邪恶,这是人的能力范围之内的事,能够做到这一点的人就是有德性的人。

总之,服从神意、忍受命运、克制欲望,这就是爱比克泰德的信条。

马可·奥勒留(Marcus Aurelius,121—180)是罗马皇帝,被称之为"御座上的哲学家",在繁忙的国务活动之余著有《沉思录》12卷。

奥勒留认为,宇宙万物是一个由神决定其内在次序的整体,所以有两个原则,首先,"我是自然所统治的整体的一部分;其次,我是在一种方式下和与我自己同种的其他部分密切关联着"[13]。有了这两条基本原则,结论就显而易见了:对于一切出于整体而分配给我的事物,我都将满意;我不会做不合乎人群的事情,而会把全副精力放到共同利益上面。如果这样做了,生活就一定愉快。也正是因为人只是宇宙整体之一员,永恒时间之一瞬,茫茫沧海之一粟,极其渺小,因此"就要认定:除了按照你的本性所领着你的去作,以及忍受共同本性所带给你的东西之外,就没有伟大的事情了"[14]。其他的一切,"都只是死灰和烟",不足挂齿。我们也应该以漠然的态度对待死亡,轻视它,不要把它当成可怕的痛苦事,把你打发走的只是送你进来的自然,又有什么可痛苦的呢?

《沉思集》的终结是人生的悲壮。人生如戏,人是人生舞台上的演员,这出戏剧的剧本不由你书写,何时出场何时退场也不由你决定,我们只是演员。也许五幕戏只演了三幕就被迫退出舞台了,你也没有什么好抱怨的。你上场,演出,无论两幕还是三幕,都是全剧,应该满意地退场。

斯多亚学派与伊壁鸠鲁主义在认识论上虽然都是感觉主义的,但是在伦理学上却相互对立,原因在于它们是两种不同的世界观(自然哲学),一个是目的论的世界观,一个是机械论的世界观。就伦理学而言,在它们的理论中都存在着深刻的矛盾,而且是伦理学自身的矛盾,当然在斯多亚学派中表现得最为突出,这就是形而上学一元论与伦理学的二元论之间不可调和的矛盾。[15]

形而上学寻求的是统摄宇宙万物的共同根据,一切事物无一例外都源出于它因而是必然的,所以伦理学依附于形而上学,对人的本性的认识有赖于对自然之本性的认识,因而斯多亚学派主张顺从自然(理性)而生活。因此按照形而上学,一切都是必然的,人没有自由。但是,伦理学却必须以二元论为基础,它不仅必须接受好与坏、善与恶的二元对立,而且必须以意志自由为前提,因为如果没有自由就谈不上具有道德价值的行为。只有当存在着好与坏、善与恶两种可能性的情况下,我们有自由从中现在好的善的东西,而摒弃坏的恶的东西,我们的行为才具有道德价值,否则我们就不必为自己的行为负责。这就是斯多亚学派强调无论在王座上还是在枷锁中人都是自由的原因所在。然而,如果所有一切都由宇宙理性所决定,一切都是必然的,人就没有自由。显然,斯多亚学派试图将形而上学与伦理学调和一致,但是由于形而上学理所当然地是基础,所以它便不可避免地走向了命定论或宿命论。

对于这个难题的解决,直到康德才有所改观。

# 三 怀疑主义

怀疑主义是晚期希腊与伊壁鸠鲁主义、斯多亚学派并驾齐驱的一个重要哲学派别。它与前述两个派别既针锋相对,又有共同的一面。他们的共同点在于伦理目的,即都在追求灵魂安宁的至上境界,但是在如何达到灵魂安宁的问题上,怀疑主义却选择了不同的道路:它不是通过对世界万物的本质及其规律的认识,而是通过彻底放弃认识的方式。他们把伊壁鸠鲁主义和斯多亚学派的观点斥为独断论,既不相信感觉也不相信理性,试图通过对一切保持沉默,不作判断,达到一种"不动心"的境界,以此来谋求灵魂的安宁。

怀疑主义在人类思想史上具有重要的意义。怀疑是哲学家们思考哲学问题是基本动力,而推至极端,便是怀疑主义。在某种意义上说,怀疑主义乃是新的哲学思想产生的契机和前奏,例如智者之于苏格拉底、柏拉图和亚里士多德;经院哲学衰落后怀疑风气盛行之于笛卡尔、休谟之于康德等等。实际上,怀疑主义是认识论的"伴生物"。西方哲学自一开始就以知识为目的,而随着认识的发展,主体与客体、知识与对象的分化与自觉是迟早的事。而随之出现的认识论问题,例如知识的来源、知识的范围和知识的真理性等等,无一不面临着怀疑主义的质疑。哲学史上的怀疑主义以古典怀疑主义和近代怀疑主义为典型,后者的代表是英国经验论者休谟。不过休谟自称其怀疑论是"温和的怀疑论",并不是彻底的怀疑论,或许叫做"不可知论"更为恰当。

怀疑主义的基本观念是我们不可能认识事物的本性。因为我们认识事物要通过感觉经验,而且不能超出感觉之外,所以事物究竟是不是像我们所感觉的那样,我们永远也不可能知道。伊壁鸠鲁主义认为感觉绝对真实,是真理的标准,斯多亚学派也声称"能理解的感觉"是真理的标准。然而在怀疑主义看来,这两个标准都不可靠。感觉往往会欺骗我们,我们无法分辨有对象的知识与无对象的知识,因为它们一样清晰自明。我们不能肯定感觉就是对对象的真实反映,因为我们根本不可能跳出感觉去使它们相互对比。斯多亚学派试图把"可理解"加入感觉之中,那是自相矛盾的,因为理解是判断,而判断属于思维,它究竟是否可靠也还需要标准来判定。不仅如此,怀疑主义尤其是后期怀疑主义不但批判了感觉,而且也批判了理性。总之一句话,我们惟一的选择是保持沉默。

怀疑主义创立于公元前4世纪后半叶,前后延续五百年左右,大致分为三个阶段,即早期的实践性阶段,中期的批判性阶段和晚期的系统性阶段。由于中期怀疑论在柏拉图学园之中,它不再是独立的哲学运动,而是柏拉图学园用来对抗伊壁鸠鲁主义和斯多亚学派的工具,所以我们在此只介绍早期和晚期的情况。

## (一) 早期怀疑主义

怀疑主义的创始人是爱里斯的皮浪(Purron,又译为毕洛或皮罗,约公元前360—公元前270),他没有留下任何著作,他最杰出的学生费里斯的蒂孟(Timon,公元前320—公元前230)写过《讽刺诗》等作品,但流传下来的还不足 150 行。他们两人是早期怀疑主义的主要代表。我们了解他们的思想都是根据晚期怀疑主义的代表之一塞克斯都·恩披里柯的《皮浪学说概略》和《反杂学》等。顺便说一句,《反杂学》(Antimathematikon)旧译《反数学家》是不确切的。在希腊语中,mathema 不单指数学,而且指所有的学问。应该译作《反杂学》或者《反学究》。

塞克斯都·恩披里柯这样解释"怀疑主义"这一名称的由来:"怀疑派,由于它在研究和探索中的活动也被称做'研究派'(Zetetike);由于研究者探索之后所产生的心理状态也叫做'存疑派'(Ephektike);由于它的怀疑和探寻的习惯或者它对肯定和否定不作决定的态度也被叫做'犹疑派'(Aporetik);由于在我们看来皮浪投身于怀疑主义比他的前驱者更加彻底,更加明显也被叫做'皮浪派'"。[16]

皮浪并不否认感觉现象的存在,因为这是人不由自主地要加以承认的,但他否认现象的真实性和我们关于现象所做出的判断。我们不能说现象是什么,只能说它显得是什么或看来是什么。例如,蜜对我们显得是甜的,"但它本质上是否也是甜的,我们认为是一件可疑的事情,因为这不是一个现象而是一个关于现象的判断"[17]。伦理方面的事物也是如此。他坚持认为没有什么东西是真实存在的,因而否认事物有美或丑、公正或不公正的性质,认为只是风俗和习惯指导着人们的行为。他之所以不作判断,是为了避免独断,因为任何命题都有一个对等的反命题与它对立,二者都有同样的价值和效力。

既然现象是不真实的,我们无权做出关于现象的判断,那么最好的办法是保持沉默,毫不动摇地坚持不发表任何意见。据说,皮浪的生活方式也与他的学说一致,任何时候都镇定自若,不在意任何事物,也不避免任何事物,从不让感官武断地断定什么。相传"有一次他和同伴们一起乘船出海,遇到了风暴。同伴们都惊慌失措,而他却若无其事,指着船上一头正在吃食的小猪,对他们说,这是哲人应当具有的不动心状态"[18]。

关于怀疑主义对一切都不置可否不作判断的态度,我们可能心存疑问,因为按照这种态度人们不免会寸步难行。实际上这是一种对生活和实践的理论态度,它不是要我们不去生活,而是要我们免除因为认识而生的痛苦和烦恼,从而保持心灵的安宁。据说皮浪是一位道德高尚的好公民,他的城邦甚至因此而免除了哲学家的赋税。

早期的皮浪主义并没有形成较为系统的理论,只是奠定了怀疑派的基础,确立了思考的方向和原则,并把这种原则用于实践,因而我们把他们称为怀疑主义的实践性阶段。真正使其具有理论形态的是晚期怀疑主义。

## （二）晚期怀疑主义

在罗马时期,怀疑主义的早期形式——皮浪主义得到了恢复和发展,哲学史上通常称之为晚期怀疑主义或罗马怀疑主义,它的主要代表人物有爱那西德穆、阿格里帕和塞克斯都·恩披里柯。晚期怀疑主义以"论式"(tropos)的形式将怀疑主义的态度理论化系统化了。当然,怀疑主义并不是要针对他们所反对的哲学理论而建立另一种理论,所以他们以揭露对方理论的自相矛盾和困境为目标,而这就是"论式"的作用。

### 1. 爱那西德穆的十大论式

爱那西德穆(Ainesidemos,约公元前 100—公元前 40)生于克里特岛,曾在亚历山大里亚城教书。下面就是他著名的十大论式。[19]

第一,不同种类的动物对同一事物的感受或反应不同。如葡萄藤对山羊而言美味可口,对人类来说却苦涩难咽。

第二,相同种类事物中的不同个体也有特质差异。例如,同样的生活方式对一个人有害,对另一个人却有益;有的人(例如亚历山大的管家德谟丰)在阴影中感到暖和,在阳光下却冻得发抖。

第三,同一个体的不同感官有构造差异,对同一对象有不同印象。一个苹果,用眼看是黄的,用嘴尝是甜的,用鼻嗅则是香的。

第四,同一个体的身体内部因状态不同而产生的差异。由于状态的本性不同,所获得的印象也就多种多样。例如在健康与疾病、高兴与悲哀、热与冷时对同一物的判断就大不相同。

第五,不同国家和民族的习俗、法律、观念不同。对同一事情,有些人认为公正有些人则认为不公正,有些人认为善有些人认为恶。例如,波斯人认为跟自己的女儿结婚很自然,希腊人却认为极不合法。至于谁正确,我们还是存疑吧。

第六,事物都是互相混合的,一经混合就发生变化。如紫色在阳光下、月光下和烛光下呈现的色泽有差别。

第七,同一事物因距离、位置等的不同而显得不同。大的显得小,方的显得圆,直的显得曲,远看平整的山峰近看却犬牙交错。因此,离开地点和位置,要认识这些事物是不可能的。它们的本性是不可知的。

第八,事物具有相对性。如适量饮酒可增强体质,而饮酒过度则会伤害身体。

第九,由于事物的罕见或常见,也同样改变对事物的判断。罕见的东西比常见的东西受到了人们更大的珍视。天天可以看到太阳就觉得它不足为奇。

第十,事物都是互相联系的,相对而言的。轻与重、强与弱、大与小、上与下就是相对的。处在右方的事物并非本性使然,而是由于它与其他事物的相对位置而被这样认为。所有的事物都与我们的心灵相关联。相关的东西自身是不可知的。

上述这些论证虽然内容广泛,涉及到了认识的主体、对象及主体与对象的关系三个方面,但基本上局限在感觉领域或现象范围,主要是用生活中的经验事实直接反对经验到的东西,集中否定的是感性认识的可靠性,所以还是比较初级和表面的东西,抽象性和思辨性都不很强,因而被塞克斯都·恩披里柯称为"老的论证"。

### 2. 阿格里帕的五大论式

阿格里帕(Agrippa,大约生活在公元 1 世纪)的生平不详,我们只知道他是罗马哲学家。他对哲学的主要贡献是继爱那西德穆的十大论式后,又进一步提出了五大论式,而且把目标集中在否定理性认识的可靠性上。他提出这些论证的目的,不是要取代前十个论式,而是要通过这五个论式连同那十个论式,更详尽、更完整地暴露独断论者的轻率。[20]

据塞克斯都·恩披里柯介绍,这五个论式"第一个以观点的分歧为根据,第二个以无穷倒退为根据,第三个以相对性为根据,第四个以假设为根据,第五个以循环论证为根据"[21]。

第一,观点分歧。我们发现,显现出来的现象无论在普通人之间还是在哲学家之间,都会引起难以解决的分歧。所以,我们既不能做出一个肯定判断,也不能做出一个否定判断,只好悬而不决,保留意见。

第二,无穷倒退。用来证明一个所研究事物的证据自身也是需要进一步证明的,而这个证明又需要更进一步的证明,这样下去直至无穷。由于我们不可能拥有一个可作为论证起点的根据,所以只好对事物保留意见,不作判断。

第三,相对性。只有在和判断主体及其伴随的知觉相关联中,一个对象才能具有这样或那样的现象,但它的本性是什么,我们却无法做出判断。

第四,假设武断。当独断论者迫于无穷后退的困境时,便把某个东西当作出发点。这个作为出发点的东西并不是通过论证建立的,而是他们简单地不通过任何证明而独断地确定的。

第五,循环论证。应该用来证明所研究对象的东西自身却要求对象来证实。在这种情况下的两个命题中,我们既不能肯定这个证明那个,也不能肯定那个证明这个,所以对两者都只好存疑。

因此,结论只能是:"在一切情况下,我们对所显现出来的对象都不得不保留意见,不作判断"[22]。

显然,阿格里帕的论证比爱那西德穆的论证更具普遍性和抽象性,也更精致和深刻。它们不仅暴露出绝对主义形态各派哲学的一些弊病,而且涉及到了思维本身的一些问题,所以对后世的影响更大一些,其中的某些内容被后来有些哲学家以改变了的形式一再提出来讨论。在某种意义上说,以后的哲学家如果想要建立一种形而上学体系,都必须面对这五个论式的挑战。哲学家们为了改变众说纷纭莫衷一是的混乱局面(观点分歧),必须为自己的理论学说寻找根据和出发点。然而这个根据还需要另外的根据来证明(无穷后退)。于是哲学家们试图确定某个不证自明的根据作为哲学的第一原理(假设武断),为了避免独断论,他们便从第一原理出发构建哲学体系,反之,亦以哲学体系来证明第一原理(循环论证)。事实上,哲学家们对事物的言说都是在相对于他们的哲学体系的,不可能把握事物本身(相对性)。

在阿格里帕之后,有些怀疑派者为简化起见,进一步把他们存疑的根据概括为两个论式。其一,没有什么事物通过自身得到理解。因为我们既不能用一个可感物作标准,也不能用一个可知物作标准。我们所采用的每个标准都是有争议的,因而是不可信的。其二,没有什么事物通过其他事物得到理解。因为"一个能通过它而理解别的事物的事物自身,必然也要通过其他事物得到理解,这样就陷入了循环论证或者无穷后退"[23]。既然每个被理解的事物都显得要么是通过它自身被理解,要么是通过其他事物被理解,而这两种情况已被证明都不可能,那么显然就没有什么事物能被理解。所以,他们主张怀疑一切事物。

怀疑主义在西方思想发展史上具有极其重要的意义。它揭示了可感现象的相对性和不确定性,指出了感性认识的局限,暴露了独断论哲学在建构体系时的缺陷,发现了认识本身所包含的矛盾,从而有利于破除人们对知识的盲目迷信和对求知的盲目自信,迫使哲学进行自我反省,促进理论思维的提高和哲学思考的深入。正因为如此,它对后来西方哲学的发展产生了深远的影响,至今仍有活力与魅力。当然,怀疑主义的结论是消极的、破坏性的,对希腊哲学理性基础的瓦解也是致命的,从而在客观上助长了神秘主义等非理性主义思潮的流行。所以就此而论,怀疑主义实际上并未达到消除独断论的目的,只是促使它改变了形式,因为希腊哲学最后一个哲学体系——新柏拉图主义就是以神秘主义的独断论形式出现的。

# 四　新柏拉图主义

新柏拉图主义是公元 3 至 5 世纪时最重要的哲学派别。说它最重要,主要是因为它既是整个希腊哲学按照自身逻辑发展的必然结果,又是基督教神学的主要思想来源之一。通过新柏拉图主义,我们可以清楚地看到希腊哲学理性精神的衰落和向神学转化的必然性。

新柏拉图主义的主要代表是普罗提诺。

普罗提诺(Plotinus,一译柏罗丁,204—270)是埃及人,28 岁时到亚历山大里亚学习哲学长达 11 年之久。40 岁左右到罗马定居办学,吸引了不少达官贵人,甚至受到皇帝加里安和皇后的重视,曾计划在康帕尼亚建立一座"柏拉图城"(Platonpolis),以实现柏拉图的政治理想,因大臣们的反对而未能实行。他从 50 岁起开始写作,共撰写了 54 篇论文,由他的学生波菲利(Porphyry,233—约 305,)编辑成 6 集,每集 9 篇,故冠名为《九章集》(Enneades)。波菲利的贡献不仅在于编辑了他的老师的《九章集》,而且他所著的《亚里士多德〈范畴篇〉导论》对中世纪哲学和逻辑也有很大的影响,尤其是其中关于共相与殊相之间关系问题的论述,引发了唯实论与唯名论之间的争论。

普罗提诺对柏拉图的理念论进行了改造:将理念等级变成三个本体,将两个世界分为四个层次,以"流溢"说明世界的创造,通过灵魂的观照与宇宙本体融为一体。

神或者上帝是一切存在物、一切对立与差异、精神与肉体、形式与质料的"源泉",而它自己则没有对立与差别,因而是绝对的"一"(hen),汉语翻译这个概念时,为了突出这个"一"的地位和作用,一般译之为"太一"。"一"是最高的原则或原因,它不是认识的对象,而是超越一切的绝对统一体,没有任何规定性,因而通体透明没有任何瑕疵和对立的东西。"一"作为一切存在的产生者,本身不是存在,也不是一切。正因为"一"空无一物,所以万物由它产生。它超越了"是"所指示的属性,没有任何肯定的特征,因而不可言说与名状。如果非要言说,也只能说它"不是"什么,"没有"什么。普罗提诺的这一思想,可以看做是后来"否定神学"的滥觞。凡肯定的判断,凡"是"和"有"的东西,都有对立面,都是区分的结果,所以都是"多"而不是"一",都是部分而不是全体,都是缺欠而不是完满。但"一"既不寻求什么,也不拥有什么或缺欠什么,它是极其完美的。[24]"一"在本性上虽不"是"什么,但我们可以通过形容和比喻来肯定它 。从肯定的方面讲,"一"是绝对的同一体,是单纯而单一的神本身和善本身,是存在物的最高原则和终极原因,是完满自足的源泉。它因其完满而"流溢",因其流溢而产生一切。"存在于'一'之后的任何事物必定是从'一'中生成的,或者是它的直接产物,或者可以通过中介物溯源于它。"[25]

"流溢"是普罗提诺哲学的重要概念之一,他用来说明"一"生万物的方式。一切存在皆以"太一"或神为源泉,不过这并不是说神"创造"了世界。因为创造之为创造,暗含着有意识有意志因而有所限定的意思。普罗提诺不说神创造世界,他认为由于神是最完满的,便因充盈而流溢,所以宇宙是从神那里"流"出来的。"一"由于自身充盈,故而自然要溢出,但这种流溢却无损于自身的完满,犹如太阳放射光芒而无损自身的光辉一样。这种流溢说虽有浓厚的神秘色彩,不过也是解决柏拉图因分有或摹仿而遭遇的难题的一种方式,更重要的是,它从根本上改变了早期希腊哲学的"生成补偿"观念,因为生成不缺失什么,所以不用生成物的复归作为补偿。

"一"首先流溢出"努斯"(nous,或译理智、心灵等)。

"努斯"是"一"的影像(eidolon),也是"一"惟一的直接产物。太一的影像反转过来观照原型,即"反思",因此而成为"努斯"(理智)。努斯与太一的区别在于,在努斯中,由于反转观照即反思因而包含着差别,所以具有多样性和差别,包含着知与被知、能知与可知的差异于自身之内。努斯作为被产生的本体,不再保持"一"的绝对同一性,包含着原初的区分,因而具有多样性和差异性,可以用最一般的范畴表述它。理念内在于努斯之中,它是努斯中的实体性的存在,理念的统一就构成了努斯。

虽然努斯(理念)包含着多样性和差异性,但是这种差异并不是主体与客体在具体事物上的差别。作为努斯亦即理念世界,思想与思想的对象是统一的,有时人们称努斯是上帝思维自己的思维,因而是"自我思想",自己与自己是同一的。或者说,在努斯中,思想者与思想是一回事。所以尽管它们之间有差异,但仍然是同一的。

"一"与"多"的关系问题,一直是困扰着古代哲学家们的难题:宇宙自然作为一个整体当然具有统一性,其本原应该是"一",但是万事万物是多种多样的,"一"怎样产生"多"?"多"是如何保持统一性的?早期自然哲学主要是在水、火、土、气四大元素中选取一种元素作为本原,赋予这个元素以"无定形"的性质,通过它的"流变"来解释"一"与"多"之间的关系。柏拉图最初以"分有"和"摹仿"来说明理念与事物之间的关系,最后转向了理念之间的"分有",对理念与事物之间的关系闭口不谈了。现在,普罗提诺以"流溢"来解释"一"与"多"之间的关系,仍然难以避免柏拉图的难题。对于普罗提诺来说,"一"流溢出努斯,就如同太阳发出光线,丝毫也不会影响太阳自身的光辉。然而,如果"多"是从"一"中流溢出来的,那么"一"本身是否原本就包含着差别?倘若如此,"一"就不是绝对的"一","一"就是"多"。如果不是这样,那么"一"又如何能够产生"多"?普罗提诺只是用象征性的比喻说,"一"是最高的完满性,"一"因为完满而充溢,因充溢而流出了较低级的东西(多)。而"一"之所以产生了努斯,是为了反观自照,表现自己。

　　"太一"流溢出"努斯","努斯"也像"一"一样能够流溢,它流出的影像是"灵魂"。灵魂存在于努斯中,犹如努斯存在于"一"中。因此,灵魂与努斯之间的关系,像努斯与太一之间的关系一样。

　　在普罗提诺这里,灵魂并不是主观性的存在,而是实体性的存在,这就是说,人的灵魂不仅仅是人的实体,也是事物的实体和创造者。灵魂是不朽的,灵魂可以轮回,它是努斯(理念)与可感事物的中间环节,因此与这两者都有关系,它的转向也是双重的:一方面转向它们的制造者(努斯),另一方面转向它自己的产品(可感事物)。

　　灵魂作为"一"的间接产物的第三种本体,已不是绝对同一体,也不像努斯那样是一与多的统一体,而既是一又是多。当它转向努斯和"一"并与它们相通时,复归于原初的统一,因而是一,但当它转向自己的产品即可感世界,被分割在个别事物中时,就成了多。灵魂是能动的、不朽的,它可以轮回,也可以流溢。

　　灵魂渗透于身体之中,不过不是灵魂存在于身体之中,而是相反:身体存在于灵魂之中。身体可以死亡,灵魂则在身体死亡之后继续存在。在普罗提诺哲学中,灵魂的作用相当于柏拉图《蒂迈欧篇》中的造物主,由自身流溢出存在着的事物——可感世界。

　　柏拉图把世界一分为二,分为理念世界和可感世界。"太一"、努斯和灵魂,这三者是普罗提诺对柏拉图的理念世界的改造,灵魂的流溢物就是可感世界。

灵魂按照理念构造可感事物，可感事物分为形式和质料两个方面。形式是存在于努斯之中的理念形式的影像，质料本身是独立存在的、没有任何规定性的漆黑的混沌。质料不是无，而是非存在，它本身不变，却作为载体承受形式的变化。

灵魂进入人的肉体后，就因为受到污染而堕落了。人的使命就是改造自己，使自己和他人的灵魂，经由努斯回归"太一"，这个过程就是灵魂的回归或上升之路。

灵魂从身体中解放出来，回归太一的主要途径是哲学的静观。

"静观"或者"观照"是最高的德性，学习哲学就是蔑视尘世，心向天国，从昏暗的尘世飘然超升至澄明的世界，直至与神融为一体，它使人在突如其来的一刹那间灵魂出窍，舍弃肉体而与"一"处于一种合而为一的、不可名状而又无与伦比的心醉神迷的状态，这种状态就是"解脱"(ekstasis)。在这种神人合一的状态中，灵魂获得了宁静，享受着至福，体验着奇妙无比的欢悦。但是，"观照"的境界是罕见的，只有少数圣贤才能享此殊荣，据波尔费留说，他与普罗提诺相处六年，普罗提诺曾有过四次观照的经历，而他自己在68年中仅有过一次。

希腊语 ekstasis 这个概念不好翻译。由 ex(出离)与 histanai(放置)或站立组成。通常指一种出神入迷状态，普罗提诺用来指摆脱了身体的牢笼，与神融为一体的心醉神迷的境界，旧译为"迷狂"或"狂喜"，还是译作"解脱"比较合适。

"一"向下的流溢过程和灵魂向上的回归过程，构成了普罗提诺哲学的完整框架。第一个过程是他哲学的形而上基础，第二个过程则是最终的目的。与晚期希腊哲学其他学派一样，他也把伦理学问题作为关注的重点和核心。他把人生的最高境界视为灵魂从肉体中解脱出来，回到自身，过一种人神合一的内在的神圣生活。区别在于，其他的希腊哲学家一般都强调人神之间不可逾越的界限，而他受东方神秘主义的影响，注重人神合一。

普罗提诺的神秘主义标志着希腊哲学理性主义的衰落。

柏拉图与亚里士多德都说过，哲学起源于惊异，亚里士多德还说，哲学是爱智慧，而爱智慧也是爱奥秘。希腊哲学家们主要是想把奥秘变成智慧，用理性来解释神秘的东西。普罗提诺则走向了反面，把爱智慧变成了爱奥秘。当然，新柏拉图主义是一种神秘主义，不过也是思辨化了的神秘主义，它毕竟还是哲学。尽管新柏拉图主义对基督教神学具有深远的影响，但随着基督教成为罗马帝国的国教,哲学已难有存身之地。415 年,新柏拉图主义才华横溢的女哲学家希帕蒂亚被疯狂的基督徒残忍地杀害在亚历山大里亚,529 年,东罗马帝国皇帝查士丁尼下令关闭了雅典的所有哲学学校。我们就以这一年为标志,象征希腊哲学的终结。

希腊人堪称哲学的民族。就"哲学"这一概念所意指的这门学科而论,它完全是希腊人的创造。他们不仅奠定了西方后来所有思想体系的基础以及西方文明的基础,而且几乎提出了西方哲学所有的问题和解决问题的各种方式。正如恩格斯所说:"在希腊哲学的多种多样的形式中,差不多可以找到以后各种观点的胚胎、萌芽。"[26] 因此,希腊哲学作为西方哲学的发源地,堪称取之不尽用之不竭的活水源头。

希腊哲学的历史可以看做是哲学问题的产生和演变史。

哲学起源于惊异,也可以说哲学起源于问题。前苏格拉底哲学作为自然哲学或宇宙论,以自然的本原为研究的对象,哲学家们的问题是千变万化多种多样的自然现象统一的"本原"是什么,由此而产生了一与多的关系等问题。由于哲学家们试图以一种自然元素来说明所有自然元素,因而他们所断定的本原既缺少普遍性亦难以解释与其他自然元素之间的关系,所以便陷入了众说纷纭的困境。爱利亚学派的巴门尼德意识到自然哲学的缺陷,将哲学研究的对象转向了惟一的、永恒的、不变的和作为思想对象的"存在",为后来统治西方哲学长达两千多年之久的形而上学或本体论奠定了基础,同时亦使存在与非存在、一与多、静止与运动、本质与现象等形成了尖锐的矛盾,迫使其后的自然哲学为了避免这些矛盾而采取了多元论的立场。随着早期希腊自然哲学的衰落和智者的泛滥,知识问题越来越突出了。苏格拉底自觉地树起理性主义的大旗,将问题集中在"是什么"亦即事物的本质定义上,促成了柏拉图理念论的建立。而柏拉图在划分两个世界的同时,遭遇到了理念与事物的"分离"难题,引发了一般与个别之间的关系问题。亚里士多德试图将自然哲学与本体论结合起来,以深入缜密的分析推理来消解一般与个别之间的矛盾。但是因为认识论的缺失和自然科学知识的匮乏等历史性的局限,因而不可能解决问题。由于社会历史方面的种种原因,伦理问题在晚期希腊哲学中成为主要的研究对象,而理性主义的衰落亦造成了思辨精神的衰微,于是便形成了感觉主义、怀疑主义乃至神秘主义盛行于世的局面。到此为止,希腊哲学自神秘主义的宗教神话中脱颖而出,又回到了神秘主义之中去,它已经无法抵挡基督教思想的挑战,甚至构成了基督教哲学的理论来源。

其实,上述希腊哲学的演变不仅有自然科学和认识论等不够发达的特殊的历史原因,而且亦有哲学上的普遍原因,这就是哲学中方法与问题之间的矛盾。

一般说来,就西方古典哲学而言,哲学的问题或研究的对象大多是普遍的、永恒的和无限的东西,例如本原和存在。但是哲学家们解决问题所使用的方法却不可避免地具有有限性的特征,因为概念、判断、知识或思想不可能没有确定性。在某种意义上说,哲学思维方式的转变与哲学方法的演变有密切的关系:谁找到了方法这把钥匙,谁就掌握了解决哲学问题的关键,但是实际上谁都不可能从根本上解决方法的问题。因此,西方哲学中自始至终都存在着方法问题,而且越到后来越受到哲学家们的重视,甚至可以说,方法是使现代西方哲学诸流派相互区别的一个重要原因。

希腊哲学的根本精神就是爱智慧、尚思辨、学以致知的探索精神,正是这种精神为西方哲学追求知识、探索真理的基本倾向和科学思维方式奠定了基础。但是,正如任何事情都有其两面性一样,这种科学思维方式既在形成蔚然大观的西方文明中发挥了重要的作用,同时也被有些思想家视为造成西方文明之种种弊端的根源。例如,当20世纪西方哲学反思自己历史的局限时,许多哲学家把其最基本的局限性归结为"科学思维方式",并且将它的滥觞一直追溯到古希腊哲学。然而值得我们注意的是,希腊人虽然崇尚知识崇尚科学,但是他们眼中的科学知识与后世所理解的科学知识是不同的。以自然观为例,希腊人的自然观是朴素辩证的、有机的自然观,他们以自然为认识的对象,但却从来没有想到要改造自然。当然,西方哲学的科学思维方式毕竟是从希腊哲学演变而来的,尽管促成其演变的原因是多方面的。

西方哲学的确以希腊哲学为其发源地,不过它不止这一个源头。在某种意义上说,西方哲学是希腊哲学与基督教思想相互融合的结果。实际上,在晚期希腊哲学的时代,基督教哲学就已经登上了哲学的历史舞台,并且逐渐取代了希腊哲学的地位,成为占统治地位的意识形态。

**参考书目**

1. 苗力田主编:《古希腊哲学》,中国人民大学出版社,1995年。
2. 范明生:《晚期希腊哲学和基督教神学》,上海人民出版社,1993年。
3. 黑格尔:《哲学史讲演录》,第三卷,商务印书馆,1983年。

## 注　释

〔1〕〔美〕斯塔夫里阿诺斯:《全球通史——1500 年以前的世界》,第 220 页,上海社会科学院出版社,1988 年。

〔2〕〔德〕文德尔班:《哲学史教程》,上卷,第 211 页,商务印书馆,1987 年。

〔3〕《古希腊哲学》,第 621—622 页。

〔4〕《古希腊哲学》,622 页。

〔5〕《古希腊哲学》,640 页。

〔6〕《古希腊哲学》,638 页。

〔7〕参见《古希腊哲学》,第 598 页。

〔8〕《古希腊哲学》,第 615 页。

〔9〕《古希腊哲学》,第 602—603 页。

〔10〕《西方哲学原著选读》上卷,第 190 页。

〔11〕《西方哲学原著选读》上卷,第 190 页。

〔12〕《西方哲学原著选读》上卷,第 192 页。

〔13〕《西方哲学原著选读》上卷,第 194 页。

〔14〕《西方哲学原著选读》上卷,第 194 页。

〔15〕参见文德尔班:《哲学史教程》上卷,第 256 页,商务印书馆,1987 年。

〔16〕《古希腊哲学》,第 647 页。

〔17〕《古希腊哲学》,第 650 页。

〔18〕《古希腊哲学》,第 652 页。

〔19〕《古希腊哲学》,第 653—656 页。

〔20〕《古希腊哲学》,第 658—659 页。

〔21〕《古希腊哲学》,第 656 页。

〔22〕《古希腊哲学》,第 658 页。

〔23〕《古希腊哲学》,第 659 页。

〔24〕《古希腊哲学》,第 685 页。

〔25〕《古希腊哲学》,第 687 页。

〔26〕《马克思恩格斯全集》,第 20 卷,第 386 页。

**第七讲**

# 信仰的时代

基督教的诞生

教父哲学

经院哲学

前面几讲我们讨论的都是希腊哲学。现在我们转向西方哲学的另一个源泉:基督教哲学。一般说来,中世纪哲学就是基督教哲学,或者说是哲学在基督教神学背景之下的特殊形态。

通常我们把西方哲学史划分为几个历史时期:古代哲学(希腊哲学)、中古哲学(中世纪哲学)、近代哲学和现代哲学。中古哲学主要包括教父哲学、经院哲学、文艺复兴和宗教改革,时间从公元2世纪到16世纪。我们比较笼统地称这一时期的哲学思想为中世纪哲学,目的是突出这个时代的主导精神,希望不要引起误解,因为一般说来中世纪哲学指的主要是基督教哲学。我们根据哲学形态来划分西方哲学,对古代哲学和中古哲学按照各自的发展线索分别加以讨论,所以这一部分中的教父哲学(公元2世纪到5世纪左右),与古代哲学中的晚期希腊哲学有重合的地方。由于受篇幅、材料等因素的限制,我们在此只能概括地讨论这一历史时期的哲学思想,这并不意味着中世纪哲学不重要。

中世纪哲学由于其特殊的历史背景,当时哲学讨论的许多问题距离我们都比较遥远,所以不可能用很大的篇幅讨论。黑格尔在《哲学史讲演录》中说到这里的时候,声称要蹬上"七里神靴",迅速跨过这一千多年。由于种种原因,我们也不可能给中世纪哲学太多的篇幅,这一讲讨论中世纪基督教哲学,即教父哲学和经院哲学,下一讲讨论文艺复兴和宗教改革。当然,轻视中世纪哲学其实是不对的。我们对中世纪哲学存在着非常严重的偏见。一说到中世纪,立刻就会使我们想到世界史上的黑暗时期,就会想到基督教,就会想到宗教裁判所,似乎基督教在中世纪的所作所为一无是处,这有失公允。从哲学上说,西方哲学有两大源头,一个是希腊哲学,一个是基督教,人们通常称之为"雅典"和"耶路撒冷"。在相当长的历史时期中,欧洲的国家是基督教国家,欧洲的民族是基督教民族。基督教已经成为西方文明的"底色",其影响不可能都是消极的。

罗马、基督教和日耳曼人,构成了欧洲中古史的三个重要环节。日耳曼蛮族入侵毁灭了西罗马帝国,基督教作为中世纪的精神支柱,统一了欧洲的精神世界,进而渗透到了社会生活的方方面面,从而与世俗国家形成了非常复杂的关系。在这个历史时期,基督教占据着非常重要的地位。

基督教的诞生是世界性的重大历史事件。

## 一　基督教的诞生

基督教诞生于公元 1 世纪初,创始人耶稣,本来不过是犹太教中的一个小宗派。犹太人虽然声称他们是上帝的选民,但实际上是似乎一直在遭受天谴。犹太人(以色列人)原籍是美索不达米亚,这一点由《圣经》中的神话传说与巴比伦的神话传说类似而得到了证明。在巴勒斯坦,以色列人屡遭周围民族的蹂躏。公元前 6 世纪,巴比伦国王尼布甲尼撒攻占耶路撒冷,把犹太国王和贵族掳到了巴比伦,史称"巴比伦之囚"。在那个时候,在犹太人中间就流传着弥赛亚(救世主)拯救他们的传说。在罗马帝国初期,巴勒斯坦并入罗马版图。耶稣的信徒们相信耶稣就是基督(Christ),即希伯来语所说的弥赛亚(救世主),因而被称为基督徒,他们的宗教团体也就被称为基督教。当时,罗马派驻耶路撒冷的总督叫彼拉多,统治者与被统治者之间的矛盾越来越激化。当耶稣以弥赛亚和以色列之王的身份来到耶路撒冷的时候,不仅引起了罗马统治者的恐慌,而且也引起了犹太上层贵族的恐慌。于是,耶稣被人出卖,判处死刑,钉在了十字架上。不久,在耶稣的信徒中间就开始流传耶稣基督复活等奇迹,而且相信他不久将再次降临人间,举行末日审判,上帝之国不久即可降临,当然上帝之国不在这个世界上。基督教虽然由于信仰独一真神、拒绝罗马帝国的皇帝崇拜和其他种种社会原因而数次招致罗马帝国统治者的残酷镇压,但却由于获得了占人口绝大多数的社会下层民众的支持,从而迅速传播到罗马帝国各地,作为当时被压迫民族的精神寄托,逐渐成为信徒众多的世界性的宗教。

基督教之所以成为世界性的宗教,有许多原因。

首先就基督教的教义而论,它把人们的希望寄托在了来世,因而放弃了与罗马帝国的直接对抗,从上帝普爱世人的信仰出发,主张爱人如己,甚至爱自己的仇敌,并且打破了民族界限,以信仰作为被上帝拣选的条件。所以它最初虽然只是犹太教的一个小宗派,但是却没有犹太教那种森严的教义和民族限制,因而能够成为不同民族共同的宗教选择。其次,罗马帝国以军事征服建立起来的世界性大帝国,为基督教的传播提供了条件。而且各个民族因为沦为被压迫者,不再相信自己的保护神,而罗马社会长期的动荡不安也使罗马人对于罗马民族旧有的保护神和宗教失去了信心,转而在基督教的信仰中寻求精神寄托。于是在公元2—3世纪,大批社会上层人士和有教养阶层纷纷皈依基督教,基督教逐渐成为罗马社会生活中一支不容忽视的力量。311年,罗马政权公布了允许基督徒宗教信仰自由的《宽容敕令》。312年,罗马帝国最高统治权的争夺进入了白热化阶段。皇权角逐者之一君士坦丁在大战前夜看到天生异象,天空中现出了一个发着火光的十字架。于是第二天他的士兵们的盾牌上都画上了十字架这一基督教的符号,在基督徒的支持下大获全胜。后来的君士坦丁大帝成了历史上第一位基督教皇帝,基督教从此在罗马帝国获得了合法地位。325年,君士坦丁大帝召集全罗马帝国境内的三百多名主教在尼西亚召开了基督教历史上第一次全教会性的会议,制定了强制性的统一教条,史称《尼西亚信经》。[1]392年,皇帝狄奥多西正式宣布基督教为国教,并大肆镇压异教和异端,基督教终于取得了精神统治的地位。395年罗马正式分裂为东罗马帝国和西罗马帝国,连战旗上的鹰也变成了双头鹰。基督教亦分裂为罗马天主教和东正教。此后,罗马帝国衰落乃至被日耳曼人所灭,欧洲进入了中古时期,基督教不仅在人们的精神生活之中,而且在社会生活中扮演着非常重要的角色。

说起来,西罗马帝国的灭亡,与我们中国人有很深的关系。汉武帝(公元前156—公元前87)时,中国抗击匈奴入侵并向西扩张,最终迫使西部的游牧民族匈奴各部落或者归顺或者逃往沙漠地区,结果引起了一连串的连锁反应:从东向西的世界性民族大迁徙,迫使日耳曼人进入罗马帝国,最终导致了它的崩溃。公元476年,罗马终于被摧毁了。此后,虽然东罗马帝国(拜占廷)又苟延残喘了上千年之久,但是只能充当希腊罗马文化的博物馆,直到 1453 年被信奉伊斯兰教的土耳其人征服。

日耳曼人由若干部落组成,其中主要有法兰克人、汪达尔人、伦巴德人、东哥特人和西哥特人等。进入西欧的时候,他们正处在氏族公社解体的军事民主制时期。日耳曼人灭亡西罗马帝国以后,这种社会制度逐渐转化为庄园农奴制,史称"封建制度"。西欧的封建制度与中国的封建制度是不同的,国王的权力受到限制,不过是最大的庄园主而已。国王下属贵族,贵族占有自己的封地——庄园,具有比较多的独立性。只有当国王需要的时候,例如战争,贵族才会响应国王的号召,率领自己的侍从和农奴加入国王的军队,而国王甚至无权支配贵族的下属。所谓"我的仆人的仆人,不是我的仆人",就是这样一种权力关系的写照。在某种意义上说,中世纪的历史就是王权与教权的争斗史,这部历史是一个两者合作和相互利用、教权统一欧洲、王权上升的同时教权衰落的复杂过程。及至后来出现了民族国家,王权逐渐占了上风,中央集权式的专制制度得以形成,通过海上霸权、殖民地和为了增强国力而开展的工商业活动,最终为资本主义的产生开辟了道路。随着教权的衰落,世俗的王权取得了统治地位,基督教哲学亦随之衰落了。

在相当长的历史时期内,人们一提起"中世纪",立刻就会想到"黑暗时期",一提起"黑暗时期",立刻就会想到基督教的精神统治,想到宗教裁判所和火刑柱。不错,中世纪的确有一个"黑暗时期",不过这个"黑暗时期"主要指的是西罗马帝国灭亡之后的几百年(400—1000),那并不是基督教的错,主要是因为蛮族入侵,西罗马帝国灭亡,希腊罗马文明被一扫而空所造成的。在某种意义上说,当时的基督教教会在保持文明火种方面,起了非常重要的作用。另外,如果从物质生活方面看,中世纪的确是极端匮乏的,但是如果从精神状态上看,从信仰上看,中世纪不但说不上"黑暗",或许应该说是"光辉灿烂"才对。因为中世纪的人们在匮乏和艰难的现实生活之上,建立了一个异常丰富的精神世界。

中世纪早已成了历史,因为成了历史,我们今天才有可能不带偏见地比较"客观地"看待那个时代,评价基督教教会的历史作用。在某种意义上说,在当时的历史条件下,如果没有基督教感化了日耳曼各民族,如果没有很少受到冲击的修道院保存了希腊罗马的文献,人类已经获得的文明成就便有可能付诸东流。国家政权(当时的欧洲还没有形成像样的国家政权)做不到的,科学和艺术做不到的,宗教做到了。当时的日耳曼各民族尚处在不十分开化的原始状态,不用说书写和阅读,有些民族甚至连文字还没有形成。因而,艺术的想象和抽象的思辨推理对他们来说是格格不入的,但是福音书的说教却以其淳朴和崇高从情感上深深地打动了他们的心弦。另一方面,也正是从宗教的感化出发,今天欧洲的各个民族吸取古代知识的过程才可能开始。正是通过教会,新世界才有可能进入旧世界的学校之门。当然,同样是由于这个原因,最初古代文明中只有能够被纳入基督教的那些部分得以保存,因为教会强烈地排斥其他方面,特别排斥与教义相背离的东西。即便如此,教会基于偏见的所作所为也不是没有任何积极意义的:它在某种意义上有效地防止了日耳曼民族当时还处在幼稚状态的心灵被各式各样的学说理论搅得一团糟。如果不是这样,他们很可能因为不能理解、消化和吸收希腊文明的精神养分而患上营养不良症。结果与基督教原初的意图相反,它排斥异己的做法起到了循序渐进的教化作用。不过无论如何,教会排斥异己的工作的确富有成效,它使得精神的各个领域成为一片空白,要经过长期的艰苦努力才能重新填充而丰富起来。[2]

单纯就世界历史的分期而论,我们通常以 476 年西罗马帝国被日耳曼蛮族毁灭作为开始,到 1640 年英国资产阶级革命之前,把这段历史称之为中古史。哲学史上的分期与此不尽相同。古代哲学即古希腊哲学从公元前6 世纪开始,以 529 年最后一所柏拉图学园被皈依了基督教的罗马皇帝关闭为止,时间是 1000 年。而中古哲学,或者说中世纪哲学,与希腊哲学有相互重合的部分:公元 2 世纪至 5 世纪的教父哲学与晚期希腊哲学是同时的。我们为了叙述的方便对它们进行分别讨论,因为它们毕竟属于不同的哲学形态。

希腊哲学与基督教哲学是两种完全不同的哲学形态。

毫无疑问,希腊哲学从根本上塑造了西方哲学的基本特征,正如德国哲学家黑格尔所说,“一提到希腊这个名字,有教养的欧洲人,尤其是我们德国人,就会产生一种家园感。”[3]然而,希腊哲学的理性主义并不是西方哲学的惟一来源。实际上对于中世纪的西方哲学来说,基督教神学自始至终是其最基本的“底色”,以至于日耳曼民族被称做“基督教民族”。哲学与宗教都源于人类精神的终极关怀,只不过它们解决问题的方式不同罢了。哲学诉诸理性,而宗教则诉诸信仰。

基督教哲学与希腊哲学形成了鲜明的对比。

在某种意义上说,希腊哲学的精神是一种乐观主义的悲剧精神,它的主题是命运、必然性和规律,不过在命运面前,希腊人不是消极的,他们对现实生活保持着乐观向上的积极态度,形成了崇尚知识的理性主义和人文精神。基督教哲学则正好相反,在特定的社会历史背景之下,中古时代的人们逃避、抛弃和否定了现实生活,以否定现实的方式谋求灵魂的救赎,视人间为走向天国的"天路历程",试图通过信仰上帝使灵魂得到永生。因此,他们对现实生活采取了悲观主义的态度,而对来生来世却采取了乐观主义的态度。

如前所述,基督教文明与希腊文明一道,构成了西方哲学的两大源泉。那么,基督教哲学给哲学带来了哪些不同于希腊哲学的问题呢?

这是非常复杂的。简单地说,基督教哲学贡献给哲学的首先是它的超验性。虽然希腊思想中也不乏超验的思想,例如柏拉图的理念论,但是从主导方面看,希腊哲学是现实主义的,而基督教哲学却以弃绝尘世的方式向人们展示了一个无限的超感性的世界,从而在某种程度上开拓并丰富了人类的精神世界。其次是内在性。基督教使无限的精神(实体)具体化于个人的心灵之中,与希腊哲学对自然的认识不同,它诉诸个人的内心信仰,主张灵魂的得救要求每个人的灵魂在场。再次是自由的问题。自由在希腊人那里是不成问题的,而且占主导地位的是必然性的观念。基督教就不同了,在某种意义上说,自由意志问题始终是基督教思想中的难题。最后是超自然主义的观念。在希腊人那里,自然是活生生的神圣的存在,而在基督教思想中自然不但没有神性,而且是上帝为人类所创造的可供其任意利用的死东西。基督教贬斥自然的观念固然不利于科学的发展,然而却从另一方面为近代机械论的自然观开辟了道路,使后人在认识世界之外亦树立了改造世界的观念。

在某种意义上说,中世纪哲学的主要问题是信仰与理性之间的关系问题。

最初的基督教具有与理性和知识相对立的极端倾向。作为宗教,作为贫苦大众的宗教,基督教从一开始就理所当然地采取了排斥知识的方式。《新约·马太福音》把是否信仰基督作为衡量聪明与愚蠢的标准,圣保罗则说:"就如经上所说,'我要灭绝智慧人的智慧,废弃聪明人的聪明'。哪里有智者?哪里有经师?哪里有这个世界的辩士?岂不是上帝让这世上的智慧变成愚拙了吗?世人凭自己的智慧,既不认识上帝,上帝就乐意用人所当作愚拙的道理来拯救那些信仰的人,这就是上帝的智慧了。……上帝的愚拙总比人智慧。"然而,随着基督教逐渐扩大了影响,就有了理论化的需要。《新约·约翰福音》已经开始利用"逻各斯"(logos)这个希腊哲学概念了。此后,种种独特的社会历史条件促使基督教最终采取了理论的形式,造就出基督教哲学这种独特的理论形态。

除了基督教作为新生的宗教其自身需要理论的建设等内在原因之外,

有一系列外在原因迫使基督教走上了理论化的道路。

首先，在基督教诞生的年代里，哲学依然是罗马帝国社会上层人士所喜爱的意识形态。基督教为了获得这些上层人士的谅解、理解、支持乃至皈依，竭力宣扬自己与哲学的一致。早期教父所提出的"真哲学即真宗教，真宗教即真哲学"这一口号，就是一个典型的例证。在这种形势下，基督教接过古希腊哲学的一些术语、词句和学说来论证和阐述自己的信仰，就是在所难免的事情了。

其次，罗马帝国社会的长期动荡，导致哲学从理论向实践转型，使伦理学成为哲学关注的中心，灵魂的安宁成为哲学的最高目标，与神的交往也成为许多哲学家喜闻乐见的主题。在一定的意义上说，古希腊哲学在这些同样为宗教所关注的问题上的探讨，也已经为基督教与哲学之间的对话和交融作好了理论上的准备。

再次，基督教产生之初，立刻就遭遇到以哲学理性为代表的强大的希腊罗马文化。晚期希腊哲学无论是出自传统的多神论立场，还是出自哲学的理性立场，都不免对基督教的信仰进行口诛笔伐，而基督教也自觉到自己是当世思潮的竞争者之一，因而积极地为自己的生存权利而辩护和斗争。显而易见，在与哲学的这种斗争中，哲学自身的词句无疑是基督教所能利用的最佳武器。

最后，基督教形成的时代，也是罗马帝国各种新兴宗教竞相产生的时代，诺斯替教、摩尼教等都曾一度成为基督教的有力竞争对手，基督教内部也存在着各种各样的异端。也可以说，基督教最初几个世纪的历史就是与异教、异端论战的历史，这种论战的需要也同样促进了基督教的哲学化。

在这些内因、外因的交织作用下，基督教会中一批或多或少具有哲学修养的信徒挺身而出，借用希腊哲学，尤其是新柏拉图主义和斯多亚学派的哲学，在理论上论证和捍卫基督教信仰。这些人或奔走传教，或著书立说，力图使基督教的信仰与哲学的理性统一起来。通过他们的活动，基督教第一次有了相对统一和完整的教义，因而他们被教会尊为"教父"，即教会的父亲，他们的思想就被称为"教父哲学"。

教父哲学是基督教哲学的第一个历史形态。

## 二　教父哲学

教父哲学大约发端于 2 世纪，终结于 6 世纪。根据教父们活动的区域和使用的语言,后人把他们划分为"希腊教父"和"拉丁教父",亦称之为"东方教父"和"西方教父"。从总体上来说,以查士丁、奥里根等人为代表的希腊教父比较注重理性与信仰的关系、注重上帝的"三位一体"、上帝与世界的关系等形而上学层面的问题,而以德尔图良、奥古斯丁等人为代表的拉丁教父则更多地注重信仰和伦理、注重人的罪以及救赎等问题。

我们准备对教父哲学做一概述,重点介绍教父哲学的最大代表奥古斯丁的思想。

教父哲学在时间上与晚期希腊哲学是重合的,它不仅是在同希腊哲学以及其他"异教"思想的斗争中成长起来的,而且在思想上亦与希腊哲学有着千丝万缕的联系。

晚期希腊哲学从伦理向宗教观念的转变,既有哲学方面的内因,亦有时代需要的外因。[4]关于基督教兴起的社会历史根源,我们在引言中已经有所说明,在此不再详述。至于哲学之转向的内因,恐怕与希腊哲学的精神有关。希腊哲学以"学以致知"为理想,但是由于种种因素的限制,它既缺少各门科学知识的发展作后盾,又没有发达的认识论作基础,因而注定了衰落的命运。结果,在晚期希腊哲学中,怀疑主义作为希腊哲学理性主义的反动,反其道而行之,它不再追求知识,而是以舍弃知识作为通达人生之境界的代价,这就为宗教的神秘主义开辟了道路,更不用说斯多亚学派与新柏拉图主义根本就成了教父哲学的理论来源和基础。

如果说基督教的兴起满足了时代的迫切需要,那么可以说教父哲学的出现则是满足了基督教发展的需要。如前所述,原始的基督教本来是排斥知识排斥哲学的,但是迫于传播发展的需要,它不得不转而利用哲学,晚期希腊哲学尤其是斯多亚学派和新柏拉图主义就成了它们利用的对象。当然,斯多亚学派和新柏拉图主义之所以能够为教父哲学所利用,与它们的宗教倾向例如禁欲主义和神秘主义是分不开的。然而,哲学之为哲学乃源于理性,而宗教之为宗教诉诸的则是情感和信仰,所以基督教哲学从一开始就遭遇到了理性与信仰的关系问题。

基督教的历史可以分为古代、中世纪、近代和现代四个时期。教父哲学处于基督教发展的古代时期,大约从公元元年至公元 6 世纪。[5]耶稣蒙难之后,他的门徒传播基督教,这个时期被称做"使徒时期"。使徒时期的基督教组织松散,各地组织使用不同的经文和语言,对经文和信仰也有不同的理解。经过四个多世纪的经文规则化、组织制度化、信仰正统化的过程,形成了以罗马教会为首的、被称为"公教会"的统一教会,其间教父哲学起了非常重要的作用。使徒时期之后，从公元 2 世纪到公元 6 世纪，基督教会中一批或多或少具有哲学修养的信徒，借用希腊哲学，尤其是新柏拉图主义和斯多亚学派的哲学，在理论上论证和捍卫基督教信仰，使基督教第一次有了相对统一和完整的教义，由于他们对教会的贡献，被教会尊为"教父"，即教会的父亲。在教父时期，基督教与希腊哲学最初的碰撞与融合开始了，由此而产生了基督教哲学。当然，教父们并没有建立完整的哲学理论，人们一般也不称之为哲学家。不过，教父们在护教以及建立神学理论的时候，或利用或排斥，因而便与哲学发生了关系，他们思想中与哲学有关的这一部分就被称为"教父哲学"。当然，我们要理解教父们的哲学思想，还需要把它们放在神学的背景之中。[6]

在基督教形成统一教会的过程中，教父们在与异教、异端和希腊哲学的斗争中不仅担负着护教的工作，而且担负着教义的确立、传播、论证和解释等工作。当他们利用希腊哲学，主要是新柏拉图主义和斯多亚学派的思想，从事上述工作的时候，不可避免地面临着基督教与希腊哲学、信仰与知识的关系问题。[7]

殉道者查士丁（Justinus，约 100—166）是最早的希腊教父，他在哲学史上的地位主要在于他对基督教与希腊哲学之间关系的理解，他有一句名言："真哲学就是真宗教，真宗教就是真哲学"。《新约》从《约翰福音》开始融入了希腊哲学的因素，它一开篇就说："泰初有道（logos，逻各斯），道与上帝同在，道就是上帝。这道泰初与上帝同在。万物是藉着他造的"。查士丁由此出发，把逻各斯理解为上帝的内在理智和永恒智慧。既然上帝藉着逻各斯创造万物，逻各斯便永恒地普照整个世界，向所有的人启示着真理。因此优秀的异教徒，例如苏格拉底、柏拉图，也能分有逻各斯，从而认识真理。不过，他们只能分有逻各斯的部分或"逻各斯的种子"，哲学家之间的争吵就说明他们认识的只是部分的真理，逻各斯只有在耶稣基督身上才得到了完全的启示，因而只有基督教才拥有完全的真理。当然，希腊哲学中的真理与基督教的真理之间只有程度上的不同，没有本质上的差别，因为它们来自同一个源泉，那就是上帝的逻各斯。就此而论，只有基督教才是真哲学，哲学也只有设定并且实现一个宗教的目标时才是真哲学，因而真哲学也就是真宗教。

与查士丁相比，德尔图良所代表的是相反的极端。

德尔图良（Tertulianus，约 160—240）是拉丁教父。世间流传着他的一句名言："正因为荒谬，我才相信"，实际上在他的著作中是找不到的。不过，德尔图良的确有类似的思想。在他看来，在雅典和耶路撒冷之间，在哲学与教会之间，没有调和的余地。一切世俗知识在上帝面前都是愚蠢的。启示不仅是超理性的，而且也是反理性的。"上帝的儿子钉在十字架上了，并不因为这是耻辱的就让人耻辱；上帝的儿子死了，正因为这是荒谬的，所以是绝对可信的；他被埋葬后又复活了，正因为这是不可能的，所以是确定无疑的。"[8]德尔图良的思想表现了信仰与理性的对立和冲突。

最先在建构基督教哲学体系方面做出努力的是基督教的亚历山大里亚学派。

亚历山大大帝东征以及希腊化时期以来，文化的中心逐渐从雅典转移到了埃及的亚历山大里亚。基督教的第一个教理学校是在这里建立的。亚历山大里亚学派的两位著名代表希腊教父克莱门和奥里根都曾担任过这个学校的领导工作。

克莱门（Clemens，约 150—211）面对一些基督徒对哲学的指责，坚持认为哲学也是上帝的作品。真理的历史可以比做两条河流，一条源自旧约律法的启示，另一条源自理性。二者又与第三条河流汇成一体，这就是基督教的启示。基督教是关于显现在基督身上的逻各斯创造、教育、实现人类的学说，因此把知识与信仰统一起来是真正的基督徒的任务。在他看来，哲学不仅可以把人引向信仰，而且基督徒也只有凭借哲学才有能力捍卫自己的信仰。当然，哲学不是目的本身，它应当服从信仰、服务于信仰。

奥里根（Origenes，约 185—254）是早期教父哲学中最伟大的代表，也是基督教第一位系统的神哲学家。他坚持哲学思辨的标准是《圣经》和使徒的传统。不过，《圣经》并不是一部具有严格体系性的著作，其中不免有自相矛盾的地方，所以不能纯粹从字面上理解。于是，奥里根提出了一种"寓意解经法"，即从"精神实质"上来理解和解释，把不合情理或者自相矛盾的地方看做是"隐喻"。这实际上意味着以理性作为标准来审视信仰及其传统，奥里根就是这样对基督教的信仰传统进行了梳理，建立了基督教第一个比较完整的哲学体系。

关于教父们对于教义的论证和解释，我们就不多说了。下面我们讨论教父哲学的最大代表奥古斯丁的哲学思想。在说希腊语的东方教父哲学与说拉丁语的西方教父哲学之间，存在着微妙的差异，奥古斯丁的神哲学不仅是教父哲学的顶峰和终结，而且体现了从早期教会希腊化典范向拉丁化中世纪典范的转变。[9]

公元 4 世纪所发生的一系列重大变化改变了基督教在罗马帝国社会中

的地位,而尼西亚信经对信仰的统一也为基督教神哲学理论的发展提供了有利的基础。4世纪末5世纪初,基督教历史上最伟大的思想家之一奥古斯丁登上了历史的舞台。

奥古斯丁生活的时代,基督教日益兴盛,罗马帝国却濒临灭亡,正处在新旧世界的转折点。

奥古斯丁(Aurelius Augustinus,354—430)出生于北非的塔加斯特,母亲是基督徒,父亲是异教徒,奥古斯丁出生时并未接受洗礼。17岁时,他赴迦太基攻读修辞学和哲学,曾经崇拜西塞罗、信奉摩尼教、悉心钻研柏拉图和亚里士多德的哲学,陷入怀疑主义而难以自拔,终于在386年皈依了基督教。根据奥古斯丁《忏悔录》的回忆,当时他的内心处在灵与肉的激烈冲突之中,一方面向往信仰,另一方面又难以摆脱欲望的纠缠:"我被这种心疾折磨着,我抱着不同于寻常的严峻态度斥责我自己,我在束缚我的锁链中翻腾打滚,想把它全部折断"。[10]他痛哭流涕,狂奔疾走,筋疲力尽,躺倒在一棵无花果树下责问自己,"还要多少时候? 明天? 又是明天! 为什么不是现在? 为什么不是此时此刻结束罪恶史?"正当他满腹辛酸痛哭不止的时候,突然耳边响起清脆的童音,并且反复吟唱:"拿起,读吧! 拿起,读吧!"他感觉那是上帝的命令,于是立刻起身回到花园中的桌边,抓起桌子上的保罗书信集,随手翻开念道:"不可耽于酒食,不可溺于淫荡,不可趋于竞争嫉妒,应服从主耶稣基督,勿被肉体驱使而恣肆情欲"。读到这里,奥古斯丁顿觉有一道恬静的光射到心中,驱散了阴霾笼罩的疑云。奥古斯丁皈依基督教的经历,在基督教史上被称为"花园里的奇迹"。[11]

奥古斯丁皈依基督教的经历被教会誉为浪子回头的典范。他曾作过教师、神父,后升任北非希波主教,后半生忠心耿耿地致力于基督教的传教事业,被教会称为"伟大的教父"、"杰出的大师"、"上帝的使者"。奥古斯丁一生著述很多,《忏悔录》、《论三位一体》、《上帝之城》是他的代表作。

奥古斯丁从自己的心路历程出发来解决理性与信仰之间的关系,从信仰与理解的先后关系入手区别了三种不同的思想对象。第一种是只能相信,不能或者不需要理解的东西,如历史事实。第二种是相信和理解同时起作用的对象,如相信数学公理和逻辑规则的同时也是理解它们。第三种是只有先信仰,然后才能够理解的对象,这些就是关于上帝的道理。"有些对象必须在相信上帝之前被理解;但是,对上帝的信仰帮助一个人理解得更多。……因为信仰来自聆听,聆听得自基督的布道,人们若不理解布道者的语言,何以能够相信他的信仰呢? 另一方面,有些事情必须先被相信,然后才能理解,正如先知所说:'除非你相信,否则你将不会理解',因此,心灵由相信进而理解。"[12]奥古斯丁在理性与信仰之间关系的问题上虽然主张"信仰寻求理解",倡导用理性解释信仰,但对他来说更为根本的却是"信仰为了理解",信仰是一切认识的先决条件、方法和途径。

在奥古斯丁的思想转变过程中,恶的问题是一个关键的问题。

奥古斯丁早年对他母亲信奉的基督教没有什么印象,在他看来,基督教太肤浅了,一个全知、全能、全善的上帝怎么会创造一个充满了罪恶和苦难的世界呢?他之所以曾经信奉摩尼教,就是因为摩尼教为恶的问题提供了一个比较合理的答案。摩尼教认为宇宙中存在着两种对立的力量:善与恶、光明与黑暗、上帝与魔鬼。人类则处在这两种力量之间,有时被善领导,有时被恶控制。离开摩尼教之后,奥古斯丁在新柏拉图主义那里寻求答案。新柏拉图主义的主要代表普罗提诺主张人的灵魂是神圣的,只是因为堕入肉体,才被玷污了。因此,肉体与物质世界乃是恶的源泉。灵魂必须弃恶扬善,摆脱肉体的束缚,才能得到解脱。奥古斯丁意识到,摩尼教不仅为上帝开脱了责任,也为人类开脱了责任。当然,普罗提诺也有他的问题:他把灵魂和肉体看做是分离的,肉体并不是人存在的组成部分。现在,奥古斯丁把新柏拉图主义与基督教的理想调和起来,认为人是灵魂和肉体的复合体。于是,当我们选择了肉体的快乐而不是灵魂的善的时候,我们必须为这个世界上的恶负责。

当然,如何解释上帝与恶的关系,仍然是一个难题。为此,奥古斯丁建立了一种后来被称之为"神正论"的学说。"神正论"(theodicy)由希腊语theos(神)和dike(正当或正义)组合而成,其意义在于使上帝对恶的容忍正当化。对奥古斯丁来说,这是他信仰上帝的前提,而他对这个问题的解释对以后的西方思想产生了深刻的影响。

对于任何一个信仰全知、全能、全善的上帝的人来说,他都会遭遇恶的难题:

如果上帝是全知、全能和全善的,这个世界怎么会存在着恶呢?假如上帝对这个世界上的恶一无所知,他就不是全知的。假如上帝知道这个世界上存在着恶,却不能阻止它,他就不是全能的。假如上帝知道恶,也能够阻止它,但他却没有这样做,他就不是全善的。

结论是,恶的存在证明不会有一个全知、全能和全善的上帝存在。

奥古斯丁解决这个难题的方式是引入一种自由意志论:恶是人的自由意志的选择。他在《忏悔录》中说道:"我意识到我有意志,犹如意识我在生活一样。因此,我愿意或不愿意,我确知愿或不愿的是我自己,不是另一人;我也日益看出这是我犯罪的原因。"[13]那么,为什么自由意志可能背离善而趋于恶呢? "意志是意志的原因,但你是在问意志自身的原因,假如我能找到这原因。为什么我们就不能再追问这原因的原因呢? 这一追问的界限在哪里呢? 我们的问题和讨论在哪里终结呢?"[14]如果再去追问是什么导致了意志的运动,那将陷入无穷后退之中,无助于问题的解决。追问的终点就是个体心灵之中:意志是意志的原因,或者说,意志是一个无因的原因,一个不受推动的推动者。这也就是说,意志是罪的惟一原因。

然而,问题似乎并没有得到完满的解决。首先,在自由意志论中隐含着一种危险,那就是人类具有上帝一样的力量,他可以由他自己决定自己的善与恶。其次,自由意志论并没有开脱上帝对世界上存在着恶的责任,因为毕竟是上帝创造了人。最后,人类因为自由意志而可能作恶,这一点上帝应该是知道的,他为什么不制止人类作恶呢?

这涉及到奥古斯丁对恶的理解,那是一种新柏拉图主义的立场。上帝是世界的创造者,是至善,因而善是绝对的,是实体。在上帝那里,恶是不存在的。上帝创造了万物,因而万物本身也必定是善的。但由于万物是被创造的,所以不可能同上帝一样是至善,而是或多或少有缺陷的,这缺陷就是恶。恶是善的缺失。所以,恶并不是某种存在着的实在,而是善的缺失和空无。当人类误用自由意志的时候,他没有选择善,也就是选择了恶。

当然,这不可能从根本上解决问题,所以奥古斯丁晚年转向了决定论。他承认,"在解决这个问题时,我实际上着力于辩护人类一种的自由选择。但最终是上帝的恩典战胜了……"[15]上帝创造了亚当,给了他自由意志,这个时候的人类具有选择善恶的自由。然而,亚当受到撒旦的诱惑,误用或者滥用了自由意志,违背了与上帝签订的契约,犯下了"原罪"。从此之后,人的意志也就失去了自由,或者说,人只有作恶的自由,而没有行善的自由。这就使亚当的子孙世世代代都生活在罪之中。如此说来,人类的确不值得拯救,都应该下地狱。不过上帝毕竟是仁慈的,上帝通过神恩来拯救人类,当然并不是所有的人都能够获得拯救。或许有人会忿忿不平:为什么亚当一个人犯罪要株连后世子孙呢? 在奥古斯丁看来,因为人类遗传了作恶的"基因"。他以自己的切身体会现身说法,每个人都有犯罪作恶的本能。青年时代的奥古斯丁做了许多荒唐事,他曾经到邻家去偷梨。实际上他自己家里就有梨树,而且结出的梨子比邻家的又大又甜。不仅如此,他偷梨也不是为了吃,偷来就扔掉了。皈依基督教以后,奥古斯丁回忆这段经历,他认为只有一种解释，那就是每个人天生就具有犯罪作恶的本能，亦即遗传自亚当的"原罪"。

奥古斯丁的神正论充满了矛盾。为了开脱上帝对世界上存在着恶的责任，他引入了自由意志论，但由此却又强化了恩典和原罪，从而实际上等于取消了自由意志。在某种意义上说，奥古斯丁的自由学说预示了西方思想史在自由问题上遭遇的种种难题。

奥古斯丁的经历展示了从纨绔子弟、异教徒到基督徒的救赎之路，这条道路也就是寻找上帝的心路历程。在他看来，这条道路既离不开知识，同时又不能局限于知识。为此，奥古斯丁必须一方面针对当时盛行的怀疑论而论证知识的确定性，另一方面又必须指出知识的不足。

奥古斯丁的出发点是人的自我意识。在《独语录》中，他与自己的理性有过这样一段对话："你知道自己在思维吗？——我知道。——所以，你在思维是千真万确的吗？——是千真万确的"。[16]在他看来，人可以怀疑一切，惟独不能怀疑自己思维的确定性。"难道有人怀疑他自己在生活、在回忆、在认识、在意欲、在认知、在判断吗？……当他怀疑时，他就知道自己不晓得任何可靠的东西；当他怀疑时，他就知道自己不可以毫无根据地表示赞同；尽管一个人仍然可以怀疑自己有所意欲，但他却不能怀疑这个怀疑本身。"[17]奥古斯丁甚至用人的思维可能产生错误来证明思维的确定性。他说：如果我错了，我就存在。奥古斯丁的这一论证使他成为近代哲学之父笛卡尔的"我思故我在"思想的先驱。

除了"我思"这种经验的事实真理之外，奥古斯丁还在逻辑、数学等领域发现了"理性的真理"，如"同一个灵魂不能在同一时间既是可死的又是不死的"，"三乘三等于九"等。伦理学领域的一些规范也具有同样的性质。奥古斯丁认为，哲学的任务不在于确认这些真理的客观有效性，而在于寻找它们的形而上学根源。这些真理之所以是真的，就在于它们分有了绝对的真理，而绝对的真理就是上帝。感性经验是不能认识真理的，因为物质世界虽然景象万千，奇妙无比，但都是些变化无常的东西，在这里是不可能找到上帝的。真理也不是理智的创造物，理性不是创造真理，而是发现真理。人的理性只能借助"超自然之光"的照明，认识早就存在于自己内心中的真理。"不要到外部去寻找，要转入你自身。真理就居住在人的内心。"[18]

永恒的真理就是上帝。

上帝创造世界是基督教最基本的信条，由此而衍生出了一系列神学问题，其中存在着一个问题：上帝用什么创造了世界？

对神学家来说,在这个问题中隐藏着某种陷阱。如果答案是上帝用某种东西创造了世界,那么势必又产生一个问题,即这"某种东西"是不是上帝的造物?如果回答说"不是",就会出现不是上帝创造、与上帝同样永恒的东西,这东西就会限制上帝的无限性、绝对性,与基督教关于上帝的惟一性和全能的教义发生冲突,从中产生二元论的结论。如果回答说"是",问题并没有得到解决,人们还会问:上帝是用什么创造这"某种东西"的?按照奥古斯丁的观点,只有一个必然的也是惟一的答案,即上帝是从无中创造这个存有的世界。当时还有一些人向基督教提出了"上帝在创世之前在做什么"的提问,许多基督徒的回答是,上帝在为你们这些不信上帝的异教徒准备地狱。奥古斯丁试图从正面回答这个问题,他在《忏悔录》中专门用了一章的篇幅阐述了自己的观点。

"上帝在创世之前在做什么"这个问题本身就是错误的,因为世界与时间同是上帝的创造物,上帝在创造万物的同时创造了时间。时间只是对创造物而言的。上帝"创造了这个变化不定的时间所赖以存在而又不真实存在的万物;在这个变化不定的世界中,表现出万物的可变性,我们便从而能觉察时间和度量时间,因为时间的形成是由于事物的变化,形相的迁转"[19]。而上帝是超越一切变化的,因而是超越时间和永恒的。上帝也不是在一个时间中超越时间,因而也不可能"先于"他自己创造的时间。在上帝那里,没有过去和将来,只有永恒的现在。

那么,时间究竟是什么?奥古斯丁关于时间的困惑留下了这样一段名言:"没有人问我,我倒清楚,有人问我,我想说明,便茫然不解了。"[20]

奥古斯丁所处的时代,正是罗马帝国濒临灭亡的前夜。410年,罗马这座被看做"永恒之城"的城市被哥特人攻陷,惨遭蹂躏,引起了人们的震惊。异教徒把罗马的陷落归咎于罗马人改信基督教,因而得罪了罗马旧神。而基督徒们则在追问,为什么上帝允许这样的事情发生?于是,奥古斯丁撰写了《上帝之城》。那时还没有"国"的概念,"城"实际上说的就是"国"。

奥古斯丁把人分为两类,一类是照着人的标准生活的,一类是照着上帝的意志生活的,这两类人分属两座城。我们每个人都一样配不上与上帝共存,不过由于上帝是仁慈的,他选择了我们之中的一些人上天堂,生活在上帝之城,而另一些人则住进了人间之城。罗马象征着人间之城或"尘世之城"。"尘世之城"不会长久,因为当它被定为受最终的惩罚时,它就不再是一座城了。当然,我们不可能将上帝之城的成员与人间之城的成员区分开来,因为成为哪座城的成员不是由人自己选择的。奥古斯丁认为人类不可能凭着自己变成真正的信徒。上帝将真信赐予某些人,另一些人则被排除在外。心灵的平安是恩赐的象征,但并不是保证,甚至奥古斯丁本人也不能确定自己是不是被上帝选中了。奥古斯丁这一命定论的观点与后来的教会很少有共同之处,但却为马丁·路德和加尔文的宗教改革一脉相承。

奥古斯丁神哲学对西欧中世纪哲学的发展产生了深远的影响。在 13 世纪以前的经院哲学中,奥古斯丁主义一直占统治地位。13 世纪时,托马斯改奉亚里士多德主义并取得了统治地位,但奥古斯丁主义的传统并未因此而中断。它不仅表现在弗兰西斯教派的哲学中,而且在托马斯本人的哲学中也可以发现它的痕迹。文艺复兴时期的一些人文主义者和宗教改革者把"回到奥古斯丁"看做是改革教会的一个途径。甚至在近现代的许多哲学流派中,也经常见到奥古斯丁哲学的影子。由此他被称为"西方的导师"。

# 三　经院哲学

西罗马帝国灭亡以后,经过几百年的征战,在昔日罗马帝国的废墟上,蛮族建立的法兰克王国又实现了相对的统一。800 年,法兰克国王查理曼被罗马教皇加冕为"罗马人的皇帝",史称"查理曼大帝"。这位雄才大略的蛮族皇帝以及他的几位继承人深刻意识到文化建设对于封建统治的重要性,开始在全帝国境内鼓励教育、兴办学校、招聘学者、教授"七艺"(文法、修辞、逻辑、算术、几何、天文和音乐),西欧的文化从此开始缓慢地复苏,后人把这段历史称之为"加洛林朝文化复兴"。由于基督教会在当时实际上扮演着文化延续者的角色,学校大都是在教堂附近或者修道院举办,教师也大多由教士充任,神哲学仍然是他们最感兴趣的学科。正是在这样的背景下,逐渐发展出了基督教的经院哲学。

所谓"经院哲学"(scholasticism)最初是在查理曼帝国的宫廷学校以及基督教的大修道院和主教管区的附属学校发展起来的基督教哲学。这些学校是研究神学和哲学的中心,学校的教师和学者被称为经院学者(经师),故他们的哲学就被称为经院哲学。在某种意义上说,虽然教父哲学是中世纪基督教哲学的组成部分,但是实际上它在很大程度上属于旧文明,经院哲学才是真正属于新世界的日耳曼民族的哲学形态。随着大学的诞生,经院哲学进入了繁荣时期。

大学是中世纪对人类文化的一大贡献。[21]

12 世纪后期的城市繁荣,主教座堂和城市修道院的学校人数大大增加,在一些城市中出现了大学的组织。"大学"(universitas)的原意为"统一体",本是教师和学生的行业公会。教师按照授课专业分为不同的学院,一般分为艺学院、神学院、法学院和医学院等四部分,院长由教师选举产生,学校由院长联席会议共同管理。大学的学制、学位制度为哲学思维提供了充裕的时间。

与此同时,托钵僧团的出现亦对经院哲学的繁荣做出了贡献。

13世纪初,修道院隐修制度衰落,四处云游布道成为僧侣们时兴的修行方式,这些僧侣就被称为托钵僧。最早成立的两个托钵僧团体是多米尼克修会和弗兰西斯修会,旧译"多明我修会"和"圣芳济各修会"。它们的势力逐渐发展到了巴黎大学和牛津大学,由于不服从大学章程,曾经一度被驱逐出大学,后由教皇干预,才在大学站稳了脚跟,并且很快取得优势,成为经院神学与经院哲学的主要力量。出身多米尼克修会的托马斯·阿奎那,与出身弗兰西斯修会的波纳文图拉,是最早获得神学硕士的托钵僧,十三四世纪的哲学家几乎都出自这两个修会。

对于基督徒来说,上帝存在是信仰的前提,问题在于我们是否需要以及如何证明上帝存在。在早期基督教看来,上帝的实在是一个自明的事实,根本用不着人的证明。11世纪以降,由于加洛林王朝所倡导的文化复兴运动的影响,欧洲的理性主义复苏,一些神学家开始注重用理性的逻辑方法论证神学教义,关于上帝存在的哲学证明便成了经院哲学的重要内容,其首创者就是在西方思想史上被人称做"最后一位教父和第一个经院哲学家"的安瑟尔谟(Anselmus,旧译安瑟仑,1033—1109),他的论证被后世称之为关于上帝存在的"本体论证明"。

安瑟尔谟认为,上帝的存在是一个自明的、必然的真理,否认上帝的存在必然导致逻辑上的自相矛盾。因而证明上帝的存在不需要借助有限的经验事实,只需要借助先验的逻辑力量,仅仅从概念就可以推演出上帝的存在,后世将这种证明称为"本体论的证明"。安瑟尔谟声称,即使是不信上帝的"愚顽人"在心里也有一个"上帝"的观念,亦即一个"可设想的无与伦比的伟大存在者",这里所说的"可设想的"亦即在思想中的意思。既然如此,"还有一种不可设想的无与伦比的伟大的东西,它不能仅仅在心中存在,因为,即使它仅仅在心中存在,但是它还可能被设想为也在实际上存在,那就更伟大了"。这就是说,如果这个"无与伦比的伟大存在者"仅仅是"可设想的"即在思想之中,那就不是"无与伦比"的了,因为不仅在思想中也在实际上存在比它更"无与伦比",也更伟大。所以,认为一个"无与伦比的伟大存在者"仅仅存在于思想中,肯定是自相矛盾的。换言之,只要你心中有一个无与伦比的伟大存在者即上帝的观念,那就证明他一定也在现实中存在。[22]

安瑟尔谟的证明方式提出不久就遭到了隐修士高尼罗(Gaunilon)的批驳。说有一个既存在于思想中也存在于现实中的存在者比一个仅仅存在于思想中的存在者更伟大,这实际上已经预先断定有一个既存在于思想中也存在于现实中的存在者。因此,"要证明上述东西在现实中存在,你首先必须证明这一个无可比拟的伟大东西确确实实地存在于某处,然后从它比一切事物都伟大这一事实,说清楚它自身也是潜存着的"[23]。就像不能用具有海上仙岛的概念来证明仙岛确实存在一样,最伟大的东西也未必不能被设想为不存在。当然,高尼罗并不是一个无神论者,他所否定的不是上帝的存在,而是安瑟尔谟对上帝存在的本体论证明。

对于高尼罗的批评,安瑟尔谟不以为然。在他看来,本体论证明仅仅适用于上帝的存在,因为只有上帝才是"无与伦比的伟大存在者"。而一个海上仙岛,无论怎样设想它的富饶和完美,都不能说它的概念中已经包含了必然的存在。安瑟尔谟的反驳,的确抓住了高尼罗的要害,因此在此之后,安瑟尔谟的本体论证明仍为笛卡尔、莱布尼茨、黑格尔等哲学家所欣赏和运用。不过,高尼罗要求安瑟尔谟"另有确切无疑的证明",要求他"首先证明这一个无与伦比的伟大东西确确实实地存在于某处",却无疑在呼唤着证明上帝存在的一种新方式,即经验的方式。这一任务后来由基督教历史上最具影响力的神哲学家托马斯·阿奎那完成了。

如果说教父哲学的最大代表是奥古斯丁,那么可以说经院哲学的最大代表就是托马斯·阿奎那(Thomas Aquinas,1224/1225—1274)。托马斯·阿奎那生于意大利,年轻时因为身躯庞大却生性怯懦,被戏称为"西西里哑牛",他的老师阿尔伯特则预言他的吼声将震惊世界。作为多米尼克修会最杰出的哲学家,托马斯在亚里士多德的著作通过阿拉伯人辗转欧洲之际,顶住了来自各个方面的压力,最终使亚里士多德为教会所接受,而且使之成为中世纪经院哲学的权威。托马斯被尊为"天使博士",一生著述卷帙浩繁,除了大量注疏亚里士多德著作而外,巨著《反异教大全》和《神学大全》堪称中世纪经院哲学最重要的哲学和神学著作。其思想影响深远,直至今天天主教仍以新托马斯主义为正统的哲学。

亚里士多德哲学与基督教神学的结合,促成了托马斯·阿奎那神哲学的形成。证明上帝的存在,是托马斯神哲学的一项重要内容。托马斯认为,上帝的本质已经包含着存在,但这只是一个信仰的事实,对于理性来说却不是一个自明的真理,对此必须加以证明。不过,像安瑟尔谟那样从纯粹概念推论出存在是不符合逻辑的。上帝的存在是确凿无疑的事实,但上帝本身是我们无法认识的,因而对上帝不能做先天的证明,而只能做后天的证明,即从结果去证明原因,从上帝的创造物去证明上帝的存在。因为结果同其原因相比,显然我们更容易认识结果,所以我们往往通过结果来认识原因。任何结果,只要我们越认识它,就越能推论其原因。因为结果渊源于原因,有果必定先有因。所以,上帝的存在,从上帝本身我们是无法认识的,但是,我们可以通过认识到的结果加以证明。

在《神学大全》中,托马斯一共提出了五种证明:1.事物的任何运动都是由在它之前的另一个运动引起的,推论下去,最后必然追溯到一个不受其他事物推动的第一推动者。2.任何事物都以另一事物为动力因,因此,必然有一个最初的动力因。3.任何事物都是从其他事物获得其存在和必然性,由此推论下去,必定有一种东西,它自身就是必然的,同时又能赋予其他事物以必然性和存在的理由。4.事物都在不同程度上具有良好、真实、高贵等品性,其标准就在于它们与最好、最真实、最高贵的东西接近的程度,因此,世界上必然有一种东西,作为世界上一切事物得以存在和具有良好以及其他完美性的原因。5.世界上的一切事物都是和谐的,有秩序的,仿佛是有目的安排的。之所以如此,是由于受到某一个有知识和智慧的存在者的指挥。综合上述推论,就可以得出一个必然的结论,即上帝是存在的。[24]

托马斯的五种证明,又称为通向上帝的五条路径,其前四种显然是援引并改造了亚里士多德关于运动与变化、原因与结果、潜能与现实的学说,实际上是根据亚里士多德的"无限后退不可能"原则所做出的逻辑结论。由于这些证明是从宇宙间的具体事物出发的,因而被称做"宇宙论的证明"。我们以第二种证明方式为例。托马斯的证明如下:在现象世界中,我们发现有一个动力因的秩序。这里,我们决找不到一件自身就是动力因的事物。如果有,那就应该先于动力因而存在,但这是不可能的。动力因,也不可能推溯到无限,因为一切动力因都遵循一定秩序。第一个动力因,是中间动力因的原因;而中间动力因,不管是多数还是单数,总都是最后的原因的原因。如果去掉原因,也就会去掉结果。因此,在动力因中,如果没有第一个动力因(如果将动力因作无限制的推溯,就会成为这样的情况),那就会没有中间的原因,也不会有最后的结果。这显然是不符合实际的。因此有一个最初的动力因,乃是必然的。这个最初动力因,大家都称为上帝。

托马斯所代表的理性主义使经院哲学达到了空前的繁荣,但是这种繁荣对于经院哲学来说却无异于饮鸩止渴。威尔·杜兰曾把亚里士多德哲学比做希腊人留给基督教的"特洛伊木马",就此而论,正是托马斯把这匹木马拖进了经院哲学。实际上,晚年的托马斯在思想上已经发生了变化。据说,他凭借神秘的体验,对知识的价值产生了怀疑:"所有我撰写的内容与神启示给我的内容相比,不过是稻草而已",于是他终止了《神学大全》的写作。[25]

下面我们来讨论经院哲学中唯实论与唯名论之间的争论。就哲学而论,经院哲学研究的主要问题是共相和殊相、一般与个别之间的关系问题。

新柏拉图主义哲学家普罗提诺的学生波菲利在《亚里士多德〈范畴篇〉引论》一书中,把亚里士多德和柏拉图的思想分歧归结为关于共相性质的三个问题:(1)共相是独立存在的实体,还是仅存于人的思想之中?(2)如若共相是实体,它是有形的还是无形的?(3)如若共相是无形的,它与可感物是分离的还是存在于可感物之中?这三个问题,他虽然没有给出答案,却启动了中世纪经院哲学唯名论与唯实论关于共相问题的长期争论。正是围绕这个问题的争论,使当时的哲学家们分成了两大派别:一些哲学家主张普遍的共相是真正的实在,殊相或个别的东西不过是现象,而另一些哲学家则认为个别的东西才是真实的存在,共相不过是概念、语词而已,并没有实际存在的意义。前者被称为"唯实论"(realism),后者被称为"唯名论"(nominalism)。

洛色林与安瑟尔谟之间关于共相性质的争论是唯实论与唯名论之间最早的争论。

洛色林(Roscelinus,约1050—1123),生于法国,他的学说被宗教会议指控为异端。洛色林认为只有个别事物是现实的存在,共相不过是"声息"或"名词",只是思想中的东西。一切词语所表示的都是个别的事物,个别概念表示单个事物,一般概念表示的则是一群个别事物。安瑟尔谟了解到洛色林的观点后,提出了批评。他认为洛色林的错误在于把感觉印象当作理解的出发点,缺乏把握抽象观念的能力。有形的世界并不是个别事物的总和,个别事物需要有普遍原则才能联系在一起,这些普遍原则也是实在的。以尼罗河为例,尼罗河的源泉、河流和湖泊组成了尼罗河水,尼罗河水存在于这三个部分之中,构成了这些部分共有的实在。洛色林与安瑟尔谟之间的争论,可以看做是唯实论与唯名论的第一次交锋,他们的观点代表着两种极端的立场,此后的唯实论与唯名论趋于温和,虽然各自的立场并没有改变。

阿伯拉尔讨论共相问题的著作《波菲利集注》是现存关于早期唯实论与唯名论争论的最完整的资料。[26]

彼得·阿伯拉尔（Pertus Abailardus，1079—1142）是洛色林的学生，中世纪哲学家中最有个性最富于传奇色彩的人物之一。他与爱洛依丝的爱情不见容于当时的社会，使他身受迫害，有一本《圣殿下的私语》收集了他们两人的书信。[27]他的主要著作有《是与否》、《论神圣的统一性和三位一体》、《基督教神学》、《波菲利集注》、《认识你自己——或伦理学》等。

阿伯拉尔把波菲利的问题理解为关于一般名词与事物的关系问题，并且在波菲利的三个问题之外又增加了一个问题："种和属是否必定具有因命名而来的事物？或者说，如果那些被命名的事物消失了，那个共相是否仍然具有概念的意义？"[28]阿伯拉尔在"理念"与"共相"之间作了区别。他并不否认理念是先于个别事物的创世的原型，但是我们人不可能与上帝共享理念的知识，所以理念不是人的认识对象。所谓共相是以一般名词表示的种、属，它们不能像理念那样脱离个别事物而独立存在。因此，我们所能追问的问题不是理念与个别事物之间的关系，而是共相与个别事物之间的关系。阿伯拉尔对波菲利的问题的解答如下：

第一，只有个别事物才是独立存在的实体，共相不是实体，也不表述个别实体以外的实体；第二，共相作为名词是有形的，作为名词的意义是无形的，但心灵中有关于它们的印象；第三，共相表述的事物存在的共同状态在感性事物之中，但共相把握这一状态的方式却在理智之中，表现为心灵中的一般印象；最后（这是阿伯拉尔增加的第四个问题），个别事物是产生共相的原因，但共相一旦产生，便有了不依赖个别事物的心灵印象。即使个别事物消失了，印象仍然存在。[29]

阿伯拉尔的观点一般被称为"概念论"，即以共相为逻辑概念和心中的观念。由于他在坚持共相是名词概念的同时，并没有否认共相与外部事物中的一般性具有相应的关系，他的"概念论"是一种温和的唯名论。

13世纪是经院哲学的鼎盛时期，造就了经院哲学的最大代表托马斯·阿奎那哲学。关于共相与个别事物的关系问题，托马斯·阿奎那持一种"温和的唯实论"立场。在他看来，首先，一方面以单个的和个体的事物为对象的感性认识是以普遍的事物为对象的理智认识的起源。因此，感性的认识先于理智的认识，殊相先于共相；另一方面认识又是从潜能到现实，从不完全到完全，从混乱不清到清楚明白，从"种"到"属差"的发展过程。例如我们总是先确定一个对象是"动物"，然后才确定它是"理性的动物"还是"无理性的动物"，是人还是狮子，所以共相又在殊相之先。所以，从认识发生史来说，殊相在先，共相在后；就一个具体的认识过程来说，共相在先，殊相在后。

其次,共相是和普遍性的概念联系在一起的,由于普遍性的概念来自理智的抽象,所以共相是在我们的已有知识之后获得的,因此共相在殊相之后;但另一方面,共相是潜存的东西,殊相是由于分有了潜存的共相而存在,所以共相又先于殊相。这也就是说,从认识论上看,殊相在先,共相在后;从本体论上看,共相在先,殊相在后。最后,从共相存在于个体中的性质本身来看,在发生先后和时间的次序上,不完善的、有潜能的、较普遍的东西在先,例如动物的出现先于人;但是,在完善和自然意向的次序上,完善的、较不普遍的东西在不完善的、较普遍的东西之先,例如人比动物在先,因为自然的意向决不止于动物,而在于产生人。这也就是说,从现实的发展史来说,共相在先,殊相在后;从目的论体系来说,殊相在先,共相在后。托马斯从认识和事物的发展过程来考察共相与殊相之间的关系,显然比早期经院哲学大大进步了,在哲学史上具有重要的意义。[30]

随着欧洲文明的进一步发展,经院哲学的衰落已成为不可阻挡的趋势。还在托马斯时代,罗吉尔·培根(Roger Bacon,1214—1292)就以其卓越的实验科学思想和哲学思想预示了新时代的曙光。后起的司各脱主义和奥卡姆主义则一方面发扬了唯名论思想,另一方面企图恢复奥古斯丁时代宗教的纯洁,把理性从神学中排斥出去,从而在客观上导致了理性的独立。而在德国,以艾克哈特为代表的神秘主义思潮则以另一种形式宣告了经院哲学以理性论证上帝这种企图的失败。所有这些因素的共同作用,再加上 14 世纪由意大利发端的文艺复兴人文主义运动,导致了经院哲学的衰落和解体。

邓斯·司各脱(Johannes Duns Scotus,1270—1368)出生于苏格兰,在牛津大学受到高等教育,年仅 23 岁就成为牛津大学教师,后来又到巴黎和科隆等地执教。他因博闻强记、思维敏捷、论证有力而获得"精明博士"的称号。司各脱的重要著作《牛津论著》、《巴黎论著》等都是由其学生根据讲课笔记整理发表的。

司各脱反对用理性来思维上帝,他认为上帝不是形而上学的主题。我们通过理性只能知道上帝是一切原因的原因,一切本质的本质,知道上帝是永恒的。至于上帝在时间中创造世界,上帝以其预知鉴临一切,三位一体等等只能是信条,只能根据圣经和教会的权威信仰它们。如果我们要用理性思考上帝,那就会陷入不可解决的矛盾。一个定理在哲学看来是真的,但在神学看来就可能是假的,反之亦然。但哲学和神学不应该存在对立。神学并不是一门思辨的科学,而是实践的学科,它的使命是帮助拯救人的灵魂。我们虽然不能认识上帝,但可以信仰上帝、爱上帝,信仰和爱高于认识。司各脱是一个忠诚的基督徒,他意识到了理性对信仰的威胁,因此认为放弃通过理性证明信仰的企图更为明智,力图限制认识为信仰保留地盘,但在客观上却为哲学摆脱神学束缚创造了条件。

在司各脱看来,质料是普遍的基础,而形式则是事物的个体性原则。他区分了一般的形式——"什么"(quiditas)和使个体互相区别的特殊形式——"这个"(haecceitas)。司各脱赋予个性以更重要的地位。个体是完善的存在,是自然的目的,是直接的、独立的实在。因此,完善的知识不是一般的知识,而是个别的知识。知识起源于个别的感知,普遍的概念来自人类能动理智的抽象活动。司各脱也承认共相的客观存在,共相存在的基础就在于精神从类似的对象那里抽象得到的共同的本质,这种本质必定存在于个体之中,否则我们就不能通过感知和抽象得到它们。由此可见,司各脱的观点很接近于阿伯拉尔的"概念论"。

奥卡姆的威廉(William of Occam,约 1300—1349)出生于英国,早年加入弗兰西斯修会,后在牛津大学学习和任教,因在辩论中机智敏捷而获得"不可战胜的博士"的称号。1324 年,奥卡姆因受指控讲授异端哲学而被召至阿维农教廷囚禁。1328 年他逃往比萨,接受神圣罗马帝国皇帝巴伐里亚的路德维希的庇护。据说他曾对路德维希说:"你用剑来保护我,我用笔来保护你"。事实也的确如此。在这位皇帝的庇护下,奥卡姆的威廉写了许多为王权辩护的文章。他的重要哲学著作是《箴言注疏》和《逻辑大全》。

奥卡姆的威廉批判了唯实论者从共相出发推论出个体存在的思想方法。个体而且只有个体是真实的存在。共相没有单独的存在,甚至在上帝的精神中也不存在"在物之先"的共相,否则上帝从无中创造了世界的教条就难以维持了。共相也不能"在物之中"。因为倘若共相是现实地存在于个体之中,又不同于个体,那么共相本身就应当是单一的物。但一种单一的物又怎能同时存在于许多物之中呢?因此,共相并不是一种实在的东西,并不是既不存在于灵魂中,也不存在于事物中,而有其独立的客观存在的东西。共相是一种设想出来的东西,它仅仅存在于灵魂中。共相在物之后,是存在于理智中的一般概念,是符号,现实中没有与这种符号相应的实在的对象。现实中没有独立的联系,只有相互联系的事物,联系仅仅存在于人的意识之中;也不存在一个单独的多,而只有多的事物。在相互联系的事物之外设定一个联系,在多的事物之外设定一个多,只能使科学毫无意义地复杂化。这是违背逻辑和一切科学的基本原理的。在此基础上,奥卡姆提出了他的著名论断:"能以较少者去完成的事情,若以较多者去做,便是徒劳"。后人把它概括为"如无必要,勿增实体"。从这一原则出发,他认为像"实体形式"、"隐蔽的质"、"影象"之类都是多余的东西,都应当加以抛弃。哲学史上把奥卡姆的威廉的这一思想形象地称之为"奥卡姆剃刀"。

为什么共相与殊相的关系这个看起来似乎与宗教不相干的逻辑或哲学问题,成了经院哲学的主要问题?

这个问题非常复杂,而且很难做出完满的解释。我们以为可能有这样一些原因:首先,经院哲学利用希腊哲学来进行哲学思考,因而也就继承了希腊哲学的问题,而一般与个别的关系问题正是希腊哲学的主要问题之一,柏拉图与亚里士多德之争亦源于此。其次,中世纪早期当日耳曼民族开始知识活动之时,他们不得不先来接受形式逻辑的训练,而这种逻辑的训练不仅仅是工具性的,其自身也构成了研究的对象。这是因为当希腊人提出这个问题时,他们已经积累了丰富的知识,中世纪哲学就不同了。当他们思考这个问题时,恰恰缺少具体的内容。这就使他们陷入了空洞抽象的争论而不能自拔。再次,由于神学的限制,一般与个别之间的关系问题成了学者们有可能思考和讨论的主要哲学问题,正是在这个狭小的领域里,哲学顽强地表现着它的存在和生命力。最后,解决一般与个别之间的关系问题也是调和理性与信仰的根本途径,哲学家们试图从哲学上逻辑地思辨地证明上帝的存在。

在某种意义上说,中世纪哲学是柏拉图主义与亚里士多德思想的奇特混合物。从教父哲学到早期经院哲学,一向是柏拉图主义的天下,后来经过托马斯·阿奎那的努力,亚里士多德才终于成为中世纪经院哲学的最高权威。亚里士多德的形而上学不仅为哲学家们提供了一个深邃的思想领域,而且他的逻辑三段论亦为哲学家们提供了推理论证的方法。当然,柏拉图主义和奥古斯丁的思想也并没有退出历史舞台,它们始终发挥着重要的作用。

实际上,经院哲学的性质既是柏拉图式的,又是亚里士多德式的:上帝是最高的超验的实体,而整个体系则是高度抽象的和形式化的,从而造就了从概念到概念的抽象烦琐的方法论特征。一般说来,唯实论属于正统派,唯名论则被看做是异端;唯实论是理性主义的,而唯名论即使不是反理性主义的,也是非理性主义的。当然,唯名论之为异端并不是因为它否定上帝的存在,恰恰相反,它是为了维护对上帝的信仰而反对从理性上来证明上帝的存在。唯实论将唯名论看做是"异端"的确是很有远见的,因为它不仅与维护教权(普遍性)的唯实论对立而维护王权(个别性)的地位,而且它的兴盛亦意味着调和理性与信仰的工作终于失败了。

## 参考书目

1. 奥古斯丁:《忏悔录》,商务印书馆,1987 年。
2. 赵敦华:《基督教哲学 1500 年》,人民出版社,1994 年。
3. 王晓朝主编:《信仰与理性:古代基督教教父思想家评传》,东方出版社,2001 年。
4. 吉尔比:《经院辩证法》,上海三联书店,2000 年。
5. 汉斯·昆:《基督教大思想家》,社会科学文献出版社,2001 年。

## 注　释

〔1〕 《尼西亚信经》:
　　　"我们信独一的神,全能的父,
　　　是天地和一切可见和不可见的事物的创造者。
　　　我们信独一的主,耶稣基督是神的独生子,
　　　在永久之前,为父所生,是从神的神,从光的光,从真神的真神,
　　　不是受造的,是与父神为一,万物都是藉他造的。
　　　又为我们,为了救我们他从天降下,
　　　藉着圣灵的力量,从童真女玛利亚取肉身成为世人。
　　　为我们的缘故在本丢彼拉多手下被钉十字架受死,埋葬,
　　　根据《圣经》上的话,第三天复活升天并坐在天父的右边;
　　　他将来必从荣耀里再来,审判活人和死人,他的国就没有穷尽。
　　　我们信圣灵是主,是赐生命的,是从圣父和圣子出来的。
　　　与圣父和圣子一同受敬拜和荣耀,
　　　他曾通过先知们讲话。
　　　我们信神圣的使徒的教会。
　　　我们接受赦罪的洗礼。
　　　我们期望死人的复活和来世的永生。阿门。"
　　　转引自《简明基督教全书》,第 269 页,马可·泰勒编,中国社会科学出版社,1999 年。
〔2〕 参见文德尔班:《哲学史教程》上卷,第 353—354 页,北京,商务印书馆,1987。
〔3〕 参见黑格尔:《哲学史讲演录》,第一卷,商务印书馆,1983 年,第 157 页。
〔4〕 参见文德尔班:《哲学史教程》上卷,第 282 页。
〔5〕 参见王晓朝主编:《信仰与理性:古代基督教教父思想家评传》,第 2—3 页,东方出版社,2001 年。
〔6〕 参见赵敦华:《基督教哲学 1500 年》,第 76 页、第 77 页,人民出版社,1994 年。
〔7〕 以下参见《西方哲学史》,第 193 页以下诸页,中国人民大学出版社,2002 年。
〔8〕 转引自《西方哲学史》,第 199 页。

〔9〕 参见〔德〕汉斯·昆:《基督教大思想家》,第 60 页、79 页,社会科学文献出版社,2001年。

〔10〕 奥古斯丁:《忏悔录》,第 155 页,商务印书馆,1987 年。

〔11〕 参见王晓朝主编:《信仰与理性——古代基督教教父思想家评传》,第 275—276页,东方出版社,2001 年。

〔12〕 奥古斯丁:《布道辞》,转引自赵敦华:《基督教哲学 1500 年》,第 144 页,人民出版社,1994 年。

〔13〕 奥古斯丁:《忏悔录》,第 116 页。

〔14〕 奥古斯丁:《论意志的自由选择》,转引自〔美〕沙伦·M.凯、保罗·汤姆森:《奥古斯丁》,第 18—19 页,中华书局,2002 年。

〔15〕 转引自沙伦·M.凯、保罗·汤姆森:《奥古斯丁》,第 25—26 页。

〔16〕 奥古斯丁:《独语录》,2,1,1。转引自《西方哲学史》,第 207 页。

〔17〕 奥古斯丁:《论三位一体》,10,10。转引自《西方哲学史》,第 207 页。

〔18〕 奥古斯丁:《论真宗教》,39,72。转引自《西方哲学史》,第 208 页。

〔19〕 奥古斯丁:《忏悔录》,第 264 页。

〔20〕 奥古斯丁:《忏悔录》,第 242 页。

〔21〕 参见赵敦华:《基督教哲学 1500 年》,第 310 页以下诸页。

〔22〕 参见《西方哲学原著选读》,上卷,第 241—242 页。

〔23〕 参见《西方哲学原著选读》,上卷,第 249 页。

〔24〕 参见《西方哲学原著选读》,上卷,第 261—264 页。

〔25〕 〔美〕约翰·英格利斯:《阿奎那》,第 20 页,中华书局,2002 年。

〔26〕 参见赵敦华:《基督教哲学 1500 年》,第 266 页以下诸页。

〔27〕 〔法〕蒙克利夫编:《圣殿下的私语——阿伯拉尔与爱洛依丝书信集》,广西师范大学出版社,2001 年。

〔28〕 转引自赵敦华:《基督教哲学 1500 年》,第 267 页。

〔29〕 参见赵敦华:《基督教哲学 1500 年》,第 270—271 页。

〔30〕 参见《西方哲学史》,第 260—261 页。

## 第八讲

# 人 的 发 现

文艺复兴
宗教改革
近代哲学的曙光

　　欧洲的 14—16 世纪,史称"文艺复兴时期",也被称为"人的发现"的时代或"冒险的时代"。

　　西罗马帝国灭亡之后,欧洲成为日耳曼人的天下。虽然古希腊罗马文明以各种方式影响着日耳曼人,但是对于"新世界"的"基督教民族"来说,"旧世界"的文明毕竟是遥远的过去,似乎被尘封在历史的记忆之中,等待着重新复活的机会。

　　这个机会终于来临了。

　　中世纪的欧洲,基督教不仅在精神领域占据着统治地位,而且在逐渐世俗化之中也渗透到社会生活的各个方面。不过,从 14 世纪开始,欧洲的社会政治经济文化发生了重大的变化。中世纪欧洲社会的两大支柱,即罗马教廷和神圣罗马帝国,在经过激烈的权力争夺之后,两败俱伤。民族国家的独立已成为不可阻挡的历史趋势,法国、英国、西班牙、葡萄牙以及北欧各国纷纷建立起王权专制,各国教会也在实际上落入国王的控制。1414 年的康斯坦茨宗教会议虽然恢复了教会的统一,但教皇的威信已一去不复返,统治基督教世界的梦想不得不最后破灭了。与此同时,教会内部的腐败在此期间也达到了极致。面对教会内外有识之士的激烈抨击,教廷为了维护自身的统治,也标榜所谓的"贫洁生活",并进行了一些改革,但已是积重难返,使人们对教会的自行改革深感失望。1517 年 10 月 31 日,德国教士、维滕贝格大学教授马丁·路德在城堡教堂大门上贴出他反对教廷兜售赎罪券的《九十五条论纲》,一场席卷欧洲各国的宗教改革运动由此开始。这场改革的直接结果是一批新教教会从天主教分裂出来,从而奠定了基督教三大教派(天主教、东正教、新教)的基本格局。

与旧势力的衰落形成鲜明对照的是新生力量的兴起。自 13 世纪以来,在西欧各国,随着生产工具和动力系统的改进,纺织、采矿、冶金、造船、军工等工业部门和商业都获得了长足的进展。封建行会和封建庄园经济逐步解体,欧洲地中海沿岸的一些城市和地区开始出现资本主义的生产方式,商品经济日趋繁荣。15 世纪末至 16 世纪初,新航路的开辟或地理大发现,引起了西欧商业的革命性变化,极其有力地刺激了欧洲各国生产的发展和资本主义关系的形成。在某种意义上说,新航路的开辟或地理大发现可以看做是欧洲在世界历史上崛起的标志。

在这一时期,占统治地位的意识形态依然是基督教及其经院哲学。然而,一个体现新时代的哲学——文艺复兴时期的哲学,却在旧意识形态的内部孕育、形成和发展着。经院哲学力图用理性论证神学,在思想上培育了新时代哲学的种子,延续着自由精神的传统。"现在,人重新在对自己精神的宏伟创造的观察中感觉到自身的存在,意识到自己的独立自主性,意识到自己在精神上的高尚优雅,意识到自己具有一种内在的、天生的、与上帝相似的东西,产生了对自然界的兴趣和研究自然界的兴趣,获得了观察的才能和对现实的正确观点,……艺术和科学的精神只是表面上为否定性的宗教精神服务,它从宗教精神中创立了一个相反的原则,即纯粹人性的、自由的、自我意识的、博爱的、无所不包的、无处不在的、**普遍的、有独立思考能力的科学精神**。这种科学精神使否定性的宗教精神遭到贬谪,把它从世界统治的宝座上推下来,把它拘禁在处于历史急流彼岸的那个狭窄领域之内,而自己则成为世界的原则和本质,成为新时代的原则。"[1]

# 一 文艺复兴

所谓文艺复兴是一场从 14 世纪到 16 世纪,起源于意大利,继而发展到西欧各国的思想文化运动,由于其搜集整理古希腊文献的杰出工作,通常被称之为"文艺复兴",而实际上它的实质是人文主义运动。

顾名思义,"文艺复兴"指的是希腊罗马古典文化的复兴,其实并不尽然。文艺复兴一词的本义是"再生"(renaissance),16世纪意大利文艺史家瓦隆里(1511—1574)在他的《绘画、雕刻、建筑的名人传》里使用了这个概念,后来沿用至今。

公元476年西罗马帝国为日耳曼人所灭。由于日耳曼人刚刚脱离原始公社,有些民族甚至还没有形成文字,历史悠久的希腊罗马文明被一扫而空,欧洲进入了黑暗时期。虽然基督教教会在古典文化的保存方面有很大的贡献,但因为它是旧世界的继承人,一方面日耳曼蛮族的教化需要时间,另一方面教会当然不会把可能与教义发生矛盾的东西传播出去,所以新世界即日耳曼人的欧洲所继承的古典文化不仅残缺不全,而且是经过基督教教会"过滤"了的。不过在法兰克国王查理大帝统治时期(768—814),文化开始复兴。查理大帝认为:"对我们和忠诚的朝臣来说,基督指定的、我们所信赖的主教管区和修道院的管理不应满足于常规的奉献生活,而应教育那些从上帝获得学习能力的人,根据各人不同的能力施教,这将有很大的好处,有利于政权……虽然善功比知识更好,但没有知识就不可能行善"。所以他在789年颁布的法令说:"在每一主教管区和每一修道院里,都必须讲授赞美诗、乐谱、颂歌、年历计算和语法。所有使用的书籍都要经过认真审订。"[2]这一时期的文化复苏,史称"加洛林王朝文艺复兴","七艺"成为中世纪教育的"基础知识"。几百年后,亚里士多德著作从阿拉伯世界流入西欧,经过托马斯·阿奎那的努力,为基督教教会所接受。所以,希腊最著名的两位哲学家柏拉图(通过奥古斯丁)和亚里士多德的思想(通过托马斯·阿奎那)对中世纪哲学产生了深远的影响。

从11至13世纪,随着城市地位的提高、市民阶级的形成与逐渐强大,出现了摆脱教会束缚的市民文化和一大批由城市创立的非教会学校,在此基础上形成了一个世俗知识分子阶层。当文风轻快、重视人、重视世俗生活、重视客观现实世界、学术相对自由的古希腊罗马文化传入西欧之后,立刻就与文风呆板、扼杀人性、提倡禁欲主义、敌视客观现实世界、禁锢思想的中世纪基督教文化形成了鲜明的对比,极大地吸引了这个世俗知识分子阶层。尤其是1453年,东罗马帝国为奥斯曼帝国所灭,希腊学者纷纷逃亡到西欧,大量希腊罗马文献出现在欧洲人面前,令他们惊叹不已。于是,在短短的时间里,迅速形成了一股复兴古典文化的热潮。一时间,西欧社会搜集和收藏古代典籍蔚然成风。意大利学者、作家、商人,甚至贵族、君主、教皇都加入了这个行列。他们到各国搜集、购买、传抄古代作品。教皇尼古拉五世的藏书量达数千册，一些神职人员、贵族、巨富亦以藏书众多而著名。15—16世纪，西欧其他国家也竞相仿效意大利，巴黎、慕尼黑、维也纳相继成为当时的藏书中心。据考证，这些收集已拥有现代所拥有的全部古希腊文献。大批的古希腊文学、历史学、哲学、自然科学作品被译为或重译为拉丁语。许多古希腊罗马作者或作品第一次为人们所知。柏拉图和亚里士多德的希腊语、拉丁语全集相继出版。古典文化借人文主义者之手在西欧土地上再次得到繁荣，这就是后世史家把这一历史时期称之为"文艺复兴"的一个根本原因。人文主义者的活动使人们看到了古典文化的完整的、本来的面目。这不仅是对中世纪所歪曲、阉割了的古典文化的矫正和恢复，而且也为近代哲学和科学的兴起提供了一个坚实可靠的出发点。

毫无疑问，文艺复兴的起因与古典文化的复兴有关。不过，时过境迁，物是人非。希腊罗马文化可以继承，但却是不可能复兴的。在经过了上千年之久的基督教神学的精神禁锢，而且这种禁锢还没有从根本上解除的情况下，人们不可能直抒己见，也还没有条件提出自己的思想，不过文艺复兴时期的思想并不是希腊罗马文化的简单重复。在某种意义上说，文艺复兴是当时的知识分子以复兴希腊罗马文化之名，行人文主义之实。

"人文主义"（humanism）一词起源于拉丁语的"人文学"（studia humanitatis），指与神学相区别的那些人文学科，包括文法、修辞学、历史学、诗艺、道德哲学等等。到了19世纪，人们开始使用"人文主义"一词来概括文艺复兴时期人文学者对古代文化的发掘、整理、研究工作以及他们以人为中心的新世界观。人文主义反对中世纪抬高神、贬低人的观点，肯定人的价值、尊严和高贵；反对中世纪神学主张的禁欲主义和来世观念，要求人生的享乐和个性的解放，肯定现世生活的意义；反对封建等级观念，主张人的自然平等。人文主义思潮极大地推动了西欧各国文化的发展和思想的解放，文艺复兴由于"首先认识和揭示了丰满的、完整的人性而取得了一项尤为伟大的成就"，这就是"人的发现"[3]。对古代文化的发掘和对人性的重视促成了富有人文精神的古典文化在某种意义上的"复兴"。"古代希腊思想家的每个学派，亚里士多德学派、柏拉图学派等等，都在那个时候找到它的信徒，但是与古代的信徒完全不同。"[4]由此可见，"文艺复兴"是这场思想解放运动的表现形式，"人文主义"才是它的实质。文艺复兴首先从意大利开始，继而传播到西欧各国。由于人们对基督教神学摒弃世俗生活，推行禁欲主义的清规戒律深恶痛绝，对经院哲学抽象烦琐的理性主义也腻烦到了极点，所以人们毫不犹豫地转向了感性和欲望，转向了世俗生活，遂使文学艺术等人文领域色彩纷呈,出现了一大批大师,涌现出但丁、彼特拉克、薄伽丘、达·芬奇、米开朗基罗、拉斐尔、斐微斯、拉伯雷、塞万提斯、莎士比亚、爱拉斯谟等文化巨匠。此外,布鲁尼的史学、马基雅维利的政治学、莫尔和康帕内拉的空想共产主义也是这一时期人文主义运动的杰出成就。

对世俗生活的重视引起了人们对自然的浓厚兴趣和自然科学的发展。古代科学著作的翻译和介绍更进一步促进了这一趋势。在14至15世纪,对人体、天文、地理以及自然世界其他领域的研究普遍得到了加强。观察和实验日益成为科学研究的重要手段。数学和数学方法受到普遍重视,并逐渐与自然科学研究结合起来。这些发展为16世纪以哥白尼的天文学革命为代表的自然科学繁荣打下了基础,构成了文艺复兴的第二个历史功绩,即"科学的发现"。一些有远见的哲学家及时地汲取了新科学的成果,在此基础上提出了具有自然哲学倾向的新哲学体系,成为近代哲学的先驱。

这一时期值得我们重视的还有"地理大发现"这一重大历史事件,它集中体现了人类的冒险精神,以至于文艺复兴时期也被称做"冒险的时代"。

15世纪是"大航海时代"。世纪初有中国明朝郑和七下西洋,虽然中国拥有当时世界上最强大的远洋舰队,但是却由于种种原因退守陆地,闭关锁国,结果把大好机会拱手让给了欧洲人。而奥斯曼帝国在从印度洋驱逐葡萄牙人没有成效的情况下,默认了"上帝赐给我们的是陆地,海洋则是赐给基督教徒的"。于是,西欧在世纪末开始了一系列的地理发现:1488年,迪亚士发现非洲好望角;1492年,哥伦布发现"新大陆";1498年,达·伽玛到达印度卡利卡特,开辟了印度航路;1520年,麦哲伦的船队开始环球航行……新航路的发现和新大陆的发现,一方面促进了欧洲工商业、贸易的迅速发展,使生产力的水平迅速提高,逐渐形成了资本主义的生产方式;另一方面亦使人们终于摆脱了中世纪那种狭隘的地域观念,一下子将人们的眼界扩展到了世界性的范围。于是,在欧洲人的面前,出现了一个充满了新奇事物,充满了魅力的广阔天地。在某种意义上说,世界从此真正进入了世界历史。

下面我们对文艺复兴时期的人文主义做一概述。需要说明的是,人文主义思潮并不是一个统一的思想运动,我们在此只是就其最一般的特征做一些分析。[5]

人文主义运动首先是一场文化运动,主要是从事人文学科,尤其是古典文化的发掘、研究和传播。人文主义者首先面临的是语言障碍。为了能够直接欣赏、利用和研究古代文学,14—15世纪,在意大利兴起了学习古希腊语的热潮。许多拜占廷学者在意大利讲授希腊语。到了 16 世纪,希腊语甚至成为大学和许多文科中学的必修课。与此同时,人文主义者还恢复了西塞罗时代的古典拉丁语,在一定程度上学习和研究了古希伯莱语,从而为直接利用古典文化奠定了基础。文艺复兴时期的许多人文主义者都精通希腊语,瓦拉、爱拉斯谟甚至成为当时的语言大师。

　　不过,人文主义运动并不仅仅是古典文化的复兴,事实上,这只不过是中世纪崇拜古代权威的遗迹和新思想尚不成熟的一种表现。随着复兴和仿效古典文化,人们的目光开始由神转向了人。在文艺复兴早期,基于对经院哲学式的理性主义的厌恶,人们往往诉诸感性、情感的因素,因而这一转向大多是采用文学形式表现出来的,而且以文学艺术的成就为最高。在此期间,出现了词句优美、以反映市民生活和爱情为主题的抒情诗和小说以及具有现实感的绘画、雕塑等艺术作品。在被誉为"佛罗伦萨早期文艺复兴文学三杰"的但丁、彼特拉克、薄伽丘以及瓦拉等人的作品中,已经充满了对人的尊严、人生的价值、人的世俗生活、人的真实欲望和情感、人的创造力和能动性的热情歌颂,对教会腐败、虚伪、扼杀人性的激烈批判。"我是人,人的一切特性我无所不有",这句古老的箴言成为人文主义者的共同口号。

　　从思想内容上说,人文主义的实质就是强调人、人的尊严和人生价值。基督教神学认为人是上帝按照自己的形象创造的最高造物,是尘世的最高目的,虽然尘世的一切都是以人为中心创造的,但是神学研究的重心是上帝,与上帝相比,人的地位是卑贱的。文艺复兴时期的人文主义者们并没有发展到否定上帝至尊地位的程度,他们的一个突出特征就是避开上帝,把研究的重心从人神关系转移到人兽、人物关系,强调人与万物的区别,从而突出了人的优越地位。但丁认为,天赋的理性是人与禽兽的根本区别,是辨别善恶之光。只有遵从理性的指导,人才能达到至善之境,获得真正的幸福。在这方面,西班牙人文主义者斐微斯的观点最具代表性。在《关于人的寓言》一文中,斐微斯热情地讴歌了人及其创造力。他指出,人有一个充满了智慧、精明、知识和理性的心灵。人足智多谋,单靠自身就创造出许多了不起的东西。在人的许多发明之中,最为出色的、特别使聪明之士赞叹不已的是:房屋的建筑、农作物的栽培、石器的制造、金属的冶炼、万物名称的制定。文明不再是神的恩赐,而是人自己的创造,人由此摆脱了在基督教神学中的卑微地位,一跃成为众天神尊敬、羡慕的对象。英国人文主义者莎士比亚借《哈姆雷特》主人公之口对人的热情赞美,更是脍炙人口的名言:"人是多么了不起的一件作品! 理想是多么高贵,力量是多么无穷,仪表和举止是多么端正,多么出色。论行动,多么像天使,论了解,多么像天神! 宇宙的精华,万物的灵长。"

肯定了人生的价值,也就必然肯定人的现世生活。中世纪的伦理思想强调人的真正幸福在于达到上帝的真善美的本性,也就是说,只有来世或者彼岸的幸福才是真正的幸福。因此人们在现世必须克制自己对财富和荣誉的追求,限制欲望的满足。人文主义者并不否定来世的幸福,但他们把这看做是遥远的事情。人生在世,重要的是现世的幸福。彼特拉克就明确地宣布:我是凡人,我只要求凡人的幸福。薄伽丘则进一步指出,人应当是全面发展的人,应当聪明、强壮、有感情、有教养。人应当有追求幸福生活的权力,应当在追求精神享受的同时也追求感官的享受。这是人的自然本性,是自然的力量,任何企图压抑这种权利的人都是妄自尊大、愚不可及。拉伯雷在其著名小说《巨人传》中,塑造了一个特来美修道院作为他心目中理想的社会形式。在这里,不存在高大的围墙,男女老幼都可以自由出入。修士修女不必单独分开,他们可以相敬相爱,甚至可以光明正大地结婚。修道院内没有任何清规戒律,也没有烦琐的宗教仪式,惟一的院规就是"想做什么就做什么"。因为人人都有一种趋善避恶的天然本性,如果压抑这种本性,只能激起人们的反抗。相反,如果顺应这种本性,人们就会得到全面的发展。拉伯雷所主张的人是博学的、全知全能的人,是勇武知礼的骑士和窈窕灵巧的淑女。拉伯雷很重视知识的作用,他相信人类可以用知识来武装自己,成为征服世界、征服自然的巨人。这正是处于上升时期的资产阶级理想的个人肖像。从市民资产阶级的立场出发,人文主义者们为人的自然平等大声疾呼。他们认为,人天生一律平等的。人的贵贱不是以血统的高贵与否,而是以个人的才能和品德为标准。因此,人们应当积极地发挥个人的才能,建功立业,追逐名利,实现自我。在人文主义者的思想中,已经产生了一种世俗的新道德观念,人的自我意识和主体意识已经开始觉醒。

人文主义者对教会和封建贵族的普遍腐败和虚伪进行了毫不留情的批判。薄伽丘的《十日谈》和爱拉斯谟的《愚神颂》是这方面的杰作。在《十日谈》中,上自教皇、主教,下至修士修女都成了薄伽丘冷嘲热讽的对象。他指出,这些人虽然满口仁义道德,自称是上帝的代表,是清心寡欲的大圣人,是人们进入天堂的引路人,但骨子里却是最无耻、最荒淫。它们过着糜烂的生活,满脑子考虑的是如何满足自己的钱欲和情欲,无恶不作,坏到了不能再坏的地步,根本不配去管别人。而爱拉斯谟则借用愚神的口吻,辛辣地嘲弄了教皇、神父、国王、贵族这些愚不可及的人物:教皇和主教们只知道热衷于权势和财富,钻营宗教的买卖,甚至不惜为此发动宗教战争。神父修士们标榜的是安贫乐道,其实是为了沽名钓誉,他们在酒色面前决不会退让。他们用烦琐的三段论去论证神学教条,却不知道基督惟一的戒律就是要从事仁爱的工作。国王和贵族们热衷于卖官鬻爵,搜刮民脂民膏,寻欢作乐,争权夺利。这些人如果想一想他们所处地位的责任,如果他们是聪明人的话,就会良心不安,但愚蠢却使他们心安理得地做这一切。面对这种普遍的腐败,彼特拉克把教廷称做"恶毒的寺院"、"谬误的学校"、"谎言的熔炉"、"阴谋的牢狱"。但丁在《神曲》中不仅把贪得无厌、作恶多端的教皇、主教扔进地狱的火窟之中,而且还大胆地在那里为尚在人世的教皇博尼法斯八世预留了一个位子。不过,人文主义者所抨击的并不是神职人员对现世生活的追求,而是他们的虚伪,而这种虚伪的根源就在于中世纪所奉行的禁欲主义是与人性相冲突的。因此,在批判教会腐化堕落的同时,他们也都对禁欲主义进行了坚决的抵制。

不过,人文主义还没有发展到成为天主教教会竞争对手的程度。他们对教会的批判大多仅限于指出教会的腐败和虚伪,并没有触及基督教的基本理论及其赖以存在的根基。而精神、文化的世俗化,对于一个在政治、经济、组织上已经世俗化了的教会,固然会妨碍它继续愚弄人民群众,但也可以为其穷奢极侈的生活提供借口和条件。人文主义活动要求必须有闲暇和财富,这就决定了它必然局限于上层知识界,并且依附于权贵阶层,因而也就不可能与封建势力彻底决裂。许多人文主义者与旧势力有着千丝万缕的联系,他们大多数至少在形式上保持着对天主教会的忠诚。他们与贵族、高级神职人员、国王、教皇来往密切,彼特拉克、瓦拉等人甚至成为教皇的宠信。爱拉斯谟曾多次向教皇表白自己的忠诚,莫尔甚至为维护天主教的统一不惜献出自己的头颅。而另一方面,封建统治阶级出于自身的利益,也能够容忍人文主义者的嬉笑怒骂,甚至成为他们的保护人。教皇尼古拉五世、庇护二世、利奥十世以及一些世俗统治者当时都是人文主义的著名积极赞助者。人文主义运动自身的这些局限在它进一步的发展中日益明显地表现出来,有些人文主义者成为咬文嚼字的学究,有些则沦为权贵们装潢门面的饰物。

## 二　宗教改革

在中世纪的欧洲,教会的权力达到了无以复加的地步。教会不仅是精神领域的统治中心,而且也要成为政治的中心,它的势力渗入到了社会生活的每一个角落。然而,随着教会的世俗化,它也陷入了自上而下的腐败之中,引起了人们普遍的不满。席卷欧洲的人文主义运动虽然触动了教会的权威,但尚不能从根本上动摇它。当人们对于教会自行改革感到失望时,宗教改革在人文主义的影响下势不可挡地爆发了。16世纪,最初在德国,接着在瑞士、英国、法国以及北欧诸国,掀起了一场声势浩大、震撼教廷的宗教改革运动,并且最终脱离了罗马教会,自行成立了新教,经过长时间的斗争还取得了合法的地位。在一定的意义上,我们可以把宗教改革看做是人文主义在宗教神学领域的延伸,而且其影响甚至比人文主义更大更深远。

英国科学史家丹皮尔说:"宗教改革家有三个主要目标。第一,整顿由于有人滥用罗马会议,由于许多僧侣们生活放荡而遭到破坏的教律。第二,按照先前遭到镇压的某些运动的方针改革教义,并返回原始的质朴状态。第三,放松教义的控制,准许个人在一定程度上可以自由地根据圣经做出自己的判断。"[6]宗教改革直接的要求是消解教会的权威,变奢侈教会为廉洁教会,而从哲学上看,其内在的要求则是由外在的权威返回个人的内心信仰。

基督教诉诸个人内心信仰的要求由来已久,实际上这原本就是基督教的根本精神,但是外在的偶像崇拜却逐渐流行起来,因为信徒们希望有实实在在的东西证明上帝在世间的存在。而教会为了追求排场大兴土木,大搞豪华奢侈的宗教仪式,也因其世俗化而背离了基督教的根本精神。曾经有一段时间人们疯狂地收集"圣物",其中有圣徒的尸体、耶稣被钉上十字架后流下来的汗珠、童贞女圣玛利亚的乳汁,甚至有人收集有上帝创造亚当时剩下来的泥块,五花八门,无奇不有。然而,基督教毕竟是一种精神宗教,就其本质而言它必然会摆脱外在的东西而复归内心的信仰,而在黑格尔看来,这个由外在的东西返归内心信仰的过程早就开始了。当年十字军在宗教狂热的驱使下去拯救圣墓,当他们终于攻占了耶路撒冷之后,便试图打开圣墓,期望证明上帝在世间的存在,证明永恒而神圣的东西与有限的东西的结合。然而令他们大失所望的是,圣墓中空空如也。所以,基督教世界既夺回了圣地,又失去了圣地。但是黑格尔说,"它实际上是没有被欺;它带回来的结果是否定的一种:这就是说,它追求的世间生存只能够从**主观的意识**中寻求,不能从任何外在的对象中寻求;这里所说的那种确定的形式,表达着'世俗的东西'和'永恒的东西'的结合,就是个人的'精神的东西',自己认识的独立。人类世界便是这样获得了这种确信,知道人类必须在他自身内寻求那种属于神性的世间生存,主观性因此取得了绝对的认可,而在自己本身获得了对于神明的关系的决定。"[7]一句话,上帝并不在你之外,上帝就在你的内心之中。自觉地意识到这一点,正是宗教改革的功劳。于是,基督教世界当年在一个人的石墓里遍寻不到的东西,路德的宗教改革找到了,"他认为世间生存是在一切感官的和外在的东西的'绝对观念性'的深处——是在'精神'和'心'之中——那颗心,它先前因为教会提出了最无聊和肤浅的手段,来满足最内在和深刻的欲求,受到了无从说起的创伤,它现在把绝对的真理关系被歪曲的地方,发觉得纤毫毕露,并且设法把这种歪曲彻底摧毁。路德简单的理论就是说,上帝的世间生存就是无限的主观性,也就是真实的精神性,就是基督并不显现在一种外在的形式里,而是根本属于精神的,只有同上帝和解后才能够得到——是在**信仰**和**享受**里"[8]。黑格尔的分析虽然不无牵强附会之嫌,但是他以思辨方式所概括的宗教改革精神无疑是有意义的。

在这一改革的浪潮中,以路德和加尔文的宗教改革最具代表性。

马丁·路德(Martin Luther,1483—1546)是德国人,1501 年进入爱尔福特大学攻读法律,获硕士学位后突然遁入修道院研习神学。1507 年,路德升任神父,1512 年获神学博士学位,1515 年任维滕贝格大学神学教授。1517年,他反对教皇以修建圣彼得大教堂为名在德国兜售赎罪券,在维滕贝格教堂大门上张贴了著名的《九十五条论纲》,由此揭开了宗教改革的序幕。教皇利用种种手段企图压制路德以及由路德在德国引发的反抗行为,而路德则在德国各阶层民众以及世俗诸侯的支持下,毅然与教廷决裂,继续发表了《致德意志基督教贵族公开书》、《教会的巴比伦之囚》、《论基督徒的自由》等论著。此外,路德还把圣经翻译成德语,不仅打击了天主教会的宗教垄断,而且对德语做出了杰出的贡献。德国农民战争爆发后,路德转而支持封建主镇压农民起义。

灵魂如何获救的问题是基督教的中心教义,也是路德宗教改革的核心问题。圣经中说:"义人必因信而得生"[9]路德据此认为,获救只凭人的信仰,与善功、教会的中介作用没有关系。在《基督徒的自由》一文中,路德全面、系统地阐述了他的"因信称义"学说。

路德认为,人具有双重的本性,一是心灵的本性,一是肉体的本性。就前者而言,人被叫做属灵的、内心的、新的人,是自由的。就后者而言,人被叫做属血肉的、外在的、旧的人,是受束缚的。人不可能靠外在的事功或苦修使灵魂得到拯救,"对于生命,对于释罪,对于基督徒的自由,有一样东西,并且只有一样东西是必需的,那就是上帝的最神圣的话,基督的福音"[10]。因此,只有信仰才是获救的必要条件。

不过,路德并非绝对否认事功。他指出:"我们凭信仰基督所要除去的,并非是'事功',而是对于'事功'的迷信。是那种想凭'事功'获得释罪的愚蠢想法。"[11]因为人同时也是外在的人,"肉体的意欲,努力要侍奉并追求它自己的满足,这是有信仰的灵魂所不能、也不愿容忍的"[12]。人必须通过事功来控制自己的行为,扬善避恶。但是,这只是信仰的结果罢了,就像好树结好果一样。因此,事功只需做到足以抑制情欲的程度就够了,童身、守贫等禁欲主义的戒律都是不必要的。1530年圣诞节,路德为他的小儿子写了一首马槽歌,其中唱道:谁若不爱美酒、女人和歌,他就终身是个大傻瓜。显示了一个新教徒令人耳目一新的朝气蓬勃的世俗生活。

中世纪教会力图垄断拯救灵魂的权力。它提出上帝不与有罪之人交往,人要获救必须借助教士的中介作用。教皇是上帝在人间的代理人,掌管着拯救灵魂的大权。教会甚至禁止一般基督徒阅读圣经,惟有教皇才有解释圣经的权力。它把以教皇为首的教界人士称为"属灵等级",他们高于一般信徒组成的"世俗等级"。路德则认为,人与人之间的区别只在于信仰。只要受洗入教,心存信仰,人人都可以成为祭司,都属于"属灵等级",都可享有与教皇、主教同等的权力。只有体现在基督身上的上帝的权威才是真正的权威,因此,只有记载基督言行的圣经才是永无谬误的。人人都有权阅读和解释圣经,并在其中与上帝交流。只是因为我们不能够都来作执事并当众宣教,才有了专职的人来主持圣礼和传道,他们是"执事、仆人和管家",没有高于其他教徒的特权。

路德掀起的宗教改革通过让·加尔文(Jean Carvin,1509—1564)又得到了进一步的深化。

加尔文出生于法国的一个律师家庭。早年就学于巴黎,受到马丁·路德影响。由于法国政府对新教徒进行迫害,加尔文于1535年逃往瑞士巴塞尔,1536年发表其主要神学著作《基督教原理》,同年抵达日内瓦,参与该自由市的政权建设,不久成为该政权的实际领导。1538年因该市下层市民骚动而遭驱逐。1540年,该市上层市民再度得势并请加尔文返回日内瓦。从此,加尔文定居日内瓦,并在那里建立新教教会,取消主教制,代之以资产阶级共和式的长老制,并与日内瓦城市政权结成政教合一的体制。与路德一样,加尔文也宣称教徒"因信得救"。但他主要是重新推出奥古斯丁的"先定"说,发挥了路德思想的宿命论方面。

加尔文把宇宙中的一切都归之于上帝的永不更改的"先定"。上帝也预先安排好了对人的拯救。谁将得到拯救,谁将被遗弃,取决于上帝预先的拣选。这是上帝的恩典,是无条件的,秘而不宣的,并且不以人的善恶功罪为转移。况且"除非人受到神的恩典的帮助,而且是受到那赐给那在再生中的选民的特殊的神的恩典的帮助,否则,人就没有做善功的自由意志"[13]。由此,加尔文也像路德那样,否定了罗马教会的救赎理论,认为善功对人的来世生活没有什么影响,并不能使灵魂得到拯救,它只不过是教会用以牟利、勒索钱财的手段罢了。教皇、主教们并不能代表上帝,圣经才是信仰的惟一权威,人人都可以通过阅读和信仰圣经而直接与神相通。总之,个人的功德和教会的存在都不能改变上帝的先定。不过,虽然人们无法得知自己是否是上帝的选民,尘世的行为也不能改变上帝的"先定",但人们也不应当放弃现世的努力,而是应当坚信自己是上帝的选民,积极求取事业上的成功。因为上帝对其拣选的选民,必然给予充分的支持。而个人只要在事业上取得成功,就是实现了上帝所赋予的先定使命,也就是死后灵魂可以得救的可靠证明。"加尔文的信条适合当时资产阶级中最勇敢的人的要求,他的先定学说,就是下面这一事实在宗教上的反映:在商业竞争的世界中,成功或失败不取决于个人的活动和才智,而取决于不受他支配的情况。起决定作用的不是一个人的意志或行动,而是未知的至高的经济力量的摆布。"[14]

无论是路德的"因信称义"学说,还是加尔文的"先定"学说,都从原始基督教和奥古斯丁的宗教理论汲取了丰富的思想内容,并在"复兴"古代神学的形式下,注入了时代的新内容。在理论上,他们不仅否定了教皇和罗马教会的至上权威,而且甚至否定了教会存在的必要。他们启迪人们的思考,肯定人们的世俗生活,肯定个人的权力、地位,争取个人的解放。可见,宗教改革与人文主义思潮是同一个时代精神在不同领域里的表现,甚至可以说,宗教改革是在人文主义的影响下发生的,是人文主义精神在宗教神学领域里的延伸。但从对天主教统治的瓦解和摧毁来说,宗教改革的作用却是人文主义所无法比拟的。这一点,从罗马教廷对待宗教改革和人文主义的不同态度就可以看得出来。宗教改革的矛头直接指向教会,因而它从一开始就遭到以罗马教会为首的天主教势力的反对、迫害和镇压。宗教改革的精神是新时代世俗精神的折光。虽然宗教改革并没有自己独立的哲学形态,但它对后世的社会发展和哲学发展所产生的影响却是不可低估的。许多史家甚至把路德、加尔文所代表的新教精神视为近代资产阶级进取精神的源泉。

不仅如此,宗教改革诉诸个人的内心信仰,在某种意义上为近代哲学之主体性的觉醒准备了条件。正如黑格尔所说,"按照这个信仰,人与上帝发生了关系,在这种关系中,人必须作为这个人出现、生存着:即是说,他的虔诚和他的得救的希望以及一切诸如此类的东西都要求他的心,他的灵魂在场。"[15]于是,永恒的东西或真理与有限的东西即个人的存在在"主观性"基础上得到了"和解",因而宗教改革的根本内容就是:"人类靠自己是注定要变成自由的"[16]。

当然,宗教改革毕竟只是在信仰范围之内进行的改革。他们的宗教哲学思想依然有着神学的深刻印记,是新教神学的理论基础。路德、加尔文的宗教改革在本质上具有浓厚的反理性反科学色彩,甚至就连他们所标榜的宗教信仰自由,最终也被对异端的残酷镇压所淹没。哥白尼的日心说曾遭到路德的恶毒咒骂,而著名的西班牙人文主义者塞尔维特,在正要发现血液循环的时候,虽然逃离了罗马天主教会的监狱,却最终惨死在加尔文教的火刑架上。马克思曾经深刻地揭示了路德宗教改革的本质:"路德战胜了信神的奴役制,只是因为他用信仰的奴役制代替了它。他破除了对权威的信仰,却恢复了信仰的权威。他把僧侣变成了俗人,却又把俗人变成了僧侣。他把人从外在宗教解放出来,但又把宗教变成了人的内在世界。他把肉体从锁链中解放出来,但又给人的心灵套上了锁链。"[17]

# 三 近代哲学的曙光

文艺复兴的确"复兴"了古代文化,不过"复兴"古代文化并不是新时代哲学的实质和目的。对古代文化的复兴,可以看做是这个时期知识分子针对基督教神学的一种手段,由于新思想还不成熟,所以需要用旧瓶来装新酒。随着人文主义运动的逐步深入,旧哲学的形式开始被逐渐地抛弃,新时代的曙光已经出现在历史的地平线上,人们开始从新的角度、用新的方式来思考上帝、宇宙、人及其认识的问题。

这一时期自然科学的发展进一步促进了这一趋势。文艺复兴时代有两个重要的发现,一是发现了人,二是发现了自然。一旦人们用感性的、实验的眼光重新观察它们,它们便展露出新的面貌。文艺复兴时期,自然科学的发展取得了一系列突破性的成果。哥白尼推翻了托勒密体系,实现了天文学的革命;开普勒发现了天体运动的三大规律,将建立在经验观察基础上的天文学变成一门严格精密的科学;伽利略发现了落体定理和惯性定理等,为近代物理学奠定了基础。此外,在动物学、植物学、医学、解剖学等学科都有一系列重大的发现。科学研究的精神和成果也都反映在这一时期的哲学之中,使其具有浓重的自然哲学色彩。

我们可以用三个人的名字来描绘近代哲学的曙光,他们是尼古拉·库萨、布鲁诺和弗兰西斯·培根。

尼古拉·库萨(Nicolaus Cusanus,1401—1464)出生于德国特利尔城附近的库斯镇,在海德尔贝格大学、帕多瓦大学和科隆大学接受了法学、数学、哲学、神学的教育。毕业后成为神职人员,先后担任过教皇特使、主教、枢机主教、教皇总助理的职务。他曾为东西方教会的合并积极活动,主张宗教宽容,并进行过教会内部的一些改革。他除了进行神学和哲学的研究外,还极为关注数学和自然科学问题,在数学和物理学领域都有一定的造诣。他的代表作是《论有学问的无知》。

库萨思考的核心问题,依然是中世纪经院哲学的传统问题,即有限的人类理智如何认识和把握无限的真理,即上帝。但在对这一问题的思考中,库萨继承古希腊毕达哥拉斯主义、新柏拉图主义以及中世纪神秘主义的一些思想,发挥人文主义精神,概括当时数学和自然科学的研究成果,提出了一个具有泛神论色彩的哲学体系。其中最为重要的是他关于上帝是"极大"、是"对立面的一致"、认识是"有学问的无知"的思想。

在《论有学问的无知》一书中,库萨区分了三种极大:

第一种是绝对的极大。关于极大,库萨的定义是:"一个事物,不可能有比它更大的事物存在,我称之为极大"。[18]这样的极大不是通过比较产生的最大,而是没有任何限制的极大,即绝对的极大,这一极大就是上帝。上帝作为无限的"一"把一切有限者都包容在自身之内,但这种包容并不是整体对部分的包容,不是用多来构成一,而是多融化在一中,在一中一切都毫无差别地是一。因此,上帝是"对立面的一致"。这种一致既是万物的本原和本质,也是万物的归宿。在无限的一中,一切对立和差异都最终消逝,一切潜在都成为现实。正像在无限的图形中直线与圆、三角形等一切数学图形都没有区别一样,在无限的上帝里面万物也都没有区别。一切对立最终在上帝里面达到调和,达到和谐的统一。上帝把一切对立面包含在自身之中,自己却是无对立的统一。相比之下,对立普遍地存在于有限事物之中。"一切事物都是由程度不同的对立面构成的。在它们里面,这一方面多些,另一方面少些。通过一方压倒另一方,事物获得了对立面某一方的性质。"[19]在有限事物中,不可能达到对立面的完全一致,有限事物是对立面的统一。

第二种是限定的极大,即宇宙。宇宙是存在者的普遍统一。但它的统一被限定在多中,离开了多它就不能存在,宇宙的存在也依赖于上帝。因此,宇宙不是绝对的无限,而是相对的无限,即时空上的无限,因为不存在任何把宇宙包入其中的界限。宇宙既然在时空上无限,就时间来说也就是永恒的,就空间来说也就既无中心也无边界。因此,地球不是宇宙的中心,所谓的恒星天也不是宇宙的边界。地球和其他所有星球一样,是由同样的元素构成的,只不过是宇宙大家族中的普通一员。在哥白尼的天文学革命之前,库萨已经在哲学上宣告了"地心说"的破产。

此外还有第三种极大:既绝对又限定的极大。库萨认为,宇宙中没有任何事物能够成为自己那个类的极大,因为如果它达到这种极大,就会和上帝一样是无限的。但低级的事物即使成为无限,也不可能与上帝同一,因为它们缺乏完善性。例如,圆即使成为极大,也只不过是无限的数学图形罢了。惟有人类适宜产生这样的极大,因为人是万物之灵,是一个小宇宙或者小世界。人在自己的生命中结合了尘世的东西和神的东西,结合了物质、有机的生命、动物的生命和理性,像镜子一样反映了整个宇宙。但人类中只有一个个体能够达到类的极大,这就是既是神又是人的耶稣。耶稣由于是个体而是限定的极大,又由于与上帝同一而是绝对的极大。在库萨的哲学中,耶稣实际上是一个完善人性的代表。

上帝作为无限是不可认识的,因此人的认识是一种"有学问的无知"。

认识就在于确立已知和未知之间的比例关系。如果二者之间可以直接进行比较,认识就相对容易;如果二者之间有许多中间环节,认识就相对困难;如果二者之间根本没有可比关系,认识就无从谈起。我们对极大的认识就属于这种情况。绝对的极大是无限,而无限与有限之间是没有比例关系的。因此,我们只能借助一种"非理解的方式"来把握上帝这个"不可理解者",也就是说,从有限事物出发,以有限事物为符号,并超越它们的有限性,从而达到无限。在所有有限事物中,数学符号是最理想的符号。例如,根据圆弧扩大到无限就是一条直线,可以得知在无限中一切数学图形都没有区别,并进一步得知在上帝里面一切事物都没有区别,所以上帝是对立面的一致。对上帝的这种把握不是借助知性的逻辑演绎,而是借助类比和理性的超越实现的。就此来说,它是一种非理解的方式,在精确认识的意义上是一种无知;但它又是以人的知性认识为出发点,借助对数学符号的精确认识实现的,在这种意义上又是一种近似性的知,是有学问的。更何况,认识到上帝是无限的,是不能精确认识的,这本身就是对上帝的一种知,也是对我们自身认识能力的一种知。"有学问的无知"这一概念就是在这种意义上使用的。

库萨虽然否认我们能够精确地认识真理,但又认为我们可以通过不断的猜测无限地逼近真理。绝对的真理虽然是"永不可及"的,但认识一方面是对真理的分有,包含着真理的成分,另一方面又是对真理的无限接近。认识的真谛就在于这种"永不可及"和"越来越近"的辩证统一。这也就意味着,人是可以在无限的过程中认识真理的。

库萨关于"有学问的无知"的思想深刻地揭示了绝对真理与相对真理的辩证统一,论证了精神的无限能力,使人及其精神成为哲学的最高主题。因此,一些哲学史家认为,只有库萨的哲学才真正在形而上的层面上体现了文艺复兴时代的精神,从而无愧于近代哲学的思想先驱。

乔尔丹诺·布鲁诺(Giordano Bruno,1548—1600)出生于意大利那不勒斯附近诺拉镇的一个没落的小贵族家庭。在当地拉丁语学校毕业后,于1565年进入多米尼克修会的一家修道院。因广泛阅读哲学和科学著作、对教规禁锢表示不满而受到院方监视,并面临被宗教裁判所拘捕的危险。为了逃避迫害,他流亡欧洲各地16年,在极其艰难的条件下从事讲学和著述活动,最终因被人出卖而落入宗教裁判所。在8年的监狱生活中,布鲁诺受尽折磨,但始终坚贞不屈,拒绝放弃自己的观点。1600年2月17日,布鲁诺被活活烧死在罗马鲜花广场。布鲁诺的主要哲学著作有《论原因、本原与太一》、《论无限、宇宙和众世界》、《论单字、数和形式》、《灰堆上的华宴》、《论英雄热情》等。

布鲁诺的哲学思想受到库萨的较大影响。布鲁诺自己在一次讲演中曾以崇敬的口吻谈到库萨:"哪里有能与那个库斯人媲美的人物呢?他越是伟大,就越是不被人所理解。倘若不是祭披有时遮掩了他的天才,我就会承认,他并不与毕达哥拉斯相同,而是比毕达哥拉斯伟大的多。"[20]布鲁诺毅然抛弃了库萨的"祭披",即源自神学的不彻底性,同时吸取了哥白尼的天文学成果,建立了一个泛神论的哲学体系。

与当时许多哲学家一样,布鲁诺对亚里士多德哲学表现出极大的反感,因为没有人比他更多地倚赖于空洞的幻想和更加远离自然,而实际上他们批判的并不是亚里士多德本人,而是被经院哲学歪曲了的亚里士多德。另一方面,在他们的哲学中到处可以看到亚里士多德的影响,似乎离开了亚里士多德的术语,他们还不知道怎样表述哲学思想。

布鲁诺把关于自然事物的原因、本原和统一性的问题作为研究的主要课题。

所谓本原,是指从内部促成事物的形成,并且作为该事物的基本要素,留存于该事物之中的东西。本原又叫实体。形式是积极的潜能,物质(质料)是消极的潜能。形式与物质相结合而产生万物。精神、灵魂、生命处于万物之中,并按照一定的程度充满全部物质,因而是万物的真正形式,世界的形式就是"世界灵魂"。但形式不能离开物质独立存在。"形式离开物质,便没有存在,形式在物质中产生,在物质中消灭,来自物质和归于物质。"[21]除物质以外,的确没有别的任何东西是永恒的、常驻的、配称本原的。"将自身包含的卷缩东西舒展开来的物质,应该称做神物和最优秀的生产者,应该称做自然万物以及全部实体自然界的生育者和母亲。"[22]

所谓原因,是指从事物的外部促成事物的产生,并且自身留存在事物之外的东西。物理世界的作用因就是"普遍的理智"或"世界理智"。普遍的理智是世界灵魂内部的一种特有的能力,"是它使物质承受了所有的形式,是它根据形式的意义和条件,赋予物质以形状、塑造并形成万物,使万物处于这么一种惊人的秩序中"[23]。但普遍的理智并不是从外部将形式赋予物质,因为形式本来就包含在物质之中。与其认为物质没有形式,排除形式,倒不如说物质包含形式、囊括形式于自身之中。形式"被作用因唤起进行活动并处于物质之中"[24]。在这种意义上,世界理智是自然万物的真正作用因,就它的存在不同于其产物的实体和实质而言,它是外因;就它也在事物之中起作用而言,它是内因。

作为原因的世界理智是作为形式本原的世界灵魂的一种能力,而作为形式的世界灵魂又内在于作为物质本原的宇宙之中。于是,作用因、形式因、质料因完美地结合在一起。这个作为囊括一切的统一体的宇宙也就是"太一"。宇宙既是一,又是一切。由于它没有差异,所以是统一的;由于它无所不包,所以是无限的;由于在它之外没有任何可供移动的场所,所以它是不动的。对于"太一",我们什么也不能说,既不能说它是物质的,也不能说它是形式的。有时,布鲁诺称宇宙为"神"。"神"在他那里只是一种称呼,既没有人格,也不是宇宙的主宰。因此,布鲁诺的哲学具有泛神论的性质。

宇宙是一,一不仅表示宇宙内部的统一性,而且表示宇宙在数量上也是惟一的。宇宙只有一个,是"能生的自然"(natura naturata),而世界(各种天体系统)的数目则无限多,是"被生的自然"(natura naturans)。无限的宇宙不可能有任何边界和中心,太阳只是诸天体中的普通一员,太阳系属于一个更广大的系统,在无限的空间中有无数个这样的系统。包括太阳、地球、行星、恒星在内的所有天体,都是由同样的元素构成的,具有同样的形式、运动和变化。布鲁诺还认为宇宙是由不可分割的微粒(即"极小")构成的。"极小"

在物理学上就是原子,在数学上就是点,在哲学上就是单子。原子的不同结合、排列和搭配,构成了千差万别的事物。由于"极小"在自身中包含着成为一切的可能性,是它所能是的一切,所以和"极大"、"太一"是一回事。原子自身就具有灵魂,有运动能力,因此宇宙不需要"第一推动者"。

布鲁诺继承了尼古拉·库萨的"对立面一致"的思想,认为宇宙中一切事物都是由对立面构成的。"谁要认识自然的最大秘密,那就请他去研究和观察矛盾和对立面的最大和最小吧。深奥的魔法就在于:能够先找出结合点,再引出对立。"[25]布鲁诺本人就是这样做的。他指出,不仅"极大"和"极小"吻合为一,而且在"极大"和"极小"自身中对立面也是归于一。在"太一"之中,不仅"极大"与"极小"没有差别,甚至直线和曲线、直线与圆周也是统一的。最小的弧和最小的弦、无限的直线和无限的圆周都是无差别的。

布鲁诺的哲学是文艺复兴时期新哲学思潮发展的成果。宗教裁判所可以用火刑架夺走哲学家的生命,可以用禁令销毁哲学家的著作,但却阻挡不了哲学家思想的广泛流传。他的思想在笛卡尔的理性论、斯宾诺莎的泛神论、莱布尼茨的单子论、德国古典哲学的辩证法思想中都得到不同程度的复现。

最后我们说一说弗兰西斯·培根。

把培根放在这里似乎不太合适,因为一般的哲学史教材通常把培根和笛卡尔一道看做是近代哲学的创始人。毫无疑问,培根是近代第一个自觉地把知识和方法问题当做哲学研究的对象的哲学家,其哲学思想对近代哲学尤其是经验论有很大的影响,不过他的思想更多地具有某种过渡的性质。培根的自然观之所以不同于近代机械论的自然观而具有一定的朴素性和辩证性,在很大程度上是因为他的思想更多地接近于古代哲学而不是近代哲学和科学,并非是因为他的思想比同时代的哲学家更先进。实际上,培根的知识水平远远落后于同时代自然科学的发展:他既没有使用经验归纳法推进自然科学的进步,对数学和力学这两门对近代哲学影响最大的学科没有足够的知识,甚至不能理解当时伟大的天文学家的著作而否定哥白尼的日心说,而且对吉尔伯特和哈维所从事的科学实验亦不关心(哈维还是他的私人医生)。如此种种,说明黑格尔把他和波墨一同列为近代哲学的先驱或过渡性人物不是没有道理的。[26]

弗兰西斯·培根(Francis Bacon,1561—1626),出生在伦敦的一个新贵族家庭,其父是伊丽莎白女王的掌玺大臣,12岁进入剑桥大学三一学院学习,15岁毕业后到英国驻法国使馆工作,后回国学习法律,通过考试获得正式律师资格。后来官运亨通,1618 年任英格兰大法官并被封为维鲁拉姆男爵,1620 年加封圣奥本子爵。次年被指控受贿而被判徒刑并处巨额罚金。虽经国王干预而免于刑罚,但从此结束了官宦生涯。此后,培根潜心哲学和科学研究,1626 因病去世。

培根原计划写一部百科全书式的巨著《科学的大复兴》(又名《伟大的复兴》),包括六个部分,但只完成了前两部分,它们被分册出版,这就是他的两部主要哲学著作《论学术的进展》(又名《论科学的价值和进展》,中译本名为《崇学论》)和《新工具》。培根的其他哲学著作还有《论原则和本原》和《论古代人的智慧》,此外还有《政治和伦理论说文集》(中译名《培根论说文集》)和《新大西岛》。莎士比亚戏剧的作者究竟是谁,是有争议的,其中有一种观点认为培根是其作者,这一观点的支持者虽然不多,但培根的文笔之优美,由此可见一斑。

培根哲学的根本目的是实现科学的伟大复兴,推进知识的发展,使人们能够按照自然的本来面目去认识自然,并且支配和利用自然,为人类自身谋福利。他所提出的著名口号"知识就是力量",概括了当时的时代精神,他所提出的经验论的基本原则为后来英国经验论的形成和发展奠定了基础。

培根提出了著名的"四假相说"。所谓假相(idols,亦译作"幻相"、"偶像"),即盘踞在人的头脑中的一些错误观念,它们形成了成见或偏见,使人们不能正确地认识到真理,严重妨碍了科学的复兴。培根根据这些错误的不同来源把假相分为四类:

"族类的假相"是人类天性中普遍存在的缺陷。由于人类在认识事物时,不是以客观事物本身为尺度,而是以自己的主观感觉和成见为尺度,从而在对自然事物的认识中掺杂着许多主观的成分。"人类的理智就好像一面不平的镜子,由于不规则地接受光线,因而把事物的性质和自己的性质搅混在一起,使事物的性质受到了歪曲,改变了颜色。"[27]

"洞穴的假相"是由于个人的特性而产生的假相。因为每个人的心理和体质各有特点,所受的教育和成长的环境、阅读的书籍、崇拜的权威亦有不同,这就难免使自然之光曲折和变色,从而产生一些成见和偏见。

"市场的假相"是由于人们在相互交往过程中语词使用不当而产生的假相。人们相互往来,如同市场上交际一样,必然会使用语言。如果对名称和概念的规定和理解不当,就会以假冒真,名实不符,造成错误的观念,形成假相。

"剧场的假相"是从各式各样的哲学体系以及错误的论证方法中移植到

人们心中的假相。培根说:"因为在我看来,一切流行的体系都不过是许多舞台上的戏剧。根据一种不真实的布景方式来表现它们所创造的世界罢了。"[28]如果人们误将哲学家精心制造的理论体系当成了现实,就会陷入"剧场假相"。

"假相"虽然危害很大,但却不是不能克服的。在培根看来,只要我们正确地使用理智,弄清错误产生的原因,找到正确的方法,就可以避免"假相",获得可靠的知识。这种方法就是经验归纳法。

培根致力于恢复自然作为科学认识的对象。他甚至说,正如阳光既照耀在金碧辉煌的宫殿上,也同样照亮阴沟一样,我们研究自然亦有其合法性。竟然需要这样来论证研究自然的合法性,中世纪时人们对待自然的态度由此可见一斑。像布鲁诺一样,培根虽然激烈地批判亚里士多德,但却离不开亚里士多德的术语。在培根看来,认识的目的在于发现自然事物的"形式",他所说的"形式"主要指的是事物运动的规律、决定物体的单纯性质的法则和事物的本质规定性。要想认识事物的形式,必须通过感觉经验,一切知识来源于感觉经验乃是认识论的基本原则。当然,感觉也有其局限性,不过感觉的缺陷是可以弥补的。补救的办法是给感官提供工具和帮助,但主要是依靠科学实验。培根认为,"一切比较真实的对于自然的解释,乃是由适当的论证和实验得到的,感觉所决定的只接触到实验,而实验所决定的则接触到自然和事物本身。"

在掌握了实验的资料之后,还必须运用理智的能力对这些资料进行加工、分析,形成概念和公理,以求揭示自然事物的"形式"、规律性。所以,培根主张从经验上升到理性,把经验和理性结合起来,他运用"蜘蛛、蚂蚁、蜜蜂"的著名比喻生动而深刻地概括了他对理性派和经验派的批判以及感性和理性联姻的重要主张。他说:"历来处理科学的人,不是实验家,就是教条者。实验家像蚂蚁,只会采集和使用;推论家像蜘蛛,只凭自己的材料来织成丝网。而蜜蜂却是采取中道的,它在庭园里和田野里从花朵中采集材料,而用自己的能力加以变化和消化。哲学的真正任务就正是这样,它既非完全或主要依靠心的能力,也非只把从自然历史和机械实验收来的材料原封不动、囫囵吞枣地累置于记忆当中,而是把它们变化过和消化过放置在理解力之中。这样看来,要把这两种机能、即实验的和理性的这两种机能,更密切地和更精纯地结合起来(这是迄今还未做到的),我们就可以有很多的希望。"[29]在他看来,经验能力和理性能力的"离异"、"不和",给科学知识的发展造成了严重的危害。为了科学知识的发展,经验必须和理性联姻。"我以为我已经在经验能力和理想能力之间建立了一个真正合法的婚姻,二者的不睦与不幸的离异,曾使人类家庭的一切事务陷于混乱。"[30]当然,培根仅仅是提出了原则,并没有真的将其付诸实践。

在培根看来,认识自然就是认识自然的形式。为了从感觉经验中概括归纳出事物的形式,培根提出了经验归纳法。经验归纳法由三大步骤组成:

第一步,收集材料。准备一部充足、完善的自然的和实验的历史。这是全部工作的基础。培根将他的归纳法区别于简单枚举归纳法,认为后者是很幼稚的,它一般地只根据少数的例证,其结论是不稳固的,只要碰到一个与之相矛盾的例证便会发生危险。与此相比,经验归纳法则以大量实验材料为依据。

第二步,运用"三表法"来整理材料。培根提出的三种例证表是:(1)"具有表",把具有所要考察的某种性质的一些例证列在一起。(2)"接近中的缺乏表",在这里列举出与上表中的例证情形近似可是却没有出现所要考察的某种性质的一些例证。(3)"程度表"或称"比较表",在这里列举出按不同程度出现的所要考察的某些性质的一些例证。这三个表是归纳的准备工作。

第三步,进行真正的归纳。培根所谓真正的归纳又分为三个小步骤:(1)排除法,即排除和拒绝这样一些性质:这些性质是在有给定的性质存在的例证中不存在的;或在给定性质不存在的例证中存在的;或者在这些例证中给定性质减少而它却增加,或给定性质增加而它却减少的。在进行这种排除的过程中已经为真正的归纳打下了基础。(2)根据三表所列示的事例,做一次正面地解释自然的尝试,就是通过排除之后得出正面的结论。(3)纠正解释偏差的几种帮助。培根列举了九种帮助,旨在校正以上程序中的失误,以求得尽可能准确的结论。

培根认为,只要我们发现了事物的形式,就能够改造自然为人类谋利益。例如,如果我们发现了黄金的形式,就可以利用普通金属制造出黄金来。当培根进行科学研究的时候,在他的脑子里游荡着的或许是中世纪炼金术士的幽灵。

培根毕竟不具备近代科学的新知识,所以我们把他的思想看做是向近代哲学过渡的重要环节。与培根相比,笛卡尔是真正意义上的近代哲学创始人。

**参考书目**

1.〔瑞士〕布克哈特:《意大利文艺复兴时期的文化》,商务印书馆,1979 年。

2．李平晔：《人的发现——马丁·路德与宗教改革》，四川人民出版社，1983年。

3．弗兰西斯·培根：《新工具》，商务印书馆，1984年。

## 注　释

〔1〕　《费尔巴哈哲学史著作选》，第一卷，第13—15页。

〔2〕　转引自《基督教哲学1500年》，第206页。

〔3〕　〔瑞士〕布克哈特：《意大利文艺复兴时期的文化》，第302页，北京，商务印书馆，1979。

〔4〕　黑格尔：《哲学史讲演录》，第三卷，第338页，北京，商务印书馆，1959。

〔5〕　参见《西方哲学史》，第291页以下诸页。

〔6〕　〔英〕丹皮尔：《科学史》，第169页，北京，商务印书馆，1979年。

〔7〕　黑格尔：《历史哲学》，第440—441页，北京，三联书店，1956年。

〔8〕　《历史哲学》，第461—462页。

〔9〕　《新约·罗马人书》，1，17。

〔10〕　周辅成编：《西方伦理学名著选辑》上卷，第441页，商务印书馆，1964年。

〔11〕　《西方伦理学名著选辑》，上卷，第475页。

〔12〕　《西方伦理学名著选辑》，上卷，第458页。

〔13〕　《西方伦理学名著选辑》，上卷，第499页。

〔14〕　《马克思恩格斯选集》，第三卷，第391页。

〔15〕　黑格尔：《哲学史讲演录》，第三卷，第378页。

〔16〕　黑格尔：《历史哲学》，第464页。

〔17〕　《马克思恩格斯全集》，第1卷，第461页。

〔18〕　《库萨著作集》，第一卷，柏林，1967年拉丁文版，第3页。转引自《西方哲学史》，第322页，中国人民大学出版社，2002年。

〔19〕　《库萨著作集》，第一卷，第38页。《西方哲学史》，第323页。

〔20〕　参见《西方哲学史》，第328页。

〔21〕　布鲁诺：《论原因、本原与太一》，第76—77页，商务印书馆，1984年。

〔22〕　《论原因、本原与太一》，第109页。

〔23〕　《论原因、本原与太一》，第44页。

〔24〕　《论原因、本原与太一》，第47页。

〔25〕　《论原因、本原与太一》，第133页。

〔26〕　参见黑格尔：《哲学史讲演录》，第四卷，商务印书馆，1978年。

〔27〕　《十六——十八世纪西欧各国哲学》，第13页，商务印书馆，1975年。

〔28〕　《十六——十八世纪西欧各国哲学》，第14页。

〔29〕　培根：《新工具》，第75页，商务印书馆，1984年。

〔30〕　《新工具》，第8页。

**第九讲**

# 主体性的觉醒

方法论
我思故我在
心身关系

从这一讲起,我们讨论近代哲学的问题。这一讲讨论的是近代哲学的创始人笛卡尔的哲学思想。

我们所说的"近代哲学"是相对于"现代哲学"而言的,与西方学术界的传统惯例有所不同,主要指从 17 世纪初到 19 世纪末的西方哲学。"近代哲学"之"近代"(modern),亦译作"现代",因为对西方人来说,这一时期哲学的"下限"是"弹性的",区别于"当代"(contemporary),通常指从现在算起大约 50 年以前,因而在这个问题上,西方人关于哲学的历史分期其标准主要是时间上的。与此不同,我们的分期的主要依据是哲学形态的特点。显而易见,从 17 世纪初到 19 世纪末的西方哲学与 20 世纪西方哲学各有鲜明的特色,其转折发生在黑格尔对于形而上学的完成、尼采等人对于形而上学的批判和 20 世纪"语言学的转向"等。我们曾经说过,古代哲学、中古哲学、近代哲学与现代哲学并非单纯时间上的划分,主要是哲学形态上的区别。

近代哲学是希腊哲学与中世纪哲学之后的又一个新的历史阶段。虽然它的历史不过 300 年,与希腊哲学和中世纪哲学各自都延续了一千年左右相比要短得多,但是在近代自然科学飞速发展、人类知识领域不断扩大和深化等等的背景之下,无论是其内容还是形式,都比以往的哲学更加丰富、深入和完善。

近代哲学是在社会历史剧烈变革的背景下形成的,我们可以将它的时代特征概括为三个"发现"。

从 15 世纪开始,作为先进生产力代表的资本主义生产方式产生了,引发了一场人类历史上空前的伟大变革。在这一时期,教会的权威开始衰落,民族国家逐渐强盛,从而削弱了教会的精神统治以及对世俗社会的干预和影响。15 世纪末 16 世纪初新航路的发现和新大陆的发现,不但促使欧洲工商业贸易迅速发展,亦使人们摆脱了中世纪那种狭隘的地域观念,一下子将人们的眼界扩展到了世界性的范围。于是,在欧洲人的面前,出现了一个充满新奇事物、充满魅力的广阔天地,史称"地理大发现"。与此同时,文艺复兴一方面通过收集整理古代文献的方式使近代与古代接上了头,另一方面以其人文主义的精神为近代哲学打下了思想基础,这就是"人的发现"。另外,这一时期自然科学的飞速发展,恢复了人们对于知识的崇尚,更增添了改造世界的雄心壮志,它的发展和进步不仅树立了理性的权威,而且为哲学提供了思想的材料和内容,使人们不再用神学的语言而是科学的语言对自然和人本身做出描述和解释,我们也可以称之为"知识的发现"或"科学的发现"。这三个"发现"就构成了近代哲学思想、文化和理论的背景。

近代哲学是在希腊和基督教这两种文明共同影响之下产生的。

与古代哲学一样,近代哲学是在宗教迷信中奋争而出的,它在一定程度上恢复了希腊哲学人文主义的传统,并且将其体现在理性主义和科学主义之中。另一方面,近代哲学虽然是在反对经院哲学的基础上发展起来的,但是在它的血管里亦流动着基督教的血液。希腊哲学重视经验的自然主义和科学精神,基督教哲学重视超验性的形而上学,在主体性的觉醒或自我意识原则的基础上构成了近代哲学的基本主题:近代哲学不仅关注自然科学的问题,形成了系统的认识论和自然哲学理论,而且也关注超验性的本体论问题,它试图将这两个方面结合在一起,寻找一种能够一举解决全部问题的方法,形成统一的哲学体系。在某种意义上说,希腊与希伯莱,雅典与耶路撒冷,两条文明源流汇集到了一起,形成了近代哲学的澎湃巨川。

不过,近代哲学对于希腊哲学和基督教哲学的态度是非常复杂的,在某种意义上说,继承是"隐性的",批判则是"显性的"。与文艺复兴不同,近代哲学具有浓厚的反传统反权威的色彩,哲学家们不是千方百计在文献典籍中为自己的学说理论寻找根据,而是极力标榜自己的"创新性",甚至表现出了强烈的非历史主义的倾向,而宗教迷信则更是他们猛烈抨击的对象。

近代哲学与自然科学的关系极其密切。一方面,自然科学的迅速发展极大地促进了社会生产力的提高,为资产阶级革命奠定了坚实的物质基础,同时也树立了理性的权威,并且在科学知识方面为近代哲学的形成和发展提供了必要的前提基础。另一方面,近代哲学亦是在满足人们要求概括和总结自然科学的成就,以便为科学提供认识论和方法论工具的迫切需要中形成和发展的,它担负起了为科学提供方法和基础的重任。这一时期的自然科学主要在以数学为工具、以实验为手段,其中数学和力学的成果最为卓著,两者都对近代哲学产生了深远的影响。数学,尤其是几何学的公理化系统,为哲学树立了榜样,哲学家们试图以这种方式建立哲学体系,以便使哲学成为科学。牛顿力学则为哲学家们提供了简捷明快的原则,从而以物体、运动和因果法则构建了机械论的自然观。

向往天国的基督教神学,与重视现实的希腊哲学,看上去水火不相容,实际上亦有共同之处。按照基督教的观念,人是万物之灵,可以成为上帝的选民,我们居住的地球则是宇宙的中心,是上帝为人类选定的家园。这种"人类中心说"与希腊哲学的人文主义有异曲同工之妙,但是在近代科学面前却遭到严重的挑战。从哥白尼的日心说经过伽利略到牛顿,近代科学建立了一种机械论的宇宙模型,成了近代哲学解释自然的理论基础。按照这种机械论的自然观,地球不是宇宙的中心,只不过是广阔无垠茫茫星海中的一颗普通星球。然而,近代哲学并非反对"人类中心说",而是采取了另一种方式。人的价值和尊严不在于神性,而在于理性,他具有认识自然和改造自然的强大力量。因此,人类在宇宙中地位的下降丝毫没有影响人的自尊,它反倒卸除了压在心头的神学的恐惧与负担,以理性来确立人的地位。人的力量不是相对于上帝,而是相对于自然的。

就此而论,就近代哲学对待自然的态度而言,把近代哲学的基本精神规定为理性主义是有一定的限制的。虽然希腊哲学与近代哲学同样是以自然为其研究的对象,然而两者还是有区别的:希腊哲学尚未将关于自然的知识与自然本身区别开,他们朴素地认为知识中的自然就是自然本身,如果知识真的成其为知识的话,所以它的自然观是理智性的——宇宙自然是一个合理的有生命的活的整体。近代哲学就不同了。从笛卡尔开始,知识与对象就区别开了:自然事物是不依我们的意识为转移的客观存在,而我们关于自然的知识则是自成系统的,它们可能与对象一致,也可能与对象不一致,哲学的任务就在于寻求使知识与对象一致的方法。因此,自然在近代哲学看来,是某种死的存在物。这样一来,近代哲学就始终面临着这样的矛盾:一方面是非理性主义的自然,一方面是理性主义的知识,这两方面的对立就构成了近代哲学的基本矛盾。怀特海在《科学与近代世界》中将近代哲学(包括科学)称为非理性主义的,就是在这个意义上说的。[1]实际上,这种对待自然的态度与中世纪哲学有着极其密切的关系,在经院哲学中,一方面把自然看做是死东西,另一方面把理性的思考集中在超自然的领域。近代哲学继承了经院哲学的问题,只不过它的目的是使这两方面结合起来,思考的是如何使这两方面协调一致的问题。

因此,近代哲学和科学的自然观,与中世纪哲学密切相关,在某种意义上说,基督教思想对于近代科学的产生是有贡献的。虽然我们经常说自然科学是希腊文明的产物,然而这种说法并不是很确切的,因为希腊人心目中的科学与近代人心目中的科学不是一回事。希腊的科学是一种静观自然的方式或理论态度,他们并没有企图用科学去达到什么别的目的,如果说有什么目的,那么可以说他们创制科学只是为了认识自然,并且通过这种认识来达到人生的至上境界。所以在一定程度上说,希腊人有科学而没有技术,他们也不需要技术。在基督教思想中,自然的地位发生了巨大的转变:自然不再是神圣的活的存在,而变成了上帝为人所准备的生活资料,研究自然有时是亵渎神灵的。因此,当近代哲学恢复了自然的地位,要求研究自然的时候,看起来它回到了希腊哲学,其实不然。它是在基督教思想的背景下恢复自然的地位的,换言之,他研究自然的目的与希腊人不同,目的是为了改造自然为人类服务。所以,在希腊哲学中人是自然的一部分,而在近代人那里人是自然的主人。这种对待自然的方式虽然有其局限性——这种局限性在今天已经暴露无遗,但是它在特定的历史时期确实使自然科学和技术得到了迅速的进步和发展。

我们可以从各种角度来规定近代哲学的基本精神,例如主体性或自我意识原则、科学主义、理性主义等等,在此我们主张以"启蒙主义"来概括近代哲学的精神,它可以将上述规定结合在一起。

启蒙主义(enlightenment)有狭义和广义之分。人们往往根据启蒙主义对于社会政治方面的作用而将18世纪法国哲学称为启蒙主义,这实际上是狭义的启蒙主义。从广义上说,整个近代哲学——从经验论和唯理论到德国古典哲学——都可以称之为启蒙主义。

如前所述,处在变革之中的近代社会为近代哲学的产生提供了历史和文化的背景。相对于中世纪的神学世界观,文艺复兴的人文主义和宗教改革的个体性、内在性以其世俗的和人文的色彩突出了人性的地位,从而为近代哲学主体性的觉醒创造了条件，我们可以称之为"人的发现"。新航路的发现——地理大发现，使欧洲人发现了一个个与自己的世界——他们原以为自己的世界是惟一的存在——不同的新世界，人们逐渐从以往狭隘的地域观念跳了出来，我们称之为"世界的发现"。最后，近代科学的迅速发展，坚定了人们认识世界和改造世界的信心，这就是"科学的发现"。这样一来，欧洲人不仅从纵的方面有了历史感，而且从横的方面有了多元化的比较，而他们自己就处在这个纵横交错的焦点上。从这个角度看，封建专制制度不再是固定不变的和天经地义的，王权之上的神圣的光环亦不复存在，科学知识则成了人的地位和尊严的最好标志。启蒙主义与宗教迷信、封建专制制度和愚昧落后为敌，它以理性和自由为其主导精神，试图通过理性提倡知识和科学来克服外在的和内在的限制，以通达自由的境界。因此，启蒙主义不仅仅与社会政治有关，作为一种思想观念，它最初并且一直是在哲学中形成和发展的。

启蒙主义的伟大贡献至今难以估量，当今西方文明的许多观念要素都是在那个时代奠基的。当然，我们这个时代的许多问题在启蒙中亦有其根源。

启蒙主义的基础是理性，目的则是通过科学和知识使人摆脱内与外的限制和束缚而获得自由，促进社会的进步。因此与希腊哲学比起来，近代哲学有着不同的精神。希腊哲学的理性是朴素的和辩证的，而近代哲学的理性则是抽象的、形式化的和科学的——作为人的认识能力，理性被理解为科学理性。不仅如此，希腊人出于对自然的敬畏，只有认识自然的思想而没有改造自然的观念，近代哲学则更突出了改造自然的目的，因而哲学就具有了某种实用性。然而，由于近代哲学和科学的自然观是一种机械论的自然观，所以当它提倡理性和科学并且试图将科学精神和方法贯彻于人类知识的全部领域的时候，在它的基本精神内部就出现了矛盾和冲突——启蒙要求克服种种限制获得自由，而科学进步的结果证明却是严格的决定论；启蒙反对宗教迷信和封建专制，试图证明人的价值和尊严，而科学理性视野下的人其本性却是物性，人反而不成其为人，如此等等，暴露了理性（科学）和自由之间的矛盾。

这就是为什么西方从 20 世纪 50 年代左右开始，对启蒙主义展开深入的批判和反思的原因。

不过话说回来，我们应该全面地、历史地看问题。事实上，无论启蒙主义有哪些局限性，它都是西方哲学必经的阶段。可以说，古代哲学以客体为原则,近代哲学则是以主体为原则,这种主体性原则就体现在启蒙主义的科学主义和理性主义之中,而且与认识论问题密切相关。古代哲学基本上沉浸在感觉经验之中,哲学家们的工作是如何从感觉经验中抽象出普遍的概念来。所以,虽然古代哲学家始终围绕着知识进行思考,但实际上认识论并不发达,认识论的问题还没有真正提到议事日程上来。近代哲学以来,情况发生了巨大的变化,自然科学飞速发展,不仅将认识论的问题摆在了桌面上,而且超越了古代哲学的朴素观念,形成了主体性原则或自我意识的原则。显然,如果不能将主体客体划分清楚,不能对主体本身进行深入的考察研究,认识论是不可能向深入发展的,知识尤其是科学知识的问题也不可能得到解决。

近代哲学标志着"主体性的觉醒",近代哲学的创始人是法国哲学家笛卡尔,而使笛卡尔成为近代哲学名副其实的创始人的乃是一个哲学命题,这就是:"我思故我在"。

# 一 方法论

按照我们过去的说法,近代哲学有两位创始人,一位是英国哲学家弗兰西斯·培根,一位是法国哲学家笛卡尔。实际上这种说法是成问题的。我们在上一讲曾经说过,培根属于过渡性的人物。笛卡尔就不同了,笛卡尔不仅是哲学家也是科学家,他熟悉当时最新的科学成就,并且提出了近代哲学的基本原则即主体性原则。我们并不想贬低培根的哲学成就,不过说到近代哲学的创始人,非笛卡尔莫属。

笛卡尔(René Descartes,1596—1650)出身名门,10岁(一说是8岁)时被送进耶稣会开办的拉·弗莱施公学学习,在八年中,前几年学习拉丁文、希腊文、法文、散文和韵文写作,后三年学习哲学,包括逻辑学、伦理学、形而上学和数学,基本上接受的是古典教育。笛卡尔声称,他在拉·弗莱施学到的数学知识,并不比欧洲任何一所大学差。据说笛卡尔的聪明才智很受院长的赏识,鉴于他体弱多病,特许他可以不参加早晨的宗教仪式,结果使笛卡尔养成了躺在床上思考问题的习惯。

笛卡尔对学校所教授的陈旧知识颇有微辞。他认为除了数学之外,没有学到任何有价值的知识。既然"读万卷书"无益,不如去"行万里路"。笛卡尔离开学校以后,便丢开了书本,去"读世界这本大书"。于是,年轻的笛卡尔"带上假面行走"(Larvatus prodeo),他自愿到军队服务,虽然"从戎"但并没有"投笔",他任的是文职,做一些抄抄写写的文字工作。笛卡尔之所以要"戴上假面行走",并不是想在世界的舞台上充当演员,而是希望做人类生活中各种各样的事件和事变的观众。"正如喜剧演员刻意遮盖脸上的赧色,便以角色的服装为遮盖,同样,当我登上至今我一直以观众的身份出现的世界舞台的生活,我戴上面具行走。"[2]

笛卡尔在观察世界。

离开军队之后,笛卡尔于 1629 年移居荷兰,在那里一住就是 20 年(1629—1649)。他的大部分著作都是在荷兰出版发表的。当时的荷兰作为第一个资产阶级共和国,是欧洲惟一有言论自由的地方,霍布斯的书拿到荷兰去刊印,洛克也曾在此避难。

笛卡尔不仅是哲学家,而且是科学家,他是解析几何的创始人,对物理学也有很深的研究。

笛卡尔的名气越来越大了,以至于瑞典女王克里斯蒂娜慕名邀请他做她的哲学教师,笛卡尔本想推辞掉,没想到女王专门派了一艘军舰来迎接他。然而,年轻的女王由于公务繁忙,只有每天清晨 5 点的时候有时间上课,这可难为了笛卡尔,因为他从小养成了整个上午都躺在床上思考问题的习惯,再加上那里的冬天非常寒冷,结果四个月后他就因患肺炎离开了人世,终年 54 岁。

笛卡尔的主要著作有《谈谈方法》、《第一哲学沉思集》和《哲学原理》等。

笛卡尔哲学标志着主体性的觉醒。

西方哲学从希腊哲学开始就确立了一种学以致知的观念,它以获得普遍必然的知识作为追求的目标,所以认识论问题——当然也包括主体性的问题——应该是它的基本问题之一。然而,当古代哲学家们开始哲学思考的时候,他们与自然万物尚处在物我不分的境界,不知经过多么艰苦卓绝的努力,他们才从感觉经验中抽象出普遍的概念来,所以虽然就认识而言肯定存在着主体性的问题,但是这一问题在相当长的时间中并没有为哲学家们所自觉。从文艺复兴时期开始,自然科学迅速发展壮大,各个学科在分化中逐渐确立了自己的研究领域,无论在深度上还是在广度上都取得了非凡的成就。因此,认识论的问题就成了哲学的重要问题之一,这就是为什么近代哲学一开始就出现了经验论与唯理论关于认识问题的争论的原因。

近代哲学中的经验论与唯理论并不是近代哲学家们凭空提出来的,不用说古代哲学中早就有柏拉图和亚里士多德之争,其实中世纪经院哲学中的唯实论与唯名论,亦可看做是经验论与唯理论的先声。唯实论是中世纪的"理性主义",它试图通过理性来证明信仰,而唯名论则是中世纪的"经验主义",它主张现实存在着的只是个别具体的事物,上帝是不可能通过理性来证明的,它只是信仰的对象。当中世纪经院哲学试图调和理性与信仰的工作最终失败之后,其结果是可以想象的:由于我们无法证明上帝的存在,从而一方面动摇了信仰的基础,另一方面亦使人们怀疑理性的作用。加之经院哲学引经据典崇尚权威的风气,毫无内容的纯粹思辨烦琐论证,使人们对理性达到了难以忍受的地步,于是在经院哲学衰落之后,文艺复兴时期成了文学家、艺术家的天下,这是对基督教神学和经院哲学长期禁锢人们的思想,推行禁欲主义的反动。因此,当笛卡尔登上哲学舞台的时候,他首先面临的问题,就是如何恢复理性的地位,为整个人类知识大厦重新奠定基础。笛卡尔雄心勃勃,他试图将所有的知识综合在一起,构成一座知识大厦。他形象地把人类知识比喻为一棵大树,形而上学是根,物理学或自然哲学是干,其他科学则是枝叶和果实。换言之,哲学或形而上学应该是一切科学的基础,然而现在这个基础是非常不稳固的。

　　笛卡尔经受的是经院哲学的传统教育,除了数学之外他认为没有得到任何有价值的知识。哲学被看做是一切科学知识的基础,然而它的每一个原理都存在着争论,我们很难想象在这样不稳固的基础上能够建立起科学的大厦来。按照笛卡尔的观点,哲学必须是科学,必须具有清楚明白无可置疑的基本特征。问题是,我们怎样才能使哲学成为清楚明白无可置疑的科学呢? 经过多年的思考,笛卡尔发现数学——几何学——与众不同。几何学的特点是:基本的初始原理即公理一旦确定,我们就可以从这一原理出发演绎地和系统地推论出其他一切原理。如果公理是清楚明白无可置疑的,那么整个知识体系也就是真实可靠的。然而非常可惜,数学的应用范围一向有限。笛卡尔试图使哲学也达到数学所特有的那种确定性和科学性,即寻找一个清楚明白无可置疑的第一原理,由之演绎出整个哲学体系。从笛卡尔开始,应用几何学方法构造哲学体系,就成了唯理论哲学家的理想。的确,数学与哲学之间的关系非常密切。在希腊哲学中,毕达哥拉斯学派曾经以"数"作为万物的本原,柏拉图学园更是宣称"不懂几何学者不得入内",亚里士多德的逻辑学与欧几里得几何学亦有着极其密切的关联,如此等等,皆源于数学的演绎科学的性质。许多哲学家认为,哲学作为世界观应该是一个严密的科学体系,数学就理所当然地成了哲学构造体系的典范。

　　在某种意义上说,解决哲学问题的前提在于解决方法论的问题。方法问题在西方哲学中是极其重要的问题,它是解决哲学问题的关键,甚至可以说哲学的每一次变革几乎都是起因于方法论的变革。就此而论,笛卡尔从一开始就抓住了问题的核心。

笛卡尔说:"良知是世界上分配得最均匀的东西","那种正确地作判断和辨别真假的能力,实际上也就是我们称之为良知或理性的那种东西,是人人天然均等的。因此,我们的意见之所以不同,并不是由于一些人所拥有的理性比另一些人更多,而只是由于我们通过不同的途径来运用我们的思想以及考察的不是同样的东西。因为单有良好的心智是不够的,主要在于正确地应用它"[3]。这就是说,虽然理性人人都有,但是仅仅有理性还不够,必须建立正确的方法来指导理性的使用才能使我们获得真理。由此可见,笛卡尔将方法问题提到了哲学的首要问题。

笛卡尔对经院哲学的逻辑方法与科学的数学方法进行了比较研究。在笛卡尔之前,经院哲学使用的方法主要是亚里士多德的三段论,他称之为"旧逻辑"。笛卡尔并不完全否定亚里士多德逻辑的作用,只是在他看来,旧逻辑只能用来推理分析已知的知识而不能获得新知识。数学方法也有其局限性,它虽然具有清楚明白无可置疑的确定性,并且能够推演出新知识来,但却只研究抽象的符号,而不研究知识。于是,笛卡尔设想了一种包含这两种方法的优点而避免了它们的缺点的新方法,它既推理严密又能获得新知识。为此,他首先提出了四条方法论原则:

第一条:"决不能把任何我没有明确地认识其为真的东西当作真的加以接受,也就是说,小心避免仓促的判断和偏见,只把那些十分清楚明白地呈现在我的心智之前,使我根本无法怀疑的东西放进我的判断之中"。笛卡尔首先确立了理性的权威,主张以理性来检验一切知识,并且确定了检验的标准:清楚明白,无可置疑。

第二条:"把我所考察的每一个难题,都尽可能地分成细小的部分,直到可以而且适于加以圆满解决的程度为止"。这就是近代自然科学和哲学中流行的分析方法,亦即从个别、特殊到一般,将对象分解为不可再分的基本性质。

第三条:"按照次序引导我的思想,以便以最简单、最容易认识的对象开始,一点一点上升到对复杂的对象的认识,即便是那些彼此间没有自然的先后次序的对象,我也要给它们设定一个次序"。这就是"综合方法",即从抽象的一般上升到具体的个别,在理论上重现事物之整体的真实本性。

第四条:"把一切情形尽量完全地列举出来,尽量普遍地加以审视,使我确信毫无遗漏。"[4]

这四条方法论原则灌注了一种批判的理性主义和一丝不苟的科学精神。在此基础上,笛卡尔建立了他的"理性演绎法"。

一般说来,笛卡尔的理性演绎法包括两个部分,即直观和演绎。所谓"直观"既不是感性直观也不是神秘的直觉,而是"理智直观",它是一个清晰而周详的心灵的无可置疑的概念,仅仅由理性之光突然而出;它比演绎本身更确实可靠,因为它更简单,虽然演绎也不可能被我们错误地使用。所谓"演绎"就是从业已确知的基本原理出发而进行的带有必然性的推理。由此可见,理智直观的作用是为演绎提供进行推理的基本原理,演绎就从这些基本原理出发,形成一个具有普遍必然性的推理过程,最终形成科学知识的体系。笛卡尔认为,他的"演绎"与经院哲学的演绎法不同,是一种能够产生新的知识、形成科学体系的新方法。

因此,笛卡尔要求哲学的基本原理必须满足两个条件:第一,"它们必须是明白而清晰的,人心在注意思考它们时,一定不能怀疑它们的真理";第二,"我们关于别的事物方面所有的知识一定是完全依靠那些原理的,以至于我们虽然可以离开依靠于它们的事物,单独了解那些原理,可是离开那些原理,我们就一定不能知道依靠于它们的那些事物"[5]。

笛卡尔称这些基本原理为"天赋观念"。"天赋观念"是笛卡尔哲学乃至唯理论哲学的基础。

按照笛卡尔的观点,科学之为科学必须是由清楚明白、无可置疑的基本原理推演而来的科学体系。显然,这些清楚明白、无可置疑的基本原理不可能来源于感觉经验,只能是与生俱来的天赋观念。因为感觉经验是不可靠的,不足以充当科学知识的基础。

笛卡尔根据观念的来源不同把观念分为三类:"在这些观念中间,我觉得有一些是我天赋的,有一些是从外面来的,有一些是由我自己制造出来的。"[6]这三类观念对应着三种心理功能,外来的观念依赖于感觉;虚构的观念借助想象;而天赋观念则出于纯粹理智。因此,天赋观念的特点是:首先,它决不能来自感官或想象,而是存在于理智中的,仅凭我们的理解得来的;其次,它必须是清楚明白、无可置疑的。一切清楚明白的观念就是天赋观念;最后,它是普遍有效的,是对事物的本质的认识,是永恒的真理。总之,所有一切不是来自感觉经验、不是来自主观的虚构,而只能来自纯粹的理性思维的东西都是天赋的。

那么,我们怎样实施理智直观来发现那些自明的哲学原理呢?针对这个关键问题,笛卡尔提出了他的普遍怀疑的方法。

既然现有的哲学原则和观念都是不确定的,那么在真假难分的情况下,惟一妥当的办法就是对一切知识和观念都采取怀疑的态度,通过普遍怀疑来寻找无可置疑的真理,确立哲学的基本原理,作为推演科学体系的基石。所以笛卡尔说:"如果我想要在科学上建立起某种坚定可靠、经久不变的东西的话,我就非在我有生之日认真地把我历来信以为真的一切见解统统清除出去,再从根本上重新开始不可。"[7]

于是,笛卡尔以怀疑为武器给予已经漏洞百出的经院哲学以毁灭性的打击。不过,他的怀疑不仅是破坏性的,而且是建设性的。就像阿基米德要求一个牢固的支点来撬动地球一样,笛卡尔要运用怀疑来寻求一个无可置疑的依据,以此为基础建立一座知识的大厦。所以,他的怀疑与怀疑论的怀疑有所不同:怀疑论以怀疑为目的,而笛卡尔的怀疑则是一种方法和手段。

正是运用这种"方法论上的怀疑",笛卡尔开始了重建形而上学的工作。

## 二 我思故我在

在知识难辨真假的情况下,笛卡尔主张使用普遍怀疑的方法来清除一切稍有疑窦的东西,把所有可疑的知识排除出去,寻找不证自明无可置疑的基础。他在《第一哲学沉思集》中这样写道:"由于很久以来我就感到我自从幼年时期起就把一大堆错误的见解当做真实的接受了过来,而从那时以后我根据一些非常靠不住的原则建立起来的东西都不能不是十分可疑、十分不可靠的,因此我认为,如果我想要在科学上建立起某种坚定可靠、经久不变的东西的话,我就非在我有生之日认真地把我历来信以为真的一切见解统统清除出去,再从根本上重新开始不可。"[8]这不是模仿那些为怀疑而怀疑并且装作永远犹疑不决的怀疑派,因为正相反,笛卡尔的整个计划只是为了寻求确信的理由,"把沙子和浮土挖掉,为的是找出磐石和硬土"[9]。

由此,笛卡尔提出了一个著名的哲学命题:"我思故我在"。

首先,我们一向当作真实可靠的感性知识是不可靠的。尽管感觉给予我们关于事物的许多报告,但是有时感官是会骗人的。例如同一个物体由于远近距离不同,在感觉上就变成了不同的东西。所以,对这些骗过我们一次的东西不要完全相信,肯定是谨慎的行为。然而,尽管感官在事物远近、大小等方面有可能欺骗我们,但是在别的方面也许没有理由怀疑它。例如我坐在火炉旁,穿着冬袍等等,我怎么能够否定这双手、这身体是我的呢?然而这同样是可疑的。因为我是人,在睡觉的时候有可能做梦。我究竟是否坐在这里,是清醒还是在梦幻之中是不确定的,所以也是可以怀疑的。既然如此,我们可以由此推论,一切依靠考察事物的科学如物理学、天文学、医学等等都是可疑的,因为它们的对象是否现实存在都是不确定的。笛卡尔的怀疑是如此之彻底,他甚至认为,他心爱的数学、几何学也是可疑的,因为人们在推理论证时经常会犯错误,而且创造世界的上帝亦可能是个骗子,他有意让我们上当:我们以为2乘以2等于4,而实际上等于5。不仅如此,甚至设想上帝并不存在也是允许的。这样一来,我们的确很容易假设,既没有上帝,也没有苍天,也没有物体,也很容易假设我们自己甚至没有手、没有脚,最后竟然没有身体。总之,以往我们所确知的一切可能都是虚幻的。

但是,当我们通过这种方式怀疑一切的时候,这个怀疑本身却表明了一条无可置疑的真理,即"我在怀疑"本身是无可置疑的。我可以怀疑一切,但是我不能怀疑"我在怀疑"。因为我对"我在怀疑"的怀疑恰恰证实了我在怀疑的真实性。在笛卡尔看来,怀疑也是一种思想。因而我们可以说,"我在思想"是一个无可置疑的事实。显然,我在怀疑,我在思想,必然有一个在怀疑在思想的"我"存在。因为说某个东西在思维着,而它在思维时却又不存在,这是自相矛盾的。换言之,怀疑必然有一个怀疑者在怀疑,思维必然有一个思维者在思维。因此,"我思故我在"(Cogito, ergo sum)乃是一条真实可靠、连怀疑派的任何一种最狂妄的假定都不能使之动摇的真理,我们可以毫无疑虑地把它当作形而上学的第一条原理。

"我思故我在",这个"我"是什么呢?

当我们怀疑一切的时候,惟有思想是无可置疑的事实。一方面当我否定所有的事物,包括我们自己的身体的存在时,我因为怀疑或思想,仍然是存在的;而另一方面如果我停止了思想,我就不存在了。所以,我发现只有一种属性属于我,与我不可分,这就是思想。因此,"严格来说我只是一个在思维的东西,也就是说,一个精神、一个理智或一个理性"[10]。"由此我就认识到,我是一个实体,这个实体的全部本质或本性只是思想,它并不需要任何地点以便存在,也不依赖任何物质性的东西;因此这个'我',亦即我赖以成为我的那个心灵,是与身体完全不同的,甚至比身体更容易认识,纵然身体并不存在,心灵也仍然不失其为心灵。"[11]这就是说,"我"是一个心灵实体,这个心灵实体的本质乃是"思想"。笛卡尔所说的"思想"范围很广,它包括一切意识活动,诸如怀疑、领会、肯定、否定、愿意、不愿意、想象、感觉等等。

笛卡尔强调,"我思故我在"并不是推论,而是一个直观到的真理。表面

看来,这个命题似乎有一个假定的大前提"一切思维者都存在着",因而是一个三段论的推论:

> "一切思维者都存在着",
>
> "我在思想",
>
> "所以我存在"。

在笛卡尔看来,恰恰相反,"一切思维者都存在着"这个所谓的大前提,其实是"我思故我在"的结果。换言之,在确定"我思故我在"之前,我们还不知道"一切思维者都存在着"。

实际上,在笛卡尔之前奥古斯丁已经提出了类似的思想,但是这并不能动摇笛卡尔以其"我思"而开近代哲学之先河的创始人的地位。笛卡尔的"我思"具有划时代的重要意义,为近代哲学奠定了反思性、主体性原则和理性主义等基本特征,因而标志着近代哲学的开端。正因为如此,黑格尔对笛卡尔赞誉有加:"他是一个彻底从头做起、带头重建哲学的基础的英雄人物,哲学在奔波了一千多年之后,现在才回到这个基础上面。"〔12〕

笛卡尔坚持认为"我思故我在"是形而上学的第一原理,于是有人将他的思想看做是唯我论的唯心主义,这显然是一种误解。笛卡尔并不是说,万事万物都依赖于"我"而存在,而是说我们惟一能够确定的是"我"的存在。仔细想一想就会发现,在知识真假难辨的情况下,笛卡尔的怀疑方法或许是惟一可行的出路。因为任何武断的判定都难逃怀疑的法网,我们所能做的就是把可疑的知识一一排除出去,看一看还剩下什么。换言之,任何肯定性的知识在此都失去了作用,我们只能依靠否定性的方法,而否定的最终结果只有一个,那就是否定性本身。所以,笛卡尔通过怀疑方法寻求不证自明、无可置疑的知识的过程,也就是将知识的内容排除出去,最后发现知识的形式亦即认识主体的过程。

实际上,笛卡尔的问题不在于此,而在于他把一个认识论的命题"非法地"转换成了一个本体论的命题。正如康德所说,将我思看做思想实体犯了一个逻辑错误,它等于把判断中的"实际主语"和下判断的"逻辑主语"混为一谈了。认识论意义上的主体只能看做是认识的形式条件,它是我的一切判断的"逻辑主语",而对本体论意义上的主体的确证则需要认识能力和经验材料这两方面的支持。换言之,它必须能够成为一个判断中被下判断的"实际主语",然而"我思"是不可能满足这些条件的。所以,我们虽然可以将

"我思"或认识主体看做是认识的基本条件,但是却不可能认识它"是什么"。

说到这里,我们有必要说一说"我思故我在"的翻译问题。

"我思故我在"在拉丁语中是 cogito,ergo sum,英语译作 I think,therefore I am。汉语翻译把西语中的系动词翻译为"存在",乃有"我在"之意,这就涉及到了近年来学术界争论不休的一个重要问题,即 Being 的翻译问题。我们在讨论巴门尼德和亚里士多德的时候,都讨论过 Being 的问题。简言之,我们通常所说的"存在"这个概念,与印欧语系的系词基本结构有关。希腊语的系动词不定式是 einai(to be),我们译作"存在"(Being)的概念源自它的中性现在分词 to on。不过,这个在语句中充当系词不定式的 einai 原本也是实质动词,有"起作用"的意思。当我们把 cogito,ergo sum 译作"我思故我在"的时候,很容易把"我在"理解为"在场"或者"活着"、"没有死"的意思。结果,"我思故我在"的意思就变成了:只有当我思想的时候,我才存在,如果我停止了思想,我就不存在了。问题是,当我们不思想的时候,我们在哪里? cogito,ergo sum 这个命题如果直译,应该是:"我思想,所以我是",其中的"是"作"起作用"比较恰当。当"我"思想的时候,"我"是起作用的,而当"我"不思想的时候,"我"就没有作用,所以思想是"我"的本性。[13]当然,我们比较倾向于约定俗成,还是译作"我思故我在",不过需要提醒大家的是不要望文生义,引起不必要的误解。

"我思故我在"这个命题看起来简单,实际上蕴含着深刻丰富的哲学意义。

第一,通过怀疑寻找无可置疑的基点,可能是惟一可行的策略。这相当于通过否定的方式寻求肯定的结论。笛卡尔完成了《第一哲学沉思集》之后,将稿子送给当时知名的专家学者包括神学家提意见。关于从怀疑通达无可置疑的基点的方法,有人不以为然,例如霍布斯。他认为,我玩耍,我游戏,我散步,都可以证明我存在,而这证明我不是思想实体,而是物质性的实体。霍布斯恐怕没有理解笛卡尔的深意:我们现在寻找的是知识的不证自明无可置疑的基点,正如笛卡尔所说的,我在火炉旁看书这件事完全可能发生在梦境之中,因而不是无可置疑的。同样,究竟"我散步"或是"我玩耍"发生在现实之中还是发生在梦境之中,也是无法确定的。由此可见,任何肯定性的判断都会面临笛卡尔的质疑,而笛卡尔解决问题的办法是通过否定性的方式排除一切知识内容,最终确定否定性本身,而这个否定性本身就是"怀疑"本身。

的确,我们不妨试一试,有没有一种肯定性的知识可以保证其自身是无可置疑的？这显然是不可能的。我们再想一想，有什么比怀疑更好的办法，能够使我们确立自我意识？显然没有。因为自我或自我意识只有通过与其他事物相区别才是可能的，换句话说，我们只能通过与其他事物的区别才能意识到我自己。

第二，"我思故我在"在通过普遍的怀疑而最终确定的惟一不证自明无可置疑的第一原理：我们可以怀疑一切，天地万物，包括我的身体，甚至还有上帝，是否存在，都是可疑的，但惟有我思是无可置疑的。笛卡尔由此确立了理性的地位。康德后来将笛卡尔的原则解释为"我思必须伴随着我的一切表象"，一切知识都是我的知识。这并不是说"我思"是惟一的和最高的原则，而是说"我思"是知识首先要确定的逻辑前提。

第三，笛卡尔通过怀疑方法确立我思的过程，亦即通过否定性的方式，排除知识内容，最终剩下抽象一般的认识主体的过程，也就是确立主体性的过程。我们之所以称笛卡尔为近代哲学的创始人，就是因为笛卡尔的这个命题体现了近代哲学主体性的原则。

古代哲学虽然崇尚知识，但是由于种种限制，认识论并不发达，许多问题还没有提到议事日程上来，例如主体性的问题。在某种意义上说，知识的进步与认识论的发展密切相关，而认识论的发展与主体性原则的确立密不可分。只有确立主体性原则，对主体本身有所自觉，并且进行深入的研究，才有可能使人类知识有大规模的进步和发展。

笛卡尔的"我思故我在"确立了主体性原则，开创了近代哲学，但也埋下了"祸根"，这就是他的二元论立场。实际上，二元论植根于笛卡尔的原则之中：笛卡尔是通过将思维内容（客体）与思维形式（"我思"主体）区分开的方式来确立主体性原则的，这样一来就使他难免陷入二元论的困境。在他看来，心灵与物体是两个互相独立、没有关系的实体。心灵的属性是"思想"，物体的属性是"广延"。心灵没有广延，是不可分的；物体不能思想，是无限可分的。笛卡尔虽然确立了主体性的原则，但是也造成了心灵与物体、心灵与身体之间的关系问题。如果思想是思想，物体（身体）是物体（身体），它们是两个相互独立的"实体"，怎么可能实现两者的一致性？！

所以对笛卡尔来说，仅仅确定了"我思"还不够，我们还必须证明上帝的存在，再由上帝的存在，证明物理世界的存在。有意思的是，我们本来是通过怀疑一切的方式确定"我思"的，现在却需要从"我思"出发，回过头去消除所有的怀疑。这就像我们从筐里把苹果一个一个拣出来检查好坏，现在需要的是再把它们一个一个地再放回去。

关于笛卡尔形而上学的另外两条原理:上帝存在和物质世界存在,我们在下一讲再做详细讨论,先让我们看一看笛卡尔给近代哲学带来了怎样的二元论难题。

## 三 心身关系

我思实体与物体实体之间的关系问题,在人身上,表现为心灵与身体之间的关系问题,简称"心身关系"问题。

心身关系问题是笛卡尔哲学的核心问题之一,当笛卡尔将心灵和物体(身体)看做是两种绝对对立的实体之后,他就面临着一个怎样说明两者的沟通和联系的难题。这既是一个本体论的问题,也是一个认识论的问题。

当笛卡尔通过普遍怀疑的方式确立"我思"的存在时,他坚决主张心身二元论,即两者是相互独立、互不相干的实体。但是,这种二元论无法解释心身之间显而易见的相互关系,也无法说明心灵对身体的认识问题。因此,笛卡尔逐渐放弃了彻底的心身二元论,开始在两者之间寻找联系。他认识到,我们实际上是灵魂与肉体的联合体,两者虽然不同,但是却联系得如此密切,当外界事物通过运动而影响我们的感官,使我们的身体发热或疼痛时,我的心灵就产生了避开的念头。反之,当我想抬起手的时候,手就抬起来了。这是两个完全不同的过程,但是却如此协调一致,就好像在它们之间有一道桥梁连接着它们。于是,笛卡尔仔细研究了人体解剖学和生理学,试图找出运动是怎样从这一方传达到那一方的。最后,他找到了大脑中间我们一般称之为松果腺的腺体,认为它就是心灵与身体这两个运动过程的交换台,就是这个交换台把心灵的"语言"转换成为身体的"语言",把身体的"语言"转换成为心灵的"语言"。这就是笛卡尔的"心身交感论"。虽然现代医学已经否定了笛卡尔的松果腺原理,但是他试图摆脱二元论困境的努力却是有意义的。这个难题不仅始终困扰着笛卡尔,而且给他的后继者们带来了无穷的烦恼。

在笛卡尔之后,哲学家们在心身关系问题上提出了许多解决方案,其中有代表性的有"偶因论"(occasionalism)、"副现象论"(epiphenomenalism)、"心身同时发生"或"两面论"(the dual-aspect theory)和"先定和谐"(pre-established harmony)等。

笛卡尔曾经长期旅居荷兰,在荷兰形成了一个笛卡尔学派,以格林克斯为代表,还有法国的马勒布朗士,他们主张"偶因论"。这种观点认为,心灵不能影响身体,身体也不能影响心灵,两者之所以协调一致,只有一个原因,那就是上帝。换言之,心灵不是身体活动的原因,身体也不是心灵活动的原因,一方对另一方来说,不过是机缘凑巧(occasion)而已,真正的原因是上帝。所谓"副现象论"是关于心身关系的一种庸俗唯物主义的解释,这种观点认为真实存在着的只是生理活动,心理活动不过是生理活动的"影子",也就是"副现象"。斯宾诺莎试图贯彻一元论的原则,他把心身关系理解为同一个实体的两个方面。至于莱布尼茨则主张先定和谐的观点,他认为心灵与身体之所以协调一致,不是因为上帝随时随地的调整,而是因为上帝在创世时就已经预先规定好了的和谐关系。直到今天,心身关系仍然是心灵哲学的研究对象。

我们可以毫不夸张地说,使笛卡尔成为近代哲学的创始人的,就是"我思故我在"这个哲学命题,它奠定了近代哲学主体性、自我意识和理性主义的基本原则。不过,笛卡尔也为近代哲学留下了一道二元论的难题,而这个难题在此框架之内实际上是不可能得到解决的。

笛卡尔是通过将思维内容(客体)与思维形式(主体)区分开的方式来确立主体性原则的,但他要谋求的却又是两者的统一性和一致性。在他看来,心灵与物体是两个互相独立、没有关系的实体。心灵的属性是"思想",物体的属性是"广延"。心灵没有广延,是不可分的;物体不能思想,是无限可分的。结果,笛卡尔虽然确立了主体性的原则,但是也造成了心灵与物体、心灵与身体之间的关系问题,整个近代哲学始终为这个对认识来说是致命的难题所困扰。因为这样确立起来的主体性是以主体与客体之区别为其前提的,因而当哲学家们由此出发去证明思维与存在的同一性的时候,那是注定不可能解决问题的。我们将看到,不仅唯理论而且经验论最终都无法跨越这个障碍:唯理论者笛卡尔只好请出上帝来帮忙协调"我思"与物体之间的一致性;经验论者洛克则为经验所限,亦陷入了"心外有物"与"心中只有观念"的矛盾,使得经验论最终在休谟那里走向了不可知论。

**参考书目**

1. 笛卡尔:《第一哲学沉思集》,商务印书馆,1986 年。

2. 笛卡尔:《谈谈方法》,商务印书馆,2000 年。

3. 罗狄-刘易斯:《笛卡尔和理性主义》,商务印书馆,1997 年。

4. 冯俊:《笛卡尔第一哲学研究》,中国人民大学出版社,1989 年。

5. 皮埃尔·弗雷德里斯:《勒内·笛卡尔先生在他的时代》,商务印书馆,1997 年。

## 注  释

〔1〕 参见〔英〕怀特海:《科学与近代世界》,商务印书馆,1989 年。

〔2〕 转引自〔法〕皮埃尔·弗雷德里斯著:《勒内·笛卡尔先生在他的时代》,第 41 页,商务印书馆,1997 年。

〔3〕 《西方哲学原著选读》,上卷,第 361—362 页。

〔4〕 《西方哲学原著选读》,上卷,第 364 页。

〔5〕 笛卡尔:《哲学原理》,第 6 页,商务印书馆,1958 年。

〔6〕 《西方哲学原著选读》上卷,第 374 页。

〔7〕 笛卡尔:《第一哲学沉思集》,第 14 页,商务印书馆,1986 年。

〔8〕 《第一哲学沉思集》,第 14 页。

〔9〕 笛卡尔:《谈谈方法》,第 23 页,商务印书馆,2000 年。

〔10〕 《第一哲学沉思集》,第 25—26 页。

〔11〕 《西方哲学原著选读》,上卷,第 369 页。

〔12〕 黑格尔:《哲学史讲演录》,第四卷,第 63 页。

〔13〕 参见笛卡尔:《谈谈方法》,第 27 页,王太庆先生的注释。

**第十讲**

# 大陆理性主义

笛卡尔

斯宾诺莎

莱布尼茨

　　在近代哲学中,认识论的问题占有重要的地位,甚至有人称之为"认识论的转向"。这样概括近代哲学的性质虽然不一定恰当,因为任何大而化之的抽象概括一遇到具体内容就会面临很多问题,不过认识论的问题的确是这一时期哲学家们关注的主要问题之一。

　　希腊人以知识作为最高的理想,然而他们似乎还没有意识到认识论问题的重要性,或者说,认识论问题尚未提到哲学的议事日程上来。因为朴素直观的古代哲学主要是在思维与存在的同一性的基础上思考问题的,由于知识尚未明确地分门别类,认识在深度和广度上都受到了限制,所以尽管知识归根到底存在着主体与客体之间的区别,但是这对于希腊人来说似乎还没有成为问题,不过晚期希腊哲学中的怀疑主义实际上已经把哲学所面临的认识论难题摆在了哲学家的面前。中世纪哲学所研究的领域尽管非常狭窄,然而当哲学家们在纯粹思想的领域营造一个精神的世界的时候,自然与精神形成了相互对立的两大领域,而他们试图调和信仰与理性的工作终于失败之后,不仅动摇了信仰的基础,也使人们对理性的能力产生了怀疑。在此之后,哲学家们需要收拾残局,重新恢复理性的地位——哲学作为一种理论学科当以理性为其基础,不研究认识论问题是不可能有结果的。

因此,在近代哲学中,认识论问题成了哲学研究的主要问题之一。

自从怀疑主义以来,自从基督教思想否弃了自然现象的真实存在之后,柏拉图——甚至可以追溯到巴门尼德——的两个世界,亦即现象世界和本质世界的划分,就必然使认识论问题成为人们思考的重心。与主张思维与存在是一回事,还没有将知识与知识的对象分离开的古代哲学不同,现在对近代哲学来说,我们关于对象的知识和对象本身究竟是否是一致的,很成问题,甚至哲学家们终究也没有能够解决这个难题。与追求知识的古代哲学一样,近代哲学也在追求知识,但是随着经院哲学的衰落,哲学必须为自己寻找到一个合理的立足点,这个立足点就是认识主体。确立主体性的地位,是笛卡尔的伟大贡献,近代哲学就从此开始。

正像在希腊哲学中突出了柏拉图的先验论和亚里士多德的经验主义之间的矛盾一样,近代哲学一开始就存在着两种倾向,这就是经验论和唯理论。围绕着知识问题,哲学家们展开了激烈的争论,一些哲学家认为一切知识归根到底都来源于感觉经验,所谓科学知识——主要是实验科学——乃是对于感觉经验归纳的结果。而另一些哲学家则认为,由于感觉经验是相对的和个别偶然的因而是不可靠的,具有普遍必然性的科学知识不可能建立在这样的不可靠的基础之上,如果有科学知识,显然我们的确有科学知识,那么它就不能以感觉经验为基础,而只能是从理性所固有的天赋观念中推演而来,惟其如此,我们才能说明科学知识的普遍必然性。这两种观念,前者被称为经验论,以培根、洛克、巴克莱和休谟为主要代表,后者被称为唯理论,以笛卡尔、斯宾诺莎和莱布尼茨为主要代表。

经验论与唯理论是两种不同的哲学模式。

经验论者关注的是经验,并且认为一切知识都来源于经验而没有其他的来源,因而他们的思考主要集中在从经验中得来的感觉材料是如何构成知识的,由于英国的唯名论传统,它的经验论者通常都是唯名论者,他们不认为理性在认识中除了组合与分解感觉经验材料之外还有什么特殊的作用,所以他们普遍排斥形而上学。因此,经验论的体系实际上是以"心理论"的方式构建的——从洛克的"白板说"开始,经验论者都是以经验来说明观念,以观念的组合与分解来说明知识,这个模式就是"经验——观念——知识"。这个模式的特点是,它既是"开放的"又是"封闭的",然而由于近代哲学的二元论立场,这两者必然发生矛盾。知识来源于经验,所以知识不是主观自生的,它有着外部的源泉。但是我们的知识只是关于观念之间的关系,这就使我们的认识与外部对象之间横着一道经验的鸿沟——我们只能知道经验而不可能知道经验背后的事物本身。因此，经验论模式的局限性就在于，它既无法说明知识的客观有效性，也无法证明知识的普遍必然性。所以经验论在某种意义上必然导致怀疑主义或者不可知论。

唯理论者意识到感觉经验的相对性和个别偶然性，认为在此基础上是不可能建立普遍必然的科学知识的。如果知识不是以经验为其基础，那么就只能以理性自身为其基础，所以他们在数学（几何学）的启发下，认为在理性中有一些"天赋观念"，以此为基本原则严格按照逻辑的必然性进行推论，我们就可以建立起人类的知识大厦。因此，唯理论的模式表现为"逻辑"的：知识是按照逻辑（数学）的方式构建起来公理化系统，它从第一原理推演而来，只要第一原理是可靠的，那么整个知识系统就是可靠的。唯理论模式的特点是，它能够比较有效地说明知识的普遍必然性，然而其局限性也十分明显：在所谓第一原理问题上难逃独断论的嫌疑，而且像经验论者一样将知识封闭在思想范围之内了，不仅如此，它与经验论一样面临着二元论的难题——如果知识完全是理性自身推演出来的，而且与经验没有关系，那么它们如何可能与外部事物一致呢？

唯理论与经验论的不同之处还在于它是形而上学或本体论的，因为它一方面坚持知识是从理性中推演而来的，另一方面又必须避免由此可能产生的主观主义，所以必须以某种本体论作为知识的前提和基础。

对比经验论与唯理论的方法，就可以清楚地看出它们之间的区别。

经验论的方法最初是培根制定的，他称之为"经验归纳法"。这种方法的特点是从经验出发，主张对足够充分的经验材料进行分析和概括，以抽象出事物的一般性质——共性。唯名论的立场使经验论者不认为有独立存在的共性或共相，这就使这种方法的效果大打折扣，而且仅仅依靠经验归纳难以解决知识的普遍必然性问题。

唯理论的方法是由笛卡尔按照数学方法（主要是几何学方法）制定的，他称之为"理性演绎法"。这种方法由两个部分构成，其一是理智直观，其一是逻辑演绎。我们可以保证推演过程是符合逻辑的，但是无法保证推演所依据的基本原理是可靠的，这就需要理智直观的作用。整个知识系统所依据的第一原理是无法由知识本身来确定的，需要理智直观来给出一个不证自明无可置疑的原理。然而理智直观是如何可能的？我们如何能够保证直观到的第一原理是可靠的？所以唯理论的知识大厦固然美妙，但是它的基础却是它最致命的薄弱环节。为了弥补这个薄弱环节，唯理论就需要一个可靠的本体论基础。所以，虽然一说到经验论与唯理论的争论，我们就会想到,这是关于认识论问题的争论,但是实际上两者花在认识论问题上的精力似乎是不一样的。经验论者排斥形而上学,所以他们的哲学就是认识论。而唯理论更关注的是知识的形而上学基础,这一方面构成了他们的哲学的主要内容。

# 一　笛卡尔

我们在上一讲讨论了笛卡尔形而上学的第一原理"我思故我在",现在讨论形而上学的另外两条原理:"上帝存在"和"物质世界"。

笛卡尔把人类知识比喻为一棵大树:形而上学是根,物理学(自然哲学)是树干,其他学科是枝叶和果实。现在的问题是,经院哲学衰落,哲学百废待兴,为人类知识大厦提供基础的哲学问题丛生,难以担当这一重任。在思考这些问题的过程之中,笛卡尔发现了数学,也就是欧几里得几何学。几何学作为一个公理化系统,只要初始原理确定了,严格按照逻辑规则推演,我们就可以得到具有普遍必然性的知识。于是,笛卡尔考虑如何将几何学方法改造成为一种哲学方法,用来建立科学的哲学体系。

万丈高楼平地起,最重要的就是打好基础。对于人类知识这座大厦来说,关键就在于形而上学,而对于形而上学来说,关键则是确定它的初始原理,即第一原理。然而,哲学处在众说纷纭莫衷一是的混乱状态,我们怎样才能确定哪些是成问题的,哪些是确定无疑的呢?笛卡尔采取了迄今为止可能是最为行之有效的怀疑方法:既然现在知识真假难辨,最明智的办法莫过于对所有的知识来一次彻底的怀疑,把稍有疑惑的知识暂时放在一边,看一看能不能找到不证自明无可置疑的东西。

于是,笛卡尔便果断地对知识采取了普遍怀疑的审查。检查的结果令人惊异:我们所有的知识都是可疑的,惟有正在怀疑的我确定无疑,而这个正在怀疑的我显然先得存在,然后才可能有怀疑。由此可见,所有的知识真假难辨,只有"我思故我在"无可置疑,所以"我思故我在"乃是形而上学的第一原理。

然而,当我们确定了这个形而上学的第一原理的时候,实际上只是确定了"我思"实体,其他任何东西仍然没有确定。笛卡尔使用怀疑方法确定"我思",也就是通过否定性的方式,排除所有的知识内容,最终确定认识主体的过程。这样一来,"我思"固然确定了,但也正是因为"我思"的确定,使认识主体(我思)与认识对象(物质世界)相互隔绝,换言之,仅仅确定我思还不能就此确定任何知识的确定性,实际上所有一切仍然是悬而未决的。于是,笛卡尔从"我思"出发来证明上帝存在,从而通过上帝来保证"我思"实体与物质实体的一致性,这便有了形而上学的第二原理"上帝存在"和第三原理"物质世界存在"。

在上一节我们已经讨论了笛卡尔关于"我思故我在"的哲学命题,他视之为形而上学的第一原理:"我思故我在"。然而,"我思故我在"虽然是形而上学的第一原理,但是这并不意味着主观性的存在就是哲学的最高范畴。因为这一命题实际上仅仅确定了我在思维,并没有确定任何思维内容的真理性。在笛卡尔看来,这还有赖于我们对上帝存在的证明。

"上帝存在"是笛卡尔形而上学的第二原理。

显然,有很多原因决定了笛卡尔不可能按照传统的方式而只能从"我思"出发来证明上帝存在。首先也是最重要的原因是,我们是通过普遍怀疑的方式达到"我思"的,而这个"我思"除了自己之外,不能担保任何东西的存在。所以,我们不可能从世界或者什么东西推论上帝的存在,比如从世界的因果系列推论第一因等等,因为世界是否存在,我们还不知道呢。不仅如此,既然"我思故我在"是形而上学的第一原理,那就意味着"我思"是其他所有推论的基础和出发点,即使是上帝也不例外。

我们通过普遍的怀疑,也就是否定性的方式,获得了"我思"。那么,我们从这个"我思"出发,如何证明上帝存在? 要知道,当笛卡尔通过普遍的怀疑而获得"我思"的时候,上帝也在被怀疑之列。

我意识到我的心中有一个"上帝"的概念,"上帝"概念的内涵是什么?"用上帝这个名称,我是指一个无限的、永恒的、常住不变的、不依存于别的东西的、至上明智的、无所不能的以及我自己和其他一切东西(假如真有东西存在的话)由之而被创造的实体说的。"[1]那么,"上帝"这个概念的原因是什么呢?

首先,"上帝"概念不可能来自我自己。因为"上帝"概念是无限完满的,而"我"的存在是不完满的:我们通过怀疑除了确定"我在"之外不可能确定别的什么,而认识显然比怀疑具有更大的完满性。由此可见,"我"是一个不完满的、有缺陷的实体。无限完满的"上帝"概念不可能来自我自己。而且"上帝"概念也不可能来自外部世界,因为在上帝里面没有什么东西与外部世界的物体性东西是相似的。按照"无中不能生有"、"原因必须大于或等于结果"的原则,也就是说,比较完满的东西不可能源自比较不完满的东西,就上帝这一表征着最完满的存在的观念而论,显然我不可能是它的原因,外部世界的物体也不可能是它的原因,它只能源于一个更加完满的本性。所以,我们只能说有一个比我更加完满的存在将这个观念放进我的心灵之中,这个完满的存在就是上帝。

除了从上帝观念的来源证明上帝存在而外,笛卡尔还有另外两种证明方式,一个是从具有上帝观念的我的存在来证明上帝的存在,一个是用上帝的本质或本性来证明上帝的存在。[2]

关于第一种证明方式,简言之,既然我并不是完满的,那么我就不是惟一存在的实体,必然有一个更加完满的实体作为我存在的根据和持存的依靠,而我的一切都来源于它。关于第二种证明方式,笛卡尔认为,凡是我清楚明白地认识到是属于某个东西的,都一定在实际上属于这个东西。现在,我清楚明白地认识到,一个现实的、永恒的存在性属于上帝的本性,那么它们就属于上帝的本性。在别的事物里,我们可以把本质与存在分开,但在上帝中是不能分开的。正像一个三角形的本质不能与它的三角之和等于两直角分开,一座山的概念不能同一个谷的概念分开一样。如果一个至上完满的上帝竟然缺少存在性,肯定是不妥当的。哲学史经常把笛卡尔的这一证明看做是与中世纪安瑟尔谟关于上帝存在的本体论证明一样的本体论证明。它们之间虽然有区别,但都是从概念推论存在。

虽然上帝是比"我思"更完满的存在,因而他的存在用不着假定"我思"的存在,而"我思"的存在的确需要上帝作为根据,但是证明上帝的存在却必须以"我思"的确定为前提。换言之,作为形而上学的原理,只有确定了"我思",才能进一步确定上帝的存在。不过话说回来,并不是说上帝是由"我思"而来的,而是说,关于上帝存在的证明,以"我思"为前提。

其实,上帝在笛卡尔哲学中具有特殊的用途。

笛卡尔将"凡是我们清楚明白地设想到的东西都是真的"作为一条基本规则,而这条规则的保证就来自上帝。这条规则之所以可靠,只是因为有上帝存在,因为上帝是一个完满的实体。"由此可见,我们的观念或概念,既然就其清楚明白而言,乃是从上帝而来的实在的东西,所以只能是真的"。[3]于是,笛卡尔发现了一条道路,"顺着这条道路我们就能从深思真实的上帝(在上帝里边包含着科学和智慧的全部宝藏)走向认识宇宙间的其他事物。"[4]显而易见,二元论的立场不仅使笛卡尔难以解决心灵与物体之间的一致性问题,甚至无法确定物质世界及其规律的客观存在以及我们对它们的认识可能性。现在,笛卡尔要通过上帝存在来解决这些难题,于是他提出了形而上学的第三原理:"物质存在"。

我们是通过普遍怀疑的方式来确定"我思"的,虽然这种怀疑方法卓有成效,但是也因此而造成了物质世界是否存在这一最大的怀疑。不过,当我们证明了上帝的存在之后,这个难题就迎刃而解了。

如前所述,上帝是一个最完满的实体,所以我也就确信上帝是决不会欺骗我的,决不会把我引入歧途,陷入谬误。因为欺骗和谬误这些非实在的东西与上帝这样一个绝对实在的完满属性不相符合。如果上帝给予我们的认识能力是贻误人生的,他使我们认假为真,那他就是一个骗子。现在,我们知道上帝是完满的,因而不可能欺骗我们,于是我们最大的怀疑便连根铲除了。这就是说,由于确信上帝的实在性和完满性,我现在也确信物质世界的存在。

笛卡尔在确定了"我思"实体之后,曾经提出了一条基本规则:"凡是我们十分明白、十分清楚地设想到的东西,都是真的"。在证明了上帝存在之后,这条规则便有了根据:它之所以是可靠的,"只是因为有上帝存在,因为上帝是一个完满的实体,并且因为我们所有的一切都从上帝而来。由此可见,我们的观念和概念,既然就其清楚明白而言,乃是从上帝而来的实在的东西,所以只能是真的。"[5]现在,笛卡尔亦由此来证明物质世界的存在。

我们的确有关于物质世界的清楚明白的观念,问题是,这些观念究竟是从哪里来的? 由于物体与心灵是不同的实体,它们之间不可能相互过渡,所以这些观念不可能是我产生的。既然我们的观念就其清楚明白而言,都是从上帝而来的实在的东西,我们关于物质世界的观念不是主观自生的,所以我们关于物质世界的观念也必然来自上帝,它们必然是真实可靠的。这就是说,上帝保证了我们的观念的实在性,保证了物质世界的真实存在,因而也保证了我们关于物质世界的认识的客观有效性。

笛卡尔之所以大费周折绕圈子通过上帝存在来证明物质世界的存在,根源在于他的二元论立场。我只是思想实体,所以我不能证明物质实体的存在,也不能证明我关于物质世界的观念与它是符合一致的,只好请上帝来帮忙。上帝保证了我们心中清楚明白的观念的真实性,因而也保证了外界事物的实在性,同时亦保证了心灵与物体之间的一致性:上帝一方面把自然规律建立在自然之中,一方面又把它们的概念印在我们的心灵之中。

笛卡尔从普遍怀疑出发,确定了心灵、上帝和物体三种东西的存在,他称之为"实体"。然而,"所谓实体,我们只能看做是能自己存在而其存在并不需要别的事物的一种事物。"[6]所以,真正符合这个实体定义的只有上帝,因为只有上帝是绝对独立的存在。因此,当我们说上帝、心灵和物体是三个实体的时候,并不是在同一意义上说的。从来源上讲,心灵与物体都依赖于上帝,不过它们仅只依赖于上帝。而就本性而言,心灵之为心灵,物体之为物体,是依赖于自身而存在的,所以从相对的意义上说,它们也可以叫做实体。

毫无疑问,只一个"我思故我在"的命题就足以使笛卡尔不朽了,他是近代哲学当之无愧的创始人。但是对于近代哲学来说,笛卡尔可算是功过参半。他以"我思"确立了主体性的地位,同时也带来了二元论的难题,而且现在这个样子还不可能实现他的理想,以几何学方法建立科学的哲学体系:"我思"是形而上学的第一原理,但却不是知识的有效保证,那还需要上帝的帮助。虽然笛卡尔提出了使用几何学方法建立哲学体系的设想,但是真正使这个设想付诸于现实的则是斯宾诺莎。

## 二 斯宾诺莎

斯宾诺莎是 17 世纪最伟大的荷兰哲学家,大陆理性主义的著名代表。黑格尔对斯宾诺莎推崇备至:"斯宾诺莎是近代哲学的重点:要么是斯宾诺莎主义者,要么不是哲学","要开始研究哲学,就必须先做一个斯宾诺莎主义者"。[7]通常人们把斯宾诺莎哲学看做是笛卡尔哲学的完成或者系统化,这虽然不能说没有道理,但是有轻视斯宾诺莎哲学在哲学史上的重要地位之嫌。

巴鲁赫·德·斯宾诺莎(Baruch de Spinoza,1632—1677),希伯莱文学名为 Bento de Spinoza,脱离犹太教会之后改名为以拉丁文拼写的 Benedict de Spinoza(本尼狄克特·德·斯宾诺莎),与洛克同一年(1632)出生于荷兰阿姆斯特丹一个犹太商人家庭。

荷兰是欧洲资本主义发展最早的国家,1581 年荷兰建立了欧洲第一个资产阶级共和国,与欧洲其他国家相比,荷兰具有比较多的思想自由和信仰自由,以至于许多哲学家科学家都曾经到荷兰避难和从事学术活动。斯宾诺莎的祖先原来生活在葡萄牙,深受宗教迫害。1588 年,英国舰队打败了西班牙的无敌舰队,终止了西班牙的海上霸权,才使犹太人有了从海上逃出西班牙和葡萄牙的机会,斯宾诺莎的祖先就是这样逃到荷兰来的。

斯宾诺莎早年就读于一所犹太教会学校,这所学校的任务是培养犹太教的牧师——"拉比",学习的课程主要是希伯莱文、旧约圣经和犹太经典。在这个时期,斯宾诺莎受到了中世纪犹太哲学家迈蒙尼德的泛神论的影响。毕业后,斯宾诺莎又学习了拉丁文和希腊文,进而研读了当时的哲学和自然科学的著作,其思想转向了新哲学,并且对犹太神学产生了怀疑。斯宾诺莎从来光明正大,并不隐瞒自己的观点,这引起了犹太教会的恐慌,但是一切威逼利诱的手段都不起作用。于是,在1656年斯宾诺莎24岁的时候,犹太教会对他采取了最严厉的"大开除"惩罚,把他永远开除教籍,诅咒他,规定任何人都不许与他交谈,甚至在路上相遇时也必须保持一定的距离。

在荷兰的犹太人是为了逃避宗教的迫害而来的,而斯宾诺莎却没有能够逃脱犹太教的迫害。

斯宾诺莎避居乡村,历尽磨难,以磨制光学镜片为生,坚持研究和写作。他受尽了谩骂和攻击,但其哲学才华也享有盛名。1673年,普鲁士巴拉丁选帝侯卡尔·路德维希慕名邀请斯宾诺莎到海德尔贝格大学任哲学教授,允许他自由讲学,不过"侯爵相信他不会滥用这种自由去触犯大家所信奉的宗教",但被他婉言谢绝了,因为"他不知道应当把那种哲学自由限制到多大的限度之内,才不至于被认为触犯大家所信奉的宗教"[8]。

1677年,斯宾诺莎在贫病交加之中离开了人世,当时只有44岁。

斯宾诺莎一生德性高尚,无可挑剔。罗素称他是"伟大哲学家当中人格最高尚、性情最温厚可亲的。按才智讲,有些人超越了他,但是在道德方面,他是至高无上的"[9]。诗人海涅甚至把斯宾诺莎看做是圣人:"斯宾诺莎的生涯没有丝毫可非议的余地,这是可以肯定的。它纯洁、无疵,就像他成了神的表兄耶稣基督的生涯。而且有如基督,他也曾为了自己的学说而受苦,并像基督那样戴上了荆冠"。[10]

斯宾诺莎生前只出版了两部著作,一部是应朋友之请,将他为一位大学生讲授笛卡尔哲学的讲义整理而成的《笛卡尔哲学原理》,一部是匿名出版的《神学政治论》。他最重要的代表作《伦理学》是去世之后才发表的。其他还有《知性改进论》(未完稿)、《政治论》(未完稿)和《神、人及其幸福简论》(早期著作)。

据说许多科学家都用过斯宾诺莎磨制的镜片。德国诗人海涅有一句名言:"我们所有的哲学家,往往自己并不自觉,却都是通过巴鲁赫·斯宾诺莎磨制的眼镜在观看世界"。[11]虽然不无夸张,但却道出了斯宾诺莎哲学的重要意义。

莱布尼茨曾经专程拜访斯宾诺莎。斯宾诺莎对莱布尼茨说:一般的哲学是从被创造物开始,笛卡尔是从心灵开始,我则是从神开始。用黑格尔的话说,斯宾诺莎把富于东方情调的绝对同一观纳入了欧洲的思想方式。在斯宾诺莎看来,"事物被我们认为真实的,不外两个方式:或者是就事物存在于一定的时间及地点的关系中去加以认识,或者是就事物被包括在神内,从神圣的自然之必然性去加以认识"。[12]显然,他认为这后一种方式是更高级的认识方式。在某种意义上说,斯宾诺莎面临的哲学问题是如何克服笛卡尔的二元论,而从更深的层面说,他要解决的是人生所能通达的至善境界的问题。

斯宾诺莎哲学具有浓厚的伦理学色彩,其哲学的目的在于道德上的至善,即达到人生最高的完满境界。他的哲学体系由本体论、认识论和伦理学三个部分组成,其中本体论是基础,认识论是手段,伦理学则是最高的目的。因此,斯宾诺莎将他的主要著作名之为《伦理学》。这部著作从定义和公理出发,再到命题,之后还有推论、解说等等,完全按照几何学的方法构造了一个哲学体系,真正使笛卡尔将几何学方法改造成为哲学方法的理想付诸现实,当然也妨碍了他直接提出并充分论证自己的思想。这就使我们在阅读《伦理学》时,感到有些麻烦。例如我们随便翻开《伦理学》,第83页,第二部分"论心灵的性质和起源"中的命题四十四:

命题四十四　理性的本性不在于认为事物是偶然的,而在于认为事物是必然的。

证明　理性的本性(据第二部分命题四十一)在于真正地认知事物或(据第一部分公则六)在于认知事物自身,换言之(据第一部分命题二十九)不在于认事物为偶然的,而在于认事物为必然的。此证。

这是一个比较简单的命题。虽然如此,如果想要理解这个命题,我们不仅需要循序渐进,从第一部分的"界说"和"公则"等开始,而且需要理解并且牢记那些论证的根据(据第二部分命题四十一……),不然的话,我们就要经常翻到前面去,看一看根据的命题是怎么回事。

由此可见,几何学方法固然简捷明快,但这种方法适用于符号或者图形的论证推理,如果用于哲学则难以充分展开思想的内容。

下面我们就按照斯宾诺莎的哲学体系,即本体论、认识论和伦理学,讨论斯宾诺莎的哲学思想。

## （一）本体论

斯宾诺莎的本体论亦即他的实体学说，包括实体、属性和样式等三方面的内容。

"实体（substantia），我理解为在自身内并通过自身而被认识的东西。换言之，形成实体的概念，可以无须借助于他物的概念。"[13]这就是说，实体是独立自存的，它自己是自己的原因。从这个定义出发，以"实体即自因"为核心和基础，斯宾诺莎推演出了关于实体的一系列基本规定。

实体是无限的。由于实体即自因，所以它不可能在某些方面不存在，因而是无限的。如果实体是有限的，那就意味着它不是自因，不是在自身内而是在他物内，因而受别的实体所限制了。

实体是永恒的。所谓永恒，即存在自身。由于实体即自因，存在属于它的本性，因此实体就不可能不存在，因而一定是永恒的。另外，实体既然是自因，其存在的原因就在自身之内而不可能由别的事物所产生，所以它的存在既没有开端也没有终结，必然是永恒的存在。

实体是不可分的。如果实体是可分的，那么从实体中分出来的各个部分或者仍然保持着实体的性质，或者失去了实体的性质。就前者来说，具有相同性质的实体只能是同一个实体，而后者则是根本不可能的，因为存在属于实体的本性。

实体是惟一的。如果有多个实体，那么众多实体的属性或者相同，或者不同。如果它们的属性相同，实际上就是同一个实体。如果它们的属性不同，彼此之间就会相互限制，因而与实体的定义不符。

斯宾诺莎在《伦理学》中经常称实体为神或自然，实际上，实体、神、自然是从三个方面对同一个东西的不同表述。

斯宾诺莎给神下的定义是："神（Deus），我理解为绝对无限的存在，亦即具有无限'多'属性的实体，其中每一属性各表示永恒无限的本质。"[14]所以，神与实体是一回事。斯宾诺莎所说的"神"并非宗教神学意义上的人格神，而是以泛神论的方式表述了世界最高原因的统一性。泛神论与自然神论是相对的。自然神论以神作为自然的外因，从自然的和谐与秩序推论它一定有一个创造者，这个创造者在创造了自然之后，便任由它按照规律自己运行。所以这种观点在某种意义上排除了神对自然和社会的任意干涉。泛神论则以神作为自然的内因，神即自然，神就在自然之中，神与自然是同一的。这种观点不是把神理解为人格神,而是理解为自然本身。斯宾诺莎之所以生前身后受尽了极其恶毒的谩骂和攻击,很大程度上是因为他的泛神论立场。无论是犹太教还是基督教,有可能容忍自然神论,但却绝不会容忍泛神论,在他们的眼中,泛神论就是无神论。

斯宾诺莎也经常说实体即自然,不过他所说的"自然"有特殊的含义。在《神学政治论》中,他为此特别加了一个注:"注意,我在这里所谓'自然'的意义,不仅指物质及其分殊,而且也指物质之外的另一种无限的东西"。[15]因此,他所说的自然指的是包括物质和思想在内的大全。由于实体是自因,因而自然乃是原因和结果的统一。所以,斯宾诺莎像布鲁诺一样,将自然分为"能生的自然"(natura naturans)与"被生的自然"(natura naturata),即作为原因的自然与作为结果的自然,它们体现了同一个自然的两个方面:实体即自因,自然既是自己的原因,也是自己的结果。

"属性(attributus),我理解为由知性(intellectus)看来是构成实体的本质的东西。"[16]所谓"属性"即实体的本质。按照实体的本性,它的属性是无限的,但是"从知性看来"亦即就人的认识限度而论,我们只知道其中的两个属性,这就是思维和广延。

斯宾诺莎试图通过将笛卡尔的思想实体和广延实体降低为实体的属性的方式,来化解他的二元论。一方面,思想与广延不是两个实体而是同一个实体的两个属性,因而两者是同一的。另一方面,由于两者性质不同,所以又是相互独立,互不限制的。显然,在斯宾诺莎那里,仍然存在着二元论的残余。例如他由此出发来解决笛卡尔的心身关系问题,既不同意笛卡尔的心身二元论,也不赞成他的心身交感论,而是主张"心身两面论"或"心身同时发生论"。"心灵与身体乃是同一的东西,不过有时借思想的、有时借广延的属性去理解罢了。不论我们借这个属性或那个属性去认识自然,事物的次序与联系却只是一个,因此我们身体的主动或被动的次序就性质而论,与心灵的主动或被动的次序是同时发生的。"[17]这就是说,心灵与身体是同一个体的两个方面,心灵不能决定身体,使之动或静,身体也不能决定心灵使之思想。但是它们是同一物的两面,所以总是一致的。例如"手抬起来"这一身体活动,与"我想抬起手来"这一观念,相互之间并没有因果关系,它们是"同时发生的"。

"样式(modus),我理解为实体的分殊,亦即在他物内通过他物而被认知的东西。"[18]按照他的观点,宇宙间只有一个实体,万事万物乃是这个实体的特殊表现形式,它们既相互区别又相互联系、互相制约,构成了一幅千差万别的统一图景。

实体是自因、无限的、不可分的、永恒的和惟一的。与之相比,样式则是他因、有限的、可分的、暂时的和杂多的。一切都在实体之内,所谓样式亦即实体的属性的"分殊",也就是具体存在着的个别事物。世界上的一切事物要么属于思维属性的样式如个别的思想、观念、情绪、情感等,要么属于广延属性的样式,如一切具有广延的物质事物。

因此,实体与样式之间的关系,乃是一般与个别、原因与结果之间的关系。对斯宾诺莎来说,一般性是根本,个别性则是一般性的具体表现,不过两者又是不可分离的,一般性存在于个别性之中,个别性亦存在于一般性之内。实际上,我们可以把实体看做是"能生的自然",把样式看做是"被生的自然"。不过需要说明的是,由于样式是有限的和他因的,它们具有规定性,因而包含着否定性,所以无限多的样式的总和并不就是实体。对样式的认识可以有两种方式,一是就事物本身去认识它,一是就其在实体之中,从更高的原因、更高的必然性去认识它。就事物本身去认识事物,只能认识有限的东西,而从实体的高度去认识事物,才能认识事物的本质,这才是真正的认识。

由于样式是在他物内通过他物而被认知的有限事物,因此样式与样式之间的关系是有限的因果关系。任何事物的存在都是有原因的,其原因也有原因,而这原因的原因还要有原因,依此类推,以致无穷。自然之中,无一事物没有原因,因而万事万物都是必然的:"自然中没有任何偶然的东西","一切事物都依必然的法则出于神之永恒的命令","其所以说一物是偶然的,除了表示我们的知识有了缺陷外,实在没有别的原因"[19]。

斯宾诺莎哲学的基本特征是从宇宙整体出发,将实体确立为哲学的基础和核心,通过一元论克服笛卡尔的二元论,以几何学方法来建立完整严密的哲学体系。所以在某种意义上说,笛卡尔的哲学理想是由斯宾诺莎为之实现的。关于斯宾诺莎哲学的性质,引起了人们的争论。有人根据斯宾诺莎实体即自然的规定,称其哲学为唯物主义的唯理论,显然有欠妥当。如前所述,斯宾诺莎不仅同样强调实体即神,而且他所说的自然不止是物理自然,也包括精神性的存在。实际上,斯宾诺莎的意图是以实体一元论来超越笛卡尔哲学中思想与广延的对立。

# （二）认识论

在斯宾诺莎哲学中，实体是基础和核心，也是认识的对象。认识的目的是通过认识实体而达到至善的最高境界，因而是从有限进展到无限的桥梁。

斯宾诺莎的认识论以实体一元论和心物两面论为其前提。宇宙间只有一个实体，思想与广延是它的两个本质属性，而它们的特殊状态则构成了自然万物。因此，一方面人的心灵是神的无限理智之一部分，亦即有限的理智，因而是能够认识实体及其属性的；另一方面，尽管思想不可能影响广延，广延也不可能影响思想，但是两者作为同一个实体的属性是一致的，所以认识了观念的次序也就等于认识了事物的次序。斯宾诺莎就是以这种方式在思想与广延之间建立了同一性，从而保证了认识的客观有效性。

严格说来，实体是认识的惟一对象。我们对实体的认识有两条途径，一是从神圣的自然必然性去认识，即对实体本身的认识；一是从实体的样式，即具体事物去认识实体。作为唯理论者，斯宾诺莎主张我们的认识应该从最高原则出发去认识具体事物，所以第一种方式是最高的方式，不过他也不排斥第二种方式，因为"我们理解个别事物愈多，则我们理解神也愈多"[20]。

在《伦理学》中，斯宾诺莎把知识归结为三种：

第一种是"意见或想象"。这种知识是没有确定性的，更不能使我们洞见事物的本质。

第二种是"理性知识"，即由推论而得来的知识，如数学知识。

第三种是"直观知识"，这是由神的某一属性的客观本质的正确观念出发，进而达到对事物本质的正确知识。这种知识能够直接把握事物的本质而不会陷入错误，因而是最高的认识。

斯宾诺莎认为，"只有第一种知识是错误的原因，第二和第三种知识必然是真知识"。[21]在后两种知识中，斯宾诺莎更推崇"直观知识"，因为这种知识能够直接认识事物的本质而不至于陷入错误，并且为推论知识确立了出发点、前提和基础。由此出发，他改造了笛卡尔的天赋观念论，提出了"真观念"的学说。

在斯宾诺莎看来，"真理本身、事物的客观本质（即思想中的本质）或事物的真观念"三者指的是同一个东西。[22]所以，真观念就是关于事物的本质的真理性认识，它的特性是："（一）真观念是简单的或由简单的观念构成的，（二）真观念能表示一物怎样和为什么存在或产生，（三）真观念的客观效果在心灵中,与其对象的形式本身相符合"[23]。虽然真观念是关于事物的本质的知识,但是真观念与事物的本质之间却并不存在反映与被反映的关系。因为按照斯宾诺莎的实体学说,源于同一个实体的事物与观念是相互独立、同时发生的,所以认识活动并不是从事物到观念,而是从观念到观念。当然,事物的次序与观念的次序一定是符合一致的,因此"观念与它的对象的符合"是衡量真观念或真理的标准,不过这只是"外在的标志",更重要的是它的"内在的标志",亦即真观念自身的清楚明白。斯宾诺莎还说,"除了真观念外,还有什么更明白更确定的东西足以作真理的标准呢? 正如光明之显示其自身并显示黑暗,所以真理即真理自身的标准,又是错误的标准"。[24]

斯宾诺莎的"真观念"与笛卡尔的"天赋观念"有所不同,它们并不是与生俱来的,而是经过直观的认识活动而获得的。在他看来,"直观"和"推理"的能力是天赋的,我们由此而获得真观念,并且以真观念为前提进而获得了其他的真理。当人们试图追问真观念从何而来的时候,很容易就陷入了无穷后退的困境。这就像炼铁一样:要炼铁就必须有铁锤,要有铁锤又需要制造铁锤的工具⋯⋯如此类推,这样的方式不可能解决问题。实际上,人最初利用原始的天然工具制造了简单的工具,又进而制造更精密的工具。认识也是如此。理智凭借天赋的力量自己制造理智的工具,再借这种工具充实它的力量来制造别的新的理智的作品,再由这种理智的作品进而探寻更新的工具或更深的力量,如此一步一步地进展,直至达到智慧的顶点为止。这就是说,我们凭借天赋的认识能力(直观和推理)在心中首先建立起一个"真观念",作为我们的"天赋工具",作为认识的原始起点,逐渐形成"作品",再制造新的工具⋯⋯,这就构成了知识的进步。

斯宾诺莎哲学的根本目的是追求人的自由和幸福,以达到至善和神人同一的至上境界。因此,他的本体论是基础,认识论是手段,而其最终的归宿则是伦理学。在唯理论哲学家当中,浓厚的伦理学色彩是斯宾诺莎哲学的一大特色。

## (三)伦理学

斯宾诺莎伦理学的主要问题是,既然自然中的一切事物都是"他因"的,都受严格的因果必然性支配,那么作为自然的一部分的人如何可能达到至善的道德境界呢? 应该说,本体论和认识论已经为此指明了方向:由于人具有天赋的认识能力，能够认识万物的本质即实体或神，因而有可能摆脱单纯的样式状态，通达自由的境界。

情感与理性是人类心灵的两大基本要素。人有情感，动物也有情感。情感主要表现为痛苦、快乐和欲望。每个人都根据他的情感来判断或估量善恶，快乐是善，痛苦为恶。但是，如果人完全由情感支配，等于完全受命运摆布，那么他和动物一样都是情感的奴隶。如果人的行为和欲望都由外在的力量所决定，那么也就谈不上道德不道德了。理性与情感不同，它能够使人认识神、知神、理解神，从而产生对神的理智的爱。换言之，惟有理性能够使人认识万物的本质，摆脱受奴役的状态。因此，仅仅受情感或意见支配的人与由理性指导的人之间的区别在于，"前者的行为，不论他愿意与否，完全不知道他所作的是什么，而后者的行为，不是受他人的支配，而是基于自己的意志，而且仅作他所认识到在他的生活中最为重要之事，亦即仅追求一所最愿望的对象"，所以前者是奴隶，后者则是自由人。[25]因此，我们通达至善而成为自由人的惟一途径就是对神的认识："心灵的最高的善是对神的认识，心灵的最高德性是认识神"。[26]因为一切皆出于神，没有神，一切都不存在。而且心灵只有在理解时才是主动的，也惟有当心灵能理解时，"我们才可以无条件地说，它是遵循德性而行动。所以心灵的绝对德性就是理解"。[27]

由此可见，人生在世所追求的善可以分为相对的善和绝对的善。由情感所规定的善是相对的善，理性所追求的至善才是真正的善、绝对的善。人们通常认为是最高的幸福的不外三项：财产、荣誉和感官快乐。然而，这些东西不仅是相对的、暂时的，而且还会带来长期的痛苦，于是善就转化成了恶。当然，斯宾诺莎并不是要求人们完全放弃日常生活的快乐，把他看做禁欲主义者其实是一种误解。在他看来，当我们的欲望完全依附于可灭的事物，我们不能完全理解我们的情感的时候，我们就成了激情的奴隶。所以，他主张用理性去理解和控制情感，我们对于情感理解的愈多，我们的欲望和欲求就不会过分，因而只有知识才能引导我们走向幸福，只有通过知识我们才能从激情的束缚中解放出来，从情感的奴隶而成为他的主人，成为自由人。

在斯宾诺莎哲学中，"至善"是认识的最高目的，人生的最高境界，也是它的最后归宿。

所谓"至善"是真正的善，最高的善，它是"一经发现和获得之后，我便可以永远享受连续无上的快乐"的东西，是"一切具有这一品格的个体都可以共同享受的东西",“简言之,就是认识人的心灵与整个自然相一致"〔28〕。所以,“至善"就是一种常驻不变的、永恒的、普遍的、最高的道德境界,这种境界是通过对神的认识而达到的。心灵的最高德性在于知神,而知神也就是认识人心与自然、实体或神的一致。

如前所述,“至善"是绝对的善,而不是相对的善。一般意义上的善恶只有相对的意义,这样的善指的是我们认为对自己有用的东西,这样的恶指的则是我们认为阻碍我们获得善的东西。如此说来,同一件事物在不同的观点下,不同的情况下,既有可能是善,也有可能是恶。与此相反,“至善"乃是永恒不变的,不论在任何情况下都是真正的善。

“至善"亦是普遍的,而不是个人私有的东西,否则它就是相对的、个别的和偶然的东西了。“至善乃是这样一种东西,人一经获得,凡是具有这种品格的其他人也可以共同享受的东西。"〔29〕

“至善"就是认识人的心灵与整个自然相一致,“自然"亦即实体或神,因而“至善"也就是从实体的高度认识万物的本质,按照神圣的自然法则而生活。

在某种意义上说,达到了“至善"也就意味着达到了自由。

在斯宾诺莎看来,自由就是出于自身本性的必然性而存在、行动和生活:“凡是仅仅由自身本性的必然性而存在、其行为仅仅由它自身决定的东西叫做自由。反之,凡一物的存在及其行为均按一定的方式为他物所决定,便叫做必然或受制"。〔30〕

一切事物包括人在内都是出于神,在神之内。然而,人作为一个偶然的、个别的和有限的存在物,当他不知道自己的本性的时候,当他只是盲目地、被动地为自然规律所驱使的时候,他就是被动的奴隶。而当他由理性所指导,认识了自己的本性之必然性,从而主动地生活的时候,他就成了一个自由人。因此,认识自身本性的必然性,乃是从奴隶而成为自由人的根本途径。换言之,依照理性的指导的人就是自由的。

所以,认识活动就构成了斯宾诺莎哲学中的重要环节。斯宾诺莎曾经将我们的知识分为三种,其中第三种知识即“直观知识"最重要。“第三种知识是从对于神的某一属性的正确观念而达到对于事物本质的正确知识。如果我们愈能依据这种知识来理解事物,那么我们便愈能理解神。因此,这就是心灵的最高德性,换言之,心灵的力量或本性或心灵的最高努力即在于依据第三种知识来理解事物。"〔31〕

斯宾诺莎区别了两种必然性,一种是外在的、强制性的必然性,一种是内在的或"自由的"必然性。在某种意义上说，他所理解的自由就是对必然性的认识，当然不是对外在的必然性的认识，而是对自身本性的必然性的认识。世界上的一切事物都是在他物内通过他物而被认识的，处于"自然状态"的人也是如此。认识活动，尤其是直观知识，实际上就是使人从"在他物内"回到"自身内"，这就是自由。

当斯宾诺莎被人们当作"死狗"而唾弃的时候，德国的知识分子们却对他推崇备至，这其中有莱辛、歌德、赫尔德、施莱尔马赫、施莱格尔、费希特、谢林和黑格尔……斯宾诺莎哲学是德国古典哲学的理论来源之一。费希特试图利用斯宾诺莎的一元论来克服康德的二元论，谢林则进一步把斯宾诺莎的"广延"(自然)与"思维"(精神)建立为"实体"(绝对同一性)的两个展开过程。黑格尔就不用说了，他甚至认为要研究哲学就必须首先做一个斯宾诺莎主义者。黑格尔说："斯宾诺莎的思想的伟大之处，在于能够舍弃一切确定的、特殊的东西，仅仅以惟一的实体为归依，仅仅崇尚惟一的实体；这是一种宏大的思想，但只能是一切这种的见解的基础"，因而"莱布尼茨的个体化原则(在单子中)成全了斯宾诺莎"。[32]

# 三 莱布尼茨

莱布尼茨是 17 世纪末 18 世纪初德国著名的哲学家和科学家。当时的德国在政治经济等方面与其他西欧各国相比要落后得多。不过在文化上却并非如此。由于德国在地理及文化上与当时的发达国家英国、法国及荷兰非常接近，在贸易上也有比较密切的往来，因此这些国家的先进思想和科学文化，对德国人产生了较大的影响。与此同时，德国的落后状态也促使有识之士们向先进的国家学习，由于巴黎作为欧洲科学和艺术中心的地位，使他们与法国文化非常接近。莱布尼茨继承和发展了笛卡尔哲学，他的主要著作都是用法语和拉丁语写成的。

哥特弗里德·威廉·冯·莱布尼茨(Gottfried Wilhelm von Leibniz, 1646—1716)出生于德国莱比锡，父亲是莱比锡大学道德教授，他自幼就显示出非凡的天才，15 岁进入莱比锡大学学习法律，17 岁时获哲学硕士学位，20 岁时就完成了学业，由于没有如此年轻而被授予博士学位的先例，莱比锡大学不肯授予他博士学位。后来他转而就读于耶拿大学和纽伦堡的阿尔道夫大学，在那里获得了法学博士学位。

莱布尼茨不仅是哲学家、科学家，而且是社会活动家，甚至更多的是社会活动家。他曾出任外交官、宫廷顾问、汉诺威图书馆馆长。他积极创办了柏林科学院,并且担任第一任院长。与此同时,他还力促在圣彼得堡、维也纳和北京建立科学院,为此曾给当时在位的康熙皇帝写过信,可惜这些努力都没有成功。

莱布尼茨是一位具有多方面才能的学者,在许多领域作出了卓越的贡献。他在数学上与牛顿同时创立了微积分,为此还和牛顿陷入了很不体面的争论之中,当然主要是牛顿挑起来的。现在我们知道,莱布尼茨和牛顿各自独立发明了微积分,区别仅在于牛顿发明在先,而莱布尼茨发表在先。莱布尼茨在逻辑上提出了充足理由律,改进了帕斯卡尔的加法器,创制了一种手摇式的计算机,提出了二进位制,被人们称为现代计算机的思想先驱。莱布尼茨与当时的许多哲学家和科学家都有交往,如牛顿、惠更斯、费尔玛、霍布斯、马勒伯朗士和波义尔等,也曾到荷兰拜访过列文虎克和斯宾诺莎。莱布尼茨与大多数哲学家不同,除了一些发表在杂志上的文章外,他的许多哲学思想是在与人通信中阐发的,这些作品大多在他去世之后才得以问世。他的主要哲学著作有:《形而上学论》、《新系统》、《神正论》、《论自然与神恩的原则》、《单子论》等。《人类理智新论》是他与洛克论战的一部重要哲学著作,这本书写成的时候,洛克去世了。在莱布尼茨看来,由于对手已经不能答辩了,发表出来对他不尊敬也不公正,所以直到莱布尼茨去世后半个多世纪才得以首次发表。由此可见莱布尼茨的绅士风度。

莱布尼茨的时代,机械论自然观的局限性已经露出了端倪,经验论与唯理论各自的短长也逐渐明朗化了。他曾经在《神正论》中把哲学所面临的问题归结为两大"迷宫":一个是自由与必然之间的矛盾,一个是不可分的点与连续性之间的矛盾。在某种意义上说,这两大难题或直接或间接都与机械论的局限有密切的关系。

在近代自然科学尤其是物理学的影响之下,17世纪的哲学家们大多推崇机械论的自然观,他们将物体的本质规定为广延,即单纯的量的规定,并且把物理学中作用与反作用的力学原理引入哲学,以因果关系作为自然界乃至人类社会的普遍规律。这种机械地解释自然的方式固然有其美妙之处,它整齐划一又符合当时的科学,但是当哲学使用这种机械论的实体观解释世界时却遇到了许多困难。

首先,机械论的实体观必然会陷入"不可分的点"与"连续性"之间的矛盾。当时笛卡尔一派认为物体乃广延实体,因而是无限可分的,不存在不可分的原子和纯粹的虚空。而伽桑狄等原子论一派则认为物体是由不可分的原子组成的,在原子之间存在着运动的场所即虚空。前者肯定了连续性而否定了不可分的点,后者肯定了不可分的点,却否定了连续性。在莱布尼茨看来,两者都是错误的:实体的概念必然蕴含着统一性,因而应该既具有连续性,同时又是不可分的。所以,用可分的广延来规定实体与实体的不可分性是矛盾的,而以不可分的原子规定实体则无法说明实体的统一性。因此,无论是广延还是原子都不是实体。

其次,机械论的实体观无法解释许多经验事实,也不能说明生物的运动变化。机械论者所理解的运动只是作用与反作用的位置移动,物体不能自己运动,其运动的原因只能在它之外。换言之,所谓广延实体一定是被动的、僵死的东西,而这就与"实体"的概念不相符合了,因为能动性是一般实体的本质。所以说,广延不是实体,它还必须预先假定别的实体。

第三,机械论的实体观不仅难以说明物质世界的本质,更不能解释感觉现象和思想现象。有形体的物质是如何获得精神能力并且形成无形体的意识的,显然不可能用广延或物体的机械组合而得到合理的说明,物体既不能机械地产生理性,也不能机械地产生感觉。

莱布尼茨意识到,应该从质的角度,从能动性的角度,寻求一种单纯的、无形体的永恒实体作为万物的基础。于是,莱布尼茨继布鲁诺之后,区分了三种"点":(1)"数学上的点"是不可分的,但是它没有广延,只是抽象思维的产物而没有现实的存在;(2)"物理学的点"具有现实性,不过它是无限可分的,因而不是具有统一性的实体;(3)"形而上学的点"是既现实存在又是真正不可分的实体。这种"形而上学的点"就是"单子"。与近代哲学家大多否定古代哲学权威的情况相反,德国哲学从莱布尼茨开始就试图利用古代朴素的辩证法思想来改造近代机械论,以弥补其缺陷。这构成了德国哲学的一个基本特征。

按照莱布尼茨,宇宙万物的实体不是一个,也不是两个或者三个,而是无限多个。因为实体作为世界万物的本质,一方面必须是不可分的单纯性的,必须具有统一性,另一方面必须在其自身之内就具有能动性的原则。这样的实体就是"单子"。所谓"单子"就是客观存在的、无限多的、非物质性的、能动的精神实体,它是一切事物的"灵魂"和"隐德来希"(内在目的)。单子具有如下的特性:

1. 单纯性。单子是单纯的精神实体。"单子"这个概念源于希腊语monas,意即"一个"或"单纯"。世界上的一切事物都是复合的,因而一定有单纯的实体,因为复合物无非是一群或一堆单纯的东西,所谓"单纯"就是没有部分的意思。既然没有部分,也就没有广延或形状,因而是不可分的。所以,单子一定是精神实体,莱布尼茨有时也称之为"灵魂"或"活的零"。单纯性是单子的基本规定,莱布尼茨由此而推演出了单子的一系列特性。

2. 复多性。单子是无限多的。因为世界上的事物都是复合的和无限的,因而组成这些事物的单纯实体就不是两个或三个(笛卡尔),也不是一个(斯宾诺莎),而是无数个。

3. 永恒性。单子是单纯的实体,因而没有广延、形状或部分,所以是不可分的。这就是说,单子不会像自然事物那样通过各个部分的组合而产生,通过各个部分的分解而消灭。单子的产生与消灭只能出于上帝的创造和毁灭,这无异于说单子是永恒存在的。

4. 单子之间相互独立。既然单子是单纯的,没有广延或部分,就不可能有什么东西可以进入其内部而造成变化,单子的"偶性"也不可能离开实体而进入其他的单子。所以,单子之间没有"物理的影响",不存在任何真正的相互作用。莱布尼茨形象地说:"单子并没有可供某物出入的窗户。"[33]

5. 质的区别。单子是单纯的,没有广延,因而相互之间不存在量的差别而存在着质的差别。因为世界上的事物千差万别、多种多样,如果组成事物的实体即单子没有量的差别,就必然具有质的差别。于是,莱布尼茨提出了一种"普遍差别原则"或"个体性原则":"每个单子必须与任何一个别的单子不同。因为自然界中决没有两个东西完全一样,不可能在其中找出一种内在的、基于固有本质的差别来"。[34]由于单子是单纯的精神实体,其本性在于表象或知觉,所以单子知觉的清晰程度不同就造成了它们在质上的区别。

6. 单子是自因。单子是单纯的,没有部分,因而它的变化和发展不可能来自外部,只能出于它的内部原因,这也符合实体独立自存而能动的原则。所以,单子一定是自身完满的"自因":"我们可以把一切单纯实体或创造出来的单子命名为'隐德来希',因为它们自身之内具有一定的完满性,有一种自足性,使它们成为它们的内在运动的源泉,也可以说,使它们成为无形体的自动机"。[35]既然如此,每个单子就都是"携带着过去"又"孕育着未来",出于自身目的而活动的实体。

莱布尼茨将单子的这种内在的原则和能动的本性称之为"力",每个单子都是一个"力的中心",它表现为"欲求"或"欲望",单子就是在"欲求"的推动下自己实现自己的本性的。由此可见,莱布尼茨所说的"力"不同于机械论的外力,而是事物的内在目的。

单子作为单纯的精神实体具有"知觉"和"表象"的能力,由于单子"知觉"的清晰程度有所不同,在单子之间存在着质的差别,因而整个宇宙可以看做是一个单子的等级系列。

布鲁诺曾经将个体意识比做打碎了的大镜子的碎片,在无数个碎片中出现了无数个太阳。莱布尼茨也提出了类似的比喻。单子有"知觉",能够凭这种能力像一面镜子一样反映整个宇宙。因此,自然是"大宇宙",单子是"小宇宙",它们是"宇宙活生生的镜子"。由于每个单子知觉的清晰程度不同,它们都以自己的方式表象宇宙,因而就构成了相互之间的质的区别。如此说来,单子在宇宙之中,宇宙也在单子之中,整个宇宙就表现为一个普遍联系的整体。

单子之间可以划分为无限多的等级,主要的等级有:无意识的无机物以至植物,它们的单子只有最不清晰的一些"微知觉",莱布尼茨也称之为"原始的隐德来希";动物的灵魂具有较清晰的知觉和记忆,可称之为真正的灵魂,当然还只是感性灵魂;人的灵魂具有更清晰的知觉和自我意识,即理性灵魂,有了"统觉"和"理性";在人之上还有无数更高级的生物或单子,例如"天使";最高的单子就是上帝,他是惟一的创造一切单子的单子,全知、全能、全善,因而是"单子的单子"或"太上单子"。

上帝是最完满的单子,其他一切单子为上帝所创造。"创造物有它们由于受上帝影响而得来的完满性,但是它们也有由于它们自己的本性而来的不完满性,所以不能没有限制,因此创造物与上帝的区别就在于这一点上"。[36]

莱布尼茨根据单子的"知觉"和"欲求"以及相互之间的等级,提出了"连续性原则"。

从"单子的单子"上帝到最低级的单子,其间存在着无限多的等级,这些等级之间没有分离的间隔,因而整体是连续的。不仅如此,每个单子从一种知觉到另一种知觉的发展,也具有连续性。所以他提出了一条准则,"自然从来不飞跃",这就是"连续律"。"这条规律是说,我们永远要经过程度上以及部分上的中间阶段,才能从小到大或从大到小……。"[37]这就是说,在单子与单子之间存在着无数等级的单子,因而在相邻的两个单子之间,一方面有差别,另一方面其差别又是无限小的。因而所有的单子就构成了一个从上帝这个最高的单子到最低级的"原始的隐德来希"的无限的连续的序列。每个单子都是"不可分的点",而全部单子又构成了一个连续性的整体,莱布尼茨就是这样来解决机械论实体观的矛盾。

然而,"连续性原则"只能说明在静态条件下宇宙的连续性,而无法解释单子的动态的变化和发展。由于每个单子都是自因的自动机,而且单子与单子之间没有相互的物理影响,所以任何单子的发展变化都有可能破坏整个宇宙的连续性的整体。那么在动态的情况下,宇宙这个单子的无限等级序列是如何协调一致呢?莱布尼茨的回答是,因为宇宙万物有一种"预定的和谐"。

上帝在创造每一个单子的时候就已经预见到了一切单子的全部发展情况,他在安排好了每个单子各自独立的发展变化的同时,也使其余的单子各自作相应的变化发展,因而全部单子的变化发展就自然而然地和谐一致,始终保持着整体的连续性。因此,整个宇宙就好像是一支庞大无比的交响乐队,每件乐器各自按照预先谱写的乐谱演奏不同的旋律,而整个乐队所奏出来的是一首完整和谐的乐曲。

莱布尼茨不仅用"预定的和谐"来说明由无限多的单子所组成的整个宇宙的和谐一致,而且以此来解决笛卡尔遗留下来的心身关系问题。

在心身关系问题上,笛卡尔最初持二元论的立场,后来又转向了心身交感论,马勒伯朗士和以格林克斯为代表的荷兰笛卡尔学派则以"偶因论"来解决问题,他们认为心灵与身体就像是两座钟,它们之间的和谐一致是由上帝来协调的,各自都不是对方运动的原因,最多只是"偶因"或"机缘"而已。莱布尼茨不同意笛卡尔的观点,而偶因论则等于把上帝看做是"很坏的钟表匠",自己制造的钟表竟然必须随时亲自调整才能走时一致,这显然与上帝的尊严不相称。在他看来,上帝所制造的这两座钟应该自始就走的非常准确,而且相互之间又自然地彼此一致,这就是心身之间的"预定的和谐"。

既然一切都是上帝的预定和谐,那么应该怎样理解"自由"呢?从表面上来看,莱布尼茨的"预定和谐说"和机械决定论无异,必然与自由是对立的。但是,莱布尼茨对自由有一种特殊的理解。在他看来,自由不是意志的选择能力,而是从潜能向现实的自我发展。虽然单子被决定以某种特殊方式活动,但是,正是单子的内部本性而不是外部力量决定它活动,这就说明单子是自由的。或者说,自由是某物不受阻碍地变成它注定要变成的那种东西。对于人来说,"自由是自发性加上理智"。"自发性"是自由的必要条件,但光有自发性还不足以称为自由,自发性还必须加上理智才构成自由。一个自由的人应该能够认识到他为什么要做他所做的事。自由的行为就是"受自身理性决定"的行为。"被决定"是必然,但是,"被自身决定"就是自由。

由此可见,在莱布尼茨的哲学中,"预定的和谐"既是宇宙整体的连续性秩序的基础,也是心身关系协调一致的保证,因而是其哲学中不可缺少的关键部分,构成了其哲学的最大特点。虽然上帝在这里扮演了"急救神"的角色,不过莱布尼茨主要是以这个最大的奇迹排除了其他所有的奇迹,排除了上帝对自然过程的任意干预,所以他的上帝类似自然神论的上帝。

如果单子是精神实体,那么单子与物体之间是一种什么样的关系呢?莱布尼茨一方面与当时的哲学家们一样认为物体是僵死的、被动的广延,视精神为单纯的能动性的实体,所以单子是实体,物体只是形相、现象或外部表现。然而另一方面,单子与物体虽然有别,但两者又是不可分离的。除了上帝之外,既没有完全与形体分离的灵魂,也没有无形体的精灵,一切心灵、一切单纯的精神实体都永远和一个形体相结合。因此,尽管原则上物体是无限可分的,然而"在物质的最小的部分中,也有一个创造物、生物、动物、'隐德来希'、灵魂的世界"。[38]当然,灵魂与形体的结合并不是永恒不变的。"一切形体都在一个永恒的流之中,好像河流一样,继续不断地有些部分流出和流进",所以"灵魂只是逐渐地和逐步地更换其形体,在动物中经常有形态的改变,而绝无灵魂的更替,绝无灵魂的轮回","从来没有完全的生,也没有严格意义下的绝对的死存在于与灵魂的分离之中。我们所谓的生乃是发展和壮大,而我们所谓的死乃是隐藏和收敛"。[39]

下面我们讨论莱布尼茨的认识论思想。

一般说来,莱布尼茨的认识论以单子论为基础和前提,或者说,他的认识论思想是单子论的组成部分,即关于人的心灵这种单子如何表象或知觉宇宙万物的学说。

莱布尼茨维护和发扬了笛卡尔所确立的唯理论的基本原则,与洛克展开了论战。洛克在《人类理智论》中全面地阐述了他的经验论原则,而莱布尼茨则写作了《人类理智新论》,逐段地对其进行了批判,阐发唯理论的认识论思想。可以说,这是近代哲学史上少有的不同流派哲学家之间的直接交锋。就莱布尼茨而言,他在继承笛卡尔唯理论的同时,既看到了经验论的局限,亦意识到了笛卡尔哲学的困难。因此,莱布尼茨在同洛克论战时,也在考虑如何吸取经验论的长处来弥补唯理论的缺陷。由于莱布尼茨的认识论思想基本上是在《人类理智新论》中与洛克论战时阐述的,所以我们就根据他与洛克争论的主要问题来讨论他的思想。

首先,莱布尼茨揭示了感觉经验的局限性。他认为"人类的认识与禽兽的认识的区别"在于"禽兽纯粹凭经验,只是靠例子来指导自己,因为就我们所能判断的来说,禽兽决达不到提出必然命题的地步,而人类则能有经验证明的科学知识,也是因为这一点,禽兽所具有的那种联想功能,是某种低于人所具有的理性的东西。"[40]经验主义者的联想能力与禽兽的纯粹联想一样,总以为过去发生的事情,在以后相似的场合下还会发生。然而,经验是个别的、偶然的和有条件的,不具有必然性,当条件发生了变化,原有的经验就不适用了,如果固守过去的经验,必然就要犯错误。人之所以如此容易捕获禽兽,单纯的经验主义者之所以如此容易犯错误,便是这个缘故。莱布尼茨认为真理必须具有普遍必然性。他敏锐的看出,经验论和唯理论争论的一个根本问题就是:"究竟是一切真理都依赖于经验,亦即依赖归纳与例证,还是有些真理更有别的基础。因为如果某些事件我们在根本未作任何实验之前就能预见到,那就显然是我们自己对此也有所贡献的。感觉对于我们的一切现实认识虽然是必要的,但是不足以向我们提供全部认识,因为感觉永远只能给我们提供一些例子,尽管数目很多,也不足以建立这个真理的普遍必然性,因为不能因此便说,过去发生过的事情,将来也会同样发生。"[41]

莱布尼茨的批评的确切中了经验论的要害。由此我们也不难理解,后来休谟为什么走向了怀疑主义。所以,莱布尼茨不仅没有从笛卡尔的立场后退,而且全面贯彻了他的天赋观念论。

笛卡尔认为人的心灵中有些观念是天赋的,洛克则反对天赋观念论,提出了"白板说",认为心灵就好像一块"白板",感觉经验在上面打上了印痕,从而产生了观念和知识。在莱布尼茨看来,正如绝对平整一色的白板不可能存在一样,人的心灵原本也不是空无所有的。在这个问题上,莱布尼茨一方面比笛卡尔走得更远,另一方面也吸收了经验论的一些原则。

首先,莱布尼茨的天赋观念论比笛卡尔更彻底,他从单子的单纯性和内在原则出发,主张我们的所有观念都是天赋的:"我一向并且现在仍然赞成笛卡尔先生曾主张的对于上帝的天赋观念,并且因此也认为有其他一些不能来自感觉的天赋观念。现在,我按照这个新的体系(指单子论——引者注)走的更远了;我甚至认为我们灵魂的一切思想和行为都是来自它自己内部,而不能是由感觉给予它的"。[42]

另一方面,莱布尼茨也接受了洛克对天赋观念论的批评,"我们不能想象,在灵魂中,我们可以像读一本打开的书那样读到理性的永恒法则,就像在布告牌上读到审判官的法令那样毫无困难,毫不用探求"。[43]观念和真理不是作为现实天赋在我们心中,而是"作为倾向、禀赋、习性或自然的潜能天赋在我们心中的"。在这个意义上,他把人的心灵比喻为具有天然花纹的大理石。每一块大理石的天然花纹的不同就决定着它能够雕刻成不同人物的像，虽然人物的形象不是现成地存在于大理石之中的，但是可以说是潜在地存在于大理石之中的，经过人们的加工、琢磨，就使那些纹路清晰地显示出来。

既然在人的心灵中，天赋观念就如同大理石的纹路一样是潜在的，因而就需要"机缘"的帮助才能使它由潜在而变为现实的，这种"机缘"就是感觉。即使在数学中，"算术和几何学所见到的那些必然的真理……有些原则不靠举例便可以得到证明，也不依靠感觉的见证"，但是"没有感觉我们是不会想到它们的"。[44]只是在感觉经验的诱发之下，人们对心中的观念进行了反省，才使它们清楚明白起来。当然，莱布尼茨所说的感觉经验与经验论的规定是不同的，它并不是指感官对外部事物的知觉，实际上也是心灵内在的东西，亦即单子本身固有的"微知觉"。因为根据他的单子论，单子是封闭的，因而严格说来心灵并不是从外部获得知觉的，所以一切观念归根结底都是天赋的。

莱布尼茨站在唯理论的立场上来调和唯理论和经验论的思路，还体现在他的两种真理论上。既存在推论的真理、必然的真理，也存在事实的真理、偶然的真理。检验这两种真理有两个不同的原则，即矛盾原则和充足理由原则。

"我们的推理是建立在两个大原则上，即是：(1)矛盾原则，凭着这个原则，我们判定包含矛盾者为**假**，与假的相对立或相矛盾者为**真**。以及(2)充足理由原则，凭着这个原则，我们认为：任何一件事如果是真实的或实在的，任何一个陈述如果是真的，就必须有一个为什么这样而不那样的充足理由，虽然这些理由常常总是不能为我们所知道的。也有两种**真理**：**推理**的真理和**事实**的真理。推理的真理是必然的，它们的反面是不可能的；事实的真理是偶然的，它们的反面是可能的。"[45]

当一个真理是必然的时候，我们可以用分析的方法找出它的理由来，把它们归结为更纯粹的观念和真理，一直到原始的真理，这就是"同一陈述"或逻辑上的重言式，其反面包含显然的矛盾。在莱布尼茨看来，数学、逻辑学、形而上学、伦理学、神学及法学等学科中的原理都是必然的真理。事实的真理是通过经验而认识的，它们不是必然的，与之矛盾的对立命题是可能的，所以它们的真实性是偶然的。对于一个事实的断定，只有通过经验才能知道。如果一个事实是真实的或实在的，它必定有一个为什么这样而不那样的充足理由。充足理由存在于偶然的真理或事实的真理之中，亦即存在于宇宙中的各个事物之间的联系中。宇宙间的事物无穷无尽,如果加以分析的话,在其全部的细节中包含着一些在先的偶然因素,这些因素又需要以一个同样的分析来说明其理由,如此类推,以至无穷。因此充足的理由或最后的理由应该存在于这个偶然事物的系列之外,所以事物的最后理由应当在一个必然的实体里面,这个实体就是上帝。

莱布尼茨对经验论的批判的确击中了要害,他试图调和唯理论与经验论的思路也是有意义的,例如将感性认识和理性认识结合起来,承认感觉的"机缘"作用,把认识看做是一个从潜在到现实的发展过程,提出了两种真理论等等。但是由于唯理论立场的限制,他的努力很难产生效果。表面看来,莱布尼茨似乎对经验论作出了让步,其实不然。因为他实际上并没有从唯理论的立场有所后退,在某种意义上说甚至还走向了极端。

莱布尼茨哲学在西方哲学史上具有极其重要的历史地位。在他之后,沃尔夫(Christian Wolff,1679—1754)曾经把他的哲学系统化为独断论的形而上学体系,长期统治着德国哲学界,史称"莱布尼茨－沃尔夫哲学",我们应该注意不要把它同莱布尼茨的哲学思想混为一谈。

## 参考书目

1．约翰·科廷汉:《理性主义者》,辽宁教育出版社、牛津大学出版社,1998 年。

2．斯宾诺莎:《伦理学》,商务印书馆,1983 年。

3．莱布尼茨:《人类理智新论》,商务印书馆,1982 年。

4．陈修斋主编:《经验主义与理性主义》,人民出版社,1987 年。

## 注 释

〔1〕《第一哲学沉思集》,第 45—46 页。

〔2〕 参见笛卡尔:《第一哲学沉思集》,第三个沉思和第五个沉思。

〔3〕《西方哲学原著选读》,上卷,第 377 页。

〔4〕《第一哲学沉思集》,第 55 页。

〔5〕《西方哲学原著选读》,上卷,第 369、377 页。

〔6〕 笛卡尔:《哲学原理》,第 20 页。

〔7〕 黑格尔:《哲学史讲演录》,第四卷,第 100 页、第 101 页。

〔8〕 转引自黑格尔:《哲学史讲演录》,第四卷,第 96 页。

〔9〕 罗素:《西方哲学史》,下卷,第 92 页,商务印书馆,1982 年。

〔10〕 海涅:《论德国宗教和哲学的历史》,见《海涅选集》,第 257 页,人民文学出版社,1983 年。

〔11〕 海涅:《论浪漫派》,载《海涅选集》,第 104 页。

〔12〕 斯宾诺莎:《伦理学》,第 257 页,商务印书馆,1983 年。

〔13〕 斯宾诺莎:《伦理学》,第 3 页。

〔14〕 斯宾诺莎:《伦理学》,第 3 页。

〔15〕 斯宾诺莎:《神学政治论》,第 91 页,商务印书馆,1997 年。

〔16〕 斯宾诺莎:《伦理学》,第 3 页。

〔17〕 斯宾诺莎:《伦理学》,第 100 页。

〔18〕 斯宾诺莎:《伦理学》,第 3 页。

〔19〕 斯宾诺莎:《伦理学》,第 29、95、32 页。

〔20〕 斯宾诺莎:《伦理学》,第 255 页。

〔21〕 斯宾诺莎:《伦理学》,第 80 页。

〔22〕 斯宾诺莎:《知性改进论》,第 30 页。

〔23〕 斯宾诺莎:《知性改进论》,第 50 页。

〔24〕 斯宾诺莎:《伦理学》,第 82 页。

〔25〕 斯宾诺莎:《伦理学》,第 222 页。

〔26〕 斯宾诺莎:《伦理学》,第 189 页。

〔27〕 斯宾诺莎:《伦理学》,第 189 页。

〔28〕 《西方哲学原著选读》,上卷,第 402、406 页。

〔29〕 《西方哲学原著选读》,上卷,第 406 页。

〔30〕 斯宾诺莎:《伦理学》,第 4 页。

〔31〕 斯宾诺莎:《伦理学》,第 255 页。

〔32〕 黑格尔:《哲学史讲演录》,第四卷,第 103 页、101 页。

〔33〕 《西方哲学原著选读》,上卷,第 477 页。

〔34〕 《西方哲学原著选读》,上卷,第 478 页。

〔35〕 《西方哲学原著选读》,上卷,第 479 页。

〔36〕 《西方哲学原著选读》,上卷,第 483 页。

〔37〕 莱布尼茨:《人类理智新论》,第 335、12 页,商务印书馆,1982 年。

〔38〕 《西方哲学原著选读》,上卷,第 488 页。

〔39〕 《西方哲学原著选读》,上卷,第 489 页。

〔40〕 《十六—十八世纪西欧各国哲学》,第 503 页。

〔41〕 《十六—十八世纪西欧各国哲学》,第 502 页。

〔42〕 莱布尼茨:《人类理智新论》,第 36 页。

〔43〕 《十六—十八世纪西欧各国哲学》,第 503 页。

〔44〕 《十六—十八世纪西欧各国哲学》,第 503、502 页。

〔45〕 《十六—十八世纪西欧各国哲学》,第 488 页。

第十一讲

# 英国经验主义

洛克

巴克莱

休谟

哲学家们关于感觉与思想、经验与理性之间关系的争论,古已有之。巴门尼德、苏格拉底、柏拉图等希腊哲学家以感觉经验的相对性和偶然性为由,拒斥感觉经验,主张知识必须建立在理性的基础之上。晚期希腊哲学中的怀疑主义则由此出发,甚至认为一切知识都是不可能的。中世纪经院哲学中的唯实论与唯名论之争,亦带有感觉与思想之争的色彩。到了近代哲学时期,情况发生了一些变化。这个时期的自然科学分为理论科学和实验科学两大方面,这两个方面各自以自己的原则发展,使争论的双方为自己找到了新的根据,从而进一步强化了经验与理性之间的紧张关系。

举个例子。

在 16 世纪哥白尼(Nicolaus Copernicus,1473—1543)提出日心说之前,欧洲占统治地位的宇宙论模型是托勒密的地心说,这种宇宙模型不仅符合基督教的观念,而且符合人们的日常经验。在那个时候,如果我们在大洋上航船,需要辨别方向的话,究竟是根据日心说,还是根据地心说? 这是不言而喻的,因为我们的感觉经验所接受的是太阳东升西落围绕着地球转,反之,地球围绕着太阳转,则是理论的推理,不是感觉经验的结果。因此,感觉经验有日常生活的有效性作为依据,而理性则有理论的普遍必然的逻辑性这一强有力的支持。后来日心说有了实验的支持,从假说变成了科学,尽管感觉上仍然是太阳围绕地球转,但人们不会再坚持地心说了。不过,假如日心说只是假说,结果会怎样?那肯定是地心说与日心说各执一端,争论不休。

总之,近代哲学从一开始就围绕着认识的来源和基础、真理的标准、认识的方法论等问题展开了激烈的争论,形成了两大对立的派别,这就是经验论(Empiricism)和唯理论(Rationalism)。Rationalism 通常译作"唯理论",但是这个"唯"字过于极端,并不符合这一哲学派别的实际情况,译作"理性论"可能更合适一些。但是另一方面,经验论者也并不是不讲理性,因为理性主义实际上构成了整个近代哲学的基本特征。

经验论的主要代表人物有英国的弗兰西斯·培根、霍布斯、洛克、巴克莱和休谟,其中培根哲学具有较强的过渡性质,霍布斯也不是纯粹的经验论者,因而我们主要讨论三位经验主义哲学家:洛克、巴克莱和休谟。

# 一 洛 克

在近代哲学中,洛克是第一个将经验论构造成完整的理论体系的哲学家。约翰·洛克(John Locke,1632—1704)出生在英格兰南部林格通城,从伦敦威斯特敏斯特中学毕业后,进入牛津大学的基督教会学院学习,毕业后留校工作,从事医学和实验科学的研究。洛克和当时著名的科学家如波义耳、牛顿等人交往甚密,对新时代的科学有广博的学识,1668 年被选为英国皇家学会的会员,1675 年获得医学学士学位,此后虽然没有挂牌行医,但他的医术在朋友圈里是很有名的。

洛克医术之高明,在他 1667 年医好了当时最著名的政治活动家阿什利勋爵(1672 年被封为莎夫茨伯里伯爵)久治不愈的怪病,挽救了他的生命的事例中,就可得到最好的证明。于是,这位贵族请洛克去伦敦做他的家庭医生和秘书,洛克从此与这个贵族之家结下了不解之缘。阿什利是辉格党的主要领导人,洛克跟随他参加了政治活动,也充当他的政治顾问,与此同时仍然坚持哲学和医学的研究。洛克哲学思想的形成在某种程度上还要归功于笛卡尔哲学。他自己曾经说,是笛卡尔第一个把他从经院哲学莫名其妙的谈话方式中拯救出来,使他对哲学产生了爱好。尽管洛克并不同意笛卡尔的观点,但是无疑从笛卡尔那里获得了深刻的启发。洛克从 1671 年开始写作他的代表作《人类理智论》(*An Essay concerning Human Understanding*,旧译《人类理解论》),直到 1690 年出版,前后用了 20 年的时间。

1640 年开始的英国资产阶级革命经过几次反复,终于通过 1688 年不流血的"光荣革命"建立起议会制的君主立宪制度。洛克是这场革命的直接参加者和新政府的内阁大员,同时也是辉格党的重要理论家,是最早提出政治自由和分权原则等社会政治学说的主要代表之一。关于洛克的政治学说,我们在下一讲再做介绍。

洛克的经验论对后世产生了深远的影响,不仅巴克莱和休谟是从洛克出发的,而且 18 世纪法国哲学亦以洛克的经验论为基础。被誉为启蒙运动之父的伏尔泰早年流亡英国,对洛克的《人类理智论》推崇备至,他认为有许多理论家写了灵魂的故事,只有洛克写下了灵魂的史实,"只有洛克才可以算是我们时代胜似希腊最辉煌的时代的伟大榜样。从柏拉图到洛克,其间什么也没有。"[1]这话虽然有些过分,但也从一个侧面表明了洛克的经验论在 18 世纪法国哲学中的影响和地位。

洛克哲学的目的是探讨人类知识的起源、确定性和范围。他认为在知识领域存在着种种问题的情况下,"如果要想满意地解决人心所爱好的各种研究,其第一步就是考察我们自己的理智,看看它们适合研究的事物是什么东西"。[2]而洛克考察理智的方式是把知识归结为观念,把观念归结为感觉经验,通过经验说明知识。

## (一) 经　验

在《人类理智论》一书中,洛克首先对天赋观念论进行了深刻的批判。洛克的批判不仅是针对唯理论的,也是针对宗教神学的。洛克认为,用不着假设天赋观念,我们完全可以合理地解决认识的问题。他的解决办法就是"白板说"。在他看来,"能力是天赋的,知识是后得的",人类具有接受感觉、形成观念和知识的"天赋能力",由此就可以说明我们的知识的来源。他假定人的心灵就如同一块"白板"(tabula rasa),上面原本没有任何标记。后来通过经验便在上面印上了印痕,形成了观念和知识。所以,洛克哲学的基本原则是,"心灵是一张白纸","知识源于经验"。[3]

洛克的"白板说"构成了经验论的基本前提。在此基础之上,他把知识归结为观念,把观念归结为经验,全面系统地阐述了经验主义认识论思想。

一切知识来源于经验,经验分为对外的感觉和对内的反省,思维的全部材料即观念从这两者而来。感觉也被称为"外感觉"。我们的感官在受到外部事物的刺激时,将对于事物的知觉传达到心灵里,于是我们就得到了关于外部事物的形状、运动、色、声、味以及一切可感性质的观念,我们的观念的大部分来源于此。反省也被称为"内感觉"。我们在运用理智考察它所获得的那些观念时,我们还知觉到自己有各种心理活动。当心灵反省这些活动时,它们便提供给我们另一类观念,这些观念是不可能从外部获得的。这类观念有:知觉、思想、怀疑、信仰、推论、认识、意欲以及心灵的一切作用。

因此,感觉的对象是外界事物,而反省的对象则是内在的心理作用。它们是互相独立的两种知识源泉,正是这两种经验在心灵这张白纸上写下了观念的文字,无论我们有多么丰富的想象力,都不可能超出感觉和反省所提供的那些观念之外。

洛克的白板说具有典型的消极反映论的特点。另外,当他把感觉和反省并列为观念的来源时,无形中便与其"白板说"发生了矛盾,因为那将在逻辑上承认心灵自身固有某种知识的来源,从而为天赋观念论留下了余地,后来莱布尼茨就是因此而认为洛克也承认有独立的反省知识。

我们的心灵通过感觉与反省所接受来的东西,就是观念。

## (二) 观　念

一切观念来源于经验,经验就是对外部事物的感觉和对内部心理活动的反省,它们在心灵上留下的痕迹就是观念。

"观念"(idea)是洛克哲学中的一个基本范畴,用以表示心灵所知觉、所思想的直接对象、材料、基本元素。我们的一切知识都是由观念构成的。

洛克把观念分为简单观念和复杂观念。

所谓"简单观念"就是由外部事物及其属性直接作用于感官而产生的感觉观念和心灵对自身心理活动的直接反省而产生的反省观念。简单观念有两个基本特点,这就是被动性和单纯性。

简单观念是被动的。我们的心灵并没有自由构成简单观念的能力,它们完全是由于外部事物的作用或通过反省途径而被动地产生。"这正如一面镜子不能拒绝,不能改变,不能涂抹它面前各种物象在它以内所印的各种影像或观念似的。我们周围的物象既然以各种方面来刺激我们的感官,所以心便不能不接受那些印象,便不能不知觉那些印象所引起的观念。"[4]

简单观念也是单纯的。物体的各种性质虽然在物体本身中可能是互相联系、不可分离的,但是它们是分别通过不同的感官进入我们的心灵的,或者说,我们的感官是分别通过不同的途径来接受物体及其属性所造成的感觉的。因此,简单观念都是单纯的,它们构成了认识的基本元素。

所谓"复杂观念"就是由几个简单观念所组成的观念。心灵虽然在获得简单观念时完全是被动的,但是它也有自己的作用:它能够以简单观念为材料和基础来构成其他的观念,这样组成的新观念就是复杂观念。心灵利用简单观念来构成其他观念的能力和作用主要有"组合作用"、"比较作用"和"抽象作用"。由这三种作用而形成的复杂观念不论怎样分合,都可以分为三类,这就是样式、实体和关系。洛克对其中的实体观念的考察具有重要的理论意义,体现了经验论的基本观点。

实体是形而上学的研究对象。洛克则从唯名论的立场出发对实体概念进行了深入的分析。实体观念是由一些简单观念组合而成的复杂观念。我们的简单观念或是从感觉而来,或是从反省产生。理智注意到有些简单观念是经常在一起的,于是这些简单观念就被认为是属于同一个事物。人们把它们集合在一个"寓所"之中,用一个名词来称呼它,以至于后来就把它当作简单观念看。由于我们无法想象这些简单观念能够自己独立存在,因此就习惯于假设一种"基层"作为它们存在的根据,这就是所谓的"实体"。如果我们仔细考察实体观念就会发现,实体其实只是一种假设。这就像一个印度人认为世界是由大象支撑着的,当人们问他大象由什么支撑着的时候,他回答说大象站在大龟上。人们再问他什么支撑着大龟,印度人回答不上来了,他只能说,反正有一种东西,不过我不知道是什么罢了。所谓实体也就是我们不知道是什么的东西。

在洛克看来,我们的大部分简单观念来源于外部事物及其属性对我们的感官的直接作用,这就产生了一系列问题:首先,物体具有什么样的性质和能力可以引起我们的感觉?其次,物体属性的种类和本质是什么?最后,我们的感觉与产生它们的物体属性之间是一种什么样的关系?于是,洛克提出了关于事物的两种性质的观念的学说。

在近代哲学和科学史上,从伽利略开始,继而有笛卡尔、霍布斯、波义耳等科学家和哲学家相继区分了物体的两类性质,一类是广延、形状、运动等性质,一类是色、声、味等性质。洛克继承和发展了他们的思想,首先把问题分成了两个方面,一方面是物体中的性质,另一方面是由物体中的性质所引起的心中的观念。事物的性质与它们在我们心中所引起的观念,既相互对应,又相互区别。

物体的性质区分为第一性的质(primary qualities)和第二性的质(secondary qualities)。所谓第一性的质就是物体各部分的大小、形状、数目、位置、运动和静止,这种性质是物体的"原始性质"或基本性质,在任何时候、任何情况下都是为物体所固有的、与物体不可分离的性质。不论我们知觉与否,这些性质都在物体之中。所谓第二性的质则是物体中的一种"能力",它可以借物体各部分的大小、形状、组织和运动等,在我们心中产生色、声、味等感觉。所以,我们所感觉到的物体的第二性的质并不是它们的真实存在方式,只不过是第一性的质的变形而已。这种性质依赖于第一性的质的变化,又叫做"附属性质"。

两种性质的观念虽然产生的途径是一样的,但是它们之间却存在着本质上的区别。第一性的质的观念是对物体性质的真实反映,两者之间的关系是"原型"与"摹本"的关系。第二性的质的观念就不同了,这类观念尽管也是由物体中的运动刺激感官而产生的,然而在物体中却不存在它们的"原型",所以只是心灵对物体性质的主观反映。换言之,物体中确实存在着第一性的质,但是并不存在色、声、味等第二性的质,与之对应的是引起色、声、味等感觉观念的"能力"。当然,第二性的质的观念像一切简单观念一样,并不是心灵主观、任意的虚构,因为它们的确是由刺激我们感官的一些外界原因而产生的。

霍布斯曾经举过一个铃声的例子。铃声响了,声音是从哪里来的?铃锤没有声音只有运动,空气没有铃声只有运动,到达我的耳朵也没有声音只有运动,当运动从大脑神经系统返回来,这才是声音。所以,真正存在的是运动而不是声音。

洛克关于物体两种性质的观念的学说代表了当时机械论物质观的典型立场,即只承认物体的机械性质,如大小、形状、运动等等,力图用数学和力学的观点解释自然,将物体的本质仅仅理解为量的规定。

在洛克看来,如果我们了解了观念的性质,我们也就可以了解知识了,因为知识就是对于观念之间关系的认识。

## (三) 知 识

所谓知识就是理智对于两个观念的契合或矛盾的一种知觉,亦即对于两个观念之间关系的认识。因此,我们的知识只与我们的观念有关,观念是知识的对象。于是,洛克对观念之间的关系、知识的等级、知识的实在性和范围进行了深入的考察。

知识是对关于观念之间关系的认识,而观念之间的关系有四类,这就是

"同和异"、"关系"、"共存或必然联系"和"实在的存在"。理智就是根据上述这四种关系来组合知识的。观念之间的关系不同,知识的清晰程度亦有所区别,这就形成了知识的等级。知识有三个等级,它们从高到低排列为直观的知识、证明的知识和感觉的知识。

第一,直观的知识。如果理智对于两个观念是否一致的认识,不必借助于其他的观念,而是直接就觉察到它们的符合不符合,这种知识就是直观的知识。直观知识具有最高的确定性和可靠性,是我们的全部知识的基础,一切知识的确定性和可靠性都依赖于它。离开了直观知识,我们就不可能达到任何知识和确定性。

第二,证明的知识。有些观念之间的关系不能直接认知,必须通过一系列中介观念进行推理来予以证明和确认,这就是证明的知识。这类知识也是确定无疑的,不过其确定性和可靠性都不如直观知识程度高,我们对它的认可也不像对前者那样迅速。证明的知识在其推理的每一步中都必须以直观知识为基础。如果它的每一步都达到了直观的确定性,那么推理的最后结论便同直观知识一样确实可靠。

第三,感觉的知识。按道理说,知识的对象是观念,外界客观事物的存在并不是认识的对象,我们对它们的认识当然达不到直观知识或证明知识的确定性和可靠性。但是,这类知识毕竟超过了单纯的或然性,所以也可以看做是一种知识。

洛克关于知识等级的划分受到了笛卡尔的影响,与斯宾诺莎也大致相同。这一方面可能反映了当时人们普遍的看法,另一方面更重要的是由于洛克将知识局限在观念的范围之内的结果。

一方面主张我们大部分的观念来源于外部事物的作用,另一方面却强调知识只是关于观念之间的关系,因而将知识限制在观念范围之内,洛克哲学中的这一内在矛盾在知识的实在性问题上终于暴露无遗。

如果我们的感觉观念来源于外部事物,那么知识的实在性标准就应该是观念与事物真相的契合。然而,由于我们心中只有观念,知识仅存于观念范围之内,我们怎样才能确定我们的知识与它的外部对象是否符合一致的呢?当洛克从经验论的立场出发,在承认感觉经验来源于外部事物的作用的同时,坚持认为知识仅存于观念的范围之内时,他就不可避免地遇到了这样的难题。"显然,人心并不直接认识各种事物,它必然要以它们所有的观念为媒,才能知道它们。因此,我们的知识所以为真,只是因为在我们的观念和事物的实相之间有一种契合。不过在这里,我们拿什么作为标准呢?

人心既然除了自己的观念以外再不认知别的，那么它怎么能知道它们是和事物本身相符合的呢？这里虽然有一层困难，但我相信，有两种观念是与事物相契合的。"[5]

首先，一切简单观念都是与事物符合一致的。因为它们不是人心自己能够创造的，所以它们一定是各种事物通过自然途径在人心上产生了作用的结果，而各种事物之所以能够产生那些知觉，只是因为上帝凭借其智慧和意志，把它们造得特别宜于产生那些知觉罢了。即是说，由于简单观念不是我们自己想象的虚构，都是外部事物自然地、有规则地作用于我们的感官所产生出来的东西，因此它们一定与外部事物是符合一致的。可见，近代哲学从一开始就建立在心物分离的基础上，因而经验论也难免唯理论的二元论难题，洛克不得不像笛卡尔一样，请出上帝来帮忙。显然，他试图通过感觉产生的客观来源来证明观念的实在性，并由此证明知识与对象的一致性，这未免过于牵强。

其次，除了实体观念之外，一切复杂观念都是与自身相契合的。因为复杂观念是理智组合简单观念时创造的，所以不存在与外部事物是否符合的问题。我们的一切复杂观念（实体观念除外）都是心灵自己的产物，它们自己就是"原型"，而不是其他什么事物的"摹本"，所以不存在与事物符合一致的问题。因此，我们在这些观念方面所得到的知识都是真实的，数学知识和道德知识就是这样的知识。

以上关于复杂观念的规定之所以不适用于实体观念，是因为实体观念作为复杂观念并非来源于外部事物，在外部事物中不可能有对应物，而是主观制造的东西，但是它却又被人们看做是规定外部事物存在的根据的东西，从而被人们看做是来源于外部事物的简单观念，因而其实在性应该在于与外部事物相契合。因此，实体观念作为复杂观念仅仅与自身相一致是不够的，它应该与外部事物相契合，然而它毕竟不是简单观念，不可能有与之一致的外部事物。所以，一切观念都可以是真实的，惟独实体观念没有实在性。

由此可见，我们的知识的范围是非常狭窄的。首先，我们的知识的源泉——感觉和反省——与广阔无垠的宇宙相比是微不足道的，这两个经验的"入口"太小太狭窄了。从宏观上说，我们所知觉的只是无限宇宙的很小一部分，从微观上讲，许多事物因为太小而隐而不显，而且我们也没有达到事物本质的特殊感官。所以，观念的来源本身就决定了知识范围的有限性。其次，我们的观念比经验的范围更狭窄，因为我们不仅对许多事物没有观念,而且对于观念之间的关系也缺少清楚明白的认识,更不可能考察清楚我们所有全部的观念。最后,我们的知识的范围比观念的范围更狭窄。因为"直观的知识"不可能遍及一切,我们无法考察所有观念之间的关系;"证明的知识"也是如此,在很多情况下难以发现中介观念;"感觉的知识"比前两者更狭窄,它不能超过当下所感觉到的事物的存在。

所以,不仅在知识与事物之间隔着观念的帷幕,而且从经验到观念再到知识,认识的范围越来越狭窄。这就迫使洛克不可避免地走向了不可知论:"我们的少许虚浮的事物观念只是由感官从外面得来的,或是由人心反省它自身中的经验得来的,而且外面除了这些虚浮的观念而外,再没有其他观念,因此,再超过这个界限,则我们便一无所知,至于事物的内在组织和真正本质,则我们更是不知道的,因为我们根本没有达到这种知识的官能"。所以,"科学的知识终究是可望而不可及的"。[6]当然,洛克在大多数情况下诉诸常识而尽量将上述矛盾降低到了最小的程度,而他的后继者巴克莱和休谟则从他所制定的经验论原则出发,走向了唯心主义和不可知论。

洛克对西方哲学的最大贡献是他建立了近代哲学第一个完整、系统的经验主义认识论体系。我们虽然不能抹杀培根的历史地位,不过严格说来,洛克才称得上是近代经验论的第一人。他的认识论思想对18世纪英、法等国不同的哲学流派都有深刻的影响。当然,洛克的经验论是不彻底的,他一方面承认心外有物,另一方面受经验论立场的限制将知识局限在观念范围之内,因而又无法证明知识与外部事物是符合一致的,从而陷入了困境。在此之后,巴克莱和休谟都试图消除洛克哲学中的矛盾,不过他们却走上了不同的道路。

# 二 巴克莱

巴克莱是英国经验论的主要代表之一,他继承了洛克的经验论思想,意识到了其哲学中所蕴含的内在矛盾,认为如果坚持心外有物的唯物论立场,必将导致怀疑主义和无神论的后果,不仅会动摇宗教信仰的基础,也对科学不利。所以他便对洛克的经验论思想进行了一番改造,而且别出心裁地试图从经验论的立场证明上帝的存在。

巴克莱曾经在教会中长期担任主教之职,所以人们也称他为"巴克莱主教"。

乔治·巴克莱(George Berkeley,旧译贝克莱,1685—1753)祖籍英格兰,

1685 年生于爱尔兰,15 岁进入都柏林三一学院学习,聪慧好学,成绩突出,毕业后留校任研究员,开始研究"非物质主义"学说。1709 年被国教会任命为"执事",1710 年成为国教会"牧师"。为了加强新移民的教化并在土著民族中传播福音,巴克莱说服英国议会,筹划在北美百慕大创办大学,实施他的教育理想。巴克莱于 1729 年到达北美罗德岛,后因政府拨款落空而放弃了计划,遂将所筹捐款捐赠给哈佛大学和耶鲁大学等,于 1731 年返回英国。至今耶鲁大学还有一所以巴克莱的名字命名的神学院,加利福尼亚大学的总部及最大的分校的所在地也是以他的名字命名的。

1734 年巴克莱被任命为爱尔兰克罗因地区的主教,担任此职近三十年。1752 年他举家搬迁到牛津,次年病逝。巴克莱很早就显示其哲学才华,他的主要哲学著作都是在二十多岁时写成的。其主要哲学著作有:《视觉新论》(1709)、《人类知识原理》(1710)和《海拉斯和斐洛诺斯的三篇对话》(1713)。

在巴克莱看来,洛克哲学中的矛盾为怀疑主义和无神论留下了可乘之机,不仅对宗教信仰,而且对科学也产生了极大的威胁。因此他的目的十分明确,那就是清除洛克哲学中的唯物主义因素,以经验论的方式论证上帝的存在,为信仰而服务。

## (一) 存在即被感知和感知

巴克莱继承并改造了洛克经验论的基本原则,以此作为其哲学的出发点,不过其哲学的目的却不仅仅在认识论方面。表面看来,巴克莱的主要哲学著作《人类知识原理》是关于认识论的著作,而实际上它要论证的却是非物质主义,最终目标则是证明上帝的存在。他的论证过程是,将可感事物与事物看做是一回事,从观念的存在即被感知推及到存在就是被感知,继而区分被感知的观念与感知观念的心灵,从而证明精神实体的存在。

在我们的认识之中包含着两个因素,一是认识的对象即"观念",一是认识的主体,某种认识或感知观念的东西,即心灵、精神或灵魂。像洛克一样,巴克莱认为人类知识的对象就是"观念",而无论是那一种观念都只存在于能感知的能动实体即心灵之中。换言之,认识的对象是观念,观念只存在于心灵之中,它们不可能离开心灵而独立存在,因此观念的存在就在于被感知。

既然观念的存在就在于被感知,那就意味着感觉事物的存在就在于被感知,因而一切事物的存在就在于被感知。因为"具有一个观念与感知一个观念完全是一回事","事实上,对象和感觉原是一种东西"[7]。所以,事物的存在就是被感知,也可以说,存在即被感知。通常人们以为,我们所感知的事物在我们的心外有其客观的存在,是不依我们的意识而独立存在的,巴克莱认为在这里有一个明显的矛盾:"因为,除了我们用感官所感知的事物之外,还有什么上述的对象呢?并且,在我们自己的观念或感觉之外,我们究竟能感知什么呢?那么,要说是任何一个观念或其结合体不能被感知而存在,那岂不明明白白是背理吗?"[8]

那么,我们为什么会一方面承认观念的存在就是被感知,而另一方面却又认为在观念之外有某种实在的存在物呢?这完全是因为"抽象观念"在作怪,以为可感事物在心外还有实在的存在,就是由于抽象观念的作用。人们以为一切具体的事物都具有具体的可感性质,而抽象观念则是脱离了事物之具体可感性质的一般性质,而实际上人心中只有各种特殊的观念而根本不可能形成与特殊观念分离的抽象观念。既然只有特殊的可感观念是存在的,抽象观念并不存在,那么可感事物与它的被感知就是一回事,物的存在就在于被感知。巴克莱把事物看做是感觉观念的复合,而观念的存在就在于被感知,所以对他来说,物的存在就在于被感知。

通常我们一说到巴克莱,就会想起"存在即被感知"这个著名的命题,并且由此而把巴克莱定性为主观主义唯我论。实际上这是一种偏见,因为这样表述这个命题并不完整准确。完整地表达这个命题,应该是:"存在即被感知和感知"。在巴克莱看来,宇宙中的存在有三种:第一种是只存在于感知者的心中的观念;第二种是可以感知观念的被创造的精神,即我的心灵和其他所有人的心灵;第三种是永恒无限的精神,亦即上帝。当我们说"存在就是被感知"的时候,指的并不是个别的心灵,而是指所有人的心灵。对于一个事物来说,如果我没有感知它,并不意味着它就不存在,因为还有别的精神在感知它。即使我们都没有感知它,世界上还有一个无限的心灵即上帝在感知它。

表面看来,巴克莱似乎是以上帝的存在来避免唯我论的局限,而实际上他的目的就是要由此来证明上帝的存在。"存在就是被感知"并不意味着我感知它它就存在,我不感知它它就不存在,而是说,任何事物都具有可感性质,所以它们能够被我们所感知,至于这些可感性质则并非我们的创造,而是上帝的作品。

由此可见,巴克莱之所以要否定事物的客观实在性,并不是为了证明主观主义和唯我论，而是为了维护观念的客观实在性。不是要将事物主观化，而是要将观念客观化。因为在他看来，承认物质的客观实在性，仅仅把观念看做是主观的产物，是造成怀疑主义、唯物论和无神论的根本原因。于是，他千方百计地清除洛克哲学中的唯物主义因素，致力于"非物质主义"的建设。

## （二）物的观念的集合

一切唯物论、怀疑论和无神论的根源就在于物质概念："关于'物质'或'有形实体'的学说，是'怀疑主义'的主要支柱；同样，一切'无神论'和'不信宗教'的渎神的企图，也是建立在这个基础之上的"，**"物质的实体从来就是'无神论者'的至友，这一点是无需多说的。他们的一切古怪系统，都明显地、必然地依靠它；所以，一旦把这块基石去掉，整个建筑物就不能不垮台。因此，我们也用不着特别去考察每一个可鄙的无神论派别的荒谬之点"**。[9]这就是为什么巴克莱竭尽全力地消解物质概念的原因。

巴克莱利用洛克哲学中的矛盾为其唯心主义做论证。

如前所述，洛克认为物体有两种性质，心灵能够形成关于这两种性质的观念。第一性的质是物体固有的，关于第一性的质的观念与它们是相似的。两者之间是"摹本"与"原型"的关系。第二性的质则是借第一性的质在我们的心中产生色、声、味等感觉观念的"能力"，这些"能力"固然为物体所有，不过它们所引起的观念却是主观的，并无"原型"与之相似。巴克莱对洛克的上述思想进行了批判。

首先，"观念只能与观念相似"，不相同的东西是不能相结合的，因而观念不可能与存在于心外的不是观念的东西相似，一切可感事物之所以能够被感官所感知，就是因为它们本身就是观念。洛克认为第一性的质是存在于心外的一种不能思想的实体中的东西，第一性的质的观念是它的"摹本"，等于说观念可以与非观念的东西相似，这是矛盾的。

其次，第二性的质与第一性的质是不可分离的，我们不可能感知或想象一个物体的第一性的质而不涉及它的第二性的质。所谓广延、形状、运动等性质，若离开了一切可感性质都是不可想象的。第二性的质在什么地方存在，第一性的质也一定在什么地方存在。既然第二性的质只存在于心中，那么第一性的质也只是存在于心中。

最后，所谓第一性的质都是一些量的规定，而量的规定统统与感官相关,并无心外的存在。例如人们公认大、小、快、慢等等不是人心之外的存在,因为它们完全是相对的,随感觉器官的结构或位置的变化而改变。因此,存在于心外的广延既不大,也不小,既不快,也不慢,它们根本就什么也不是。

所以,所谓物体的性质不过是我们所感知的观念,在心外并没有独立的存在。人们通常以为存在于心外的自然事物,其实只是观念的集合,并无心外的存在。因为人们知道事物的存在,只有一个途径,那就是通过感官而感知它们。然而,人们所感知的只是观念,除此之外,别无他物。

我们实际上有两类观念,一类是可以由人们自己的意志使之产生或消灭的,亦即想象的观念,另一类则不同,它们是由外部原因引起来的,这就是感觉的观念。后者有三个特点,首先,这些观念十分清晰、明确、固定,不能由我们的意志任意加以改变;其次,这些观念往往形成了某种固定的集合,它们同时出现,同时消失;最后,这些观念是稳定的和有秩序的。于是,人们就给它一个名称来标志它们,把它们看做是与观念不同的东西,这就是所谓的"事物"。然而,观念就是事物,事物就是观念,两者实际上是一回事。例如樱桃是由红色、酸味等感觉观念组合而成的,物就是观念的集合。

巴克莱意识到人们肯定会对他的唯心主义观点提出批评,所以他预先就准备好了答辩。如果物是观念的集合,那不等于说我们是在吃观念、穿观念、用观念吗?! 倘若如此,一切都将变成虚幻的存在,而没有客观实在性了。巴克莱说,他之所以用"观念"而不用"事物",是为了反对心外有物的唯物主义。如果你明白了这个道理,那么即使使用"事物"这个概念也无不可,只不过千万不要以为它们是独立的存在。他并不是想把事物变成观念,而是想把观念变成事物,亦即消解事物的客观实在性而维护观念的客观实在性。在巴克莱看来,他的理论将使常识与哲学结合起来。在日常生活中,人们都把感知到的事物看做是真实的存在,而哲学家却认为那只是心中的现象,真实存在的是现象背后的本质。在某种意义上说,巴克莱是企图通过使现象客观化的方式来解决心物二元论的难题,以此来克服怀疑主义。

巴克莱继承了英国唯名论的传统,他的非物质论是以反对"抽象观念"为基础的。既然在现实中只存在特殊、个别,而不存在普遍、一般,那么一般的"物质实体"是不存在的。"如果我们研究一下最精确的哲学家们所谓**物质的实体**的意义究竟何在,我们就会发现,他们承认他们在那些声音上除了附加一个**一般的存在**观念并连带一个**它支持诸偶性**的观念,并未附加什么别的意义。而在我看来,一般的存在观念,乃是最抽象、最不可思议的。"[10]

巴克莱认为"物质实体"只是一个抽象的名词,是没有意义的、不可思议的抽象,因为在外部世界中根本就不存在一般的存在,而只有具体的存在,即外物的存在。而物质实体并不是外界的具体事物。

所以按照巴克莱的观点,物质实体是一种莫须有的东西,既非实体,亦非偶性;既非精神,亦非观念;它是无活力的、无思想的、不可分的、不可动的、无广袤的、不在任何地方存在的东西。因此,"假如你愿意的话,你可以把物质一词用成和别人所用的无物(nothing)一词的意义一样,而这样一来,在你的文体中,这两个词就可以互用了。"[11]这就是说,"物质"等同于"虚无",实际上是一种毫无必要的假设。有了这种假设就会使我们陷入怀疑主义,而没有这种假设我们一样可以说明观念的存在。

巴克莱致力于非物质主义的建设是为信仰服务的,不过他利用当时机械论的物质观无法解决物质与意识之间相互关系的局限性来否定物质的客观实在性虽然是根本错误的,但是的确击中了机械论的要害。如果我们将物质和意识看做是完全不同的两类存在,那么就肯定无法解决两者的一致性问题,所以巴克莱试图以消除物质的方式来实现观念的一元论。当然,巴克莱的做法并没有摆脱机械论的局限,实际上他所根据的仍然是物质与意识完全不同的原则。另外我们也应该看到,巴克莱反对心外有物的观点不仅仅是出于宗教的原因,也有某种维护科学知识的成分。因为在他看来,洛克哲学就是由于承认心外有物而陷入不可知论和怀疑论的,这既危害了宗教信仰,同样也危害了科学。

## (三) 科学与宗教

在早期近代哲学中,巴克莱哲学的鲜明特色就是为宗教信仰而服务,尤其特别的是他从分析观念产生的原因来证明上帝的存在。

如前所述,巴克莱把观念分为两类,一类是由心外的某种原因引起的感觉观念,一类是可以由人心任意唤起的记忆或想象观念。显而易见,想象观念是不能离开心灵而独立存在的,它们是纯粹主观的,比较不规则、不活跃、不固定。而感觉观念就不同了,这类观念不仅十分活跃、十分清晰,而且较为强烈、比较有秩序、比较连贯,不论如何运用我们的思想,我们都会看到,凭感官实际感觉到的东西并不依赖于我们的意志,而是由心外的原因引起的。例如在白天时,我只要一睁开眼睛,就没有能力来自由选择看或不看眼前的事物,我们感觉什么并不是由我们自己决定的。因此,这类观念一定有某种心外的原因。

显然，这类观念不可能是由其他观念产生的，因为观念是被动的，它们的存在就在于被感知，所以观念不能成为其他观念的原因。同样，所谓的"物质"，即使作为某种假设，承认它们在心外存在，也不能说明心中的观念是由它们而产生的。因为物质不仅是被动的、无活力的，而且无感觉、无思维，因而不可能成为观念的原因。所以，惟一的解释是，观念的原因乃是一个无形体的、能动的实体或精神，亦即上帝。

巴克莱对上帝存在的证明是十分独特的。在他看来，只要我们取消了物质的客观存在，也就否定了感觉之外任何非精神的来源。于是，人们具有感觉观念这一事实，就成了上帝存在的证明。因为人心中的感觉观念既不是来源于客观的物质，也不是心灵主观的创造，同时它们作为被感知的存在又依赖于某种精神实体，那么答案就只有一个，它们是由人心之外的精神实体所引起的。正如"存在就是被感知和感知"这一命题所表述的意义一样，巴克莱实际上是从观念的可感性质来证明上帝存在的。在西方哲学史上，像巴克莱这样证明上帝的存在是很少见的。

巴克莱所处的时代正是理性和科学日益昌盛，逐渐取代宗教而居于统治地位的时代。在这种情况下，巴克莱要想维护宗教的权威，就必须解决科学与宗教之间的尖锐矛盾，所以他自觉地担负起了调和科学与宗教的工作，而他所采取的方法就是给科学划定范围，使科学不干涉宗教。与正统的神学家们不同，巴克莱也提倡科学，鼓励观察和实验。在他看来，信仰上帝并不妨碍我们研究科学。所以，虽然他激烈地攻击牛顿和洛克，但是反对的只是他们的物质学说，除此之外，他并不怀疑那些科学思想的价值。

当然，巴克莱承认科学的价值的前提是它们必须建立在唯心主义的基础之上。按照他的观点，自然界的一切事物都是观念的集合，而观念与观念之间是不能相互作用和互为因果的。所以观念的规则，即自然界的规律，乃是上帝把观念印入人心时所依据的一般规则。换言之，上帝凭他的意志确立并运用这些规则创造宇宙万物，使之呈现出一定的秩序。因此，巴克莱提出了一种"自然符号论"，认为"观念之间的联系，并不是因同果的关系，它只表示一个标记与其所表示的事物的关系"[12]。例如我看到火，接触火时会感到疼痛，实际上火并不是疼痛的原因，两者之间并非因果关系。火只是一种预警的标记或符号。一切事物（观念）都是各种不同的符号，这些符号只是上帝出于其善意，用来警告和提示人们的行动的。于是，巴克莱给科学家规定了的任务"正是在于研究和了解上帝所造的那些标记（或那种语言），而不在于以有形体的原因来解释各种事物"。[13]显然,当巴克莱以取消物质的方式来克服怀疑论的难题时,像唯理论者笛卡尔一样,我们就不仅需要上帝作为自然规律的客观保证,也需要他作为知识和真理的保证。

当巴克莱在宗教信仰的基础上来调和科学与宗教的时候,他不仅需要证明自然科学与宗教是不矛盾的,而且也需要解释宗教之超自然的"神迹"的合理性。在他看来,自然规律只是上帝的意志,所以它们的存在并不是必然的,而是由上帝的自由意志决定的,上帝可以按照自己的意志随意地改变它们和取消它们,为此他坚决反对自然神论。如此说来,摩西的手杖变成了蛇,耶稣在迦拿的婚宴上把水变成了酒,这些"神迹"并不是欺骗或幻觉,"如果在座的人都看到、嗅到、尝到、喝到了酒,并且感到了酒的效果,那么,我也就对于它的真实性没有什么怀疑了"。[14]因此,区别"实在"与"幻想",认可"神迹"的标准,从主观上说是人们的普遍承认,从客观上讲则是上帝的自由意志。

巴克莱哲学的突出特点是企图从感觉经验出发来证明超感觉经验的上帝,因而如何为它"定性"就成了问题。按道理说,经验论不讲本体论,所以无所谓唯心唯物的问题,然而巴克莱哲学的目的自始至终都是为上帝存在做论证,这就使他超出了经验论的范围。实际上通常人们称巴克莱哲学为主观唯心主义,或是认为他从主观唯心主义滑向了客观唯心主义,都是不恰当的。我们也许可以按照其特点而称之为"感觉论的唯心主义"。

在某种意义上说,洛克与巴克莱都不是彻底的经验论者,因为他们一个承认心外有物,一个大讲精神实体,都有违经验论的基本原则。就此而论,真正彻底的经验论者是休谟,不过其彻底的经验论却产生了一个不彻底的结果,那就是"温和的怀疑论"。

# 三 休 谟

休谟是英国早期近代哲学中经验论的最后一位代表,他与巴克莱一样是从洛克的经验论出发的,不过他在经验论上比洛克和巴克莱更彻底,合乎逻辑地得出了怀疑主义的结论。罗素称他是英国经验论的"逻辑终局"[15],康德则认为"自从有形而上学以来,对于这一科学的命运来说,它所遭受的没有什么能比休谟所给予的打击更为致命"[16]。休谟的怀疑论思想不仅使经验论的理想破灭了,而且也使唯理论的理想陷入了困境。

大卫·休谟(David Hume,1711—1776)出生在苏格兰爱丁堡一个没落贵族家庭。12 岁进入爱丁堡大学学习法律,由于家庭原因而中途辍学,以后在家中自学,对哲学产生了强烈兴趣。1732 年休谟刚满 21 岁就开始撰写他的代表作《人性论》。1734 年,他东渡法国,继续进行哲学研究和著述。在法国期间,休谟完成了《人性论》,于 1739 年至 1740 年在英国分卷出版,但是无人问津,他曾经沮丧地说:"它从机器中一生出来就死了"[17]。究其原因,一方面此时的休谟不过是一个无名之辈,另一方面他在书中所提出的一些问题是当时英国思想界还没有意识到的问题,当然还有宗教方面的原因。好在休谟天性豁达,很快便恢复了自信,又写作了《道德与政治论文集》,出版后很受欢迎,同时也博得了怀疑论和反宗教的名声。休谟经过反省后认为《人性论》失败的主要原因是叙述不当,于是他将《人性论》第一卷"论人性"和第三卷"论道德"改写成《人类理解研究》和《道德原则研究》,分别于1748 和 1751 年出版,获得了广泛的影响。1757 年休谟出版了包括《宗教的自然史》在内的论文集,引起了轩然大波,罗马教会于 1761 年将他的全部著作列为禁书。

从 1752 年起,休谟担任爱丁堡苏格兰律师协会图书馆馆长,利用那里丰富的藏书写作了多卷本《英国史》,他生前在英国主要是以历史学家而著称的。1763 年,休谟应驻法公使赫特福德邀请担任使馆秘书,在两年多的时间内与许多著名的法国思想家如卢梭、霍尔巴赫、爱尔维修、狄德罗等人交往密切。休谟在法国的声誉比在英国高得多,他的著作也在此广为流传。当卢梭受到政治迫害时,他曾邀请卢梭到英国避难,终因卢梭生性多疑不欢而散。

休谟一生独身,于 1776 年去世,终年 65 岁。他在遗嘱中委托亚当·斯密处理出版他的著作,其中《自然宗教对话录》一书的写作长达 20 年之久,终于在 1779 年出版问世。

休谟哲学所面临的问题与洛克甚至与笛卡尔也是一致的,那就是在知识真假难辨的情况下如何为之确定可靠的基础。他继承了洛克的思路,并且比洛克更加深入,主张解决问题的关键在于对"人性"的研究。在休谟看来,哲学就是研究人性的科学,因为人性乃是一切科学的"首都或心脏",所有的科学都或直接或间接地与人性有关,在不同程度上依赖于人,因而"在我们没有熟悉这门科学之前,任何问题都不能得到确实的解决"。至于如何来研究人性,休谟明确指出:"关于人的科学是其他科学的惟一牢固的基础,而我们对这个科学本身所能给予的惟一牢固的基础又必须建立在经验和观察之上"[18]。《人性论》有一个副标题——"在精神科学中采用实验推理方法的一个尝试"，这表明休谟贯彻的是经验主义的方法和原则。

## （一）温和的怀疑论

休谟像巴克莱一样是从洛克经验论出发的，不过洛克和巴克莱称之为"观念"的东西，休谟则称之为"知觉"。知觉是知识的基本要素，包括感觉、情感、情绪、思维等所有的意识活动。知觉分为两类，一类是"印象"（impressions），一类是"观念"（ideas）。印象和观念的差别也就是感觉和思维的差别，不过按照休谟的理解，两者之间的差别在于强烈和生动程度不同，所以只是量的差别而已。

所谓印象指的是一切比较生动的知觉，包括"听见、看见、触到、爱好、厌恶或欲求时的知觉"，即当下所生的感觉、情感和情绪等生动活泼的知觉，它们是一切思想的来源和材料。印象又分为两种，一是感觉印象，一是反省印象。感觉印象是由于我们所不知道的原因产生于心中的，"反省印象只是在它们相应的观念之前产生，但却出现在感觉印象之后，而且是由感觉印象得来的"[19]。洛克将反省与感觉并立为认识的两个来源，休谟则消除了这一矛盾，强调一切知识都最终来源于感觉。

所谓观念是印象在心中的摹本，在记忆和想象中的再现，即感觉、情感和情绪在思维和推理中的微弱的意向，或者说是当理智反省感觉运动时，我们所意识到的那些比较不生动、不活跃的知觉。印象最先产生，在心中留下一个复本，印象停止以后，复本仍然存在，我们就称这个复本为观念。

因此，就印象与观念的关系而论，"我们的印象和观念除了强烈程度和活泼程度之外，在其他每一方面都是极为类似的。任何一种都可以说是其他一种的反映；因此心灵的全部知觉都是双重的，表现为印象和观念两者"[20]。

除了印象和观念之外，我们的知觉（不论印象或是观念）还有另一种区别，这就是简单与复合之间的区别。简单观念直接摹写简单印象，复合观念或是来自对复合印象的摹写，或是来自对简单观念的排列和组合。总而言之，一切观念或思想最终来源于印象即感觉经验。因此，"虽然我们的思想似乎具有这样无边无际的自由，如果我们加以比较切实的考察，则将发现它实际上是限制在一个狭隘的范围之内；人的精神所具有的创造力量，不外乎是将感官和经验提供给我们的材料加以联系、置换、扩大或缩小而已"[21]。例如，"金山"不过是将已知的"金"与"山"两个观念结合在一起，"有德性的马"不过是把"德性"与"马"两个观念结合在一起罢了。

于是,休谟提出了"人性科学"的两条基本原则。第一条原则可以称之为"印象在先原则",强调"观念是印象的摹本"、"一切知识来源于感觉",这是经验论的基本原则。第二条原则也可以称之为"想象自由原则":观念虽然由印象而产生,但是在心中却可以自由地结合,从而产生出印象中所没有的东西。当然,这种"自由"不能创造观念,因此观念无论多么荒谬,都可以在印象中找到根据。既然一切知识都来源于印象,休谟便以"感觉印象"作为衡量知识的标准。如果我们怀疑一个哲学名词是否有意义,只需考察那个假设的观念是由什么印象来的,要是找不到的话,那就说明它是没有意义的。

既然一切知识都来源于感觉,那么感觉是从何而来的呢? 在这个认识论的根本问题上,休谟采取了存疑的态度,走向了"温和的怀疑论"。

休谟把一切观念都归结为印象,而印象中最基础的又是感觉印象,那么感觉印象是从哪里得来的呢? 在认识问题上,感觉经验最有发言权,但是在感觉经验自身的来源问题上,经验也只好沉默了,因为超出经验之外,我们没有了经验,不可能产生任何知识。所以休谟说:"至于由感官所发生的那些印象,据我看来,它们的最终原因是人类理性所完全不能解释的,我们永远不可能确实的断定,那些印象还是直接由对象发生的,还是被心灵的创造所产生,还是由我们在造物主那里得来的。"[22]洛克和巴克莱由于没有将经验论的基本原则贯彻到底,所以才主张感觉来源于外部事物或是来源于作为精神实体的上帝。如果我们把经验论的基本原则贯彻到底,就必然在逻辑上使感觉的来源问题的回答成为不可能,休谟就是这样在这个问题上采取了怀疑论的态度。

休谟从彻底的经验论立场出发,认为唯物主义者(例如洛克)主张有一个独立存在的外部世界,我们心中的知觉是它的摹本或表象,乃是毫无根据也是无法证明的偏见。首先,既然心外有物,而心与物是两个完全不同的实体,我们又如何知道心中的观念是外部事物的摹本呢?"在心灵前面呈现的,除了知觉以外,是根本没有别的东西的,它决不能经验到知觉与对象的联系。"[23]其次,从"印象在先原则"可知,"物质实体"、"外部世界"都是一些抽象观念或虚假观念,并没有与它们对应的感觉印象。最后,正如巴克莱对洛克的批评,事物的两种性质都只存在于心中,如果剥去了"物质"的所有属性,剩下来的就只是"一种不可知、不可解的东西,作为我们知识的原因"[24]。

在休谟看来,唯心主义者(例如巴克莱)将感觉的来源归结为心灵或是上帝同样没有根据。所谓"上帝"这个最高的实体同唯物主义的"物质"一样超越了感觉经验,它们的存在都是悬而未决的,既无法认知,也不可能证明。不仅如此,"心灵"或"自我"也是超验的东西。我们只能感知到时刻变化着的、各种各样的特殊知觉,根本感知不到一个抽象的、一般的"自我"。所谓"心灵"或"自我"不过是"以不能想象的速度互相接续着,并处于永远流动和运动之中的知觉的集合体,或一束知觉"[25]。

因此,在感觉的来源问题上,休谟的回答既不同于唯物主义,也不同于唯心主义和宗教神学,而是采取了存疑的立场。应该说,不可知论是经验主义的必然结果,所以在洛克哲学中已见其端倪,终于在休谟这里得到了彻底的发挥。

然而,休谟首先是经验主义者,然后才是怀疑论者,而作为经验论者的休谟并不是一个彻底的怀疑论者,他称自己的怀疑论为"温和的怀疑论",或许称之为不可知论更为恰当。

休谟在感觉的来源问题上的确持存疑的态度,认为我们的感觉究竟从何而来是不可能知道的。但是,他并没有因为感觉的来源是可疑的就不要感觉了,而是从经验论的立场出发退守常识,认为我们只要不去追问感觉的来源问题,能够合理地解释感觉经验就足够了,而且他自认为可以合理地解释感觉经验。所以,休谟虽然是一位怀疑论者,不过他也反对彻底的怀疑主义,认为这种怀疑主义一旦与我们的情感和感觉的实在物象相接触,一旦与我们天性中的有力原则对立,就会烟消云散,因为生活和实践乃是医治彻底的怀疑主义的良药。

所以,休谟的怀疑论是"温和的怀疑论"。他认为这种温和的怀疑论不像彻底怀疑论那样有害,相反是有益于人类的,因为它将我们的研究限制在了最适合于人类理智这个狭窄官能的那些题目。为此,休谟为人类理智划分了界限:首先,想象力天然是崇高的,我们把这些崇高的论题留给诗人和演说家来润饰,或是留给僧侣和政治家来铺张。其次,正确的判断则与此相反,它必须避免一切高远的探求,使自己限于日常生活中,限于日常实践和经验的题目上。最后,哲学家尽可以继续他的研究,但是一定要知道,哲学的结论只是系统化地修正过的日常生活的反省,所以决不可以超越经验,因为一旦超越了经验,我们就没有任何可以判定为正确的知识。[26]

因此,"我们如果相信这些原则,那我们在巡行各个图书馆时,将有如何大的破坏呢? 我们如果在手里拿起一本书来,例如神学书或经院哲学书,那我们就可以问,**其中包含着数和量的任何抽象推论么?没有。其中包含着关于实在事实和存在的任何经验的推论么?没有。**那么,我们就可以把它投在烈火里,因为它所包含的没有别的,只有诡辩和幻想。"[27]休谟这段脍炙人口的名言道出了他的不可知论的矛头所向,那就是宗教神学和形而上学。

## (二)因果观

如前所述,休谟经验论的第一条原则是"印象在先原则",第二条原则是"想象自由原则"。虽然我们所有的观念最终都可以归结为印象,不过心灵也有它的作用,它可以通过联想自由地对观念进行组合或分解,由此便形成了复合观念和知识。显然,知识的形成一定是有规则的,否则就没有统一的知识。在休谟看来,想象组合观念的联想规则有三条,这就是:(1)类似关系;(2)接近关系;(3)因果关系。在前两种关系中,"心灵都不能超出直接呈现于感官之前的对象去发现对象的真实存在或关系",它们只是观念的组合或分解,并不涉及外在的对象。因果关系就不同了。"惟一能够推溯到我们感官以外,并把我们看不见、触不到的存在和对象报告于我们的,就是因果关系。"[28]在十七八世纪哲学和科学之中,因果关系通常被看做是自然界中最普遍的客观规律,甚至被视为社会和人性的必然法则。休谟对此表示存疑:既然我们的知识实际上被局限在感觉经验之内,那么我们有什么根据将因果关系推溯到感觉之外去呢?它能否为我们的知识提供客观性和必然性的基础?于是,他深入研究了因果观念。

休谟认为人类理智的对象可以自然地分为两种,这就是"观念的关系"和"实际的事情"。与此相应,知识也分为两大类:一类是关于观念的知识,一类是关于事实的知识。

"关于观念的知识"包括几何、代数、三角等数学知识。"这类命题只凭思想的作用,就能将它发现出来,并不以存在于宇宙中某处的任何事物为依据。纵然在自然中并没有圆形或三角形,欧几里得所证明的真理仍然保持着它的可靠性和自明性。"[29]因为这类知识只关系到观念自身的关系而与外部事物无关,所以只要它们与自身相符就是真理,因而是"必然的知识"。包括自然科学、自然哲学、历史学等在内的"关于事实的知识"就不同了,它们是"或然的知识",不论真理性有多大,也不如关于观念的知识的真理性明确。"各种事实的反面仍然是可能产生的,因为它并不会包含任何矛盾,而且可以同样轻易明晰地被心灵设想到,正如那符合实际的情况一样。"[30]因为这类知识建立在经验的基础之上,而经验归根结底是或然的,例如"太阳明天将不出来"与"太阳明天将要出来"都是可能的,所以是没有矛盾的。

既然如此,人们为什么把物理学等看做是普遍必然的科学知识呢? 这完全是因为我们的因果观念。关于事实的知识建立在因果关系的基础之上,而因果关系则被人们看做是普遍必然的自然规律。然而,休谟对此提出了两个问题:"第一,我们有什么理由说,每一个有开始的存在的东西也都有一个原因这件事是**必然的**呢? 第二,我们为什么断言,那样一些特定原因**必然**要有那样一些的特定结果呢? 我们的因果互推的那种**推论**的本性如何,我们对这种推论所怀的信念的本性又是如何?"[31]换言之,休谟对因果关系的普遍性和必然性提出了质疑。在他看来,我们只有弄清楚因果知识的来源,才能解决这两个问题。

我们关于因果关系的知识是从何而来的?

首先,因果关系的发现是不可能通过理性,而只能通过经验的。因为每个结果都是与它的原因不一样的事情,因而不可能通过理性在其原因中发现出来。对于外部事物的认识必须通过经验,因果关系也不例外。我们不能想象,一种因果关系可以不依靠经验而先验地想象出来或是推论出来。这一点在完全未知的事物方面最容易理解,例如没有人可以想象,火药的爆炸或是磁石的吸引可以用先验的论证来发现。

那么,经验是如何从过去推断未来、从已知推断未知、从个别推论一般呢? 这实际上是一个归纳推理,它由两个命题组成,一个命题是"我曾经见到这样一个表面上相似的事物经常有这样一个结果跟随着";另一个命题是:"我预见到别的表面上相似的事物也会有相似的结果跟随着"。一个是前提,一个是结论。休谟说:"我承认一个命题可以从另一个命题正确的推断出来,而且我知道事实上它经常是这样推论出来的"[32]。但是,这两个命题之间的联系既不是直观的,也不能由任何推理而得到证明。首先,它不能由解证的推理,即必然的推理来证明,因为自然的发展途径和一切可感的性质经常变化,相反的事实总是经常发生,在这里没有逻辑的必然性。其次,它也不能由或然的推理,即归纳推理来证明,因为休谟在前面已经说过,关于实际存在的论证是建立在因果关系上,因果关系观念是从经验中得来的,而经验不过是一个归纳推理,现在我们要求证明归纳推理的合理性,如果用或然推理,即归纳推理来证明归纳推理的合理性,那就是意味着把有待证明的东西作为前提,这样的论证就是循环论证。

由此看来，或然的归纳推理在逻辑上是得不到证明的，也就是说归纳推理如何从全体过渡到结论、从个别过渡到一般，即归纳的合理性问题，在逻辑上是得不到证明的，这就是休谟提出来的"归纳问题"，现代西方哲学家称之为"休谟问题"。

因此，相对、个别和偶然的经验重复一万次仍然是相对、个别和偶然的经验，我们无论如何也不可能从中发现出必然性来，而且过去和现在的经验只对过去或现在有效，虽然可以推测但却不可能必然地推论出明天的结果。"由此看来，不但我们的理性不能帮助我们发现原因和结果的最终联系，而且经验给我们指出它们的恒常结合以后，我们也不能凭自己的理性使自己相信，我们为什么把那种经验扩大到我们所曾观察过的那些特殊事物以外。我们只是假设，却永远不能证明，我们所经验过的那些事物必然类似于我们所未曾发现的那些对象。"[33]

既然经验不可能告诉我们原因与结果之间的必然联系，那么我们的因果观念是从何而来的呢？休谟认为，尽管经验不能提供因果之间必然联系的证明，多次重复的经验亦并不比单一例证提供更多的东西，但是它们却能够以一定的方式影响我们的心灵。当我们经常性地经验到事件 A 之后总有事件 B 相随时，这就使我们对事件 A 的经验与对事件 B 的经验之间产生了某种习惯性的联想，这就是所谓"必然联系"观念的来源。

因此，"习惯"是因果观念的基础。"因为任何一种个别的动作或活动重复了多次之后，便会产生一种倾向，使我们并不凭借任何推理或理解过程就重新进行同样的动作或活动，我们经常说，这种倾向就是习惯的结果。不过我们虽然应用了习惯一词，却并不认为自己已经将这种倾向的最后原因揭示了出来。我们只是指出一种大家普遍承认的人性原则，这个原则是因它的结果而为人所熟知的。也许我们并不能把我们的研究更推进一步，或者将这个原因的原因揭示出来，然而我们必须满足于这个人性原则，把它当作我们所能认定的、一切由经验得来的结论的最后原则。"[34]

于是，休谟得出了结论："根据经验来的一切推论都是习惯的结果而不是理性的结果"。因为经验的有效性就在于它能够使我们期待将来出现的一连串事件与过去出现的事件是相似的。假如没有习惯的影响，那么我们除了当下呈现在记忆和感觉中的东西之外，对于其他所有的事实都一无所知。这样一来，不但一切行动都无法开始，而且思想也难以进行了。正是在这个意义上，休谟强调说，"习惯是人生的伟大指南"[35]。

休谟的因果观，尤其是他所提出的归纳问题，在西方哲学史上具有极其深远的影响,它不仅启发康德建立了先验论的因果观,而且直到今天仍然是西方哲学和科学研究的重要课题。休谟虽然从极端的经验论立场出发,否定了因果关系的客观性和必然性,但是当他把因果关系理解为主观的习惯性联想时,他并不认为这就是最后的结论,而只是看做我们认识的界限。休谟并不否认在自然界中存在着某种"齐一律",如果没有事物之间前后相随、相继出现的现象,我们就不可能产生任何因果观念,只不过我们无法知道这种前后相随、相继出现之间的必然联系罢了。

经验论对形而上学的批判,在休谟这里发展成为系统的怀疑论思想,对以后形而上学的演变具有决定性的影响。

形而上学或本体论与认识论之间的关系是十分微妙的:一方面在古典哲学中形而上学是哲学乃至所有知识的基础和核心,当然也是认识论的基础和前提,但是另一方面作为理论学科,作为理论化的世界观,形而上学也是一种知识,虽然是最高的知识,但是只要是知识就必须有认识论上的根据。换言之,形而上学要求认识超验的实体或本体,并且形成科学的理论系统——哲学体系,这就使它与认识论结下了不解之缘。经验论与唯理论关于认识问题的争论最终陷入了绝境,尤其是经验论走向了怀疑主义,这就使形而上学同样陷入了绝境。

在休谟看来,一切知识都来源于经验,因而如果我们想要确证一个概念的意义,那么最简便的方法就是看一看它的经验根据。但是我们进一步追问感觉经验的来源,感觉也只好沉默了,因为感觉经验不可能超出自身之外却印证自己的来源,所以对于知识的经验来源本身我们只能采取存疑的态度。然而休谟并不是一个彻底的怀疑论者,他自称自己的学说是"温和的怀疑论"——我们虽然不知道我们的知识究竟是来源于外部事物,还是主观的心灵,或者是上帝,但是这并不影响我们的生活和实践。只要我们不去追问这种我们的理智不可能回答的形而上学问题,彻底放弃形而上学,把思考的对象集中在经验上,寻求将观念构成为知识的心理规则就可以了,我们其实什么也没有失去,只是放弃了一些超出认识能力之外的问题而已。

休谟的怀疑论不仅使唯理论而且也使经验论陷入了绝境。他把知识划分为两类:一类是观念之间的关系,一类是事实的知识。观念之间关系的知识是先天的知识,因为它们与外部事物无关,因而只要符合逻辑就不会有问题。事实的知识却必须建立在感觉经验的基础之上,这类知识所依据的是因果观念,由于因果观念不可能来源于理性本身而必须建立在经验的基础之上,但是经验却也不可能告诉我们因果之间的必然联系,所以因果观念不过是事物之间的某种关联多次重复之后在我们的心灵里引起的主观联想,我们永远也不可能知道因果之间有没有必然的联系。因此,关于事实的知识是或然的。这样一来,唯理论的理想——从理性固有的原则推演人类的全部知识——终于破灭了:理性自身中的知识只与自身有关而与外部事物无关,因而这样的知识虽然有普遍必然性,但是被限制在了极其狭小的范围之中。同样,经验论的理想也终于破灭了:从培根开始,经验论者的目的是通过经验归纳法为科学知识寻求根据,然而休谟却证明,经验的确是关于外部事物的知识的基础,然而这类知识由于以经验为其基础,所以归根到底是或然的——感觉经验是个别偶然的,即使重复一万次,经验也是经验,不可能产生普遍必然性。

经验论与唯理论在认识问题上的争论具有极其重要的理论意义,正是在休谟怀疑论的启发之下,康德走上了批判哲学的道路。

## 参考书目

1. 洛克:《人类理解论》,商务印书馆,1997 年。
2. 巴克莱:《人类知识原理》,商务印书馆,1958 年。
3. 休谟:《人类理智研究》,商务印书馆,1972 年。
4. 陈修斋主编:《经验主义与理性主义》,人民出版社,1987 年。

## 注 释

〔1〕 伏尔泰:《哲学通信》,第 206 页,上海人民出版社,1961 年。
〔2〕 洛克:《人类理解论》,第 5 页,北京:商务印书馆,1997 年。译文有改动。
〔3〕 参见《西方哲学原著选读》,上卷,第 450 页。
〔4〕 洛克:《人类理解论》,第 83 页。
〔5〕 洛克:《人类理解论》,第 555 页。
〔6〕 洛克:《人类理解论》,第 286、548 页。
〔7〕 巴克莱:《人类知识原理》,第 23、22 页,商务印书馆,1958 年。
〔8〕 《西方哲学原著选读》,上卷,第 503 页。
〔9〕 《西方哲学原著选读》,上卷,第 516 页。
〔10〕 《十六—十八世纪西欧各国哲学》,第 546 页。
〔11〕 《十六—十八世纪西欧各国哲学》,第 563 页。
〔12〕 巴克莱:《人类知识原理》,第 49 页。
〔13〕 《人类知识原理》,第 50 页。
〔14〕 《人类知识原理》,第 57 页。
〔15〕 罗素:《西方哲学史》,下卷,第 196 页,商务印书馆,1982 年。

〔16〕 康德:《未来形而上学导论》,第5—6页,商务印书馆,1982年。

〔17〕 休谟:《人类理智研究》,"休谟自传",第2页,商务印书馆,1972年。

〔18〕 休谟:《人性论》,第8页,商务印书馆,1983年。

〔19〕 休谟:《人性论》,第19--20页。

〔20〕 《人性论》,第14页。

〔21〕 《西方哲学原著选读》,上卷,第518页。

〔22〕 《西方哲学原著选读》,上卷,第101页。

〔23〕 《十六—十八世纪西欧各国哲学》,第666页。

〔24〕 休谟:《人类理智研究》,第137页。

〔25〕 休谟:《人性论》,第282页。

〔26〕 休谟:《人类理智研究》,第143页。

〔27〕 休谟:《人类理智研究》,第145页。

〔28〕 休谟:《人性论》,第89—90页。

〔29〕 《西方哲学原著选读》,上卷,第519页。

〔30〕 《西方哲学原著选读》,上卷,第519页。

〔31〕 休谟:《人性论》,第94页。

〔32〕 《十六—十八世纪西欧各国哲学》,第638页。

〔33〕 休谟:《人性论》,第109页。

〔34〕 《西方哲学原著选读》,上卷,第527—528页。

〔35〕 《西方哲学原著选读》,上卷,第528页。

# 第十二讲

# 社会政治理论

霍布斯与洛克

孟德斯鸠

卢梭

　　我们曾经说过,启蒙主义有广义和狭义之分。在广义上说,整个近代哲学的基本精神就是启蒙主义,若从狭义上说,启蒙主义特指18世纪的法国哲学。我们在这一讲里,主要讨论近代的社会政治思想,其中就包括18世纪法国的社会政治思想,这是它的突出贡献。18世纪法国哲学在哲学上没有多少新意,因为特定的社会历史背景,政治哲学的问题突出,因而成了哲学家们思考的核心。法国启蒙运动直接为1789年法国大革命准备了思想基础,例如罗伯斯庇尔就以卢梭为其偶像,试图将他的社会契约论付诸现实。

　　的确,通常当我们说到"启蒙主义"的时候,都带有一定的政治色彩,因为无论启蒙具有多么深刻的哲学意义,它首先是一种思想文化运动或社会思潮。十七八世纪的启蒙主义高举理性与自由的大旗,与封建专制制度、宗教迷信和愚昧落后为敌,提倡科学,传播知识,以教化大众为己任,产生了极其深远的影响。当然,在我们今天看来,这些影响并不都是积极的,我们现在所面临的一些问题,可能就源自启蒙的理念。实际上,不仅仅是我们要反思启蒙主义,在启蒙的时代,启蒙主义已经开始反思自己了。

　　这一讲主要讨论十七八世纪近代的社会政治思想。

这一时期的社会政治思想以"自然法理论"为基础,通常有两个基本概念,一个是"自然状态",一个是"社会契约",近代社会政治思想就是围绕这两个概念展开的,几乎每一位讨论社会政治问题的哲学家都有一套"自然状态说"和"社会契约论"。哲学家思想家的历史使命是说明现行的社会制度是不合理的,为了说明现行制度不合理,就要找到一个合理的标准来衡量,这也是为了给进一步提出一种合理的社会制度作为理想的典范。因此,哲学家们从人本性自然出发,假设人类在进入社会状态之前,生活在某种自然状态之中,完全由自然本性所支配,按照自然法活动,后来因为种种原因,这种自然状态维持不下去了,于是便通过相互之间制定契约的方式进入了社会状态。在他们看来,一种社会政治法律制度,只有符合人性,以自然法为依据,才是好的合理的社会制度。所以,哲学家思想家们提出"自然状态"与"社会契约"这两个概念,目的是要说明社会政治法律制度的产生和形成,说明一种合理的社会制度的基础是什么。

那么,哪一种社会制度更合理呢? 十七八世纪的哲学家思想家们大多主张实行法制,并且推崇代议制。虽然他们异口同声,都把希腊城邦民主制和罗马共和国看做是理想,但是他们也都十分清醒地知道,人类的黄金时代一去不复返了。像古代那种民主制度,必须以民心纯朴、道德高尚、秉承正义、大公无私为基础,否则就可能蜕化变质,演变为最坏的制度。所以,他们认为最现实可行的是法制的代议制政府。当然也有例外,霍布斯和卢梭就与众不同,前者推崇中央集权制,后者鼓吹民主共和国,这两个极端格外引人注目。

# 一　霍布斯与洛克

托马斯·霍布斯(Thomas Hobbes,1588—1679)出生在英国南部威尔特郡的马尔麦斯堡一位乡村牧师家庭中。当时正值西班牙无敌舰队攻击英国,母亲因为受到惊吓而早产,因而霍布斯后来戏称他是双生子,他的兄弟名叫"恐惧"(fear)。实际上也的确如此,恐惧伴随了他的一生。霍布斯 15 岁考入牛津大学,毕业后不久受聘于卡文迪什男爵,成为他的儿子的家庭教师,从此与这个贵族之家建立了终身的联系。当时,哲学界乃至大学的哲学讲台仍然掌握在经院哲学手中,基本上附属于神学系。具有革新精神的哲学家们,或者自己是贵族,或者依附于贵族,因为哲学并不是一项可以糊口的职业。培根、笛卡尔是贵族,霍布斯、洛克为某个贵族做家庭教师。后来,康德、费希特、黑格尔等德国哲学家也都走过做家庭教师这条路。

霍布斯接受了当时许多新思想新科学的影响。在培根因受贿案被撵出宫廷隐居乡村时,他曾给培根当过秘书,并且帮助他将其作品译成拉丁语。霍布斯多次陪他的学生游历欧洲各国,了解到了开普勒和伽利略的新科学成果,结识了伽利略、伽桑狄和马勒伯朗士等著名科学家和哲学家。1640年英国内战爆发,霍布斯随卡文迪什家族逃到巴黎避难。1646—1647年霍布斯曾经给当时流亡巴黎的英国威尔士亲王(即后来的查理二世)当数学老师。1648年在巴黎会见了笛卡尔。1651年底,霍布斯经过11年的流亡生活之后,回到了克伦威尔统治下的英国,同年他在伦敦发表了名著《利维坦》。1660年斯图亚特王朝复辟之后,霍布斯又宣布效忠国王,但由于他的专制主义立场同样危及了贵族们的利益而受到了王党的迫害,同时亦因为无神论的倾向遭到了教会的攻击。所有这一切使晚年的霍布斯避政治如水火,将兴趣转向了文学和历史,在87岁高龄时还把荷马史诗翻译成英文。他的主要哲学著作有:《利维坦》、《论物体》和《论公民》。

虽然霍布斯哲学以经验论为基本原则,但是也容纳了其他不同的因素,因而并不是典型的经验论。与培根相比,霍布斯具有丰富的科学知识,他依据并概括了伽利略的机械力学成果,也曾受到笛卡尔哲学的影响,并且非常重视几何学的方法(通常这是唯理论的基本特征),建立了一个典型的机械唯物主义体系。由于身处英国资产阶级革命时期,霍布斯非常关注政治问题,在其哲学思想中,他的政治哲学对后世影响最大,他自己也认为这一方面是他最大的贡献。

霍布斯最初的兴趣是政治和文学,后来转向科学和哲学,这个转变过程很富于传奇色彩。他在陪着学生游学欧洲时,到一位法国绅士家中做客,在主人书房里看到了欧几里得的《几何学原理》,打开的书翻到第一卷命题47。霍布斯读后便为几何学严密精确的逻辑论证所折服,他突发奇想:自己那些关于人性和国家的思考,完全可以按照几何学方法构成一个严密的科学体系。这时,霍布斯已经40岁了。

霍布斯的哲学思想既受到了培根的影响,也受到了笛卡尔的影响。伽利略的动力学为他形成机械论的自然观提供了指导思想,而几何学方法则为他建立哲学体系提供了方法。

对于霍布斯来说,哲学与科学是一回事,他把"物体"看做是哲学的对象。物体分为两类,一类是自然物体,一类是人工物体,由此就产生了哲学的两大部分:"自然哲学"与"公民哲学"。不过,在这两个部分之间还有

"人"。人是自然的产物,所以属于自然物体,但他又是人工物体即国家的创造者和组成的材料。所以,要认识国家,就必须先知道人的本性。于是,"公民哲学"又分为两部分:"伦理学"与"政治学"。

我们在此主要讨论霍布斯的政治哲学。在他的政治哲学中,体现了一种极端个人主义与极端专制主义之间的巨大矛盾。

人首先是一种"自然物体",因而人的"自然本性"支配着人的思想和行动,这种"自然本性"就是"自我保存","趋利避害",无休止地追求个人利益,追求权力。所以,支配一切行为的心理原则乃是自我保存。当人们完全按照自然本性而生存的时候,在没有公共权力树立起绝对权威的情况下,这种状态就叫做"自然状态"。霍布斯假设人类原本生活在自然状态之中。

对霍布斯来说,自我保存并不简单。一方面,人只要活着,就不能说哪一天你已经实现了自我保存的目的了,你总是在奔忙之中,因此是一种无休止的追求继续生存下去的活动。另外,要求保障安全这个人性的真正基本需要,从实用方面看,是与对权力的要求分不开的。在霍布斯看来,全人类具有一种普遍的倾向,这就是至死方休永不停息地追求权力的欲望。造成这种倾向的原因并不总是因为人们希望获得比他已经获得的还要多得多的快乐,或者是因为他不满足于拥有比较适度的权力,而是因为他不能确保在不获取更多的权力的情况下,还能很好地保持他目前已经拥有的权力。总而言之,还是因为自我保存的自然本性。

人的"自然本性"乃是天赋的"自然权利"。既然自我保存是人的自然本性,那么基于自我保存,采取一切手段去占有一切的行为,就都是正当的。问题是,在"自然状态"中,由于每个人都要去实现自己占有一切的自然权利,必然要发生人与人之间的争斗,古罗马的谚语"人对人就像狼一样"就是这种状态的生动写照。因此,"自然状态"是"一切人反对一切人"的战争状态。在这种战争状态下,没有善恶之分,也没有是非曲直,只有欺诈和暴力,人类生活陷入混乱之中。霍布斯不仅将"自然状态"看做是远古人类生活状态的假设,而且认为凡是没有国家权力或者国家权力软弱无力的地方,都可能出现这样的混乱局面。

于是,"自然法"开始起作用。

在自然状态中,你争我夺,人人自危,每个人不但满足不了自己的权利和欲望,而且生命亦受到威胁。这就使占有一切的自然权利和欲望,不得不让位于更为根本的"自我保存"的本性。于是理性教导人们,只有接受那些大家都必须遵守的共同的生活规则即"自然法",才能避免战争,确保和平。

所谓"自然法"就是理性建立起来的道德法则,它是衡量善恶的一般标准,因而自然法的学说是真正的和惟一的道德哲学。"自然权利"则要求自由地无限制地占有一切。霍布斯从自我保存的本性出发,推演了若干自然法则,例如正义、公道、谦让、慈悲等,总之就是"像我们愿意别人对待我们那样对待别人"[1],有点儿类似于孔夫子所说的"己所不欲,勿施于人",不过这句话好像不能反过来说:"己之所欲,施之于人"。因为你觉得好的东西,别人不一定认为好,如果"施之于人",岂不是坏事。而"己所不欲"的东西,也许不一定是别人不欲的,但当你"勿施于人"的时候,至少不会给他人造成伤害。所以,这句话有点儿像我们现在经常说的"道德底线"。

总之,如果人们要想确保和平和安全,就必须用"自然法"来约束"自然权利"。不过这样一来,"自然法"便与"自然权利"发生了矛盾。

由于"自然法"毕竟只有道德上的约束力,在没有一个强有力的公共权力的情况下,它是难以发挥作用的:"虽然有自然界的规律(任何人如果遵守这些规律就可以平安,他就愿意遵守它们,他就会已经遵守了),如果没有树立起权力来,或者权力之大不足以保护我们的安全,那么任何人就会并且可以合法地依仗自己的能力和技术防御别的一切人"。[2]由此可见,仅仅依靠自然法,人们还是无法摆脱人人自危的困境。于是,人们为了达到自我保存的目的,便相互约定,把他们的自然权利转让出去,交付给一个人或由一些人组成的会议,把大家的意志变成一个意志,这种权利的相互转让就是所谓的"契约"。

人们为了达到自我保存的目的而相互约定,把他们的自然权利转让出去,交付给一个人或由一些人组成的会议,把大家的意志变成一个意志,这种权利的相互转让就是所谓的"契约"。

实际上,当人们用自然法来约束自然权利的时候,那已经是权利的互相转让了,我们可以称之为第一次契约行为。但是由于这一次契约行为还没有建立起公共权力,因而和平仍然没有保障,人们并未真正摆脱自然状态。现在的契约行为则不同了,作为权利的第二次转让,即第二次订约,每个人都放弃了管理自己的权利,把它授予一个人或一些人所组成的会议,于是便形成了一个统一的公共权利,这样联合在一个人格里的人群就叫做"国家"。

所谓"国家""是一个人格,一大群人通过相互约定使他们自己每一个都成为这个人格的一切行动的主人,为的是当他认为适当的时候,可以利用他们大家的力量和工具来谋求他们的和平和公共防御"[3]。霍布斯给"国家"下的定义表明:国家的产生是通过人们相互之间订立契约,把全部权利交付给一个人或一些人组成的会议而实现的。国家的实质就在于,它是担当起大家的人格的一个人格、集中了大家意志的一个意志,掌握了大家所交付的所有权利和力量的一个公共权利;它可以使用大家的力量和工具来谋求他们的和平和公共防御。因此,霍布斯借用《圣经》中的巨大海兽"利维坦"来比喻威力无比的"国家",认为只有它才能保护我们,甚至称之为"有死的上帝"或"人间的上帝"。

与十七八世纪的社会政治理论相比,霍布斯政治哲学最突出的特点就在于他以社会契约论为专制主义的必要性和合理性作论证。

霍布斯认为国家的政体形式可以分为君主制、贵族制和民主制,其中君主制最为优越。因为权力集中于一人,有利于维护国家的统一和强大,防止内乱和混乱状态的发生,所以它是最强有力的统治形式。为了维护统治者的绝对权威,霍布斯主张统治者的权力一经建立就不可转让,人民也不能违背契约而收回权力,未经君主同意不得废除君主制,不得废除君主,将统治权转让他人。原因很简单:契约是由人们相互之间订立的,而统治者并不是订约的一方,因此对他来说不存在违约的问题,他不论做什么都是正义的和合法的,他的臣民不能以任何借口不服从统治。霍布斯还坚决反对分权说,认为统治权不能转让,也不能分割,否则就会像英国那样陷入内乱而不可收拾。后来,由于政治形势的变化,霍布斯修改了他的观点。他认为,人民定约的目的是为了保护自身的利益,这就构成了统治者最根本的职责。如果统治者不能尽职,那么臣民就可以解除对原统治者的服从义务,以便寻求新的保护。不过,霍布斯一再说,人民只要臣服于一个新的统治者,那就必须做一个真正的臣民,不能破坏正当订立的契约。

霍布斯之所以尽心竭力地为专制主义作论证,是与当时英国的历史背景分不开的。

1640年,英国国王查理一世为了与苏格兰人的战争,不得不召开已经有11年没有开会的下议院,以资产阶级和新贵族为主的议会要求先解决民间疾苦再议军费问题,而国王则坚持先议军费,然后再说民间疾苦。双方相持不下,国王解散了议会,结果导致了内战。后来,以克伦威尔为首的议会军最终战胜了国王军,1649年1月,查理一世被处以死刑。同年5月建立共和国,1653年克伦威尔实行军事独裁,1658年他去世后,王党复辟,查理二世登基。1685年,查理二世去世,詹姆斯二世继承王位,由于他强行推行天主教,试图加强君主专制,不仅与国民和议会发生冲突,而且与英国国教产生了矛盾。1688年,主教们邀请詹姆斯二世的女婿、信奉新教的奥兰治的威廉回国取代詹姆斯二世,最终建立了君主立宪的代议制政府。史称"光荣革命"。

1640 年的英国内战具有资产阶级革命的性质,但是长期的内战必然导致民不聊生。而在霍布斯看来,英国内乱不已的原因就是由于国家的统治权力不够强大。所以,他给英国现实开出来的药方是建立中央集权的专制制度。有意思的是,霍布斯的政治哲学不仅与革命党人背道而驰,而且也为王党所不容,因为即使是国王的亲信也不能容忍极端化的王权,那同样会危及他们的利益。

我们知道,公元 476 年西罗马帝国灭亡之后,在欧洲逐渐形成了一种封建制度,这种封建制度与中国的封建制度是不同的。对于中世纪的国王们来说:"我的仆人的仆人,不是我的仆人"。他们不过是贵族之中最大的贵族而已,至于贵族们的仆人,国王是没有权力支配的。这与中国秦汉以来形成的中央集权式的专制制度差别很大。在历史上,英国的君主制在法律上有保护贵族和自由人的权利的传统。早在 1215 年,英王约翰就被迫与贵族签署了《大宪章》,亦称《自由大宪章》,共计 63 款,其中有两条极其重要。第 40 条承诺:"任何人的权力和公正都不能被出卖、被否决、被拖延"。这一条从此在历史上开创了所有公民在法庭面前平等的原则。在第 39 条中,国王承诺,未经法律或陪审团的合法判决,任何自由人都不能被拘捕、囚禁、没收、驱逐、流放,或受任何其他形式的伤害。这一条款确立了这样的规矩:国王想要惩罚一个人,也必须遵循一定的法律程序。对国王的权力作出限制,是英格兰贵族的长期努力,而在纸面文件上明确作出规定并且由国王封印保证,这是第一次。因此,当霍布斯提倡中央集权的专制制度的时候,就连王党贵族们也难以容忍。

霍布斯所制订的以人性论、契约说为基础的国家学说,以冷酷无情的理性分析揭开了笼罩在统治权力之上的"君权神授"的神圣面纱,对当时的社会政治理论产生了深刻的影响,而且至今仍然是人们研究的课题。在他的政治哲学中,体现了一种极端个人主义与极端专制主义之间的巨大矛盾。专制主义的国家权力被看做是解决个人之间矛盾冲突的惟一出路:由至高无上的国家权力将形同散沙的个人集中在一起,以便消解个人之间的争斗,维护人们的安全。

与霍布斯不同,洛克主张君主立宪制的代议制政府。

洛克是英国"光荣革命"时期辉格党人的主要思想家。1679 年,就詹姆斯公爵(后来的詹姆斯二世)是否有权继承王位的问题,议会展开了激烈争论。反对詹姆斯王位继承权的一批议员,被敌对的一方讥称为"辉格"。辉格(Whig)为苏格兰语,原意为盗马贼。而拥护詹姆斯继承王位的议员,则被敌对的一方讥称为"托利"。托利(Tory)为爱尔兰语,原意为天主教歹徒。这就是后来形成的辉格党和托利党的由来。辉格党曾与托利党轮流执政。19世纪中叶,辉格党与托利党演变成为自由党和保守党。20世纪初,工党取代了自由党的位置,形成了与保守党轮流执政的局面。

上一讲我们讨论了洛克的经验主义认识论思想,在这一讲中我们讨论他的社会政治思想。

洛克像霍布斯一样通过自然状态说来解释社会和国家的起源,不过在他看来,人类最初的自然状态并非像霍布斯所说的那样是"一切人反对一切人"的战争状态,而是一种人人平等自由的和平状态。虽然没有政府和法律,但却不是放任状态,有一种人人遵守的自然法在起作用。所谓自然法也就是人类的理性,它规定了人的自然权利,如人人都拥有保护自己的生命健康、自由和财产不受侵犯的权利。"理性,也就是自然法,教导着有意遵从理性的全人类:人们既然都是平等和独立的,任何人就不得侵害他人的生命、健康、自由和财产"。[4]谁受到了侵犯,谁就有权报复和惩罚。

虽然在自然状态下人们享有自由和平等的权利,但是这些权利是没有保障的。由于缺乏明确、公认的法律,也没有公共权力充当裁判者并保证正确判决的执行,因而在自然状态中就存在着违反自然法,侵犯别人的自然权利的现象。由于谁遭到侵犯,谁就有报复和惩罚的权利,自然状态便陷入了战争状态。于是,人们便通过协商,订立契约,建立政府来保护公民的自然权利,国家由此而产生了。

人们脱离自然状态而进入公民社会的惟一途径是同其他人订立契约,即达成协议,联合成一个共同体,各自放弃他们单独行使的惩罚权力,交由他们中间被指定的人行使;而且要按照社会所一致同意的或他们的代表所一致同意的规定来行使。"这就是立法和行政权力的原始权利和这两者所以产生的缘由,政府和社会本身的起源也在于此。"[5]人们订立契约,建立政府的目的是为了保护自己的自然权利,所以人们并不是像霍布斯所说的那样,将全部自然权利都交给专制的政府或君主,他们所放弃的惟一的自然权利只是维护自然法,惩罚犯罪者的执行权,政府的权利仅此而已,根本没有专断的统治权。按照洛克的学说建立起来的政府是一个以保护公民的自然权利为惟一目的的民主政府。

洛克的社会契约论与霍布斯也有所不同。霍布斯认为订约是人们把所有的权利交给了统治者,而洛克则认为人们只出让一部分权利,还保留着生命、财产和自由等不可转让的权利。霍布斯认为,统治者不是缔约的一方,不存在违约的问题,人民永远不能解除对他的服从。而在洛克这里,统治者是参加契约的一方,是从缔约的人们中推选出来的,因此也受契约的限制,如果他们不履行契约,不能保障大家的权益,人民就有权反抗,甚至推翻他们,另立新的统治者。但是,对于一个没有违背人民委托的"合法"政府,是不能反对的,否则就是"叛乱"行为。

洛克在 1688 年"光荣革命"之后,仍然大力宣扬人民主权的思想。人民订立签约建立政府的目的是为了维护人民的安全、自由、财产和利益。如果政府违背了上述目的,推行有害于人民利益的暴政,人民就拥有反抗政府的权利。当政府与人民发生冲突时,人民是最高的裁判官。因为政府只是接受人民委托的受托人,其行为是否正当,是否适合于对他的委托,只有委托人,即人民才是理所当然的裁判官。

洛克认为,一个国家绝不能听任统治者凭个人意志实行专制统治,必须制订人人都要遵守的法律,统治者也只能根据法律进行统治。法律的性质是保障公民的自然权利,其目的不是限制自由,而是保护和扩大自由。为了防止君主专制,洛克提出了权力分散、互相制约、三权分立的"分权"学说,主张国家的立法权、行政权和联盟权(外交权)分由不同的部门掌握,不要集中在政府和君主一人之手。其中立法权是最高的权利,根据立法权的所属,我们可以把政府的形式区分为民主制、寡头制和君主制。大多数人拥有立法权的政府是民主制,少数人拥有立法权的政府是寡头制,一个人拥有立法权的政府则是君主制。作为近代政治思想史上分权学说的主要代表之一,洛克主张一种复合的政体形式。在这种政体形式下,议会掌握立法权,行政权归政府内阁,君主名义上行使外交权,这就是君主立宪制。英国"光荣革命"之后逐步完善起来的君主立宪制就是这一理论的真实写照。后来,法国启蒙思想家孟德斯鸠极力推崇这一学说,并且将其修改为立法、司法和行政三权分立说。几百年来,分权制已成为西方民主制度的一种普遍形式。

## 二 孟德斯鸠

正如恩格斯所说,18 世纪"主要是法国人的世纪"。[6]作为人类历史上一次"光辉灿烂的黎明",[7]法国大革命实践了法国启蒙思想的基本原则,从而使这个时代以"启蒙的时代"而著称于世。毫无疑问,18 世纪以法国大革命而永载史册,然而如果没有此前的法国启蒙运动,这场革命的胜利肯定是无法想象的。

由于18世纪的法国思想家们自觉地承担起了反对封建专制、宗教迷信和愚昧落后,鼓吹自由、平等和博爱,高扬理性、提倡科学和进步、教化大众的启蒙任务,因而他们通常被称为启蒙思想家,主要代表人物有孟德斯鸠、伏尔泰、卢梭、孔狄亚克、拉美特利、狄德罗、达朗贝尔、爱尔维修、霍尔巴赫等人。由于这些思想家中有些人参与了由狄德罗主编的《百科全书》的编纂工作,而《百科全书》在法国启蒙运动中发挥了非常重要的影响和作用,所以人们也经常称这些法国思想家为"百科全书派"。但是实际上,法国的启蒙思想家们并不属于某一个统一的哲学流派,他们的观点各有不同,有时甚至是相互矛盾的,例如在宗教问题上,伏尔泰持自然神论的观点,而霍尔巴赫等人则主张彻底的无神论。

法国启蒙运动兴起之时,正是法国封建专制制度由盛而衰的时期。路易十四时代(1643—1715)是法国中央集权制的鼎盛时期。路易十四为了维持专制统治和侵略战争,增强国家的实力,一方面推行重商主义政策,从而使资本主义经济得到了迅速的发展,另一方面又严格推行中央集权制,宣称"朕即国家",为了抬高贵族的地位,取消了1631年以来资产阶级花钱买来的贵族称号,从而阻塞了资产阶级进入贵族等级的道路。这样一来,路易十四就造就了一个政治地位低下但是经济力量强大的资产阶级,为自己树立了一个日益强大的敌人。这一时期的法国社会可以划分为三个等级,第一等级是高级僧侣,第二等级是封建贵族,这两个等级是特权阶层,国王是他们的总代表,第三等级是包括资产阶级、手工业者、城市贫民、无产者和广大的农民等各个阶层,他们只有纳税的义务而没有政治权利。因此,尽管第三等级的人们属于不同的社会阶层,但是他们在政治上都属于最低的等级,因而有着共同的政治要求,这就使他们围绕着资产阶级形成了反对特权阶层的政治同盟。

一般说来,思想革命往往是政治革命的先导,正是在这个意义上,法国启蒙运动为震惊世界的法国大革命提供了理论和思想的基础和前提。鉴于当时封建专制制度还比较强大,法国思想家们采取了"釜底抽薪"的策略,首先将批判的矛头指向了与封建专制制度狼狈为奸的宗教势力,继而把宗教批判扩大和深入为政治批判。在西方哲学史上,法国启蒙运动独树一帜地建立了彻底的无神论和机械唯物主义学说。当然,由于他们关注的主要问题是社会政治问题,因而在哲学理论方面的贡献不如宗教批判和政治理论方面的贡献大。

因此,我们主要介绍孟德斯鸠和卢梭的社会政治思想。

孟德斯鸠(Montesguieu,1689—1755)是 18 世纪法国著名的启蒙思想家,原名夏尔－路易·德·色贡达,祖父是波尔多法院院长,由于父亲不是长子,由伯父继承了祖辈的爵位和封地,父亲在军队供职。他幼年在教会学校接受了传统教育,后在波尔多潜心研究法律,19 岁获法学学士学位,成年后也曾经营酿酒业。伯父去世以后,他继承了伯父波尔多法院院长职位和孟德斯鸠男爵的头衔,成为"夏尔－路易·德·色贡达,拉伯烈德和孟德斯鸠男爵"。在法院工作之余,他博览群书,吸取各方面的知识,除了研究自然科学外,亦以极大的热情和兴趣研究法律、历史、哲学和其他人文学科,探求社会的发展规律和改变法国社会状况的出路。

1721 年孟德斯鸠化名彼尔·马多发表了他的第一部著作《波斯人信札》,在法国社会引起了极大的轰动,孟德斯鸠也因此蜚声文坛。1734 年他发表了历史哲学著作《罗马盛衰原因论》,第一次提出了政治法律制度是国家盛衰的决定性因素的理论。经过近 20 年的研究,1748 年孟德斯鸠出版了他的代表作《论法的精神》,全面系统地展示了他的政治哲学体系。该书出版后受到了极大的欢迎,两年内连续印行 22 版,并很快被译成多种文字,伏尔泰称之为"理性和自由的法典"。由于书中对封建专制制度和教会进行了揭露和批判,引起了反动势力和教会的极端仇视,曾被列为禁书。1755 年,孟德斯鸠因病巴黎去世,终年 66 岁。

孟德斯鸠以法哲学的形式全面系统地阐述了他的社会政治理论。

关于法的理论是孟德斯鸠社会政治学说的基础。在法语中,Loi 一词有法、法律、规律等多种含义。孟德斯鸠从广义上将"法"规定为"由事物的性质产生出来的必然关系"[8],也就是贯穿于一切事物之中的必然性和规律性。就此而论,一切存在物都有它们的法:上帝有上帝的法,物质世界有物质世界的法,兽类有兽类的法,人类有人类的法。世界上一切事物的产生和存在都是必然的,存在着一个"根本理性",而"法就是这个根本理性和各种存在物之间的关系,同时也是存在物彼此之间的关系"[9]因此,孟德斯鸠试图通过对人类社会的法的研究,寻求治国安邦的良策。

虽然宇宙万物都有自己的法则,人类社会像物理世界一样有其永恒不变的规律,但是"智能的世界并不像物理的世界那样永恒不变地遵守自己的规律,这是因为个别的'智能的存在物'受到了本性的限制,因此就会犯错误;而且,从另一方面来说,独立行动就是他们的本性。所以他们并不永恒地遵守他们原始的规律;而且,就是他们自己制定的规律,他们也并不老是遵守的"。[10]正因为如此,人类社会总是治理不善。

人类在进入社会状态之前处于自然状态之中,遵从"自然法"而生活,它根源于我们的生命的本质即自然本能。自然法有四条,即和平、寻找食物的意图、相互之间经常存在着自然的爱慕和过社会生活的愿望。这种从人类自然本性中派生出来的自然法就是人类社会固有的规律。由于人类不可能永远处于自然状态,在其本性中存在着过社会生活的愿望,于是便逐渐从自然状态过渡到了社会状态,也就产生了政府。政府为了维持社会安定,使人人都能依法办事,以便保证人的自由平等权利,所以就制定了处理统治者和被统治者关系的法律,这些法律就是"人为法"。人为法以自然法为基础,其目的是为了保障人的自由平等的天赋权利。因此,"一般地说,法律,在它支配着地球上所有人民的场合,就是人类的理性;每个国家的政治法规和民事法规应该只是把这种人类理性适用于个别的情况"。[11]这就是说,人类的一般法就是人类的理性,每个国家的政治法律等社会制度都是人类理性在特殊情况下的具体体现。法律制度不仅与国家政体的性质和原则有关,而且与各个国家的气候、土壤、面积大小等自然条件有关,与各国人民的生活方式也有关系。所有这些因素综合起来就构成了"法的精神",只有符合这一精神的社会制度才是最好的制度。

因此,孟德斯鸠研究了历史上各种政体的性质和原则,以期寻找和建立一种符合"法的精神"的社会政治法律制度。

按照孟德斯鸠的观点,一个国家的法律制度是从政体的性质和原则中引申出来的,政体的性质和原则决定着国家的各种制度。所谓政体就是国家政权构成的形式。政体的性质是构成政体的东西,而政体的原则是使政体行动的东西。一个是政体本身的构造,一个是使政体运动的人类的感情。

在世界历史上存在过三种政体,即共和政体、君主政体和专制政体。这三种政体的区别是,"共和政体是全体人民或仅仅一部分人民握有最高权力的政体;君主政体是由单独一个人执政,不过参照固定的和确立了的法律;专制政体是既无法律又无规章,由单独一个人按照一己的意志与反复无常的性情领导一切"。[12]共和政体的性质是人民拥有最高权力,它的原则是"品德";君主政体的性质是君主拥有最高权力,不过他依据法律来行使权力,它的原则是"荣誉";专制政体的性质是个人依据意志和爱好来治理国家,它的原则是"恐怖"。

孟德斯鸠认为民主制和君主制都是合理的政体,专制政体则是不合理的政体。在专制国家中,法律等于零,君主的意志统治着一切,这样的国家总是按照恐怖的原则实行残暴统治的。不过,共和政体虽然好但却并不现实,因为它只有在"古人的英雄美德"占优势的地方才能存在,要求现代人具有这样的品德显然是不可能的。所以,他推崇君主制。在他看来,君主制区别于专制制度的标志是它遵循固定的根本法进行治理,而这种根本法是不容许专横任性的。当然,孟德斯鸠并不是要恢复古典意义上的君主制。像十七八世纪的政治思想家们一样,他认为英国式的君主立宪制是最好的政体。

孟德斯鸠在分析了三种政体的性质和动力原则之后,进一步阐发了如何建立一个政治自由的国家的思想。自由是人的天性,但是在专制政体下无自由可言,有的只是恐怖。共和制度的国家实质上也不是一个自由的国家,政治自由只在宽和的政府中存在,也只有靠法律来保障。

真正的自由并不是任意胡为。"在一个国家里,也就是说,在一个有法律的社会里,自由仅仅是:一个人能够做他应该做的事情,而不被强迫去做他不应该做的事";"自由是做法律所许可的一切事情的权利;如果一个公民能够做法律所禁止的事情,他就不再有自由了,因为其他的人同样会有这种权利"[13]。由此可见,自由与法律是相辅相成的。

从政治自由和政治体制相关联的角度讲,要实现政治自由,首先就要防止权力的滥用。一切有权力的人都容易滥用权力,这是一条万古不变的经验。"要防止滥用权力,必须以权力约束权力"[14]。于是,孟德斯鸠提出了权力分立、相互制衡的思想。

"每个国家有三种权力:(一)立法权力;(二)有关国际法事项的行政权力;(三)有关民政法规事项的行政权力",即立法权、行政权和司法权。[15]立法权具体体现为制定临时或永久的法律、修正或废止已制定的法律;行政权体现为对外宣战或媾合、派遣或接受使节、维护公共安全,防御侵略;司法权表现为惩罚犯罪或裁决私人诉讼。这三种权力必须分开,使它们相互独立,分掌于不同的人、不同的机关手中,使它们相互制约,保持平衡,这样才能建立起政治自由的国家。

在一个自由的国家里,立法权应该由人民集体享有,由人民自己来统治自己。人民通过他们的代表来参与立法。行政权是执行国家的意志,由国王一个人来执掌行政权,便于迅速处理国家事务。司法权应该归法院来行使,而法院不是一个永久性的团体,它不是固定的,而是每年由人民阶层选举出来的人员组成的。法院虽然不固定,判例则应该固定,以便做到裁判只能是法律条文的准确解释,而不是执法官的私人意见。

孟德斯鸠反复强调,以上三种权力必须分开,国家才有政治自由可言,否则君主政体就会蜕变为专制政体。首先,立法权和行政权必须分开。"当立法权和行政权集中在同一个人或同一个机关之手,自由便不复存在了;因为人们将要害怕这个国王或议会制定暴虐的法律,并暴虐地执行这些法律。"其次,司法权必须与立法权和行政权分开。"如果司法权不同立法权和行政权分立,自由也就不存在了。如果司法权同立法权合而为一,则将对公民的生命和自由实行专制的权力,因为法官就是立法者。如果司法权同行政权合而为一,法官便将握有压迫者的力量。"[16]如果这三种权力集中在一个人或同一个机关之手,那将是一个十足的专制政体。

孟德斯鸠的三权分立理论比洛克的有关思想更周详,更合理,它的一些基本原则后来为许多不同政体的西方国家所采用。

孟德斯鸠对法进行了全面的研究,把法放在各种关系的总体联系中来考察,认为法和一个国家的政体、气候、土壤、生活方式、风俗习惯及宗教有密切的联系,所有这些因素的关系的总和就称做"法的精神",只有体现了法的精神才是合理的法律。一个国家的法律必须与其特殊的法的精神相一致,不能机械地照搬他国的法律,"如果一个国家的法律竟能适合于另一个国家的话,那是非常凑巧的事"。[17]

既然人类社会是有规律的,那么治理国家最有效的途径就是认识规律,按照规律来制定政治法律制度。由于一般的社会规律或法则必须在具体的不同环境下发挥作用,所以在不同的地方就产生了不同的体制。每个民族都受气候、宗教、法律、施政的准则、先例、风俗、习惯等因素的支配,这些因素紧密相连,综合而产生的结果就形成了"法的精神"或民族精神。孟德斯鸠从文化等诸多综合因素入手来考察社会政治制度,尤其强调地理环境的重要意义。在他看来,地理环境对于一个民族的性格、风俗、道德和精神面貌及其法律性质和政治制度具有决定性的作用。

在地理环境诸因素中,孟德斯鸠特别重视气候的影响作用。按照他的观点,居住在寒带地区的北方人体格健壮,但不大活泼,比较迟笨,对快乐的感受性很低。居住在热带地区的南方人体格纤细,但对快乐的感受性比较敏感。北方人精力充沛,自信心强,像青年人一样勇敢,刻苦耐劳,热爱自由;而南方人则心神萎靡,缺乏自信心,像老头子一样懦弱,懒惰,可以忍受奴役。"不同气候的不同需要产生了不同的生活方式;不同的生活方式产生了不同种类的法律"[18]。土壤与居民的性格之间,尤其是与民族的政治制度之间也有非常密切的关系。"土地贫瘠,使人勤奋、俭朴、耐劳、勇敢和适宜于战争;……土地膏腴使人因生活宽裕而柔弱、怠惰、贪生怕死"[19]。同时,民族居住的地域大小亦与国家的政治制度有关:小国宜于共和政体,大小适中的国家宜于由君主统治,而大帝国则宜于由专制君主统治。

孟德斯鸠的上述思想被人们称为"地理环境决定论"。他在社会历史领域排除了神意的影响,将人的自然本性看做是社会的根本法则,因而试图从自然因素中寻找决定社会制度的原因,这种观点在当时的确有积极的意义,但毕竟是错误的。地理环境虽然是人类社会不可缺少的和经常的物质条件之一,但是它既不能决定社会制度的性质,也不能决定社会发展的方向。

# 三 卢 梭

让－雅克·卢梭(Jean-Jacques Rousseau,1712—1778)是法国启蒙运动中最激进的思想家。卢梭虽然是启蒙运动的一员,但是当其他启蒙思想家为理性、文明和进步高唱赞歌之时,他却敏锐的意识到自然与文明的对立,揭示了人类社会不平等的起源和基础,从更深的层次对自然、社会和人生进行了冷峻的沉思。不仅如此,卢梭为克服不平等现象而提出的共和国理想亦对后世产生了不同方面的深刻影响。

卢梭生于瑞士日内瓦一个流亡的法国新教徒家庭,母亲在他出生几天后就去世了,父亲是一位钟表匠,在卢梭10岁时因与人发生诉讼纠纷而离家出走。幼年的卢梭从此便失去了家庭的教养和温暖,走上了流浪的人生旅途。恶劣的环境使他沾染了许多恶习,他当过乞丐、学徒、仆役和管家,在20岁左右才开始涉猎各个门类的知识,阅读了贝尔、笛卡尔、洛克、莱布尼茨、孟德斯鸠和伏尔泰的著作。1742年卢梭来到了巴黎,先后结识了孔狄亚克和狄德罗等启蒙思想家,成为启蒙运动阵营的重要成员。1749年初他开始为狄德罗、达朗贝尔主编的《百科全书》撰写辞条。同年,卢梭的论文《论科学和艺术的复兴是否有助于敦风化俗》获得了第戎科学院征文奖,第一次提出了自然与文明对立的思想,1755年他的第二篇论文《论人类不平等的起源和基础》出版,进一步发挥了有关的理论。卢梭由此蜚声文坛,也因此与启蒙思想家们发生了矛盾,以至于人们常常不把他看做是启蒙运动的成员。1761年至1762年,卢梭接连发表了《新爱洛伊斯》、《社会契约论》和《爱弥尔,或论教育》等三部著作。晚年又写出了《山中书简》、《忏悔录》、《对话录——卢梭论让·雅克》和《漫步遐想录》等自传性著作,记载了他一生坎坷的生活经历和思想发展的轨迹,表达了他晚年因颠沛流离的生活而对人生的特殊理解和感悟。1778 年 7 月 8 日,卢梭在孤寂中离开了人世。

卢梭是一位有争议的哲学家。提倡理性推崇知识的启蒙思想家们不仅以封建专制制度和宗教迷信为敌,亦以愚昧落后为批判的对象,他们以教化大众为己任,这是一批有教养的知识分子,而卢梭则与他们格格不入,始终难以容身于上流社会。由他来提出反启蒙的思想,再合适不过了。卢梭这个人不仅有性格上的缺陷和种种恶习,而且像艺术家一样极为敏感,这就决定了他的悲剧性的命运。当他在法国受到政府迫害时,休谟好心好意把他带回英国避难,谁知没有多久,卢梭便怀疑休谟串通他的敌人算计他,于是便"逃"回了法国,弄得休谟十分尴尬。后来休谟给法国的朋友们写信,把卢梭过分的敏感比喻为一个被剥去了全身皮肤的人在狂风暴雨中狂奔,倒是十分贴切。

卢梭在哲学上的主要贡献是他的社会政治学说,围绕着"社会不平等的起源和基础"与"克服社会不平等的途径"这两个主题,他通过《人类不平等的起源和基础》与《社会契约论》阐发了独具特色的思想。在某种意义上说,卢梭开始了启蒙运动的自我反思和批判。

像那个时代的思想家们一样,卢梭的社会政治学说以自然法理论为基础。然而不同的是,他不是把社会契约看做解决自然状态所产生的问题的有效途径,而是看做对自然状态的败坏。不过,其目的倒是与启蒙思想家们一样,试图说明现行的社会制度是不合理的。

在卢梭看来,迄今为止的社会制度都是不平等的。要解决人类不平等的起源和基础问题,首先必须回溯到人类的"自然状态",以展示人的本性,由此才能说明造成不平等的原因所在。当然,要从现代人身上追溯人的原始状态是非常困难的,而且这种"自然状态"也许从来就不曾存在,所以当我们分析这种状态的时候,与其说是历史的事实,不如说是某种逻辑上的"假设"。[20] 所以,卢梭把"人所形成的人"即社会人与自然人加以比较,将剔除人的社会性之后所剩下的东西看做人的自然本性,由此来研究决定人的本性的自然规律,说明人类社会的基础和不平等的起源。

处在"自然状态"中的自然人或野蛮人是孤独的,相互之间没有交往和联系,因而不需要语言;两性的结合是完全偶然的,没有固定的居所,不存在家庭;没有农业和工业,没有战争,除了生理上的差异而外彼此自由平等,因而处在和平状态之中。这样的野蛮人的全部欲望表现为肉体的需要,这就是食物、交媾和休息。在自然人的心灵中有两个最原始的原则:自我保存和怜悯。自然法的一切准则都是从这两个原则产生出来的。人类在不知道社会、私有制和家庭,因而没有"你的"和"我的"的观念的状态下度过了许多世纪。

那么,人类因为什么从自然状态进入了社会状态呢?

因为人类有一种独特的"自我完善化"的能力。自然人具有理性、文明、语言、社会生活、道德和进步的潜在能力。动物仅仅服从于自然惟一的支配,人则由于这种能力而具有"自由主动者的资格"。当然,这种"自我完善化"能力只是人类进入"社会状态"的可能性,他自己是不能自发地发展起来的,必须借助于许多外部原因的偶然会合,才能使这种可能性成为现实。由于生存所迫,人们发展了不同的技能,靠水的人成了渔夫,靠山的成了猎人,生活在平原上的人则成了农民。人类学会了使用火,原本离群索居的个人之间增加了接触,形成了语言,智力越来越发达了,人们也开始定居下来,结成了家庭。更重要的是,导致人类不平等的根源,即私有制终于产生了。

"使人文明起来,而使人类没落下去的东西,在诗人看来是金和银,而在哲学家看来是铁和谷物。"[21] 私有制是人类"自我完善化"能力的必然结果,而引起这一变革的则是冶金术和农业。土地的耕种势必引起土地的分配,首先是劳动使人拥有了土地产品的权利,然后就拥有了土地本身。在自然状态下,人们对所有的东西都拥有同样的权利。不过当有的人在一块土地上付出了劳动,显然他对生产出来的果实拥有权利。不仅如此,慢慢地,他们不仅认为自己对生产的果实拥有权利,而且对生产果实的土地也拥有权利。"谁第一个把一块地圈起来并想到说:这是我的,而且找到一些头脑十分简单的人居然能相信了他的话,谁就是文明社会的真正奠基者。"[22] 当然,私有观念并不是突然之间在人类思想中凭空产生的,一定要取得了很大的进步,获得了许多技能和知识,才能最后达到这一自然状态的终点。总之,正是由于私有制的产生,人类从此便由自由平等的自然状态陷入了没有自由和平等的社会痛苦之中。

在人类中有两种不平等,一种是自然不平等,即生理上的不平等,一种是社会不平等,即精神上或政治上的不平等。人与人之间的自然差异在自然状态下是微不足道的,但是在社会状态下,不仅社会不平等,即使是自然不平等,也得到了巨大的发展。如前所述,私有制是文明社会的开端,一切社会发展的基础,而社会发展的结果就是社会不平等的产生和深化。社会不平等的发展过程分为三个阶段:法律和私有财产权的设定是第一阶段;官职的设置是第二阶段;合法的权力变成专制的权力则是第三也是最后阶段。

第一阶段是私有制的产生。私有财产的出现使原来微不足道的自然差异在劳动中产生了不同的结果,有些人富了,有些人则难以维持生活。由于资源有限,土地很快被瓜分完毕,大多数人成了没有土地的穷人。于是,富人与穷人便有了不同的性格:富人只想保持自己的财产,统治、掠夺和奴役穷人;而没有土地的穷人则基于自然权利把自己的需要看做是对他人财产的权利,他们被迫不是接受就是掠夺富人的财产。由此,一方面产生了统治和奴役的关系,另一方面产生了暴力和掠夺的关系,社会陷入了可怕的战争状态。富人觉得这场战争对自己不利,终于想出了一个最深谋远虑的计划。他们对穷人说:"咱们联合起来吧,好保障弱者不受压迫,约束有野心的人,保证每个人都能占有属于自己的东西。因此,我们要创立一种不偏袒任何人的、人人都遵守的维护公正与和平的规则。这种规则使强者和弱者同样尽相互间的义务,以便在某种程度上,补偿命运的不齐。"[23]就这样富人欺骗穷人订立契约,建立了国家政权。终于,富人对穷人的统治被合法地确立起来,他们的财产受到了政治法律制度的保障,这就是不平等发展的第二阶段。人们订立社会契约,建立公共权力和法律制度,目的是保障社会安定。但是,由于法律巩固了所有权,使巧取豪夺变成了合法的权利,结果是富人获得了新的统治力量。随着政治法律制度的发展,权力逐渐被固定下来,人们开始将公共权力托付给私人,这就为个人将国家占为己有创造了条件。就像管理土地的人把土地看做自己的私有财产一样,管理国家的人亦把国家看做自己的私有财产。于是,统治者把自己看做主人,而将臣民看做是奴隶,这就是不平等发展的第三阶段。

伴随着人类文明进步的是不平等的深化和普遍的道德堕落。"这里是不平等的顶点,这是封闭一个圆圈的终极点,它和我们所由之出发的起点相遇。在这里一切个人所以是平等的,这是因为它们都等于零。臣民除了他自己的意志以外没有别的法律;君主除了它自己的欲望以外,没有别的规则。"物极必反,事物总是向对立面转化,人民必将以同样的手段来还报暴君。暴君一当他被驱逐的时候,他是不能抱怨暴力的。"以绞杀或废除暴君为结局的起义行动,与暴君们前一日任意处理臣民生命财产的行为是同样合法。暴力支持他;暴力也推翻他。"[24]

卢梭通过自然状态与社会状态之间的对比,给人留下了否定社会状态,美化自然状态的强烈印象。伏尔泰曾经在一封信中挖苦卢梭:读了您的书,我禁不住想要用四脚爬,可惜这样行路的功能我早就忘掉了,所有我还是用两条腿走路的好。还有一个故事:有一天卢梭决定回归自然,于是他把自己的手表扔掉了,可还没有过五分钟,他就拉住一位行人急切地询问时间,因为他要赶一个约会。不错,卢梭的思想中的确有回归自然的倾向,但是他不是不知道,人类进入社会状态之后,就再也不可能回去了。于是,他下一步的工作就是寻求一种合理的社会契约,使由此而形成的政治法律制度不至于令人类丧失自然状态中的平等和自由。

因此,《论人类不平等的起源和基础》探讨的是不平等的起源和基础,《社会契约论》所关注的则是如何实现社会平等的问题。由于人类不可能回归平等的自然状态,所以卢梭要解决的问题就是"在社会秩序中,从人类的实际情况与法律的可能情况着眼,能不能有某种合法的而又确切的政权规则"。[25]在卢梭看来,"人是生而自由的,但却无往不在枷锁之中。自以为是其他一切主人的人,反比其他一切更是奴隶。这种变化是怎么形成的?我不清楚。是什么才使这种变化成为合法的?我自信能够解答这个问题。"[26]卢梭的目的是寻找一种真正合法的社会契约来取代以往以牺牲人的自由平等为代价的社会契约。

像近代政治思想家们一样,卢梭认为社会契约是合法权利和正常的政治制度的必要条件和前提。我们可以设想,当自然状态中不利于人类生存的种种障碍超过了个人所能应付的界限的时候,这种原始状态就不可能继续下去了,人类只有集合起来形成一种力量的总和,才能克服这些障碍。若要想既保存自己又不妨害自身,就必须"寻找出一种结合的形式,使它能以全部共同的力量来维护和保障每个结合者的人身和财富,并且由于这一结合而使每一个与全体相联合的个人又只不过是在服从自己本人,并且仍然像以往一样地自由"。[27]这就是社会契约所要解决的根本问题。

因此,合理的社会契约其要旨就在于"每个结合者及其自身的一切权利全部都转让给整个的集体"。[28]由于这种转让的条件对每个人都是同样的,因而每个人并没有把自己奉献给任何人,反而从所有订约者那里获得了自己转让给他们的同样的权利,所以每个人在订约后仍然只是服从自己本人,而且像以往一样自由。这样的社会契约可以简化为一句话:"我们每个人都以其自身及其全部的力量共同置于公意的最高指导之下,并且我们在共同体中接纳每一个成员作为全体之不可分割的一部分。"[29]所谓"公意"是公共利益的代表,它是从作为个人意志的总和的"众意"中除掉相异部分而剩下的相同部分,因而永远是公正的。"公意"在具体政治实践中表现为法律。法律就是作为立法者的全体人民对作为臣民的全体人民所作的规定。所以,法律不仅保障公民的权利平等,而且是自由的基石,惟有服从人们为自己制定的法律,才是自由。因此,"我们无须再问应该由谁来制订法律,因为法律乃是公意的行为；……也无须问法律是否会不公正，因为没有人会对自己本人不公正；更无需问何以人们既是自由的而又要服从法律，因为法律只不过是我们自己意志的记录。"[30]

于是，这一契约行为就产生了一个道德的和集体的"共同体"，即由全体个人的结合而形成的公共人格，以往叫做"城邦"，现在称为"共和国"。共和国的主权即最高权利属于全体人民。在人民主权的国家中，每个人都具有统治者与被统治者的双重身份，统治者与被统治者在此只有相对的意义。卢梭反对洛克和孟德斯鸠等人关于权力分立的学说，主张人民主权至高无上因而不可分割。为了使社会契约不至于成为一纸空文，其中蕴含着这样的规定，即任何人拒不服从公意的，全体就要强迫它服从，对卢梭来说，这就等于说"迫使他自由"。[31]在近代思想史上，卢梭既不赞成专制制度，也不赞成君主立宪制度，而是独树一帜地拥护民主共和国。在他看来，只有在这样的社会契约之下，人类从自然状态进入社会状态所发生的变化才是合理的，"在他们的行为中正义代替了本能，而他们的行动也就赋予了前所未有的道德性"[32]。虽然在社会状态下人失去了许多自然的东西，但是却使人们从中得到了巨大的收获，从一个愚昧的局限的动物一变而成为一个有智慧的生物，一个真正的人。更重要的是，这样的社会契约不但没有摧毁自然的平等，反而以道德和法律的平等代替了自然所造成的生理上的不平等，从而实现了人与人之间的真正的平等。

卢梭在《论人类不平等的起源和基础》中激烈地批判了现存的社会状态，表现出了一种回归自然的倾向。然而他也意识到，人类实际上是不可能再回到自然状态之中去的。于是，他在《社会契约论》中寻找一种在进入社会状态的时候不至于丧失自由和平等的社会契约，他自认为找到了，这就是人民主权的民主共和国。也正是因为如此，卢梭成了法国大革命雅各宾派的思想导师。在这个问题上，康德似乎比卢梭清醒。按照他的观点，卢梭幻想将立法与守法统一起来从而实现真正自由的政治理想是不可能成为现实的，我们最好把它当作一种道德理想。卢梭还是一位有争议的思想家，例如有人将他看做是反对启蒙运动的浪漫主义运动之父，亦视之为现代专制主义的创始人。[33]

我们可以在卢梭的契约论与霍布斯和洛克的契约论之间做一番比较。

订立契约关涉到权利的转让。卢梭在权利转让的问题上，既不同于霍布斯，也不同于洛克。霍布斯主张人们必须将所有的权利全部转让给一个人或者由一些人组成的会议，由他们组成的公共权力具有绝对权威，而且由于他们并不是订约的一方,所以无论做什么怎么做,都不存在违约的问题。洛克则主张,人们除了把维护和平和安全的权利交给了政府之外,生命、财产和自由等权利是不可转让的。卢梭与他们都不同。卢梭坚决反对专制制度,他像洛克一样坚持人民主权,但他也不同意人们在订约中还保存一些权利不可转让,而是主张全部权利转让给集体。当然,按照卢梭的设想,由于权利的转让对所有人都是一样的,所以我们等于把权利转让给大家,又从大家那里获得了全部的权利。问题是,当个人的权利不能受到保护的时候,人民的主权怎么可能不是抽象的而能够现实地得到贯彻? 当我们以多数人的意志作为"公意"的基础,以"公意"作为法律的依据的时候,由什么来保证多数人的意志或者"公意"就一定是正确的? 如果不能保证"公意"是正确的,怎样才能防止民主蜕变为"多数人的暴政"? 早在古希腊,亚里士多德就意识到了民主政体如果蜕化变质,将是所有政体中最坏的政体。当法国大革命时期罗伯斯庇尔忠实贯彻卢梭的政治理想的时候,其结果就是"革命恐怖"。想当年,几乎全欧洲的知识分子都曾经为法国大革命欢呼雀跃,但大多数人亦都对雅各宾专政的革命恐怖政策持保留意见。我们过去把这归结为资产阶级既要革命又害怕革命的两面性,其实有欠公允。黑格尔在《精神现象学》中这样形容绝对自由的恐怖,它是最冷酷最平淡的死亡,"比劈开一棵菜头和吞下一口凉水并没有任何更多的意义"[34]。因为没有最基本的人权,没有法律,有的不过是一种道德理想国而已。

虽然卢梭通常被看做是 18 世纪法国启蒙运动的重要思想家,但是在他与其他启蒙思想家之间确实存在着巨大的分歧。正当启蒙思想家们为理性、文明、科学和进步而高唱赞歌之时,卢梭却敏锐地觉察到了现代社会所隐含的危险,他将自然状态与社会状态对立起来,揭示了自然与文明之间、道德与理性之间的深刻矛盾。卢梭的这些思想不仅启发了康德,使之更加自觉、深入地开始了对启蒙主义的反思,而且直到今天亦具有重要的理论意义和现实意义。

**参考书目**

1. 霍布斯:《利维坦》,商务印书馆,1985 年。

2. 孟德斯鸠:《法的精神》,商务印书馆,1987 年。

3. 卢梭:《论人类不平等的起源和基础》,商务印书馆,1962 年。

4. 萨拜因:《政治学说史》,上下册,商务印书馆,1986 年。

5. 朱学勤:《道德理想国的覆灭》,上海三联书店,1994 年。

# 注　释

〔1〕参见《西方哲学原著选读》,上卷,第 399 页。

〔2〕参见《西方哲学原著选读》,上卷,第 399 页。

〔3〕参见《西方哲学原著选读》,上卷,第 401 页。

〔4〕洛克:《政府论》,下篇,第 6 页,商务印书馆,1983 年。

〔5〕洛克:《政府论》,下篇,第 78 页。

〔6〕《马克思恩格斯选集》,第三卷,第 385 页

〔7〕黑格尔:《历史哲学》,第 493 页,三联书店,1956 年。

〔8〕孟德斯鸠:《论法的精神》,上册,第 1 页,商务印书馆,1987 年。

〔9〕《论法的精神》,上册,第 1 页。

〔10〕《论法的精神》,上册,第 2—3 页。

〔11〕《论法的精神》,上册,第 6 页。

〔12〕《论法的精神》,上册,第 8 页。

〔13〕《论法的精神》,上册,第 154 页。

〔14〕《论法的精神》,上册,第 187 页。

〔15〕《论法的精神》,上册,第 155 页。

〔16〕《论法的精神》,上册,第 156 页。

〔17〕《论法的精神》,上册,第 6 页。

〔18〕《论法的精神》,上册,第 235 页。

〔19〕《论法的精神》,上册,第 282 页。

〔20〕卢梭:《论人类不平等的起源和基础》,第 71 页,商务印书馆,1962 年。

〔21〕《论人类不平等的起源和基础》,第 121 页。

〔22〕《论人类不平等的起源和基础》,第 111 页。

〔23〕《论人类不平等的起源和基础》,第 128 页。

〔24〕《论人类不平等的起源和基础》,第 145—146 页。

〔25〕卢梭:《社会契约论》,第 7 页,商务印书馆,1990 年。

〔26〕《社会契约论》,第 8 页。

〔27〕《社会契约论》,第 23 页。

〔28〕《社会契约论》,第 23 页。

〔29〕《社会契约论》,第 24—25 页。

〔30〕《社会契约论》,第 50—51 页。

〔31〕《社会契约论》,第 29 页。

〔32〕《社会契约论》,第 29—30 页。

〔33〕罗素:《西方哲学史》,下卷,第 225 页,商务印书馆,1982 年。

〔34〕黑格尔:《精神现象学》,下卷,第 119 页,商务印书馆,1979 年。

# 第十三讲

# 康德的"哥白尼式的革命"

德国古典哲学的产生
"哥白尼式的革命"
纯粹理性批判
实践理性批判
判断力批判

　　从这一讲开始,我们讨论德国古典哲学。

　　如果不算哲学在黑格尔之后 20 世纪哲学之前的"混乱时期",德国古典哲学可以看做是近代哲学的最后阶段,也可以看做是整个古典哲学的完成,虽然它的主要代表只有四位:康德、费希特、谢林和黑格尔。这一段哲学史,通常西方哲学界称之为"德国唯心主义"或者"德国哲学"。我们之所以称之为"德国古典哲学",不仅仅是因为马克思恩格斯这样说,而且是为了突出德国哲学的"古典"性质。所谓"古典"(classic)是相对于"现代"而言的,意指已经过去了,但成其为"类"的一个典型。18 世纪末 19 世纪初这段时间是近代哲学乃至整个西方古典哲学的体系化时期,以康德、费希特、谢林和黑格尔为代表的德国哲学对西方哲学进行了集大成式的概括和总结,建立了一个又一个庞大的哲学体系,将古典哲学推向了最高也是最后的发展阶段。由于这一时期的德国哲学典型地体现了古典哲学的基本特征,并且将它的精神发挥到了极致,在某种程度上实现了它的理想,所以我们称之为"德国古典哲学"。

德国古典哲学的创始人是康德。康德对于西方哲学的影响,至今难以估量。

我们知道,刚刚过去的 20 世纪哲学是以对传统的"反叛"而著称的,哲学家们做的一项主要工作就是颠覆传统哲学的基本观念,终结形而上学,甚至终结哲学——当然指的是传统哲学。然而在这样的背景下,人们对康德这样一位古典哲学家的研究却经久不衰,研究他的论文论著汗牛充栋、浩如烟海,这不能不令人感到惊奇。

原因就在于康德哲学在哲学史上的重要地位。

人们这样评价康德,称他的哲学是"蓄水池",以往的哲学流进来,再由此流向 20 世纪的各种哲学。另外,人们也经常称康德哲学是进入哲学王国的桥梁和关隘。言外之意,学习哲学,应该先读康德。的确,这样称赞康德哲学并不过分。在国外,哲学教师们发现,学生们在学习哲学的时候首先应该破除那些独断的观念,也就是未经审查就盲目地相信某种教条的成见,必须树立某种批判精神。对此,再没有比读康德哲学更合适的"教材"了。

现在的问题是,康德哲学对于现当代西方哲学为什么有如此之大的吸引力呢?这与康德解决哲学问题的方式密切相关。正是康德解决问题的方式,使西方哲学开始了从近代哲学向现代哲学的过渡。而更重要的是,康德所面临的哲学问题,实际上也是直到今天仍然在困扰着我们的难题,康德之所以受到哲学家的重视,表明康德解决问题的方式仍然是有意义的。

那么,康德面临的是什么问题呢?康德出生在 1724 年,死于 1804 年,活了 80 岁。现在眼看距康德逝世快有 200 年了。二百多年前的哲学问题与我们有什么关系?

在讨论康德哲学之前,我们先对德国古典哲学的基本特征做一些简单的介绍。

# 一 德国古典哲学的产生

与当时欧洲其他国家相比,德国在政治、经济等方面都处在非常落后的境地。16 世纪的宗教改革诉诸内在性、主观性和个体性的倾向虽然对德国哲学产生了深刻的影响,但是它毕竟具有浓厚的非理性倾向,而且由宗教争端而引发的战乱亦给德国造成了极大的破坏。1618 年至 1648 年的"三十年战争"因新教与天主教之间的争端而起,几乎整个欧洲国家都参加了,史称第一次欧洲战争,但却是在德国本土上开战的。德国经此浩劫,失去了三分之一的人口,几乎倒退了200年。所以,当英法等国经过资产阶级革命而相继确立了资本主义制度之时,德国仍然处在封建割据的状态,以至于年轻的黑格尔悲叹:德国已不成其为一个国家。然而,由于意识形态的相对独立性,由于德国始终处在欧洲文化的影响之下,所以尽管德国在政治、经济等方面极其落后,但是在文化领域却卓有建树,终于在18世纪末19世纪初时,走在了文化领域的最前列。这是一个巨人辈出的年代:莫扎特、贝多芬、莱辛、歌德、席勒、康德、费希特、谢林、黑格尔……想一想就令人神往。

德国哲学家们像其他近代哲学家一样,他们在思考深刻的哲学问题,构造形而上学体系的同时,亦肩负着启蒙的重任。在某种意义上说,德国古典哲学是近代启蒙主义的最高阶段。

德国古典哲学家们活动的时代正是世界历史发生着波澜壮阔的激烈变革的时代。伟大的德国诗人歌德曾经在一次谈话中这样说道:"我所以得天独厚,是因为我出生在世界大事纷至沓来、方兴未艾的年代。"[1]这段话也适用于德国哲学家们,他们是1776年北美独立战争、1789年法国大革命、拿破仑席卷欧洲以及他的失败等等世界大事的见证人。正如黑格尔所说,"哲学的任务在于理解**存在的**东西,因为**存在的**东西就是理性。就个人来说,每个人都是他那时代的产儿。哲学也是一样,它是**被把握在思想中的它的时代**。"[2]德国哲学家们作为时代的产儿,用他们的思辨语言把握并表现了那个伟大时代的精神。

当**德国古典哲学家**们登上哲学舞台之时,正是经验论与唯理论在认识论方面的**争论**陷入僵局,科学理性与自由发生冲突,形而上学名存实亡的时候。这些就构成了德国哲学家们所面对的问题。

众所周知,近代哲学的启蒙主义精神集中体现在它的理性主义上,不过它所理解的理性实际上主要是作为认识能力的"科学理性"。近代哲学之初,哲学与科学之间的关系非常密切,哲学为科学提供认识论上的证明,科学则为哲学的理性主义提供证明。然而,由于经验论与唯理论之间关于认识问题的争论最终陷入了困境,结果不仅未能证明科学知识的普遍必然性,而且使理性自身发生了动摇,因为理性在证明科学知识的活动中显得无能为力,于是18世纪哲学表现出了浓厚的经验主义、怀疑主义的色彩和反形而上学的倾向。当然,哲学未能证明科学知识的普遍必然性在人们看来或许只是理论上的问题而不是实际上的问题,因为18世纪的人们坚信我们的确有普遍必然的科学知识如欧几里得几何学和牛顿物理学,所以哲学未能证明科学只不过是哲学的无能罢了。与此相比,更严重的问题是理性与自由的冲突。

启蒙主义以理性和自由为其根本的主旨,理性是权威和基础,而自由则是最终的目的。然而卢梭却在启蒙主义的内部发现了矛盾:理性与其成果科学知识的发展和进步不但不能使我们逐步摆脱种种的束缚与限制从而走向自由,反而与自由是背道而驰的,科学、文明越是进步,人类就越是不平等不自由。理性与自由、科学与道德是相互矛盾的。

显然,自由的失落是近代哲学机械论的世界观的必然结果。启蒙运动致力于使理性成为最高的权威,由于人们所理解的理性主要是一种科学理性,因而理性统治世界的结果是,自然因果律成了放之四海而皆准的客观规律,它不仅是普遍必然的自然法则,而且是适用于人类社会以及人自身的根本法则,换言之,普天之下万事万物都服从于一种规律,那就是自然因果律。因此,几乎所有的近代哲学家都倾向于严格的决定论,他们强调必然性远胜于自由,甚至迫使自由失去了存身之地,18 世纪法国哲学更是如此。这种将人及其人类社会自然化物质化的倾向固然有反宗教神学的意义,但是其代价也是极其惨重的:不仅自由而且人本身也没有什么独特的价值和尊严,他们与任何自然物没有什么区别。

与此相应,18 世纪是形而上学衰落的时期,一方面是休谟的怀疑论,一方面是 18 世纪法国唯物主义,形而上学如同宗教神学一样失去了往日的辉煌。

形而上学衰落的根本原因是它以超验的东西作为认识的对象——这一点与宗教是一致的,而在经验主义、怀疑主义和唯物主义看来,这些超验的对象或是不存在的,或是我们的认识能力无法企及的。尽管形而上学企图成为科学而且自认为是科学甚至是科学之科学,然而从形而上学诞生之日起,它就从来也没有具备科学知识应该具备的普遍必然性。对于以科学作为衡量知识的有效性的 18 世纪哲学来说,形而上学不是科学这一事实无疑宣判了形而上学的死刑。自然科学的迅速发展反衬出形而上学的困境:科学越来越进步,而自称是科学之科学的形而上学却始终无法证明自己是科学。

然而,当德国哲学登上哲学的舞台之时,古典哲学的潜力似乎还没有完全耗尽,也可能是因为形而上学尚未完成吧,哲学家们仍然相信所有的哲学问题终究要以形而上学问题的解决为其基础和前提,因而哲学家们把解决上述哲学难题的希望寄托在了形而上学身上,并为此而向形而上学的顶峰发动了一次最富有成效也是最后的冲击。由此,德国哲学家们建立了一个又一个辉煌的形而上学体系,试图一劳永逸地解决哲学问题。

形而上学问题的解决至少有两个前提:一个是形而上学对象的认识问题,一个是形而上学的科学体系问题。近代哲学所倡导的科学理性亦即"知性"已经被证明是无法通达形而上学的超验对象的,因为知性的作用是将事物分解开来,分别认识事物的种种属性,但却无法将这些属性综合起来,重新把握事物之活生生的生命。于是,形而上学要求将宇宙万物构成一个统一的系统,形成统一的科学体系,显然是不可能的。所以,上述两个问题其实是一个问题。为了从根本上解决形而上学问题,康德采取了批判的立场,亦即对理性进行分析和考察,通过揭示我们的认识能力能够认识什么和不能认识什么,来解决形而上学究竟是不是可能的问题。通过对理性的批判,康德以划界的方式将科学归于可以获得知识的领域,而将形而上学转移到了伦理学的领域,因为在他看来,形而上学产生于人类理性要求超越自身的有限性而通达自由之境界的根本理想,而真正能够满足这一理想的不是理性认识而是道德实践。然而随后出现的问题是,我们如何将这两个领域统一起来,构成统一的哲学体系的难题。此后,德国哲学家们都在哲学体系的问题上下了很大的功夫,终于在黑格尔哲学中,以辩证法的形式,建立了有史以来规模最庞大、内容最丰富、包罗万象的形而上学体系,实现了使形而上学成为科学之科学的理想,也使以形而上学为核心的古典哲学走到了尽头。

与近代哲学的其他形态相比,德国哲学具有思辨性、辩证性和体系性等显著的特征。

首先,德国哲学具有思辨的传统,艾克哈特大师(Meister Eckhart,1260—1327)和波墨(Jakob Böehme,1575—1624)思辨的神秘主义、莱布尼茨及沃尔夫的唯理论,宗教改革的精神,都表现出了思辨性的特点。所谓思辨性作为思辨思维,亦即理论思维或抽象思维。虽然哲学都是理论思维和抽象思维的产物,但是德国哲学最突出最鲜明地体现了思辨思维的特点。哲学的对象从来不是具体的而是抽象的,因而哲学的理论或学说通常总是抽象的,但是并不是所有的哲学理论都那样"纯粹",许多哲学家有经验主义的倾向。德国哲学就不同了,它最纯粹地体现了哲学的思辨性,完全是"从概念到概念"的思想操作。其次,德国哲学的思辨性与它的辩证性是分不开的。哲学家们试图超越近代哲学的"知性思维",主张以辩证法的形式从整体上把握事物的内在本质。于是,德国哲学"从概念到概念"的思想操作便形成了一种概念的辩证法,正是由于这种概念的辩证法使德国哲学表现出了鲜明的思辨性。最后,德国哲学的思辨性和辩证性为哲学体系的形成创造了条件,使得德国哲学创造了有史以来最庞大壮观的形而上学体系。

德国古典哲学不仅具有思辨性、辩证性和体系性,而且非常重视对古代哲学之传统的继承和发展,这也是德国哲学的传统,例如在早期近代哲学中莱布尼茨就试图以古代哲学的辩证法思想补充近代哲学的机械自然观。因此,德国古典哲学家们的理论视野和历史感比以往的哲学家要开阔得多、深厚得多,正是这种开阔的理论视野和厚重的历史感使他们在近代哲学主体性原则的基础上恢复了古代哲学的辩证法思想,将西方哲学推向了新的发展阶段。

德国古典哲学在哲学史上留下了不可磨灭的丰功伟绩,它不仅是马克思主义的理论来源之一,而且对 20 世纪哲学的发展产生了极其深刻的影响。当然,德国哲学在将古代哲学的观念发挥到了极致的同时,亦彻底暴露了古典哲学的局限性,因而这个时期既是形而上学的体系化的时期,也是形而上学走向终结的时期。

下面我们来看一看德国古典哲学的创始人康德究竟是何许人也。

俗话说,文如其人。这话用在康德身上非常合适,因为他的生活除了教书写作,还是教书写作,以至于一部康德的生平传记所记录的往往就是他的思想历程。康德出生在 1724 年,死于 1804 年,独身一人,活了 80 岁。从外表上看,康德貌不惊人,身材矮小,体弱多病,学究气十足。他的生活单调乏味,几乎没有离开过家乡哥尼斯贝格。[3]哥尼斯贝格地处德国的边陲,大概相当于中国的新疆或者黑龙江,作为边防重镇,那里军人多于当地的居民,远离政治经济和文化的中心,远到现在已经不属于德国了,虽然现在那里的人们经常闹着要回归德国。康德不像后来的费希特、谢林和黑格尔,他们活动在莱比锡、海德尔贝格、柏林等大城市。康德出身贫寒,从 1740 年开始在哥尼斯贝格大学读书,后来由于经济上的原因,没有进行论文答辩就离开学校去做家庭教师。1755 年 6 月,康德以一篇拉丁语论文《论火》获得了硕士学位,同年 9 月,第二篇拉丁语论文《对形而上学知识的基本原理的新解释》通过了答辩,康德由此而成为哥尼斯贝格大学哲学系的编外(无薪)讲师,开始了长达 41 年之久的教学生涯。康德先后讲授过数学、物理学、自然地理学、人类学、逻辑学、形而上学、伦理学、自然神学、教育学等课程,甚至开设过要塞建筑术和烟火制造术。经过多次申请,他终于在 1770 年成为逻辑学和形而上学教授。

人们曾经在一个问题上争论不休:康德究竟毕业于哥尼斯贝格大学的

神学系还是哲学系？这个问题其实也很简单。康德上大学的时候，哥尼斯贝格大学还没有哲学系，哲学系隶属于神学系。等到康德申请答辩的时候，哲学系独立出来了。有一个有趣的现象：在康德之前，近代的哲学家们基本上游离于学院之外，有点儿像"业余哲学家"，因为占据着大学的哲学讲台的还是经院哲学。大约从康德开始直到今天，有分量的哲学家大多出自学院了，基本上都是大学教授。

人们通常以康德1770年的教授就职论文《论感觉世界与理智世界的形式和原则》为标志，将他的哲学划分为"前批判时期"和"批判时期"两个阶段。实际上，康德的哲学思想经过了一个长期艰苦的探索过程，以至于直到12年后《纯粹理性批判》发表之时，他的批判哲学才真正达到了成熟。康德哲学之所以被称为"批判哲学"，一方面是因为他的主要著作都冠以"批判"之名：《纯粹理性批判》、《实践理性批判》和《判断力批判》，另一方面也是为了突出其不同于独断论的基本原则。

康德哲学晦涩难懂是出了名的。要想把握康德哲学的主导精神，首先需要了解他的"哥白尼式的革命"。

## 二 "哥白尼式的革命"

在康德批判哲学的形成过程中，有两个人起了极其重要的作用，一个是休谟，一个是卢梭。

在前批判时期，康德属于唯理论的莱布尼茨 – 沃尔夫学派。这一时期的康德虽然在哲学上并没有多大的建树，但是在自然科学方面却成就斐然，其中的代表作就是1755年匿名出版的《自然通史与天体理论》（中译本译作《宇宙发展史概论》）。在这部著作里，康德运用牛顿力学来研究太阳系的起源，首次提出了天体演化的星云假说，在科学史上被称为"康德 – 拉普拉斯星云假说"。后来在深入研读了休谟的著作之后，康德克服了唯理论的局限，开始了"调和"经验论与唯理论的工作，最终走上了批判哲学的道路。

当康德登上哲学舞台的时候，正是近代哲学陷入困境之时。经验论与唯理论各执一端，展开了激烈的争论，最终都陷入了困境，而这一困境就集中体现在休谟的怀疑论之中。康德对休谟评价很高，他曾经说过："我坦率地承认，就是休谟的提示在多年以前首先打破了我的独断主义的迷梦，并且在我对思辨哲学的研究上给我指出了一个完全不同的方向。"[4]康德爱屋及乌，根据祖上的一些传闻，以为自己有苏格兰血统，事实证明他弄错了。虽然如此,康德与休谟在思想上的共鸣却是有目共睹的,以至于引出了"普鲁士人休谟"和"苏格兰人康德"的戏称。

休谟的怀疑论不仅使唯理论也使经验论的理想陷入了困境。他把知识分为两类,一类是关于观念之间关系的知识,一类是关于外在事实的知识。关于观念之间关系的知识与外在事物没有关系,只要符合自己的法则而不矛盾就一定是普遍必然的。关于事实的知识就不同了。由于关于事实的知识必须建立在感觉经验的基础之上,所以这类知识只能是或然的。由此可见,经验论的理想固然破灭了,唯理论的理想也一样陷入了困境:唯理论试图从理性固有的一些天赋观念推演出全部知识,而休谟却证明理性所固有的观念只是知识的很小部分,而且与外在事物没有关系。

经验论与唯理论之争使哲学在认识论问题上走进了死胡同,不过这还不是最严重的问题。更严重的问题是,在启蒙主义的基本精神内部发生了矛盾,这就是理性与自由之间的冲突。

其根源在于,近代哲学家们所倡导的理性主要是一种"科学理性",这就使哲学在自然科学的影响之下形成了一种机械决定论的自然观。哲学家们试图将科学方法推广到人类知识的一切领域,他们相信无论自然、社会还是人类自己统统服从于统一的法则,那就是自然的因果律,一切事物都可以由此而得到合理的说明。因此,人与自然万物没有什么不同,一样服从于共同的自然法则,他不过是一架更精密更复杂的机器而已,例如18世纪法国哲学家拉美特利的一本小书就叫做《人是机器》。结果,当哲学家们把科学理性贯彻于人类知识的所有领域的时候,不仅自由而且人本身的价值和尊严都成了问题。法国思想家卢梭将自然与文明,道德与科学对立了起来,揭示了两者之间的矛盾和冲突,以其独特的方式揭示了启蒙主义的这一内在矛盾。

如果说休谟的怀疑论使康德深入到了科学知识的基础问题,那么可以说卢梭对于启蒙主义的反思则使康德意识到科学知识的局限和自由问题的重要意义。

康德从小体弱多病,为了有时间和精力完成他的历史使命,康德从青年时代起就为自己制定了严格的生活规律,例如早上几点起床,几点吃饭,几点午睡,几点起来散步等等。他一生严格遵守这些生活规律,准时到了可以让邻居用来对表的程度。然而也有例外:为了阅读卢梭的《爱弥尔》,康德甚至放弃了散步,而且从此在他的书房里多了一幅卢梭的肖像,这是惟一的装饰。康德曾经这样描述卢梭对他的巨大影响:我过去认为惟有知识能够造福于人类,所以我以有知识为荣,鄙视哪些无知的人们。是卢梭纠正了我的偏见,教会了我尊重人。从卢梭那里,康德意识到,具有多少科学知识与人的道德尊严以及人生的意义和价值没有关系。一个没有知识的人完全可以是有德性的,而一个有知识的人却不一定是有德性的,而且是道德而不是知识体现了人的价值和尊严。

对康德来说,无论知识问题还是自由问题,其实都与另一个更重要的问题相关,那就是形而上学问题。

形而上学是古典哲学的核心部门,它要解决的是宇宙万物统一的基础、本质和根据的问题,因而被人们看做是解决一切哲学问题的基础和前提。由于形而上学一向标榜科学,或者说它的最高理想就是成为科学乃至"科学之科学",因而对许多哲学家来说,如果形而上学不能被证明是科学,那么人类知识的大厦就面临着失去基础的危险,现在哲学家们面临的正是这样的危险。在形而上学问题上,哲学在哲学家们众说纷纭莫衷一是的争论中,几乎变成了"一切人反对一切人"的战场,我们实在无法在它之中找到一丝一毫科学知识的特征。更严重的是,正是形而上学企图成为科学的理想缔造了一种科学思维方式,并且形成了科学万能的观念,尽管这种"科学世界观"促进了自然科学的进步和发展,但是它亦将我们迫入了有可能丧失自由、泯灭人性的困境之中。

然而在康德看来,形而上学虽然作为科学是不可能的,但是形而上学却体现了人类精神终极关怀的最高理想,这就是企图超越自身有限性,通达至高无上的自由境界。我们不可能使形而上学成为科学,但这并不意味着形而上学没有意义。按照康德,恰恰相反,对人类精神来说,形而上学是远比科学更重要的东西。我们一方面应该制止形而上学追求科学的妄想,另一方面也要为它另找出路。这两方面是联系在一起的,当形而上学试图成为科学的时候,它的所作所为等于"南辕北辙",不仅与终极关怀的理想背道而驰,而且有可能损坏终极关怀的理想的实现。通常我们都是把康德看做是形而上学的激烈的批判者,实际上康德是要通过批判传统形而上学,为形而上学找到一条出路。而康德钟情于形而上学的深层原因乃在于终极关怀的问题、自由的问题。

这就是康德所面对的哲学问题,我们可以把他的问题概括为"在一个严格遵守自然法则的世界上,人究竟有没有自由,有没有独立的价值和尊严"的问题,也可以说是科学主义与人文精神的关系问题。我们如果问:200年前的康德哲学与我们有什么关系? 关系就在于我们与康德面临的是同样的难题,因此他对问题的解决方式对我们仍然是有意义的。

从 1770 年教授就职论文以后,康德开始了长达 12 年之久的艰苦思考时期。他本来允诺很快就会出版一本非常重要的哲学著作,然而这部著作却迟迟没有问世,以至于了解康德的朋友们责问他:为什么总是哪些不懂哲学的人喋喋不休,却听不到你的声音呢?!

朋友们着急,其实康德心里更着急。评上教授那年,他已经 46 岁了。从小体弱多病,但却心怀伟大的历史使命,康德异常勤奋而且始终有紧迫感。但是,工作的进展比他最初预想的要艰难得多。结果 12 年之后,康德感到,如果他再不把研究成果公之于众,他很可能没有时间来完成他的伟大计划了。于是,仅用了短短的四五个月时间,康德完成了《纯粹理性批判》。在哲学史上,恐怕没有哪部著作像《纯粹理性批判》这样酝酿时间之长,写作却如此仓促。如果你在阅读《纯粹理性批判》时感到语言太过晦涩而且矛盾和漏洞比比皆是,请不要过分自责缺乏对哲学的理解力,其中也有康德的过错。当时就有人抱怨康德的著作使用从句太多,有时一个句子超过了一页还没有划句号,10 个手指头都用上也数不过来。

《纯粹理性批判》晦涩难懂是出了名的。出版了这本书之后,康德本来如释重负,静候哲学家们的反应,他期待着人们的评论甚至批评,因为他自己很清楚这本书对哲学的意义和价值。然而,书出版之后却如石沉大海,了无声息。直到一年之后才有了第一篇书评,而且这篇书评完全误解了康德,它一方面批评康德语言晦涩,另一方面把康德看做是巴克莱式的感觉主义的唯心论者,这就使康德难以忍受了。于是,他在思考实践理性的问题之余,写作了《纯粹理性批判》的简明本《未来形而上学导论》,在语言上下了很大的功夫,结果这本书成了康德所有著作中语言最清晰的著作。不过,真要读懂康德,这本书肯定不够用,因为《纯粹理性批判》中大量的论证都被节省掉了。虽然如此,康德心中还是不服气,他在《未来形而上学导论》的导言中不无调侃地说:"如果有谁对于我作为导论而放在一切未来形而上学之前的这个纲要仍然觉得晦涩的话,那就请他考虑到并不是每人都非研究形而上学不可",他可以考虑把他的天才用到别的地方去。[5]

在《纯粹理性批判》第二版序言中,康德说明了他解决哲学问题的根本原则,这就是他的"哥白尼式的革命"。

首先提请大家注意,康德哲学毕竟是 200 年前的哲学,18 世纪时,在人们的观念中,绝对真理,亦即普遍必然性的科学知识是存在的,其典范就是欧几里得几何学和牛顿力学,这可以看做是康德哲学的一个不言自明的出发点和基础。所以,虽然经验论与唯理论都无法证明科学知识的普遍必然性,但是对康德来说,科学知识的科学性是不成问题的,成问题的是我们怎样证明科学知识的科学性。

在认识论问题上,康德主张"调和"经验论与唯理论。他一方面同意经验论的原则——一切知识都必须来源于经验,另一方面亦赞同唯理论对经验论的批评——对科学知识来说仅有经验是不够的,它们的普遍必然性只能是先天的。但是这样一来,我们便陷入了两难的困境:如果知识必须建立在经验的基础之上,知识就不可能有普遍必然性;如果知识有普遍必然性,它就必须是先天的而不可能建立在经验的基础上。康德用一句话把这个难题摆了出来:我们如何能够"先天地经验对象"?[6]在康德哲学中,"先天的"(a priori)与"后天的"(a posteriori)是一对基本概念。"后天的"意即单纯经验的,就知识而言表现为个别、偶然和相对的。"先天的"意即独立于经验而且是经验的先决条件,就知识而言表现为普遍和必然的。显然,如若我们承认普遍必然性的科学知识是存在的,它就必须同时具有经验和先天这两方面的因素,问题是,看起来水火不相容的后天的经验与先天的因素如何能够结合起来?

我们如何能够先天地经验对象? 如果按照形而上学关于知识的传统观念——其实现在仍然是我们大多数人的基本观念,亦即知识必须符合对象才能成为真实可靠的知识,我们永远也不可能证明科学知识的普遍必然性。因为我们既无法说明外部事物及其属性如何能够挪到意识之中来,更不能证明必须建立在经验基础上的知识如何具有普遍必然性。[7]经过长时间的深入思考,康德形成了一种奇特的观念:既然当年哥白尼可以把地球与太阳之间的关系颠倒过来,设想不是太阳围绕着地球转,而是地球围绕着太阳转,从而提出了"日心说"假说,我们为什么不能按照这个思路考察知识问题呢? 换言之,如果知识必须符合对象这条路走不通,我们不妨像哥白尼那样换一个角度,把知识与对象之间的关系颠倒过来,看一看让对象符合知识,亦即主体固有的认识形式会有什么结果。在康德看来,问题由此便得到了完满的解决:一方面,我们的知识的确必须建立在经验的基础之上,但是另一方面,进行认识活动的主体本身亦具有一整套认识形式,由于这些认识形式在经验之先并且作为经验的条件而存在于我们的头脑之中——俗话说:"人同此心,心同此理",相同的"理"对于不同的经验材料的加工整理的规则是相同的,形成的知识有了共同的规则,也就有了普遍必然性(先天性)。换言之,经验为知识提供材料,而主体则为知识提供对这些材料进行加工整理的形式,知识就其内容而言是经验的,但就其形式而言则是先天的。科学知识的普遍必然性由此就得到了证明。

这就是被人们称为"哥白尼式的革命"的康德哲学。它的核心思想是对知识与对象之间的关系的"颠倒",强调不是主体围绕着客体转,而是客体围绕着主体转。

然而,问题到此还没有得到彻底的解决。

康德的"哥白尼革命"以其独特的方式证明了科学知识的普遍必然性,突出了主体在认识中的地位、作用和能动性,但是与此同时也产生了极其严重的消极后果。因为如果不是知识必须符合对象而是对象必须符合主体的认识形式,那就意味着事物对我们来说被划分成了两个方面:一方面是通过主体的认识形式所认识的事物,康德称之为事物对我们的"表现(Erscheinungen,appearance)"〔8〕,另一方面是未经认识形式限制因而在认识之外的"事物自身"、"物自体"或"自在之物(Dinge an sich,things in themselves)"。主体先天的认识形式虽然构成了知识之普遍必然性的根据,但是亦限制了我们对事物的认识:我们只能认识事物对我们的表现而不可能认识事物本身。这样一来,不仅自然科学要求按照自然本来的面目认识自然的原则发生了动摇,而且更严重的是,形而上学企图超越自然的限制而把握宇宙自然之统一的本质和规律的理想注定是不可能实现的。这就是说,自然科学是可能的,而形而上学是不可能的。从这个角度看,"哥白尼式的革命"归根结底是对理性认识能力的限制,完全是消极的。

然而在康德看来,这个消极的限制完全可以转化为某种积极的成果。

虽然认识形式的限制体现了认识能力的有限性,但是另一方面它也表明在我们的认识领域之外还有一个不受认识形式限制因而可能是无限自由的领域。于是,对理性的认识能力的限制就为理性的另一种能力,亦即实践能力开辟了无限广阔的天地,因为实践理性或者说道德意志乃是以自由为其根据的。如果事物对我们来说不是表现为两个方面,我们可以认识事物自身从而形成普遍必然的科学知识,那就意味着一切都在认识形式的限制之下因而不可能有自由的存在。但是如果事物对我们来说划分为两个方面,结果就完全不一样了:事物划分为"表现"和"事物自身"两个方面,人亦如是。一方面人作为自然存在物服从于普遍必然的自然法则,在这个领域中他是没有自由的;而另一方面人又是"人自身",因而亦具有不受自然法则限制的一面。换句话说,人具有两重性,他是一种"有限的理性存在"。假如我们无限地扩张理性的认识能力,其结果势必把一切都变成了必然的东西而使人失去了自由。而当我们限制了理性的认识能力的时候,这就会为自由保留了一片天地。所以,康德认为,我们有必要限制知识,以便为道德信仰留地盘。[9]

由此可见,康德的哲学革命应该包含两方面的内容:一方面它通过主体先天的认识形式来确立科学知识的普遍必然性,另一方面则通过对认识能力的限制为自由开辟道路,而且这后一方面真正体现了康德哲学的根本精神。

正如哥白尼的日心说最初只是假说一样,康德的"哥白尼式的革命"也是一种假说。如果我们要证明它是正确的,那就必须考察理性本身,证明人类理性的确具有一些先天的认识形式,而且这些认识形式在认识中具有法则的作用。康德把这项分析考察理性的工作称之为"批判"。

在《纯粹理性批判》一书的第一版序言中,康德解释了"批判"的含义:所谓"批判"不是对书本或者理论学说的批评或驳斥,而是对理性之认识能力的"分析"。亦即根据理性具有普遍必然的科学知识例如数学和物理学——这是康德时代公认的两门科学,对理性的一般认识能力进行分析,其目的是最终确定形而上学的命运。[10]因此,所谓"批判"也就是对理性的分析和考察。在康德看来,以往的形而上学错就错在它们通常只是武断地论定,当它们提出这样或者那样的理论教条时,没有去考察一下我们的理性究竟有没有这样的认识能力。与这种"独断论"不同,康德主张在对事物下判断之前,先来分析我们的认识能力。

康德对理性认识能力的批判是其哲学思想的基础,在此基础之上,他对理性的全部领域进行了考察,从而形成了由三大批判组成的"批判哲学":第一批判《纯粹理性批判》主要考察理性的认识能力,康德称之为"理论理性";第二批判《实践理性批判》考察理性的实践能力或者说意志能力,康德称之为"实践理性";第三批判《判断力批判》考察的"判断力"则是理论理性与实践理性之间起沟通作用的中间环节。

让我们从第一批判开始,进入康德哲学的王国。

# 三　纯粹理性批判

若要分析理性的认识能力,首先需要找到一个合适的入手之处。对康德来说,这个入手之处就是知识。知识的基本单位不是概念而是判断,因为单纯的概念不能构成知识。所以我们从判断入手来分析知识。

判断分为两大类：一类是分析判断，一类是综合判断。所谓"分析判断"指的这样一类判断，在它之中判断的宾词原本就蕴含于主词中，是从主词之中抽出来的，例如"物体是有广延的"。在十七八世纪的自然哲学中，物体的定义就是广延——"物体即广延"，因此当我们说"物体是有广延的"时候，广延原本就蕴含在物体之中。这种 A = A 的分析判断是先天的，亦即是具有普遍必然性的判断，但是由于宾词本来就在主词之中，所以并不是严格意义上的知识，因为它并没有给我们的知识增添新的内容。所谓"综合判断"就不同了。综合判断指的是宾词是后来通过我们的经验加在主词之上的，例如"这朵玫瑰花是红的"，其中的"红"并不是从玫瑰花中抽出来的，而是我们经验的结果。由于这种判断为我们的知识增添了新的内容，所以只有综合判断才是真正意义上的知识。但是知识并不就是科学知识，因为科学知识不仅要有经验添加的新内容，而且还必须具有普遍必然性。因此"综合判断"还可以划分为"后天的综合判断"与"先天的综合判断"，惟有"先天综合判断"才能构成科学知识。

那么，科学知识作为先天综合判断其中的"先天性"是从哪里来的？知识可以分为质料与形式两个方面。质料是通过后天的经验所获得的知识内容，使这些经验质料构成知识则是主体认识能力的工作，因而主体的认识能力就构成了知识的形式。如果科学知识具有普遍必然性，这种普遍必然性就只能有一个来源，那就是主体的先天认识形式。

因此，科学知识的普遍必然性问题也就是"先天综合判断是如何可能的"问题，而解决这个问题的关键就在于证明理性的确具有先天的认识形式。康德把专门研究主体之先天认识形式的理论称之为"先验哲学"。先验哲学的问题就是先天综合判断如何可能的问题，它具体分为"数学知识是如何可能的"、"自然科学知识是如何可能的"和"形而上学是如何可能的"等三个问题。说到"先验哲学"，我们又遇到了康德的另一对概念："先验"（transzendental）和"超验"（transzendent）。这两个概念在中世纪时没有什么区别，都是超验或者超越的意思。康德在两者之间做了区别："先验的"指的是关于先天的研究，例如"先验哲学"，"超验的"指的则是超越了经验的领域，因而是不可知的。

《纯粹理性批判》一书考察理性认识能力的部分主要分为两个方面，一方面是"先验感性论"，它研究的是感性的先天认识形式；另一方面是"先验逻辑"，它又分为两个部分：其一是"真理的逻辑"，研究的是知性范畴对于经验的立法作用，其二是"幻相的逻辑"，研究的理性之理念超越经验的界限所造成的先验幻相,康德也称之为"辩证法"。

## (一) 先验感性论

我们的一切知识都是从感觉经验开始的,但是如果没有接受感觉经验并对之进行综合统一的的认识形式,知识也是不可能的。因此主体的感性直观能力有两个方面,一是经验直观,一是先验直观,前者是后天的质料,后者则是先天的形式。那么,感性的直观形式是什么呢?康德认为是空间与时间。通过空间外部事物的经验被给予我们,通过时间内心的意识活动被我们所经验。因此前者是外直观的形式,后者则是内直观的形式。

通常人们不是把空间与时间看做是事物自身的存在方式,就是把空间与时间看做是事物之间的某种关系,惟有康德把空间与时间看做是主体自身固有的认识形式。显然,这种观点与常识大相径庭,需要康德作出合乎逻辑的证明,这种证明包括"形而上学的阐明"和"先验的阐明"两方面的内容。

所谓"形而上学的阐明"要说明的是空间与时间不是形而下的物理学概念,而是形而上的亦即先天的直观形式。以空间为例。首先,空间不是由外部经验得来的经验的概念。因为我们要想感觉外部事物及其相互之间的关系,必须以空间表象为前提。换言之,我们不能想象离开了空间还能经验外部事物。其次,空间是一切外部直观之中必然的先天表象,即是说,空间不是经验的而是先天的。因为我们可以抽去所有事物而想象一个空无所有的空间,却不可能想象任何没有空间的事物。所以空间是不能经验的,相反,经验必须以空间为先天的条件。再次,空间不是经验的概念而是纯粹的直观。因为经验概念乃是对于众多具有相同性质的事物的抽象,而空间却只有一个,并没有许多个空间。或者说,所有空间不过是同一个空间的部分,都必须以惟一的空间为其前提。最后,空间是一个无限的所予量。一切概念都有外延与内涵两个方面而不可能包含无限的表象,但是空间却能够包含无限的表象于自身之中。上述证明前两个证明的是空间不是经验的而是先天的,后两个证明的则是空间不是概念而是直观,两方面加在一起就证明了空间乃是感性的先天直观形式。康德关于时间的形而上学阐明与此大致相同。

再让我们看看关于空间与时间的"先验的阐明"。所谓"先验的阐明"说的是空间与时间乃是一切经验的先天条件,换言之,离开了空间与时间我们就不可能获得任何感觉经验,惟其如此,我们才能说明几何学和算术的普遍必然性。几何学是空间的科学,而算术则是时间的科学。作为普遍必然的先天综合判断,惟有将空间与时间看做是先天的直观形式,它们才是可能的。现在,既然几何学与算术是先天综合判断,那么也就说明空间与时间是先天直观形式了。

于是康德得出了结论:空间与时间不是物自体的存在方式,也不是事物之间的现象关系,而是主体的先天直观形式。由此我们便说明了数学知识之普遍必然性的根据,不过这同时也证明我们只能认识事物对我们的表现而不能认识事物自身。

也许我们不能同意康德将空间与时间纯粹主观化的观点,但是这并不意味着他的思想没有意义。与经验论把感觉看做是消极地接受外部事物刺激的"白板说"不同,康德主张我们的感觉也有自己的形式,这无疑是正确的,他的错误在于把感觉的形式先天化了,而且无法解释我们为什么以空间与时间而不是别的什么东西作为直观形式。但是康德毕竟说明了即使是在感觉经验之中主体也具有主观能动性。与那些把感觉看做是无条件地接受外部经验的观点相比,康德的观点一方面说明了主体在感觉经验中的能动作用,另一方面亦说明了感性认识的局限性。

让我们设想生活在不同的空间中的生物:生活在一维空间的生物只能在一条直线上活动,生活在二维空间的生物可以在一个平面上活动,生活在三维空间的生物则能够在一个立体的空间中活动……显然,一维空间的生物无法经验二维空间的生物的活动,二维空间的生物也不可能经验三维空间生物的活动,而三维空间的生物同样无法经验多维空间的事物。道理很简单,不同的空间中的生物的感觉形式是不同的,而其特定的感觉形式只能接受与之相应的经验。从理论上讲,这个宇宙存在着不同的空间,而我们作为三维空间的生物虽然可以想象多维空间,但是却不可能感觉到三维空间以外的东西,因而也不可能从经验上确证多维空间的存在。

在康德看来,我们人类理性只有一种直观形式,这就是感性直观形式——空间与时间,而不具有理智直观。换句话说,离开了感性直观形式就没有经验质料被给予我们,也就没有知识的发生。所以我们的感性直观形式虽然使进入到其中来的经验质料被安排在空间与时间的秩序之中而不是混沌一团,但是它同时也限制我们只能认识事物对我们的表现而不可能认识事物自身。

## （二）先验分析论

对于知识而言,仅仅有感性直观形式是不够的,还必须有知性的参与才能构成知识。感性的作用是接受经验质料,知性的作用则是对这些经验质料进行综合统一以构成知识。因此感性的特点是接受性,而知性的特点是构成性,感性之所司在直观,知性之所司在思维,对于知识而言两者缺一不可。如果说感性的先天认识形式是空间与时间,那么知性的先天认识形式是什么呢？康德认为是知性纯概念,亦即"范畴"。

我们的知性有两方面的功能:一是逻辑功能,一是认识功能。前者在知识的基础上规定着思维的判断形式,这是形式逻辑的范围;后者则为我们提供新的知识,这是"先验逻辑"的领域。自亚里士多德以来,我们的形式逻辑已经相当完备了,没有人怀疑形式逻辑是普遍必然的亦即"先天的",因而为形式逻辑提供知识内容的先验逻辑也一定是先天的,因为它是形式逻辑的基础。所以,形式逻辑与先验逻辑是对应的,在每一个判断形式的背后都有某种先验的要素作为它的基础,这种先验要素就是范畴。于是康德把形式逻辑的判断形式整理出来,建立了由量、质、关系和样式四组十二个判断形式所组成的判断表,并且一一对应地建立了先验逻辑的范畴表。

对康德来说,证明范畴的先天性并不困难,因为它们本来就是主体自身固有的认识形式。真正的困难在于说明属于主观范围的范畴对于经验如何具有客观有效性,亦即主观的范畴如何是经验的先天条件。人们在法律上常常要区分事实问题和权利问题,我事实上占有某物并不意味着我有合法的权利占有某物,这很可能是两回事,关于权利问题的证明就被称之为"演绎(deduction)"。我们每时每刻都在使用范畴,这是事实,问题是这样的使用究竟是不是合法的。因此,康德从法律中借用了这个概念,把他关于范畴用于经验之客观有效性的证明称之为"先验演绎"。

《纯粹理性批判》一书是哲学史上最晦涩难懂的著作之一,而其中最难于理解的部分就是关于范畴的先验演绎,即使康德自己也称之为形而上学中最艰难的事业。它的困难在于知性范畴与感性经验毕竟是间接的关系,在通常观念中,即使没有范畴的参与我们一样可以形成经验,而康德要证明的却是范畴是经验的先天条件,换言之,离开了范畴我们就不可能形成经验。其困难的程度可想而知。

先验演绎分为"主观演绎"和"客观演绎"。所谓"主观演绎"的思路是通过说明形成知识的主观条件,进一步揭示知识的先天条件。在这里康德提出了一个极其重要的概念,这就是"综合"。知识以判断为其基本单位,而判断就是以某种形式把不同的表象或概念联结在一起,康德把这种联结就称之为"综合"。显然,综合属于知性而不能来源于感性,因为感性是被动的接受能力而综合却是主动的思维作用。通过感性直观形式所接受的只是相互之间没有联系的"杂多表象",惟有知性的综合作用才能把这些杂多表象联结为判断。在认识中,综合有三重作用。首先是"直观中把握性的综合",如果没有这一综合,我们就可能在抓住一个表象的时候丢失了其他的表象。其次是"想象中再现性的综合",如果经验过的东西不能再现出来,我们就不可能有关于对象的完整的表象。最后是"概念中认知性的综合",如果我们不能在概念上把众多表象"抓"在一起,就不可能形成关于对象的知识。当我们形成了关于对象的知识之后,我们就会问,这个对象究竟是什么?按照康德的观点,对象不可能是事物自身而只能是事物对我们的表现,因此"对象"在认识中实际上所起的作用就是把不同的表象结合于一身的同一性,亦即对象概念。然而由于对象不是外在的事物而是我们的表象,因此所谓对象的同一性归根结底乃是意识的同一性,而意识的同一性则必须以自我的同一性为其基础和前提。所以一切认识之最高的根据就是先验主体的自我同一性。《纯粹理性批判》出版以后,有人指责康德的上述思想是巴克莱式的主观唯心主义,于是康德在出版该书的第二版时干脆删去了主观演绎,加强了客观演绎部分。

所谓"客观演绎"完全从自我的先验同一性出发,通过自我意识与对象意识之间的关系来说明范畴对于经验的客观有效性。我们的一切认识都必须以自我的先验同一性为其前提,我思伴随着我的一切表象,如果我的表象和知识不属于我,那么一切知识就不可能发生。因此先验自我或先验统觉的自身同一性乃是认识的最高根据,这就是"我 = 我"的分析的同一。然而,如果我的表象和对象本身不具有某种综合的统一性,我也不可能从它们之中意到自身的同一性,所以说自我意识还必须以对象之综合的统一性为前提。但是这样一来,自我意识与对象意识就成了互为根据的了。在康德看来,先验自我的同一性是认识的最高根据,而对象的统一性其实就来自自我之先天的综合统一功能,这个综合统一功能就是范畴的作用。这就是说,范畴作为先验自我之综合统一功能的体现乃是自我与对象之间的"中介",在综合统一杂多表象的认识活动中它一方面把先验自我的同一性带给了对象,一方面又把综合而成的对象带到了先验自我之中。由此可见,知性范畴是形成经验对象的先天条件,如果没有范畴我们不仅不可能形成知识,而且也不可能形成经验对象。换句话说,感性提供给我们的只是杂多表象而不是经验对象,经验对象并非感性所予而是知性范畴的综合统一功能所形成的。由此,我们就证明了知性范畴对于经验的客观有效性,因为它是经验的先天条件。

因此,康德关于范畴的演绎就引出了"知性为自然立法"的思想。对康德来说,所谓"自然"并不是自然本身而是一切可能经验之表象的总和,这个表象的领域就构成了"现象界",而连接表象的法则就是知性的法则,也就是范畴的作用。康德一方面把科学知识的对象确定为现象从而证明了科学知识的普遍必然性,另一方面亦把认识限制在了现象之内,主张知性范畴只能在经验上使用而不能超验地用于物自体之上,这就在证明数学知识和自然科学知识的普遍必然性的同时,证明了以往知识类型的形而上学的不可能性。

那么,既然范畴只能用于经验而不能用于超验的物自体,为什么以往的形而上学总要迫使范畴去做它不可能做的事呢?

## (三)先验辩证论

我们的认识从感觉经验开始,通过知性范畴的综合统一而形成了知识。然而人类理性并不就此而满足,它还要使知识成为体系,追求知识的完满性,这就要靠理性的作用。

感性的先天认识形式是空间与时间,知性的先天认识形式是范畴,理性的先天形式就是"理念"。与感性和知性不同,理性的作用是"调整性"的,它与经验无关而只与知识相关,其作用只是引导知识进一步完善,将知识调整成为体系,而理性调整知识的工具就是理念。理性有三种理念,这就是灵魂、宇宙和上帝,它们分别代表着主观世界、客观世界和世界之全体的统一性,这种统一性只是某种"理想的统一性"而不是"现实的统一性"。这些理念只是调整知识的工具而不是知识的对象,因而与物自体一样都属于不可知的领域,所以将这些理念视为认识对象的形而上学归根结底是不可能成立的。由于人类理性总是要穷根究底,它认识了经验还不够,非要去追问经验背后的根据是什么,并且认为只要我们穷尽了经验所及的现象就能够认识现象之整体背后的根据,这就使它错误地把理念之"理想的统一性"当作了"现实的统一性"。在康德看来,任何表象都是可以经验的,但是表象之全体却是不可能经验的,而且我们只有一种认识工具,那就是只能在经验中使用的知性范畴。因此,当理性要求认识现象背后的统一根据的时候,它就不可避免地迫使范畴作超验的使用,由于我们对此没有任何经验,所以不可能形成科学的知识。形而上学的错误概源于此。

当一个无知的孩子站在开阔地带放眼望去,地平线之极处天与地似乎是交融在一起的,于是他幼稚地认为,只要走到那里,就可以平步青云,一步登天。殊不知他每向前走一步,地平线就会向后退一步,他实际上永远也不可能走到地平线的尽头。形而上学家们就像这个孩子一样,他们幼稚地以为只要我们认识了所有的现象,就可以由此而通达现象背后的东西,他们不知道,在我们与事物之间永远隔着一道经验的帷幕,认识是无论如何也不可能超越经验的。

因此,康德把他对理性之理念的考察称为"关于幻相的逻辑",其目的就是揭示以往形而上学之所以陷入众说纷纭莫衷一是之困境的原因。他对形而上学根据三个理念而形成的"理性心理学"、"理性宇宙论"和"理性神学"进行了全面系统的批判,给了传统形而上学以毁灭性的打击。在康德对形而上学的批判之中,最著名的是他关于理性二律背反的思想,而这些思想中最重要的则是第三组二律背反,亦即自由与必然的二律背反。

所谓"二律背反"指的是当理性迫使范畴作超验的使用时,由于没有经验的依据,所以对于同一个对象就可能形成两种相互对立的理论,而它们各自却又都是自圆其说的。

以第三组二律背反为例。

正题是:仅仅用自然因果律是无法说明自然的,有必要假定自然有一个自由因。因为如果自然中的一切都服从于自然因果律,每个事物都有原因,而它的原因亦有原因,依此类推以至于无穷,那么这个因果系列就是永远也不能完成的。但是既然一切事物都有原因,这个因果系列本身就也应该有一个原因,否则就会与因果法则相矛盾,所以有必要假定这个因果系列有一个原因,它自身是没有原因的,即一个自由因。

反题是:没有自由,世界上的一切都服从于自然因果律。因为自然因果律说的是一切事物都其原因,假如世界有一个自身不再有原因的自由因,那就会与自然因果律相矛盾。所以没有自由,一切都是必然的。

康德认为,这组二律背反与其他二律背反一样是由于理性将不是认识对象的自然整体当作认识对象所造成的,但是如果我们在现象与物自体之间做出区别就可以解决这个相互矛盾的二律背反。当我们说自然中的一切都服从自然因果律因而没有自由的时候,它是对现象领域的规定。而当我们说有必要假定自然有一个自由因的时候,它指的则是物自体的领域。既然我们的表象归根结底是由于外部事物的刺激而发生的,因此表象的系列就应该有一个原因,否则表象就可能是虚幻的。当然,我们无法从经验上证明自然界本身是否有一个自由因,但是的确有一种存在是可以用自由因来说明的,这就是"人类理性"。人类理性能够对自己发出应该做什么的命令,因而它事实上是可以有自由的因果作用的。自然中只有必然存在的东西,而"应该"则属于理性的能动作用。无论有多少自然的因素压迫我的意志都不可能引起"应该",也不可能制止"应该"。

自由与必然的二律背反在康德哲学中具有极其重要的意义,它是我们从理论理性过渡到实践理性的惟一可能的途径。因为这组二律背反的解决表明,我们虽然不可能认识自由,但是可以思维自由而不至于陷入矛盾。既然自由是可能的,那么以自由为其前提和基础的伦理学或者道德学说就是可能的。于是康德下面要做的工作就是证明道德和伦理学的可能性。

在西方哲学史上,康德对形而上学的批判是最深刻、最系统和最全面的,以至于现代西方哲学在批判形而上学时经常引之为自己的同道。然而,康德与现代哲学家们不同,他批判形而上学的目的并不是要彻底摧毁形而上学,而是试图使形而上学获得新生。因为在他看来,形而上学根源于人类理性要求超越自身的有限性而通达自由境界的最高理想,对人类理性来说这种理想无疑是合理的也是性命攸关的,因为这关系到它安身立命的根本问题,所以我们无论如何也要寻找到某种可能的方式来满足理性的需要。因此,康德批判形而上学的目的是为了说明以往那种以科学自居的形而上学不但不可能而且有毁灭理性最高理想的危险,形而上学的出路不在科学知识而在道德自由之中。

## 四 实践理性批判

人类理性有两种功能,一是认识功能,一是意志功能,康德称前者为理论理性,称后者为实践理性。在近代哲学中,康德是把实践范畴引入哲学的第一人,不过他所说的实践还只限于伦理学的范围。

实践理性是自由的领域。如果说理论理性的法则是自然法则,那么可以说实践理性的法则乃是道德法则。

## （一）自然法则与道德法则

对康德来说，人是有限的理性存在，他既是一种自然存在，又是一种理性存在。人的这种两重性就决定了他同时是两个世界——自然界和理性界——的成员，因而受两种法则——自然法则和理性法则——的支配。人之为人的基本特征，人之为人的所有问题，人之为人的价值和尊严，归根结底统统与此相关。如果人只是自然存在物，那么他就只会服从自然界的法则。如果人是纯粹的理性存在，那么他就只会遵从理性的法则而活动。但是人却介于这两者之间，因而这两种法则都对他发生作用。当然，这两种法则对他的作用是不同的。人首先是自然界中的一员，而自然法则是必然的法则，所以他终其一生都始终在自然法则的限制之下，作为自然存在物他不得不服从自然法则。理性法则就不同了。理性法则只对人的理性发生作用，只有当人遵从理性法则而行动的时候，他才算得上是有理性的存在。所以自然法则是人不得不服从的法则，而理性法则则是人应该遵从但却不一定遵从的法则。

理论理性是必然的领域。虽然"知性为自然立法"，但是作为一种自然存在，我们自己也在知性法则的限制之下，换言之，作为现象界中的一员，我们也必须服从必然的自然法则，因而是不自由的。有人可能会问：既然自然界的法则源于我们的知性范畴，知性决定着自然的规律，难道我们不是自由的吗？首先，知性范畴是先天的认识形式，这不能由我们随意更改任意决定。其次，人类理性只能提供知识的形式而不可能由其自身产生知识的内容，即质料，只有当感觉经验为我们提供了感性质料的时候，这些形式才能发挥立法的作用。所以当我们作为知识的对象的时候，我们也必须服从这些的法则并且受到感性的限制。正是由于这个原因，我们通常总是把知性法则看做是不以我们的意志为转移的外在的客观规律。

与理论理性的自然法则相比，实践理性的理性法则是完全不同的。如前所述，人是有限的理性存在。作为一种自然存在，人与自然万物一样不得不服从自然法则的统治，而作为一种理性存在，他又可以遵从理性自身的法则行动。由于人终其一生都生活在自然界之中，所以他始终都不得不服从必然的自然法则的制约，而只有当他克服了感觉欲望的限制，完全按照理性的法则行动的时候，理性法则才能发生作用。因此自然法则是人必须服从的法则，而理性法则不是人必须服从而只是他应该遵守的法则。这并不是说理性法则弱于自然法则,而是说它们发挥作用的领域和方式是不同的。自然法则支配的是人的自然性的一面,而理性法则影响的则是人的理性。由于人始终是有限的理性存在,所以他不得不服从自然法则,而应该遵守理性法则。因此,理性法则作为人应该遵守的法则其表现方式与自然法则不同:自然法则体现为以"是"为系词的叙述式,而理性法则乃是由"应该"联结起来的命令式。换言之,理性法则对人表现为命令他"应该做什么"的道德法则。

康德的伦理学是典型的动机论。在他看来,一个行为是否具有道德意义是不能从结果或者行为本身来判断的,它只能以动机作为评判的标准。因为同一个行为可以有许多种不同的动机,而这些动机并不都是良善的,例如诚实而不说谎这个行为,我可能因为害怕失去信誉而不说谎,我可能迫于外在的强力而不说谎,我可能因为诚实会给我带来利益而不说谎,我也可能仅仅因为不应该说谎而不说谎。显然,只有最后一种行为是有道德意义的。商人经常标榜自己"货真价实,童叟无欺",就此而论他的确是诚实的,但是他这样做的目的却不是为了诚实而是为了给自己带来利益,这就是我们经常所说的"动机不纯"。当然,在这里动机不纯是无可厚非的,我们也提倡商人讲诚实,只是不要妄称道德就是了。

## (二) 自由即自律

《纯粹理性批判》的问题是究竟有没有独立于经验而且对经验具有法则意义的先天认识形式,而《实践理性批判》的问题则是究竟我们行动的动机完全受经验的限制还是有可能由理性自己来决定。换言之,我们有没有可能不受经验的束缚,完全出于纯粹理性自身的法则而自己决定自己的行动。实际上这个问题也就是作为有限的理性存在的人有没有自由的问题。

人的行动是由动机支配的,也就是说,人的行动是一种有目的的活动。作为我们行动的动机或目的的东西通常都具有经验的内容,都可以像自然的因果关系那样得到说明,例如我的所作所为都有目的,都可能是出于某种物质欲望,为了满足某些主观上的需要。18 世纪法国启蒙思想家们由此建立了一种功利主义的伦理学,他们主张人的本性与一切自然存在和动物的本性一样,都是趋利避害、趋乐避苦、自保自利的,这就是人乃至人类社会的存在基础。与这种把人看做机器,认为人完全受自然本能支配的因果决定论相反,康德试图证明人不同于一切自然存在的价值与尊严,证明人的自由。显然,这一证明的关键在于我们行动的动机究竟能否完全不受经验的束缚而纯粹出于理性自身的决定。对康德而言,理性自身对意志动机的决定不可能是主观个人的,而只能是先天地普遍有效的,换言之,它必须是先天的法则,否则就只能是后天的经验。因此,问题就在于,究竟有没有决定意志动机的理性之客观的实践法则亦即道德法则或定言命令。从理论上说,这乃是伦理学的根本基础,因而具有极其重要的意义。但是,从批判哲学的立场看,我们却不可能从认识论上对此加以证明,因为它不是经验性的认识对象。康德所采取的办法是,以自由作为道德法则的"存在条件",以道德法则作为自由的"认识条件"。这就是说,自由虽然是不可认识的,但却是可以思想的,我们尽管不知道自由究竟是什么,却可以确定自由的存在,因而也就可以断定道德法则的存在。因为一种道德法则乃以意志自由为基础和前提,所以只要有自由,就可以有道德法则。然而,我们虽然可以以自由作为道德法则的存在条件,但是却不能从自由中推论出道德法则来,因为在确定道德法则"之前"我们还不知道自由究竟是什么,要想知道自由,只有在确定了道德法则"之后"才是可能的。于是康德就采取了一种"绕圈子"的办法来解决这个难题:因为有自由,所以道德法则是存在的;因为道德法则是存在的,所以自由是实在的。换言之,他是在自由的基础上说明道德法则,然后通过道德法则来印证自由的实在性。

那么,道德法则是否存在呢?康德对理性之第三组二律背反的解决表明自由是可以设想的,因为相对于必然的自然因果律,存在着一种自由因果律,亦即不受感性经验的限制单凭理性自身的原因而产生一个结果的因果关系。由此,我们就可以考察理性的实践活动,看一看在什么情况下意志能够排除经验的束缚,完全按照理性自身的法则行动。

意志可以按照两种方式决定自己的行动,其一是主观准则,其一是客观法则。当意志对自己的规定仅仅对其个人是有效的时候,这种规定就是主观准则;而当意志的规定不仅对其个人有效,而且对一切有理性的存在都普遍有效的时候,这种普遍的规定就是客观法则。因为一种实践的法则一定是普遍必然的,它是对一切有理性的存在者的意志都有效的客观法则,而依据经验不能提供给我们任何实践的法则,建立在经验基础上的实践原则只是个人的幸福原则,没有普遍必然性;所以一个有理性的存在必须把他的准则思想为不是根据经验质料而是根据形式而决定其意志的原理;这样一个完全以理性自身的纯粹形式作为自己法则的意志是一个自由意志,因为它意味着理性所遵守的是自己为自己确立的法则。因此,意志的"自律"是一切道德法则所依据的惟一原理,而纯粹实践理性的基本法则就是:要这样行动,你意志的准则始终能够同时用作普遍立法的原则。[11]

康德就是用这种方式来证明自由的实在性。在此之前,我们只知道有自由却不知道自由是什么,自由对我们来说只是一个"否定性"的消极概念——自由只是不受经验的限制,现在我们则发现了自由的积极意义:自由即自律。由此可见,自由与道德法则其实是一体的,所谓道德法则乃是理性自己为自己所确立的法则,理性自己立法自己遵守。因此,自然法则与道德法则之间的区别是,首先,自然法则作为知性的法则适用于经验现象的自然界而属于理论理性的认识领域,在这个领域一切自然存在物包括人自己在内统统服从于必然的法则,而道德法则作为理性为自己所确立的法则属于实践理性的实践领域,这是一个自由的领域。其次,自然法则作为科学的判断其形式是以"是"为系词和联结方式的叙述式,而道德法则的判断形式则是以"应该"为系词和联结方式的命令式。最后,自然法则是"他律性"的,而道德法则是"自律性"的。康德由此而突出了实践理性的"优先地位"。

康德的伦理学既是动机论的,也是形式主义的。在他看来,不仅理论理性的先天认识形式对于经验现象有立法作用,而且实践理性的先天形式对于意志的动机亦具有立法作用。它们之间的不同之处在于,在认识之中经验质料毕竟在先天形式之外有其来源,而在实践活动之中理性完全有可能将形式与质料统一起来,这就是意志自律的作用。一方是意志的主观准则,一方是实践理性的客观法则,当意志凭借自身之中的自律原则将自己的主观准则上升为对一切有理性者的意志都普遍有效的客观法则的时候,或者将对于一切有理性者的意志都普遍有效的客观法则当作自己的主观准则的时候,形式与质料就是同一的,我们不再像认识活动那样永远要受经验质料的限制,而是在自身之中就获得了自由。于是,康德便以意志自律的方式将自由与必然统一了起来。对他来说,自由不是任意而为,不是想做什么就做什么那样的自由。自由与行为的结果无关,如果就行为之结果而论,我们是不可能有自由的,因为行为一旦出现立刻就落入了经验的现象领域,从而不可避免地在自然因果律的统治之下,那是必然的领域。自由是纯粹先天的,同时又是有规律的,这就是理性自己立法自己遵守的自律。为了强调道德法则的普遍性,康德甚至很少讲"人",而总是说"有理性的存在"。因为人不仅是有理性的存在,而且是有限的自然存在物,道德法则只对理性有效,而对自然是没有意义的。所以道德法则对人类理性表现为"应该"做什么的"命令"。作为法则,这种命令无疑具有普遍约束性和强制性,否则就谈不上法则了。不过这种普遍约束性仅对理性有效,而其强制性则是某种"自我强制性"。所以虽然同样是法则,道德法则与自然法则有着根本上的区别。

## (三) 定言命令

按照康德的观点,道德法则是一种命令式,然而并不是所有的命令式都是道德法则。一般说来,有两类命令式,一类是假言命令,一类是定言命令。所谓"假言命令"是一种有条件的命令式,它以"如果……,就……"为形式,例如"如果我说谎,就会失去信誉",因此为了不失去信誉,我应该诚实。这就是说,我应该诚实在这里是有条件的,诚实不是目的本身,而是实现别的目的的手段。这样的诚实固然不错,但却算不上是道德行为。所谓"定言命令"与此不同,它是一种无条件的命令式,或者说,在这种命令式中,目的与手段是统一的。同样是诚实,当我不是为了别的目的而只是为了诚实而诚实的时候,即是说,我只是因为"你应该诚实"这一命令而诚实,这样的行为就是有了道德价值。

因此,道德法则作为定言命令是一种纯粹的形式规定。在康德看来,一切我们可以称之为道德法则的定言命令都具有这样一些形式上的特征:[12]

第一,"要只按照你同时认为也能成为普遍规律的准则去行动",也就是说,"你的行动,要使你的准则通过你的意志上升为普遍的法则"。这个"普遍性公式"是定言命令的最重要的公式,康德有时甚至称之为"惟一的定言命令"。这个公式所强调的是定言命令乃是对一切有理性者都普遍有效的道德法则。那么,究竟什么样道德法则能够对一切有理性者的意志普遍有效呢?康德在下面的"质料公式"中解决了这个问题。

第二,"你的行动,要把你自己的人格中的人性和其他人格中的人性,在任何时候都同样看做是目的,永远不能仅仅看做是手段"。由于定言命令中包括三个因素,这就是意志、准则和法则,因此实际上定言命令只有成为意志的准则时才能起作用。所谓"质料公式"规定的就是究竟什么样的意志准则能够成为对一切有理性者普遍有效的客观法则。显然,如果一种意志准则能够成为客观法则,它就必须是对一切有理性者普遍有效的,若就意志准则表现为行动的目的而言,这就意味着意志的主观目的必须能够成为一切有理性者的目的,而且是"自在的目的"。显然,这种对一切有理性者的意志都是自在目的的目的,只能是理性自身。因而,康德所谓的"人是目的"也就是说"理性是目的"。于是康德便由此引出了第三个公式亦即"自律性公式"。

第三，"每个有理性者的意志的观念都是普遍立法意志的观念"，从而
"每个有理性的存在，在任何时候都要把自己看做是一个由于意志自由而可
能的目的王国中的立法者"。既然定言命令对一切有理性者普遍有效而且
出于纯粹理性自身的目的，因而当我们按照定言命令而行动的时候，我们就
是在按照自己制定的法则而行动，也就是说，我们作为有理性的存在，既是
守法者也是立法者，这样一个纯粹理性的世界就是一个"目的王国"。

这三个公式并不是说有三种定言命令，而是说只要是定言命令就必须
满足这三个条件：定言命令之为定言命令应该是对一切有理性者的意志都
有效的"普遍法则"；应该是能够成为一切有理性者的意志的目的的"自在目
的"；应该是一切有理性者的意志作为理性存在而自己为自己确立的法则。

康德有关意志自律的思想不仅在一定程度上解决了伦理思想史上自由
与道德法则之间的矛盾，而且突出了实践理性的"优先地位"，论证了人之为
人不同于任何自然存在的价值和尊严。

任何伦理思想和道德学说都必须以意志自由为其前提，如果没有自由，
我们就不必为自己的行为负责，也就谈不上道德不道德。然而由于以往的
伦理思想皆以形而上学为其基础，企图通过对于宇宙自然之本体和根据的
认识来规定人的本质，因而始终无法将道德法则与自然法则区别开，而道德
法则也就成了某种他律性的命令，从而否定了自由。正是由于这个原因，历
史上的思想家们大多持决定论的主张。现在康德把道德法则与自然法则区
别开，以意志自律将自由与道德法则结合为一，真正使伦理学成了一门独立
的学问。不仅如此，对康德来说，自由不只是伦理学的基础和前提，而且是
整个纯粹理性体系的"拱顶石"。[13]当康德把理论理性与实践理性从功能上
划分清楚之后，他立刻就面临着理性的统一性问题。理性是统一的，理论理
性与实践理性是它的两种功能，但是如果它们各自为政，理性就无法统一。
为了解决这个难题，康德确立了实践理性的"优先地位"。理性的统一性要
求我们将理论理性与实践理性"综合"起来，由其中的一个居于优先的统治
地位。显然，我们不可能让理论理性统治实践理性，因为那样一来就势必毁
灭了自由，因此只能由实践理性来统治理论理性。由此可见，康德哲学的目
的并不是为了论证科学知识的普遍必然性，而是为了维护人类理性的自由，
因为在他看来，惟有在实践理性之中，惟有在意志自由之中，才能体现出人
之为人的价值和尊严。

康德通过使意志的动机与行为的效果"划清界限"的方式来维护道德的
纯洁性，但是这样一来就产生了另一个问题：如果一个人的意志可以遵从理

性自身的法则行事,这种道德法则与经验无关亦与行为的结果无关,它属于纯粹理性的理想世界,而行为则不可避免地要落入由必然的自然法则所统治的现象世界,这就意味着动机与效果是完全分离的,它们分别属于两个不同的世界——道德法则仅与意志的动机有关而与效果无关,动机的效果则只受自然法则的支配而与道德法则没有任何关系。既然如此,道德法则如何能够产生与之相应的行为效果呢?属于理智世界的目的如何能够在感觉世界之中得到实现呢?如果动机与效果完全是两回事,我们怎么知道一个人的动机是善良的而不是伪善的呢?不仅如此,如果人类理性属于两个世界,那么他在这两个世界中都应该得到满足,换言之,德性只是无条件的善而不是"至善","至善"既包括德性,也包括幸福,它是以德性为第一要素的德性与幸福的统一。这一系列问题都需要康德说明理智世界与感觉世界之间的关系,为此他提出了实践理性的"公设"。人类理性由于敬重道德法则而向往一个无条件的对象,即"至善","公设"就是这个由道德法则而成立的"至善"所必不可少的理论假设。

实践理性有三个"公设",这就是"意志自由"、"灵魂不朽"和"上帝存在"。我们必须假设有一种摆脱了感觉世界的限制而依据理智世界的道德法则决定自己意志的能力,即自由,否则实践理性就不能以"至善"作为它的最高理想;由于人类理性的有限性,我们在今生今世无论如何也不可能达到"至善"这一无限完满的境界,所以必须假设灵魂不朽"至善"才有其实践上的可能性;最后,为了保证理智世界中的德性在感觉世界之中有其相应的效果,为了保证德性与幸福都能够得到实现,我们必须假设有一个上帝使这两个世界能够协调一致。表面看来,康德似乎在这里开了一个"后门",以实践理性的"公设"把被《纯粹理性批判》排除在外的那些超验对象又召了回来,表现出了理论上的某种不彻底性。不过我们也应该看到,实践理性的"公设"只是道德实现的条件,而不是道德本身的条件。换言之,仅就道德法则而论,它是无条件的,并不需要灵魂不朽和上帝存在为其基础和前提,但是一涉及到道德法则的实现,那就不是道德法则力所能及的范围了。显然,这是康德哲学二元论性质的必然结果。

二元论是康德哲学的基本性质,康德并不是因为无可奈何而走向二元论的,而是自觉地以二元论作为其哲学的基础和前提。如果没有表现与物自体、现象界与本体界、自然法则与道德法则、必然与自由、理智世界与感觉世界等等的二元对立,就没有康德哲学。我们可以说,康德正是从二元论的立场出发来从事他的批判工作的。然而,二元论可以是康德哲学的出发点,但却不是康德哲学的最终目的。所以他不可能将二元论贯彻到底,这就使他不得不面临理论理性与实践理性之间的协调统一的问题。

# 五　判断力批判

康德在哲学领域中所做的一项重要工作就是为理性的两种功能——理论理性与实践理性"划界",目的是使它们互不侵犯,相安无事,各行其是,各得其所。然而,它们之间的界限固然分明了,两者之间的统一性,甚至整个哲学体系的统一性却成了问题。就此而论,所谓实践理性的"优先地位"只是解决问题的一个原则,还需要具体的说明和论证。于是康德写作了《判断力批判》,试图以"判断力"作为中介来解决理论理性与实践理性的统一问题。

## (一) 判断力

我们的全部理性能力有两个领域,即自然概念的领域和自由概念的领域。与此相应,哲学划分为理论哲学和实践哲学两大部分。作为一种先天的立法能力,理性的理论理性功能为自然立法,实践理性功能为理性自身立法,它们分别关涉同一个对象的不同方面,因而能够在同一个对象上面具有两种不同的立法而不会相互伤害。但是,由于这两个方面或两个领域界限分明、判然有别,这就在它们之间形成了一道不可逾越的鸿沟。如果我们不能弥合这道鸿沟,那将意味着理性本身是分裂的而不是统一的,整个哲学亦将分裂为毫不相干的两大部分而不是一个统一的体系。因此,我们必须在此架起一座"桥梁",以便使由此及彼的沟通和协调成为可能。

毫无疑问,既然理论理性与实践理性同属一个理性,它们之间就应该是有联系的,不过由于两者的性质不同,因而它们的统一不能是"同一性"而只能是"综合性"的,亦即一种功能居于统治地位而另一种功能居于从属的地位。我们当然不能让理论理性统治实践理性,那将意味着只有必然的自然法则起作用而自由和道德就肯定不复存在了。反之,由实践理性居于统治地位却是可能的,因为理智世界的自由因在感觉世界中应该得到实现,这样设想两者之间的关系是合乎理性的。然而,理智世界与感觉世界毕竟是两个截然不同的领域,前者服从于自然之必然的机械因果法则,后者则由目的性的自由因果规律所决定。倘若意志作为理智世界中的自由因在感觉世界中的确能够产生某种必然的结果,理性的目的在自然中的确可能得到实现,那么它们就必须满足一个最基本的条件,这就是自然界的规律性至少与按照自由规律而实现目的的可能性是相互协调的,换言之,感觉世界或自然界也应该具有"合目的性"。只有这样,从自然领域过渡到自由领域,自由的目的在自然之中得到实现,才是可能的。因此,在理论理性与实践理性之间应该有一个连接两者的中间环节,这个"中介"虽然自身没有独立的立法领域,但是它的先天原理却是使理论理性的自然法则与实践理性的道德法则协调一致、相互过渡的"调整性法则",这个中间环节就是"判断力"。

无论是思想还是认识,其表达方式都离不开判断,而判断之为判断总与特殊和普遍之间的关系有关,例如"这朵玫瑰花是红的","张三是人"等等,其中"玫瑰花"和"张三"是特殊,"红"和"人"则是普遍。所谓"判断力"就是把特殊包含在普遍之下进行思想的能力。判断力分为两类,一类是"规定的判断力",一类是"反思的判断力"。当普遍法则是给定的时候,将特殊归摄于普遍法则之下的判断力就是"规定的",而当特殊的东西是所予的时候,判断力必须在缺乏概念的情况下为自己寻找一个借以判断的规律,它就是"反思的"。"规定的判断力"是将直观杂多归摄在知性所予的自然法则之下的认识能力,它本身没有特定的法则,而是在知性的先验原理之下工作的。但是知性的先验原理毕竟是最普遍最一般的法则,而自然中的存在却是千差万别,多种多样的,这些无限多样的特殊事物不可能统统由知性的一般法则规定出来,有时涉及某个特殊事物的特殊规律仅仅与这一个事物的一般可能性有关。虽然这些特殊规律只是偶然性的经验的法则,但是既然知性为自然立法,它就要求自然中的所有事物一无例外地服从它的先验法则,否则知性就不可能将一切可能的经验构成一个统一的自然秩序。于是,只有"规定的判断力"就不够了,知性还需要一种为特殊事物寻找特殊法则,谋求从特殊上升到普遍的判断力,而且为了保证无限多样的事物归属于统一的自然秩序,它亦需要一个先验原理作为反思这些事物的基础,这种判断力就是"反思的判断力",这个先验原理就是"合目的性原理"。

反思判断力的"合目的性原理"使我们能够将自然看做一个无限多样的种类相互递属从低到高进展的目的系统,这可以解决自然与自由之间的沟通问题,不过这个原理只是主观的调整性原理而不是客观的构成性原理。我们在自然之中所能看到的只是严格的机械因果关系,或许永远也无法知道自然本身究竟是不是合目的的体系,但是这并不妨碍我们从理性自身的需要出发将自然看做是合目的的。

在康德哲学中,目的概念首先是实践理性的概念。在自然问题上,他一向反对神学目的论和沃尔夫的外在目的论,主张自然只有一个法则,那就是机械的因果规律。然而早在前批判时期康德就发现,单纯用机械运动规律是无法解释有机界的起源和发展的,直到《判断力批判》他才找到了一种比较合理的解决办法,这就是不同于外在目的论的"内在目的论"。按照康德的规定,一个对象的概念,就其同时包含着这个对象的现实性的基础而言,就叫做"目的";而一物若与诸物只是按照目的而可能的性质相一致,就是该物的"形式的合目的性"。所以,所谓目的就是一事物的概念(本质)之中包含着它自己的内在可能性的根据,因而它的形成与发展不取决于任何外在的因素而是凭其内在必然性实现的。当我们以这种内在目的论的方式看待完全服从机械运动规律之外在必然性的自然的时候,就发现了使自然过渡到自由的可能性。

自然的合目的性包括两个方面,一个是"形式的合目的性",一个是"质料的合目的性",亦即主观的合目的性和客观的合目的性,前者是自然合目的性的美学表象,后者则是自然合目的性的逻辑表象。因此《判断力批判》相应地分为两大部分:"审美判断力批判"和"目的论判断力批判"。

## (二) 美 学

"审美判断力批判"研究的是"主观目的性"亦即自然在形式上的合目的性,由此,康德建立了一套美学体系。众所周知,康德不仅在西方哲学史上引起了一场哲学革命,而且在西方美学史上也是开宗立派的大师,作为近代美学最重要的代表,他的美学思想对后世产生了深远的影响,甚至可以说从他开始美学才真正成为一门独立的学科。然而令人感到惊异的是,康德在美学上的贡献似乎与他本人的审美经验无关,而完全是纯粹理论思辨的结果。康德的艺术修养十分贫乏,由于身处边陲,远离当时德国文化艺术的中心,他既不懂音乐,亦不了解当时的文学作品,在其著作中所引用的作品实在品位不高,这一切都与他的后继者们如黑格尔等人形成了鲜明的对比。实际上,康德研究美学问题并不是出于对美学的爱好和关心,而是完全出于其哲学理论的需要。不过也正是因为如此,更使我们禁不住对他在美学上所取得的伟大成就肃然起敬,这除了用理论之思辨达到了一定的深度具有某种相通性来说明而外,实在没有别的解释。

在美学史上,康德是主张美的本质是主观的而且是纯粹形式的这一派的重要代表。对康德来说,审美判断与科学知识的逻辑判断不同,它基于美感而不是认识的概念即范畴。逻辑判断形成与概念范畴对于经验质料的综合统一,离开了对象给予我们的经验质料就不能构成一个逻辑判断,而审美判断所关涉的则是主体对于事物的纯粹形式的把握,与被把握的对象没有直接的关系。换言之,一个事物被称为是美的,并不在于事物本身的性质,而是因为它符合了主体的某种形式,从而引起了主观上愉快的美感。例如杜甫的诗句:"感时花溅泪,恨别鸟惊心",其实并不是花在流泪,鸟在惊心,而是人在流泪,人在惊心。一方面是事物符合了我们主观的形式,另一方面也可以说是我们把某种主观上的感受加在了事物之上。当然,审美判断虽与概念无关,但由于其纯粹的形式亦具有某种普遍性。

那么,事物究竟在什么样的主观条件下才是美的呢? 与知性之"规定的判断力"的四组范畴相应,康德从质、量、关系和样式四个方面对美感进行了分析。

首先从"质"的方面看,美是无利害无功利的。如果一个事物满足了我的功利需要,这个事物与我就有了某种利害关系。而美感则与事物本身无关,当我欣赏一幅水果写生画的时候,我觉得它美,决不会想到这些水果好吃不好吃或者值多少钱。一个审美判断只要夹杂一点儿利害关系就会有所偏爱而不是纯粹的欣赏了。因此美感与感觉快感和道德快感不同,感觉快感和道德快感都是由对象的性质所决定的,美感则不受对象性质的限制,完全是主观形式上的满足,因而是一种"自由的愉快"。其次就"量"而言,美是一种没有概念的普遍性。概念的对象是普遍性,而审美判断则与感觉快感一样以单个具体的事物为对象,所以一切审美判断都是单称判断。但是审美判断又不同于感觉快感而要求普遍的赞同,当我说这朵玫瑰花美的时候,在我的心目中这并不仅仅是我一个人的感受,而是期待所有人的普遍赞同。这种普遍性并非来自概念,否则它就是逻辑判断而不是审美判断了,而是源于人人共通的"心意状态"。第三从"关系"上看,美是没有目的的目的性。审美判断与其对象之间没有利害功利的关系,因而是没有客观的目的。但是审美对象又的确符合了我们的主观意愿或目的,所以从主观的合目的性来看,它又是有目的的。这就是说,审美判断在内容上是无目的的,而在形式上却是符合目的的。因此美乃是单纯形式上的合目的性——无目的的合目的性。最后从"样式"上看,美是没有概念的必然性。美的形象与美感之间有着某种必然的联系,只要我们面对一个美的形象就必然会产生审美的快感。无论是谁,只要他站在黄山之上欣赏那苍茫的云海和奇形怪状的松石,都会感受到它们的美。显然,这种美感的必然性不是从逻辑上分析出来的概念必然性,也不是要求我们应该做什么的道德必然性,而是来自某种"共通感"的形式上的必然性。

康德对美的分析表明,美是纯粹形式的因而是先天的主观合目的性。一个对象既可以是认识的对象,同时也可以是审美的对象。作为认识的对象,事物服从于知性之必然的自然法则,而作为审美的对象,事物对我们来说是美的实际上与事物本身的性质无关,而仅仅是因为它符合了主观的目的性。因此,美感一方面的确是对自然的静观,但是由于它只是出于主观的形式而不受感官对象的限制,所以是一种对自然的无涉功利的自由观照,从而使它成为对于机械性之自然的必然性的认识,与对于实践目的性之自由的自觉之间的中间环节。当然,审美判断归根到底只是主观的合目的性,如果我们试图将自然与自由这两大领域统一起来,仅仅有主观上的合目的性是不够的,我们还必须说明自然不仅在形式上符合主观的形式,而且在"质料"上其自身就具有客观的合目的性,这就构成了"目的论判断力批判"的主题。

## (三) 目的论

自然在客观上的合目的性不能是"外在的目的"而只能是"内在的目的"。因为外在的合目的性所说明的只是事物之间的外在关系:在自然中一个事物的存在是另一个事物达到其目的的手段。以海洋、沙土与植物之间的关系为例。[14]从外在的合目的性来看,海洋的退缩似乎以沙土面积的扩大为目的,而沙土面积的扩大又以松树的生长繁衍为目的。但是实际上任何一方都没有资格作为一个"终极原因"而充当真正的目的,这种所谓目的与手段之间的外在关系只不过是机械因果性的另一种表达方式而已。假如我们不想陷入目的与手段之间无穷无尽的推演,通常只有一个办法,那就是以某种超自然的存在亦即上帝来说明自然的目的性,然而这样的目的就变成了神学目的论而不是自然目的论了,而且也超越了我们的认识能力的界限。因此,如果我们把一个自然事物看做是目的,那就必须满足这样的条件,即这个事物所由之而起源的因果作用不是来自外在的机械作用而是由它自身的原因所决定的,而且这种原因的活动能力是由其概念预先规定的,惟其如此这个事物才称得上是一个目的。这就是说,一个能够当作目的看的事物一定是自己规定自己的内在目的。这种内在目的乃是一种不同于机械因果关系的特殊因果关系,因为在这里原因与结果不是分离的两个事物而是内在地结合于一个事物之中的,或者说一个事物同时既是自己的原因又是自己的结果,即"自因"。

那么,在自然中,究竟有没有这样的内在目的呢?显然,我们在自然中所能证明其存在的只有机械的因果规律,不过也的确存在着一种仅仅用机械因果关系无法说明而必须视之为自然目的的事物,这就是"有机体"。虽然在自然中有机体的存在只不过是一个特例,但是为了说明它的存在就必须使用目的概念,这就为自然的合目的性原理提供了客观的基础。因为我们只有将整个自然亦看做是一个有机体或目的系统,才能合理地说明有机体这个自然的特殊产物的存在必然性。至于机械因果性原理与目的性原理之间的矛盾,只要我们将规定的判断力与反思的判断力区别开,认识到合目的性原理不是认识的"构成性原理"而只是我们看待自然的一种"调整性原理",就可以得到合理的解决。

然而,自然的合目的性原理毕竟只能用来解释自然中的事物,当我们把自然看做是一个目的系统而追问它的最高目的是什么的时候,这就超出了自然的界限而关涉到某种超自然的原因,因而不是自然目的论所能说明的了,康德为此提出了一种"道德目的论"来解决问题。

显然,如果我们把自然看做是一个从低到高的目的系统,那么我们不仅可以追问存在于其中的事物是为了什么目的而存在的问题,而且也一定会进一步追问自然这个目的系统本身的目的,亦即自然的"最高目的(letzter Zweck)"是什么的问题。自然的"最高目的"应该是自然中的一切事物都为之而存在的目的,而且是自然目的系统的顶点,因而这个"最高目的"只能是人。因为在自然界之中人与众不同,他可以形成目的概念,以其理性将一切有目的的东西构成为一个目的体系,并且使它们从属于他的目的之下。那么,这个最高目的在人身上又体现在什么地方?在康德看来,自然的最高目的就是人的文化。人这种理性存在具有一种对于各种目的的"适宜性(Tauglichkeit)",他可以使自己适合任何目的,利用它们为自己服务,而人对于任意目的的适宜性亦即自由的产物就是文化。换言之,文化是人自由地运用一切自然目的的能力的产物,它是人的主观形式在客观世界中的实现。因此,人的文化是自然的最高目的,亦是自然这个目的系统进化的最高层次,自然就在人的文化之中得到了充分的自我实现。于是在人类理性认识自然改造自然"使自然人化"的过程中,就形成了一个"人化的自然"亦即文化世界。当然,文化作为自然的最高目的仍然属于自然的范畴,但是它毕竟是自然与自由相互结合的产物,所以构成了从自然向自由过渡的桥梁。然而问题到此还没有结束,因为我们不仅要追问自然是为了什么目的而存在的(最高目的),而且还必须追问这个最高目的又是为了什么目的而存在的,如果我们不想无休止地追问下去,那就必须为自然的最高目的确立一个自身就是目的的目的,这就是创造的"终极目的(Endzweck)",惟其如此我们才能使自然这个目的系统得到完满的说明。由于这个"终极目的"是无条件的,所以它必须一方面具有超自然的性质,另一方面又与自然中的存在相关。这就要求自然中有这样一种存在,它既是自然存在物,同时具有不受自然限制的自由,这种存在就是人类理性。由于人类理性的自由体现在它的道德活动之中,所以自然之"最高目的"中的"终极目的"就是人类理性的"至善"。"因为没有这个终极目的,相互从属的目的链条就不会完整地建设起来;而只有在人之中,但也是在这个仅仅作为道德主体的人之中,才能找到在目的上无条件的立法,因而只有这种立法才使人有能力成为终极目的,全部自然都是在目的论上从属于这个终极目的的。"[15]因此,自然的"最高目的"与创造的"终极目的"之间的关系,就是文化与道德之间的关系。卢梭通过对启蒙主义的反思以科技文化与道德自由之间的冲突为启蒙主义敲起了警钟,他的思想对康德批判哲学的形成具有深刻的影响,以至于人们将康德的伦理学思想称为"卢梭式的革命"。[16]康德一方面在理论理性与实践理性之间作了严格的区别,另一方面亦试图使它们协调一致,从而全面地解决卢梭的问题。在康德看来,我们可以将文化(技能文化和教育文化)看做道德意识的必要条件,只有当人类充分文明起来之后才有可能超越自然而达到自由。所以文化与道德之间的关系应该是这样的:文化作为自然与自由结合的产物,构成了两者之间的"中介",因而文化是道德的准备条件,道德作为文化的目的则规定着它的方向。不仅如此,由于目的论的引入,从自然、文化到道德的"演进",使原本主要是静态结构分析的批判哲学融入了某种动态的生成性因素:

于是，康德就从自然目的论转向了道德目的论，试图以此来完成他的哲学体系。

自然目的论对于解决自然与自由的结合问题是有意义的，然而它又是有局限的，当它达到了自然的"最高目的"即人的文化时就无法再前进了，如果我们企图通过自然目的论推论出自然的"终极目的"，以一种"自然神学"来解决问题，那是毫无意义的。显然，我们没有任何根据从有限的、有条件的自然之中找到一个无限的、无条件的"终极目的"，这样的"终极目的"只能存在于以自由为基础的理性自我立法的道德法则之中，并且以一种"道德神学"为其根据。因为所谓人的文化的"终极目的"乃是"至善"，亦即幸福（自然）与德性（自由）的最高统一，而这个问题已经超出了自然目的论的界限。为了给"至善"提供本源性的根据，康德认为有必要用一种道德目的论以及由它而形成的道德神学来回答自然目的论无法回答的问题。

如果说自然目的论需要道德目的论的补充是可以理解的，那么为什么道德目的论又必须以"道德神学"为其根据呢？因为在实践理性领域，道德法则作为理性的自律的确是无条件的，但是实践理性引发出的"至善"问题却不是单纯由实践理性自己就能够回答的，它涉及到理论理性的自然领域与实践理性的自由领域的协调统一问题。理性虽然是自律的，然而其自律仅仅在实践领域有意义，对它来说，自然无论如何是一个他律的世界，而任何一个道德行为都将不可避免地落入自然之中，从而不受实践理性自己的控制。在实践理性中，康德以"公设"的方式来解决这个问题，但那毕竟只是实践理性之实现所必不可少的假设，仅仅如此还不足以保证服从必然的因果法则的自然能够满足道德法则实现的条件。因此，"我们就必须假定一个道德的世界原因（一个创世者），以便按照道德律来对我们预设一个终极目的，并且只要后者是必要的，则（在同样程度上并出于同一根据）前者也就是必然要假定的：因而这就会是一个上帝"。[17]既然人是为这个终极目的而生存的，这个目的就要求有一位至上的道德理性是本着这个目的而形成了他这个人和这个世界的。惟有当这个道德性的世界原因亦即上帝是存在的，我们才有理由将自然看做是一个完整的目的系统，并且与我们的道德目的符合一致。于是，我们就有了一种基于道德目的论的"道德神学"。

康德的道德神学无疑有其神学的不彻底性，他还不可能像尼采那样从"上帝死了"的角度来思考问题。但是这并不意味着康德的哲学原则发生了根本上的变化，自始至终他都坚持认为上帝的实在性是不可知的。德国诗人海涅曾经称《纯粹理性批判》是"砍掉了自然神论头颅的大刀"，[18]从《纯粹理性批判》到《判断力批判》，康德反对自然神论的立场并没有发生改变，现在他以一种道德神学来取代自然神论的地位并不是为了给道德提供根据，恰恰相反，实际上道德法则乃是道德神学的基础。这就是说，没有以神学为基础的道德，只有以道德为基础的神学。那么，既然不是为了神学的需要，康德为什么要建立一种道德神学呢？显然，这是康德哲学二元论的基本特征所决定的。表现与物自体、理论理性与实践理性乃至人的两重性是康德哲学的基本前提，在他看来，只有在这个基础上我们才能使科学知识与道德自由界限分明，各得其所。但是康德哲学虽然以此为前提，却并不希望以此作为哲学体系的结束，因为他不仅要保证理性的统一性，而且要建立一个统一的哲学体系。道德法则以自由为基础，为了道德的纯洁性，康德排除了一切经验因素的影响而一再强调它的无条件性，然而也正因如此，我们面对的是纯粹的道德如何在自然中得以实现的难题。于是，保证自然与自由的协调一致就成了道德神学的任务。

康德对于他的哲学体系下了很大的功夫，但是在某种意义上说，他的哲学体系并没有得到最终的完成。建立一个完整的哲学体系的基本原则已经有了，这就是以批判为前提、以自由为"拱心石"和基础、以道德作为"终极目的"、以目的论为形式的哲学体系。然而康德似乎只是分别完成了有关的证明，而没有将它们作为一个统一的体系来加以论证。批判哲学的各个组成部分无疑已经完成了，但是如何把它们组成一个统一的体系还有许多工作要做，上述有关目的论体系的许多思想作为《判断力批判》一书的"附录"毕竟只是原则，尚未得到充分的发挥和展开。如果假以时日，或许康德会提供给我们一个完整的哲学体系，然而此时的康德已经风烛残年，明显力不从心了。尽管如此，康德晚年仍然没有放弃完成他的哲学体系的工作，从1796—1802 年留下的大量思想片断中我们可以看到他为了完成自己的哲学体系所做的最后努力。[19]

在《遗著》中有两部未完成的著作，《先验哲学》是其中之一。在这里"先验哲学"的性质不同于《纯粹理性批判》中的规定，它不再是"元认识论"，而是一个理念的体系。康德至少为"先验哲学"下了 75 个定义，[20] 他主要将它看做是上帝、世界和由责任法则而自我约束起来的在世界中的人（人格）这三个理念的体系。所谓"世界"作为思想对象而非经验对象的理念是一个表现为目的系统的巨大的有机体。所谓"上帝"并非宗教信仰的人格神，它是作为一种道德存在的人自身，通过把一切为定言命令所限制的责任看做是来自上帝的命令，而造就的一个与正义原理相关的最高的道德存在的理念,他不是在我之外的实体,而是在我之内的道德关系。由于世界与上帝乃是异类的理念,只有通过一个中介性的概念才能相互结合,这个中介就是"人格"。人既是自然的造物又具有人格性,所以能够把感觉世界与超感觉世界结合在一起。于是,"在我之上的上帝,在我之外的世界,和在我之内的自由意志被表现在一个统一的体系之中"。[21]显然,康德比任何人都强烈地意识到他的哲学是尚未完成的,现在他所从事的最后工作就是使之成为一个完整的体系。但是令人遗憾的是,他的体力和精力已经不允许他再做这样艰难的哲学思考了,有时甚至难以集中精神,在他的哲学笔记中就夹杂着莫名其妙的菜单和日常琐事的记录。然而,无论康德哲学是不是一个完整的体系都无损于他在哲学史上的崇高地位,而且他的后继者们在他在世时也已经开始构造一个个庞大的哲学体系:1794 年费希特出版了《一切知识学的基础》;1800 年谢林发表了《先验唯心论体系》;至于黑格尔则从 1802 年开始酝酿他的哲学体系,至迟在 1805 年康德去世不久,他便着手写作《精神现象学》了。

能够在哲学上彪炳青史的人都非等闲之辈,他们就像夜空中明亮的恒星永远闪烁,为人类思想指引着探索智慧之路的方向,而康德则属于那些最明亮的星辰。自从康德去世至今已经将近二百年了,作为一位古典哲学家,很少有人像他那样受到现当代哲学的如此重视,几乎所有哲学家在提到他的名字时都怀着十分崇敬的心情,研究他的哲学的论文论著在数量和质量上是任何一位古典哲学家研究所无法比拟的。正如现代西方哲学没有哪个流派不是从反黑格尔哲学起家的,也可以说没有哪个流派例如逻辑经验主义、语言哲学、现象学、存在哲学等等,不是深受康德哲学的影响。毫不夸张地说,康德乃是现代哲学的预言家和奠基者。康德哲学成了一个永远也说不尽的话题。

那么,康德给我们留下了什么样的哲学遗产呢?

人们经常称康德哲学是进入哲学王国的桥梁和关隘,这就是说,康德以其理性批判深入到了哲学的基础和前提之中。哲学之为哲学,根本上乃是一种理性的理论思维活动。在康德之前,哲学家们有意无意地把理性看做是哲学思考自明的前提,而没有对这个所谓自明的前提进行深入的考察,即便是笛卡尔将"我思"视为形而上学的第一原理,也没有对这个"我思"作进一步的分析。康德对哲学的最重要的贡献之一就是使哲学深入到了理性批判的维度,他要求我们在以理性进行哲学思考乃至建立哲学体系之前,先将理性本身考察清楚,以免陷入独断论的陷阱。在他看来,如果没有对理性的批判,我们就不可能保证任何理论的有效性。康德在他的哲学思考中始终贯彻了这种批判精神,他从不回避、讳言或者掩盖自己所面对的问题,为后来的哲学家们树立了一个光辉的典范。

康德在对理性的批判过程中所使用的方法是,排除一切经验的东西,寻找某种先验的因素,在解决科学知识之普遍必然性的问题时,这种层层剥离的科学方法就为他的认识论确立了坚实可靠的基础。尽管康德的认识论思想存在着种种局限,例如他对认识的分析基本上只是一种静态的结构分析,认为我们不可能去追问范畴的起源,没有把认识看做是一个运动发展的过程,但是他那一丝不苟的科学精神至今仍然使我们赞叹不已。不仅如此,康德所做的一项重要工作就是通过理性批判为理性的诸功能"划界",他以限制科学知识的方式为自由、道德和形而上学留地盘,以此来解决人类理性如何在严格服从必然的自然法则的同时仍然能够保持其自由的问题。今天,当我们为科技社会的异化问题所困扰的时候,康德限制科学知识,以道德理想为人类文明确立某种绝对的价值方向的哲学精神无疑具有深刻的启发意义。

通常我们一提到康德哲学的贡献,立刻就会想到他对主体能动性的高扬,这的确是康德的一大贡献,不过人们把康德关于主体能动性的理论仅仅落足在他的认识论上却是一种误解。不错,康德一反认识论上的消极反映论,扭转了知识与对象之间的关系,以先验论的方式论证了主体在认识上的能动性。但是对他来说,主体的能动性实际上并不是或不主要是体现在理论理性的认识功能上,而是体现在实践理性的道德自由上。按照康德的观点,理性的先天立法能力有两个方面,一是知性为自然立法,一是理性为自身立法。虽然同样是立法,其性质和作用却完全不同:前者是必然的领域,后者则是自由的领域。知性为自然立法并不能改变我们受制于自然必然性的命运,而且丝毫也改变不了我们作为有限的自然存在物的地位。理性为自身立法就不同了,它体现的是人类理性克服自然的限制而自己立法自己遵守的自律性的自由,从而使我们有望通达至高无上的自由境界,论证了人不同于任何自然存在的价值和尊严。

康德哲学的魅力不仅表现在他的批判精神和科学精神上,而且表现在他对人类理性的终极关怀的探索之中。如果说前者显示给我们的是一种无法抗拒的理论力量,那么可以说后者给予我们的则是某种令人赞叹的崇高的情感。在《实践理性批判》的结尾处康德留给我们这样一段脍炙人口的名言:"有两样东西,我们愈经常愈持久地加以思索,它们就愈使心灵充满始终新鲜不断增长的景仰和敬畏:**在我之上的星空**和**居我心中的道德法则**。"[22]很少有人读到这段话时不被它打动心弦。

在我之上的星空与居我心中的道德法则,代表了康德哲学的两大主题,这就是自然与自由、感觉世界与理智世界,它们都与我们的生存意识息息相关。自然从我在外部感觉世界中所占的位置开始,并把我在其中的联系扩大到重重世界、层层星系的无限空间之中,以及体现着它们的循环运动、生成与延续的无限时间之中。每念及此,不知有多么渺小的我们,无不对这个几乎难以用语言来描述的广阔无垠的宇宙产生出某种敬畏之情。自由就不同了。它开始于我的无形的自我和人格,并把我呈现在一个具有真正无限性的理智世界之中,尽管这是只有理性才能思想的世界,然而我发现,我和这个世界的联系不是单纯偶然的而是普遍必然的,而且可以通过这个具有本体意义的世界与所有那些有形世界发生关系。显而易见,这个理智世界更令我们赞叹不已。虽然这两个世界都与我的存在有着极为密切的关系,但是它们对我的意义却截然不同。就有形的感觉世界而言,我们作为自然中的一个成员与其他一切自然存在物一样,只不过是自然无穷无尽的因果锁链上的一环。在浩瀚无边的宇宙之中,我们的家园——地球——不过是沧海一粟,一颗无足轻重的沙尘,我们自己则是活动于这粒沙尘上的微不足道的渺小生物。我们不知道自己凭什么被赋予了极其短暂的生命,也不知道自己究竟何时何地将交出生命,重新加入到自然之永恒的物质循环之中去。从这个意义看人类,他仅仅是有限的自然存在物,即使他有认识能力,可以认识这个宇宙的自然法则,甚至这自然法则就是由他的知性赋予自然的,那也无济于事,因为无论如何他都是一种自然存在物,其地位与一块石头或者一棵树没有什么两样。然而就那无形的理智世界而言,情况就发生了变化。因为这样一个超感觉世界向我们表明,人不仅是自然存在物,而且是理性存在者,而作为理智世界中的一员就无限地提高了他作为人格、理智的地位和价值。在人格中,道德法则的自律性呈现出某种独立于动物性、乃至独立于全部感觉世界的生存方式,它表明作为理性存在的人具有自己为自己立法,完全由其自身决定自己存在的真正的自由。当他遵从道德法则行动的时候,他就摆脱了仅仅作为一个"物件"的他律地位,而具有了超越于一切自然存在物之上,不受自然限制的自由和尊严。当然,我们不可能从认识上来确证这个理智世界的实在性,但是在实践领域它至少可以通过道德法则所引出的"至善"而推导出来,而且这个终结目的决不仅限于今生今世的条件与界限,它使我的存在指向永恒。[23]

上面这一大段话,不是我说的,而是康德说的,是他对"头上的星空"与"心中的道德法则"之间的关系所做的具体说明。实际上,康德不仅将"在我心中的道德法则"与"头上的星空"亦即无限的宇宙相提并论,甚至认为道德法则要高于自然法则,因为它真正体现了人的价值和尊严。自然存在物只服从自然法则,谈不上尊严的问题,上帝作为无限的理智存在,他说要有光就有了光,我们也用不着用伟大等等的词汇来赞美他。惟独人不同,他以渺小有限的身躯,竟然胆敢与宇宙自然法则抗衡,不顾自然的限制,响应理性"应该"的号召,遵循道德法则而行动,因此惟有人才有尊严,当然是"有可能"有尊严。因为我们也可以不按照"应该"去行动。

康德之所以要批判形而上学就是为了自由这个崇高的理想,康德之所以要重建形而上学也是为了这个崇高的理想。显然,无论今后人们对形而上学采取什么样的态度,只要人类理性还保持着这个至高无上的理想,那么康德哲学就有其永恒的魅力。

人类思想史上曾经有过数不清的哲学家,真正能够名留青史的只不过是其中的一小部分。如果我们要在他们中间再做筛选,寻找对人类思想影响最大的那些哲学家,无论不同的人所给出的这个思想界的精英名单有多大的出入,其中肯定有一个人的名字是不会少的,那就是康德。哲学家以思想传世,这些思想就记录在他们的哲学著作之中。哲学著作向来晦涩难懂,康德的书尤其如此。这就使得许多人对康德敬而远之,因为他似乎离我们的日常生活太遥远了。然而实际上康德离我们并不遥远,他始终关注的是我们生活于其中的这个世界以及我们在这个世界中所展开的人生,只不过他所采取的方式与众不同罢了。

就我的理解看,康德是有史以来头脑最清醒最谦虚的哲学家,他从来不回避问题,也从不讳言自己的问题,总是把什么能够说清楚,什么不能说清楚,明明白白地说出来。虽然他要限制认识能力,为道德、自由留地盘,但是他一而再再而三地强调,自由、道德,只是我们追求的理想,而不可能成为现实,因为我们人是有限的,这个有限性不仅仅是说人生命短暂,也是说我们时时刻刻都受到自然法则的限制。所以,自由只是理想。不过,不要因为自由只是理想就放弃追求,在康德看来,这是区别人与物的关键,乃是人之为人的最高使命。追求自由理想,是人生所能追求的最高境界。

**参考书目**

1. 《康德三大批判精粹》，杨祖陶、邓晓芒编译，人民出版社 2001 年。
2. 康德：《未来形而上学导论》，商务印书馆，1982 年。
3. 亨利·E.阿利森：《康德的自由理论》，辽宁教育出版社 2001 年。
4. 阿尔森·古雷加：《康德传》，商务印书馆 1981 年。
5. 张志伟：《康德的道德世界观》，中国人民大学出版社 1995 年。

**注　释**

〔1〕 转引自〔苏〕阿尔森·古留加：《黑格尔小传》，第 3 页，商务印书馆，1980 年。
〔2〕 黑格尔：《法哲学原理》，第 12 页，商务印书馆，1982 年。
〔3〕 哥尼斯贝格是 Könіgberg 的音译，旧译哥尼斯堡。在德语中，Burg 是堡，Berg 则是山，因而译作哥尼斯堡，不妥。
〔4〕 康德：《未来形而上学导论》，第 9 页，商务印书馆，1982 年。译文有改动。
〔5〕 康德：《未来形而上学导论》，第 14 页。
〔6〕 康德：《未来形而上学导论》，第 40 页。
〔7〕 参见康德：《未来形而上学导论》，第九节。
〔8〕 Erscheinungen 一般被译作"现象"。不过与康德的另一对概念，即现象（Phaenomena）与本体（Noumena）的译名有矛盾。erscheinen 在德语中是"显现"的意思。事物的"如其所现"是其对我们的"显现"或者"表现"，事物的"如其所是"则是事物自身。所以我们译作"表现"。
〔9〕 以上参见康德：《纯粹理性批判》，第二版序言。《西方哲学原著选读》，下卷，第 240—249 页
〔10〕 康德：《纯粹理性批判》，第一版序言，《西方哲学原著选读》，下卷，第 239 页。
〔11〕 参见康德：《实践理性批判》，韩水法中译本，第 17—32 页，商务印书馆，1999 年。
〔12〕 康德：《道德形而上学原理》，第 72—90 页，上海人民出版社，1982 年。
〔13〕 康德：《实践理性批判》，第 2 页。
〔14〕 参见康德：《判断力批判》，邓晓芒中译本，第 217—218 页，人民出版社，2002 年。
〔15〕 康德：《判断力批判》，下卷，第 294 页。
〔16〕 参见 R.L.沃克利：《自由与理性的目的：论康德批判哲学的道德基础》，芝加哥大学出版社 1989 年英文版。
〔17〕 康德：《判断力批判》，第 310 页。
〔18〕 海涅：《论德国宗教和哲学的历史》，第 101 页，商务印书馆，1972 年。
〔19〕 康德：《遗著（Opus postumum）》，《康德全集》，普鲁士科学院版，第 21、22 卷，柏林和莱比锡 1936 年。
〔20〕 参见 W.H.沃克迈斯特：《康德：他的哲学的建构和发展》，英文版，拉塞尔和伦敦，

1980 年,第 198 页。

〔21〕 康德:《遗著》,《康德全集》第 21 卷,第 41 页。

〔22〕 康德:《实践理性批判》,第 177 页。

〔23〕 康德:《实践理性批判》,第 177—178 页。

# 第十四讲

# 费希特和谢林

费希特的知识学

谢林的同一哲学


德国古典哲学有四位主要代表人物：康德、费希特、谢林和黑格尔。我们这一讲讨论费希特和谢林的哲学思想。由于黑格尔哲学不仅具有重要地位，而且思想更晦涩，内容也更丰富，所以我们在下一讲专门讨论。

关于费希特、谢林和黑格尔与康德哲学之间的关系，历来有不同的看法。

哲学史上有时将从康德到黑格尔的哲学运动称为"德国唯心论"，他们的哲学思想应该是一脉相承的。然而，人们一方面将费希特、谢林和黑格尔看做是康德的继承者，另一方面亦意识到他们的思想在许多方面是如此的不同，以至于把康德与他之后的德国哲学是否归属于同一个哲学思潮，总令人有些犹豫不决。更有甚者如逻辑经验主义的哲学家们，他们不仅不把费希特、谢林和黑格尔看做康德的继承人，而且视之为康德哲学的叛徒。例如赖欣巴哈就认为，把黑格尔看做康德的继承者乃是对康德的严重误解，也是对黑格尔不当的过誉。[1]这种观点有相当的代表性。

今天，我们虽然对待康德和他的后继者尤其是黑格尔已经不再坚持非扬此抑彼不可的激进态度，能够比较客观地评价他们对哲学的贡献和意义了，但是两者之间的关系依然是一个难题：德国古典哲学如果像恩格斯所说的是一个"连贯的、合乎逻辑的、必然的"发展过程[2]，那么表面看来完全不同的费希特、谢林尤其是黑格尔哲学与康德哲学之间的内在关联究竟体现在哪里？换言之，应该怎样看待康德之后的德国哲学与康德哲学之间的关系？

因为从康德哲学出发，可以走不同的方向。

著名哲学家哲学史家，也是新康德主义的代表人物文德尔班在评价康德哲学的时候，曾经说过这样一句话：了解康德，就是要超越康德。康德哲学对后人的影响，一方面是他将哲学的维度深入到了理性批判的层面，使独断论不再有市场，从而构成了以后哲学思考的前提和基础。另一方面，从康德的理性批判如何向前走，乃是摆在所有哲学家面前的课题。所以文德尔班的意思是说，没有人能够停留在康德哲学上不向前走，我们甚至可以不无夸张地说，连康德自己也不能停留在康德哲学上止步不前：康德晚年最大的心病就是体系的问题。

然而，康德已经不可能再超越康德了。但是后人却不能不超越康德。

从康德哲学出发，可以有不同的方向。从费希特、谢林到黑格尔，至少是其中的一条道路，虽然不是惟一的道路。在康德的后继者中，费希特的思想与康德哲学是最相似的，他抛开了康德的物自体，从"绝对自我"出发来构建哲学体系，他称之为"知识学"。与康德对理性认识能力的静态的结构分析不同，费希特试图把康德的范畴体系从"自我"中推演出来，从而发展了一种按照正、反、合的方式运行的辩证法。谢林则试图超越费希特的"自我"，他从主客同一的"绝对"出发，以一种自然哲学来补充知识学的缺陷，并且为哲学融入了历史的发展的观点。在某种意义上说，他们的工作已使黑格尔哲学呼之欲出了。

## 一　费希特的知识学

费希特是德国古典哲学的第二位代表，作为康德哲学的继承者，费希特试图消除康德的二元论，将康德哲学改造成为一以贯之的哲学体系，他称这样的哲学体系为"知识学"。在费希特看来，康德哲学是不彻底的，而他的知识学才是真正彻底的康德哲学。

费希特(Johann Gottlieb Fichte,1762—1814)像康德一样出身贫寒，因幼时聪慧异常，由人资助上学。1780年进入耶拿大学，后转到莱比锡大学学习神学，因资助人去世失去了经济保证，只好离开学校去作家庭教师。1790年，一位大学生请他帮忙补习哲学，使费希特第一次读到了康德的著作，他立刻为之深深地吸引,这是他一生事业的转折点。正如他所说的,康德哲学,尤其是它的道德部分——当然这部分如果不先读《纯粹理性批判》是不可能弄明白的,对于一个人思维方式的影响是难以想象的。

费希特对康德哲学佩服得五体投地,产生了亲眼见一见这位哲学家的强烈冲动,于是他动身前往哥尼斯贝格,这一年是1791年。这个时候,康德的三大批判已经出齐了,他的名声如日中天,他的家几乎成了哥尼斯贝格的一景,拜访者当然很多,所以当费希特拜谒康德时,康德只是把他看做普通的来访者,并没有对他格外注意。费希特感到很苦恼,没有办法把自己的想法说出来告诉康德。于是他把自己关在小旅店里闭门不出35天,从康德哲学的原则出发,写作了一篇宗教哲学的长文《试评一切天启》,呈给了康德。康德读后大加赞赏,不仅将论文推荐给了出版商,而且推荐费希特到大学去任教。出版商不知是因为疏忽大意,还是为了吸引人们注意而玩弄诡计,估计后一种可能性更大,在这篇长文出版时竟然没有署上作者的姓名。由于这篇论文的思想和思路基本上是康德式的,使得人们猜测这是期待已久的康德关于宗教的批判著作。这个时候,康德不得不站出来澄清真相,结果使费希特名声大振,俨然被看做是康德哲学的继承人。想想看,一个名不见经传的年轻人写出来的文章居然被误认为是康德的著作,还有谁比他更理解康德哲学?

费希特由此登上了哲学舞台。

在这以后的几年中,费希特写作了许多激进文章,为法国大革命辩护,同时完善着自己的哲学体系。1794年费希特成为耶拿大学教授,主持康德哲学讲座,陆续发表了《全部知识学的基础》、《知识学原理下的自然法基础》、《知识学原理下的道德学体系》等。1798年,在费希特担任责任编辑的《哲学杂志》上发表了一篇宗教怀疑论的文章,虽然费希特并不赞同作者的观点,但是他坚持出版自由,发表了这篇文章,结果被别有用心的人利用来攻击他是无神论者,迫使他不得不于1799年离开耶拿迁居柏林,这就是所谓的"无神论事件",此后他的思想发生了比较大的变化。1806年普法战争开始,费希特担负起鼓动爱国主义热情的任务,发表了著名的《对德意志国民的讲演》。1810年,费希特参与筹建柏林大学,并且担任了柏林大学的第一任校长。1813年,在柏林保卫战中,城里挤满了伤员,一时间瘟疫流行,费希特不幸受到传染,于1814年1月离开人世,终年52岁。

费希特的哲学思想在不同时期有很大的变化。下面我们主要讨论费希特在耶拿时期的知识学思想。

费希特的确是康德哲学的继承者,他为康德的批判哲学所引起的哲学革命欢欣鼓舞,但也不满意康德哲学二元论的不彻底性。像笛卡尔一样,费希特认为哲学应该是从一个最高原则出发推演出来的统一的科学体系,而康德哲学显然不能满足这个条件。于是费希特开始着手改造康德哲学,他接受了康德关于实践理性高于理论理性的思想,借助斯宾诺莎的一元论来改造康德哲学,建立了一种辩证方法,以绝对自我为核心建立了一个叫做"知识学"的哲学体系。费希特把知识学看做是康德哲学的彻底发挥,言外之意是,他的知识学是比康德哲学更彻底的康德哲学。

康德的批判哲学是不彻底的。他在《纯粹理性批判》中为认识设定了两个不可缺少但却又是不可知的逻辑根据:一是在主体之外有一个不可知的自在之物(物自体),作为感觉经验的根据;一是在主体之中有一个同样不可知的先验自我,作为一切先天综合知识的逻辑根据,而实际上这个先验自我也就是《实践理性批判》中道德的意志本体。在费希特看来,康德承认物自体的存在,这等于非批判地将因果范畴运用到了经验范围之外,所以与其哲学的基本原则是矛盾的。当康德把物自体看做是感觉表象的原因的时候,他的确将因果范畴非法地使用到了经验之外。另外,康德哲学虽然以先验性为特征,但是经验主义因素太浓厚了,而且他的二元论使其哲学无法成为一个一以贯之的哲学体系。

费希特认为,一个严密的哲学体系必须是一个从最高的明确无误不证自明的第一原理,按照其内在的必然性,合乎逻辑地推演出来的有机系统。实际上,要想解决知识的问题,我们根本用不着假设自在之物也一样可以解决问题。

哲学的任务是说明一切经验的根据,因而哲学就是认识论,费希特称之为"知识学"(Wissenschaftslehre)。在认识中有两个因素,一个是物,一个是理智。如果抽去了物,就保留下了一个理智自身。如果抽去了理智,就保留下了一个物自身。因而只有两种哲学是可能的,这就是独断论(它的极端形式是唯物论)与唯心论。两者争论的焦点是,究竟应当为了理智的独立性而牺牲物的独立性,还是应该反过来为了物的独立性而牺牲理智的独立性。由于独断论无法说明从物到理智的过渡,因而无法说明知识并且将其从一个最高原理中推演出来,而唯心论能够做到这一点,因此只有唯心论的立场是可能的。当然,这并不是说所有的唯心论都是可能的,真正合理的唯心论应该是从康德哲学出发的批判的唯心论或"先验唯心论"。于是,费希特便为了自我的独立性而牺牲了物的独立性,将康德的理论理性和实践理性合为一体，形成了"绝对自我"的概念。所谓"绝对自我"既不是经验的自我，也不是超验的自我，而是所有的自我意识中的先验要素，即自我意识一般，认识的先验逻辑根据。这个"绝对自我"是一切知识和经验的实在性的根据和先验的源泉，因而也是知识学的最高根据和出发点。

在某种意义上说，费希特将康德的理论理性和实践理性融为一体，赋予了自我以创造性的行动的功能。

那么，我们怎样确定知识的最高根据或者第一原理呢？

费希特的回答是：反思。

由于哲学就是认识论亦即"知识学"，因而看起来，我们面临着一个永远走不出去的圆圈：如果 X 原理是人类知识的第一原理，那么在人类知识中就有一个统一的体系；既然人类知识应当是一个统一的体系，那么 X 原理就是人类知识的第一原理。在费希特看来，我们必须承认这个圆圈，不要企图跨越它，因为我们不可能走出意识之外，也不可能用外在的东西说明知识。因此，我们只能通过反思和抽象在意识中寻求这个第一原理。如果这个原理是人类知识的第一原理，那么我们从知识的任何方面入手都应该可以回溯到它。

于是，费希特通过反思获得了知识学的三条基本原理。

**知识学的第一原理："自我设定自己本身"。**

知识学的第一原理必须是人类一切知识绝对第一的无条件的原理，因此必须是不证自明或者不可规定的，我们只能通过反思来确定。这样的第一原理应该表明为一种"事实行动"（Tathandlung），即集行动与事实、原因与结果为一身的东西。因为作为最高的根据，它必须自己产生自己的实在性。

首先，在进行反思的道路上，我们必须从任何人都毫无异议地同意的某个命题出发。这类命题可能有很多，自由的反思从哪一点出发都是可以的，现在我们选择最直接最简单也是距离我们的目标最近的命题，即 A 是 A（A = A）这一同一命题开始我们的反思。显然，承认"A 是 A"不需要也不可能有任何其他的条件和前提。然而，"A 是 A"所确定的只是形式而不是内容，它只是说："如果有 A，则有 A"，至于 A 是什么，这个命题并没有告诉我们。因此，"A 是 A"所说明的不过是"如果……则……"之间的必然联系。那么，在什么条件下才有 A 呢？任何判断或命题都是自我的判断或命题，自我是下判断的"逻辑主语"，因而"A 是 A"这个命题是自我按照必然联系所进行的判断，而这个必然联系就在自我或意识之中，只能是由自我自己提供给自己的。这就是说，只要"必然联系"被设定了，而这一"必然联系"与 A 有关，

是关于 A 的必然联系,那么 A 也就被设定在自我之中了。换言之,当自我
按照必然联系说"A 是 A"的时候,才能有 A。

设定"A 是 A"要求作为主词的 A 与作为宾词的 A 之间具有必然的联
系,两者之间有同一性,而 A 与 A 自身的同一性是以自我的同一性为其前
提的。这就是说,除非在自我中有某种永远同一的东西,除非存在着自我同
一性,否则我们永远也不可能说出"A 是 A"。这个永远同一的东西就是"我
是我"。"我是我"与"A 是 A"在形式上是相同的,但在内容上却是不同的。
如前所述,"A 是 A"只有形式上的确定性而没有内容上的确定性,"A 是 A"
并不表示实际上有 A。而"我是我"不仅确定了形式,而且也确定了内容。
所以,"我是我"是无条件有效的,它表明"我是","我在",实际上有我。因
此,"一切意识经验的事实的理由根据就在于,在自我中的一切设定以前,自
我本身就先已设定了。"[3]

这就是知识学的第一原理:自我设定自己本身。

"设定"是费希特特有的哲学概念。所谓"设定"(setzen)就是在意识中
摆放、确立起来。"设定"具有创造性的功能,所以是一种"本原行动"。自我
设定它自己,也就是在意识中确定了它自身的存在。"自我就是自我"是无
条件地绝对有效的,人类的一切精神活动都是以这个绝对的自我为根据的,
意识及其事实就是本原行动本身及其结果。在"自我设定它自己"的命题
中,设定的主体与设定的对象在作为本原行动的自我中联系起来,它们在内
容上是完全等同的。而从形式上说就得出了形式逻辑的同一律——"A =
A"。在费希特看来,正是知识学的第一原理在形式上的绝对性赋予了逻辑
学的同一律以普遍有效性:"不是命题'A = A'充当命题'我存在'的根据,毋
宁是反过来,命题'我存在'充当命题'A = A'的根据"。[4]

"A = A"表达的是从在自我中设定的东西到这种东西的存在的转移,是
本原行动展开的第一种方式,由此得出了"实在性"范畴。

**知识学的第二原理:"自我设定非我"。**

我们仍然从一个任何人都承认是完全明确和不容置疑的最简单的命题
入手,这就是"非 A ≠ A"。有人可能说这一命题是从"A = A"即同一命题推
演出来的,其实不然。因为设定非 A 显然与设定 A 是不同的一种行动,差
别不可能从同一中引申出来。当然,非 A 的确以 A 为前提:一说到非 A 就
已经假设有一个 A 了,但是非 A 却不可能从 A 中推演出来。由此可见,"非
A ≠ A"这一差别命题在形式上是无条件的,但在内容上是有条件的。

设定非 A 的行动不同于设定 A 的行动,相对于"设定",它是"反设定"

（gegensetzen），也是一种本原行动。既然第一原理设定的是自我，那么"反设定"的出现就必须对自我进行直接的反设定。然而，对自我的反设定的结果只能是"非我"。所以，知识学的第二原理就是"自我设定非我"。

非我是对自我的否定和限制，这个非我就是作为对象出现在意识中的客观世界，然而非我却是由自我设定出来的。这就证明了费希特的观点：不仅知识的形式，而且知识的内容，都是由自我"设定"而来，康德的物自体是完全没有必要的假设。

抽掉"自我设定非我"的内容，就得出了否定性的范畴。在形式逻辑中，就是矛盾律。

**知识学的第三原理："自我在自身中设定一个可分割的非我与可分割的自我相对立"。**

知识学的第三原理是由先行的两个原理规定的。

只要设定了非我就不可能不设定自我。因为设定了非我就否定了自我。但是另一方面没有自我就没有非我，因为只有在自我中设定了一个自我，才能设定一个与之对立的非我。于是我们发现，这两个原理既相互矛盾又相互需要。那么，如何把自我与非我、A 与非 A、存在与非存在、实在性与否定性，结合在一起加以思维呢？怎样才能保证这两个原理既扬弃又不扬弃自己呢？答案只能是："它们彼此相互制约"。[5]

应该注意的是，虽然自我与非我是对立的，但是前两个原理中的自我是有区别的。第一原理中的自我乃是无条件的"绝对自我"，而设定了非我之后，与非我相对立的自我则受到了限制，因而只能是有条件的自我。所以，第三原理可以这样来表述："绝对自我"在自身中"对设"一个有限的非我与有限的自我相对立。换言之，有限的自我与非我从属于绝对的自我，两者的对立是在意识的同一性中发生的，从而由绝对自我统一在一起。

因此，A 部分地是非 A，非 A 部分地是 A，它们互为根据。抽掉第三原理的内容，将对立双方通过限制性概念所达到的单纯形式保留下来，就得出了根据律或充足理由律的命题形式。

于是，康德关于"先天综合知识如何可能"的问题就得到了最令人满意的解决。第三原理中对设出来的自我与非我的可分割性，已经将相互对立的自我与非我综合起来了，而且是"先验地"综合起来的。这是知识中最高的综合，其他所有的综合都必然包含在这个最高的综合之中，因而它指出了知识学以后的发展演绎的道路。

知识学的三条原理为我们提供了三种活动——其实不应该说三种行

动,而应该说是同一行动的三个方面,这就是正题、反题、合题,与之对应的是"实在性"、"否定性"和"根据性"三个范畴。在此,费希特做了一项非常重要的工作,他试图将康德的消极辩证法改造成为积极的辩证法,并且使康德静态的范畴体系表现为一个相互推演的发展过程,从而对谢林和黑格尔的辩证法产生了极其深刻的影响。他认为,从第三原理开始,全部方法将是综合的。我们在最高的综合中寻找各种对立,并且通过新的关联把它们联合起来,而这个新的关联又包含着新的对立,于是又推演出新的关联……直到最后达到统一。显然,费希特在他的知识学中贯彻了对立统一的方法,只不过由于他主要关注的是自我与非我之间"可分割性"的量的关系:自我多一分,非我就少一分;自我少一分,非我就多一分。所以,费希特的辩证法是一种"量的辩证法"。

"非我"在费希特的知识学中具有重要的意义。它相当于意识中的对象、世界或自然。虽然绝对自我是知识的形式与内容的实在性根据,但是如果没有非我,自我就只是没有任何内容的空洞的东西。自我的活动就像光线,需要通过一个障碍反射回来,以便意识到它自身,这个障碍就是非我。不过自我还需要对这个反射产生反作用,才能接受这个反射。结果,自我便始终处在与非我的相互反射中……由此可见,自我设定非我,这个非我乃是自我实现自己的自由的场所,作为自我的对立面或障碍(Anstoβ),亦可看做是自我实现自身的动力。

我们现在有了三条原理以及相应的范畴(实在性、否定性和根据),其中第三原理作为知识学中最高的综合,为此后的一切综合提供了可能性,换言之,所有的综合皆包含于此。

在第三原理中包含着两个命题:一是"自我设定自己是规定非我的",一是"自我设定自己为被非我规定的"。规定非我的自我是"实践自我",被非我所规定的自我则是"理论自我"。我们必须先来设定非我的实在性,然后才能限制它。即是说,我们必须先来建设外部世界,然后再来规定它。由此便构成了知识学的两个部分:"理论知识学"和"实践知识学"。

以1798年"无神论事件"为标志,费希特的思想发生了明显的变化,我们一般称其后期思想为"柏林时期"。在此我们只介绍费希特知识学的某些变化。

费希特清除了康德的物自体,以绝对自我作为知识学的第一原理,并且声称他的知识学才是真正彻底的康德哲学,言外之意是,他比康德更康德。康德本人对此当然不会满意,双方的分歧终于公开化了。1799年,康德在

《埃尔兰根文学报》上刊登了声明："我郑重声明，我认为费希特的知识学是完全没有根据的体系。因为纯粹的知识学只能是逻辑，逻辑由于它的原则，不是起源于认识的材料，它作为纯粹的逻辑是由知识材料的内容中抽象出来的。企图从逻辑中找出现实客体，是徒劳的，因此是永远也无法实现的"。[6]应该说，康德的批评的确击中了知识学的要害。

按照费希特，哲学就是认识论，即知识学。当费希特清除了康德的物自体之后，知识的所有实在性统统由绝对自我提供，自我设定自我、自我设定非我……然而自我本身却不过是一个逻辑上的根据，在现实上没有任何实在性。这样一个没有实在性的东西却是一切实在性的根据，从体系上说固然一以贯之了，但是实际上却相当于"从无到有"。针对绝对自我的创造性的"本原行动"，人们不禁要问，难道知识的实在性就是这样建立在虚无的基础之上吗?!

需要提醒大家注意，费希特的知识学是认识论而不是本体论或者形而上学。就此而论，他的确可以回避知识的实在性问题。然而，费希特不仅以绝对自我作为知识的逻辑根据，而且更重要的是以之作为知识的实在性的来源。这样一来，他就难逃人们的质疑了。费希特自己也意识到了问题的严重性，他设身处地地对那些寻求实在性的人的思想做了如下的分析：

绝对自我是知识学的最高根据，知识学的三条原理：自我设定自我、自我设定非我、自我设定有条件的非我与有条件的自我相对立，实际上不过是从自我经过自我回到自我的自我运动，从根本上说只是在认识论的范围之内，在自我的内部发生的活动。那么，实在性在哪里呢？"在我们称之为认识和考察物的那种活动中，我们始终只是在认识和考察我们自己"[7]，"一切实在都变成了一场怪梦，没有梦境的生活，也没有做梦的心灵，一切实在都变成了一场在关于自身的梦中编织起来的梦。直观是梦，思维这个一切存在和一切实在的根源，这个我所想象的根源，这个我的存在，我的力量和我的目的的根源，则只是关于这场梦的梦。"[8]所以，我们还需要寻找某种在表象或者梦幻之外存在的实在的东西。既然在表象之外，那就不是认识的对象，只能是"信仰"的对象。

费希特的知识学至少有两个问题是其自身无法解决的，一个问题就是上述绝对自我的实在性问题，另一个问题则是认识自身的矛盾如何克服的问题。当绝对自我设定非我，从而产生了自我与非我之间的矛盾之后，这个矛盾是永远不可克服的。因为没有自我就没有非我，但只要有了非我，自我就不可能完全实现自身为自我。换言之，自我与非我之间的矛盾，在知识学内部是不可能得到解决的。人类在现实世界中寻求对非我的克服,追求自由和解放,然而永远也不可能达到这个目标,实现这个理想。因此,达到自我与非我的统一,实现人生的最高理想,只能是信仰的目标。

费希特从知识学的基本原理出发,试图清除康德的二元论,建立一个统一的哲学体系。然而,从根本上说,费希特并没有解决康德哲学的难题。他虽然清除了自在之物,但是他的知识学毕竟局限在意识范围之内,用黑格尔的话说就是仍然坚持思维就是思维,所以归根结底无法克服坚硬的外部自然,而且绝对自我只是经验和知识的实在性的根据,而其自身的实在性却是无法证明的。费希特自己很清楚这一点,他所能做的只是将其交付给信仰。

此时此刻,最初是费希特的追随者的谢林,已经开始酝酿自己的"同一哲学"。

## 二　谢林的同一哲学

谢林是德国古典哲学的第三位代表,虽然他比黑格尔小五岁,但却比黑格尔成名早,而且活的也比黑格尔长。他的哲学活动一般被分为早期和晚期两个时期。谢林早期的哲学活动构成了从康德到黑格尔的重要阶段,晚年则转向了神秘主义的天启哲学。谢林将自己的前期思想称为"消极哲学",而把后期思想称为"积极哲学"。只有了解了费希特和谢林的思想,我们才能明白德国哲学是如何从康德走向黑格尔的。实际上,在谢林哲学中已经包含了构成黑格尔哲学的大部分要素,虽然的确还缺少某些东西。所以,谢林经常抱怨黑格尔剽窃了他的思想,不过这指的当然是他的消极哲学。因为黑格尔去世之后,谢林才发表他的积极哲学,黑格尔当然剽窃不了。但是,使谢林感到骄傲而且没有被黑格尔"剽窃"的"积极哲学"在他生前几乎没有什么影响。当时的人们刚刚经受了黑格尔哲学理性主义的洗礼,一时间还接受不了神秘主义的东西。

谢林(Friedrich Wilhelm Joseph Schelling,1775—1854)生于德国符滕堡莱昂贝格(Leonberg)一个新教牧师家庭。少年早慧,15 岁便获准破例进入图宾根神学院,与年纪大他五岁的黑格尔和荷尔德林同窗。在这期间,法国大革命和康德、费希特哲学给青年谢林以深刻的影响。1795 年毕业后担任家庭教师,并开始研究维柯和斯宾诺莎哲学。1798 年受聘为耶拿大学编外教授,讲授自然哲学和先验哲学,他的哲学创作随之也进入了鼎盛时期,形成了自己的哲学思想。1803 年至 1806 年任维尔茨堡大学教授,1804 年发表了

《哲学与宗教》，以此为标志，谢林的思想日益趋向宗教神秘主义。1806年迁往慕尼黑，被任命为巴伐利亚科学院院士和造型艺术科学院秘书长。1820年至1826年任爱尔兰根大学教授。1827年重返慕尼黑，被任命为国家科学中心总监和慕尼黑大学教授，并被推举为国家科学院院长。1841年应普鲁士国王的邀请前往柏林，执掌黑格尔逝世后留下的哲学教席，讲授神话哲学与天启哲学，并担任柏林科学院院士和普鲁士政府的枢密顾问。1854年死于赴瑞士的旅行途中。

谢林的主要著作有：《自然哲学体系初步纲要》、《先验唯心论体系》、《哲学与宗教》，去世后出版的《神话哲学》、《天启哲学》等。

我们主要讨论谢林早期的同一哲学，它包括阐释绝对从客观到主观的自然哲学，和绝对从主观到客观先验哲学两部分。

谢林同意费希特的观点，即哲学应该是从最高的统一原则出发按照逻辑必然性推演出来的科学体系，但是他意识到费希特哲学存在着深刻的局限性。费希特消除了康德的二元论，抛弃了物自体，以绝对自我为基础和核心建立了一个知识学的体系，然而他的哲学体系缺少坚实的基础，因为在自我之外仍然有一个无法克服的自然或客观世界。在谢林看来，绝对自我不足以充当哲学的最高原则，因为它始终受到非我的限制。首先，费希特认为自我无意识地设定非我，这种观点是自相矛盾的。自我之为自我不可能是无意识的，如果它无意识就不是自我。其次，自我与非我是相互限制的，因而所谓绝对自我是有条件的，实际上并不绝对。一方面，没有自我就没有非我，但是另一方面由于非我是自我实现自身的需要和场所，因而没有非我也就没有自我。按照谢林的观点，哲学的最高原则既不是自我也不是非我，既不是主体也不是客体，而是超越于自我与非我、主体与客体之上的"绝对"。

所谓"绝对"是超乎于自我与非我的对立之外的无条件的共同根据。它是超乎一切有限的、有条件的对立状态之上的绝对无差别的绝对同一性，谢林也称之为"非人格的绝对理智"。与此对应，精神与自然则是差别状态：自然是存在的环节，精神是思维的环节。"自然应该是可见的精神，精神应该是不可见的自然"。我们可以看到斯宾诺莎哲学的深刻影响，谢林试图以斯宾诺莎的实体学说来弥补费希特知识学的缺陷。不过与斯宾诺莎不同的是，自然与精神不仅是实体的两个方面，从无差别的绝对到有差别的自然和精神，乃是绝对自身发展的不同阶段。于是，我们发现，在康德哲学之后，费希特为哲学引进了范畴的辩证逻辑推演，谢林则引进了历史发展的过程。

还有自然哲学。

　　谢林是作为费希特哲学的信徒走上哲学舞台的,但是从一开始他就有着与费希特不同的哲学旨趣和思想倾向,这种差异决定了谢林哲学的独特地位。正如德国现代哲学家海德格尔所说,从 1794 年发表第一篇哲学论文开始,在以后的十几年中,谢林每年都有一部或多部哲学作品问世,这些著作将费希特的唯心论带入了一个全新的领域,并将一般唯心论引向了一条崭新的道路。[9]如果说费希特主要关注的是自我、主体或人的问题,那么对自然、客观世界的重视则成为谢林哲学的发源地与生长点,这也是谢林为德国古典哲学开辟的一个重要的领域。谢林不再把非我看做是由自我设定的,而是把自然看做是与自我一样无条件地具有实在性的东西。这样一来,自然哲学就成为哲学不可或缺的组成部分。自然哲学不像自然科学那样仅仅着眼于自然的表面与外在的客观事物,只考察自然界的局部现象,而是把自然看做是一个整体,着眼于自然的内在的动力结构和普遍原理,探究自然之为自然的构成条件。因此,谢林把自然哲学称为"思辨的物理学",它为自然科学提供前提和准则。

　　绝对作为自然和精神的最高本原,其自身是无差别的无条件的。但是在它之中,有一种提高到自觉的精神实体的"原始冲动",因而便出现了一种"原始对立"或原始的二重性,于是便开始了创造的发展过程。整个宇宙的发展史就是绝对的自身发展史。

　　按照谢林,绝对同一性在原始二重性的推动下,从无意识的状态上升为自我意识或理性,这是"自然哲学"的内容。从自我意识上升到绝对同一性,这是"先验哲学"的内容。"自然哲学"以客观的东西为第一位的东西,从中引出主观的东西。"先验哲学"以主观的东西为第一位的东西,使客观的东西从主观的东西中产生出来。哲学的这两部分相互对立又相互补充。

　　我们先讨论谢林的自然哲学。

　　自然是暗哑的或无意识的理智,即尚未成熟的理智,因而在它的现象中仍然无意识地透露出理智特性的光芒。一切自然科学的必然趋向是从自然出发而达到理智的东西,它们的最高成就就是把一切自然规律完全精神化,例如概括出普遍抽象的自然规律或法则。所以,自然哲学乃是一个主观性不断增长的过程。

　　自然哲学所阐述的是无意识的理智由"原始冲动"而两重化,在同一与差别的矛盾的推动下,从"质料"、"无机物"到"有机体",最终产生精神的发展过程。自然界最初的二重性是两种力:引力和斥力。这两种力经过矛盾运动,在作为"质"的物质中结合为"重力",即万有引力。两种力集中于同一点内构成了"磁",由对立而分化构成了"电",在第三种力中综合起来则是"化学过程"。磁(点)、电(面)、化学过程(体积),有广延的物质构成了。有机物分为"感受性"(植物)、"应激性"(动物)和"再生性"(理性动物)。所谓生命就是作为回归的稳定态,由内在本原维持自身存在,具有内在连续性的独立的存在。人是自然进化的顶点,至此,在无意识的自然中出现了意识,自然界达到了自我意识。为了摆脱17世纪以来机械自然观的影响,谢林像康德一样引入了"目的"概念。只不过康德谨小慎微,始终只是把合目的性原理看做是我们看待自然的原则,而不是自然本身的规律。现在,谢林一步就跨越了康德的障碍,他认为自然虽然是无意识的,但却是彻底的合目的的。

这一点可能是康德的后继者们与康德真正分道扬镳的开始。

谢林是自然哲学的创始人,虽然他的自然哲学有许多幻想、随意的成分,不过他的确试图借助当时的自然科学来补充哲学,从而以内在有机的整体观念和矛盾、运动、历史和发展的辩证观点,为一向由机械论占统治地位的科学界带来了一股清新的空气,不仅使科学家们发现了一种不同以往的看待自然的全新方式,而且为浪漫派崇尚自然的情感提供了哲学基础。它补充和修正了费希特哲学忽视客观、自然的局限,成为德国古典哲学从主观性向客观性过渡的关键环节,在当时引起了非常大的反响。有意思的是,后来黑格尔的自然哲学比谢林的自然哲学要完善得多,但其影响和受到的礼遇却远不如谢林。这一点都不奇怪:因为科学家们已经从思辨哲学的梦幻中醒悟过来了。

当然,自然哲学只是哲学的一部分。哲学的另一个主要组成部分是先验哲学。自然哲学从客观出发,描绘的是从自然到精神的历程。先验哲学从主观出发,研究的是精神生活的发展,即从主体到客体、从精神到自然的创造过程。在自然哲学中,客观的东西是第一位的。而在先验哲学中,主观的东西是第一位的,而且是一切实在的惟一根据。自然哲学以自我意识或理性为最高阶段,先验哲学则以自我意识为开端。"绝对"在自然中展现为意识,在先验哲学中开始了认识自身回归自身的辩证运动过程。

谢林把先验哲学称为"关于知识的知识",而"一切知识都以客观的东西与主观的东西的一致为基础"[10],也就是说,在先验哲学中,主观的东西与客观的东西是统一的,两者同时存在,是一个东西。按照谢林的观点,先验哲学的根据只能是这样一个"点",在这个"点"内,同一的东西与差别的东西是同一个东西,如果知识中没有这样一个"点",表象与对象就不可能符合一致。于是,谢林像费希特一样,首先从"A = A"的同一命题入手来寻找同一与差别同一的"点"。

毫无疑问,"A = A"或"A 是 A"是最简单的命题,它实际上只是从形式上说明了 A 与自身的同一性,并没有说明 A 的存在。那么,A 是从何而来的呢? 这个问题显然需要由一个更高的命题来回答。因为当我们说"A = A"时,乃是以 A 的综合,即确定 A 的存在为前提的。在谢林看来,这个更高的命题就是"我 = 我"或"我是我"。换言之,"A = A"以"我 = 我"为前提,亦即以"思维的同一性"为前提:当我说"A = A"时,我是在把作为主词的 A 与作为宾词的 A 结合在一起,这要求思维与自身的同一性。于是,我们就找到了知识中的那个"点",这个"点"就是"我 = 我",即"自我意识"。在费希特那里,"我 = 我"只是自我设定自己的同一性命题,需要设定非我才能有差别命题。谢林则认为,在这个"自我意识"中就包含着同一与差别的统一,因为"我 = 我"乃是自我以自身为对象,一方面有同一性,另一方面作为主词的我与作为宾词的我亦表现为差别性。所以"自我意识"本身就是同一与差别的统一,因而这个"同一命题"其实也是"综合命题"。

因此,自我意识就是知识中的最高原则,它是惟一可能的同一而综合的命题。所以,就像在自然哲学中自然的统一体表现为原始的两重性一样,在先验哲学中,自我意识在同一性中也表现出一种原始两重性,反之,亦在原始两重性中表现出同一性,这就构成了先验哲学发展的内在矛盾运动。因而,自我意识是先验哲学的最高根据,一切先天综合知识都是从这个最高的综合中产生的。谢林一方面进一步发展了费希特正题、反题、合题的辩证法,另一方面在其哲学中更加鲜明地贯彻了历史主义的原则。所有这些,都为黑格尔完成形而上学做好了准备。

先验哲学包括理论哲学、实践哲学以及两者的结合点目的哲学,最后是艺术哲学。

理论哲学研究的我们的认识活动,分为感觉、知觉和理性抽象三部分。谢林这样解释知识与对象的同一性:自我原本是同一的(我 = 我),由于原始的差别(主词与宾词)而开始分化,分化为对象之我和主体之我,而这两个方面实际上是同时构成的,而且是同一个东西的同时分化,所以它们当然是同一的。

理论哲学讨论的是"认识",实践哲学讨论的则是"意志"。它们的信念是不同的。理论哲学以对象在我们之外,我们受到对象的必然限制为前提,而实践哲学则认为我们不是受必然性制约的,而是自由的,能够从思想世界过渡到现实世界,并且获得客观实在性。认识活动是从现实世界向表象世界的转化,实践活动则是从理想世界向现实世界的转化。如果说理论哲学的对象是"自然",那么可以说实践哲学的对象就是"历史"。前者是必然性的领域,后者则是自由的领域。

谢林把历史看做是第二种更高的自然界。历史也是有规律的,它服从的是以自由为目的的自然规律。一说到"历史",其概念就包含着无限进步的意思,历史的特点在于它力图实现自由与必然的统一。

整个历史乃是"绝对"不断启示,逐渐显露的过程,它分为三个时期:

第一个时期:古代社会。在这一时期占支配地位的是"命运",即完全盲目的力量。它冷酷无情,无意识地毁灭最宏伟壮丽的事物,其结局是光辉灿烂充满奇迹的古代世界的灭亡。

第二个时期:现代社会。时间从罗马共和国扩展版图的时候开始,直到今天。原本表现为命运和盲目的力量的东西,表现为明显的自然规律。它强迫着自由和最放荡不羁的举动服务于一种自然计划,因而逐渐地引起了历史中的机械规律性。

第三个时期:未来社会。在这个未来社会中,以前表现为命运和自然规律的东西将作为"天启"而得到发展和显示。"这个时期将从什么时候开始,我们无法回答。但是,当将来存在这个时期时,上帝也将存在。"[11]

谢林在其历史哲学中说明了自由意志与必然规律之间的辩证关系:"人虽然在行动本身是自由的,但在其行动的最终结局方面却取决于一种必然性,这种必然性凌驾于人之上,甚至操纵着人的自由表演"。[12]在他看来,历史的规律性作为一只"未知的手"编织出来的东西,通过人的任性的自由表演,贯穿在全部历史过程之中。人在历史舞台上作着自由的表演,但背后由"绝对"决定着引向一个他们预想不到的目标上去,那也许是他们并不打算去的地方。谢林的这一思想可以看做是黑格尔关于"理性的狡计"的历史哲学的前奏。

不过,理论哲学与实践哲学毕竟是相互矛盾的。在理论哲学看来,对象在我们之外,我们的认识必须以对象为真理。而按照实践哲学的观点,对象必须服从主体的意志,现实世界必须以我们心中的思想为真理。结果,我们要有理论的确实性,就得失去实践的确实性,要有实践的确实性,就得失去理论的确实性。显然,这一困难是它们自己无法解决的,只有在一种既非理论也非实践,同时既是理论又是实践的中间环节里,我们才能解决问题。这个中间环节就是"目的论"。从理论、实践到目的论,谢林基本上按照康德三大批判的思路,不同的是,这是一个历史的发展的过程。

以往的哲学要么坚持目的论反对机械论,要么坚持机械论反对目的论。只有先验哲学把两者结合起来了。我们认为客观世界是通过理智的一种完全盲目的机制产生出来的,由此有意识的活动与无意识的活动就这样会合了。自然界虽然不被合乎目的地创造出来,但又是合乎目的的,因而是主观与客观的原始和谐。

现在,我们证明了自然界是主观与客观的原始和谐,不过还没有证明在人的产物中,自由与必然、主观与客观的同一。我们只能在"艺术作品"中才能看到这种同一。在先验哲学中始终没有达到的主观向客观的转化,现在在艺术哲学中成为可能了:具有绝对客观性的那个顶端就是艺术。

艺术哲学要解决的问题是,在先验唯心论体系的终点,我们应该由主观性走向客观性,获得客观真理或认识"绝对"本身,这就要求有意识的活动与无意识的活动必须是同一个东西,这个东西就是艺术作品。

为什么?

因为艺术家在自己的作品中除了表现自己的明显的意图置于其中的东西而外,好像还合乎本能地表现出一种无限性,而要展现这种无限性,任何有限的认识活动都是无能为力的。在艺术品中,有限的东西与无限的东西统一起来了,它终于把无限之物表现出来了。显然,真正天马行空,飘然太虚,游乎于天地之间,那是惟有天才才能做到的事情。

在先验哲学的终点,谢林走向了神秘主义,而其根源早就种下了,那就是他的绝对无差别的同一性。

整个哲学发端于绝对,我们的思想和语言只能描述和言说有差别的东西,因而这个绝对单纯、绝对同一的东西是不能用描述的方法来理解或言传的,绝对不能用概念来理解或言传,对它只能直观。当然,这个直观不是感性的而是理智的直观。但理智直观本身纯粹是内在的直观,只是主观的,没有客观实在性。因此,它只有通过第二种直观——艺术直观——才能成为客观的。所以,艺术是哲学惟一真实而又永恒的工具和证书,艺术好像为哲学家打开了至圣所,通过它有可能使我们在激扬狂放物我两忘的美感体验中,与绝对融为一体。

现在,先验哲学由自我的原始同一性出发,又回到了原始的同一性。它在艺术的帮助下在理智直观中与绝对同一性融为一体,消除了有限性、差别性,回到了"绝对"的怀抱,回到了自己的家。但是,谢林还是很清醒的,他意识到艺术与哲学的紧密结合还不是现实的,它的解决只能寄希望于世界的未来命运和历史的进一步发展的过程。

在自然哲学中完成了客观的东西的绝对综合,在先验哲学中完成了主观的东西的绝对综合。我们虽然在先验哲学的终点"艺术哲学"中指出了从主观性向客观性过渡的方向,但那毕竟只是"方向",而且还仅仅是在先验哲学之主观性的内部完成的。现在的任务是,把自然哲学即客观的东西,与先验哲学即主观的东西,统一到绝对同一性之中。

在此,谢林遇到了难题。

谢林坚持认为绝对是无差别的同一性,这就在有差别的世界与无差别的绝对之间设置了一条难以逾越的鸿沟。谢林通过斯宾诺莎的实体学说来弥补费希特知识学的不足,然而现在,斯宾诺莎的难题亦出现在谢林的面前:这就是无差别的实体与有差别的世界之间的关系问题。从无差别的绝对同一性出发,我们很难说明这个无差别的绝对同一性如何产生出有差别的世界,也无法说明以主体和客体之差别为前提的认识活动如何能够把握这个绝对同一性。谢林认为,对于这个无差别的绝对同一性是不能用概念来认识和表述的,对此我们只能诉诸"理智直观"。然而理智直观乃是纯粹内在的,它缺少客观实在性,所以这个理智直观必须借助于美感直观或"艺术直观",因为只有在艺术直观中天才才能于物我两忘的境界中超越主体与客体的界限。实际上,当谢林设定那个超乎主体客体之上的绝对同一性的时候,这个难题就已潜伏其哲学之中了,而先验哲学的解决方式毕竟只是主观性的方式。

问题是,谢林始终不能放弃绝对的无差别性。他认为,一切事物的君父生活在永恒的安乐窝中,超乎任何斗争之外,他在自己的统一中平静而不能被触及,像在一个不可接近的城堡中一样。绝对既不是主体也不是客体,既非思维也非自然,而是两者的统一。这种统一高居于两者之上,其纯洁性绝不受有差别之物的沾染。这样一来,主客之间的差别状态就是在绝对同一体之外发生的。那么,绝对同一体如何是有差别的世界的本原性,有差别的世界如何由绝对中产生呢?由此可见,谢林克服了康德的主客二元论,却又陷入了同一与差别的二元论。

于是,谢林不得不求助于神秘的"启示"。他的晚期哲学表现为一种天启哲学或神话哲学,应该说是其哲学发展的必然结果。

我们曾经说过,谢林把上述早期思想称为"消极哲学",即便被黑格尔"剽窃"了也无所谓,因为哲学的归宿是他的"积极哲学"——宗教哲学。在谢林看来,历史是按照上帝的精神编写的一部史诗;它有两个主要部分,一部分是人类从自己的中心出发,到离开这个中心最远的地方去,另一部分则是从这个地方回归到人类的中心。像《荷马史诗》一样,前一部分仿佛是历史的伊利亚特,后一方面仿佛是历史的奥德赛……

在某种意义上说,无论康德、费希特还是谢林,最终都走向了信仰,而这也意味着康德的后继者们还没有真正超越康德。

20世纪有些哲学家将康德之后的德国哲学看做是一种倒退——从批判哲学倒退到了形而上学。的确,从康德、费希特、谢林到黑格尔,并不是康德哲学惟一的出路,但是不容否认的是,这毕竟也是一条出路。在某种意义上说,康德、费希特和谢林都试图解决形而上学的问题,他们都试图重建形而上学,然而却都没有能够从根本上解决问题。于是,实现使形而上学成为科学这个理想的艰巨任务,就落到了黑格尔的肩上。

**参考书目**

1. 费希特:《全部知识学的基础》,商务印书馆1986年。

2. 谢林:《先验唯心论体系》,商务印书馆1983年。

3. 黑格尔:《哲学史讲演录》,第四卷,商务印书馆1978年。

4. 古雷加:《德国古典哲学新论》,中国社会科学出版社1993年。

5. 梁志学:《费希特耶拿时期的思想体系》,中国社会科学出版社1995年。

6. 古雷加:《谢林传》,商务印书馆1990年。

**注 释**

〔1〕赖欣巴哈:《科学哲学的兴起》,第61页,商务印书馆,1983年。

〔2〕《马克思恩格斯全集》第一卷,第589页。

〔3〕费希特:《全部知识学的基础》,第10页,商务印书馆,1986年。

〔4〕《费希特著作选集》,第一卷,第508页,1990年。

〔5〕费希特:《全部知识学的基础》,第25页。

〔6〕转引自古雷加:《德国古典哲学新论》,第145页,中国社会科学出版社,1993年。

〔7〕费希特:《人的使命》,第70页,商务印书馆,1982年。

〔8〕《人的使命》,第76页。

〔9〕海德格尔:《谢林论人类自由的本质》,第4页,辽宁教育出版社,1999年。

〔10〕谢林:《先验唯心论体系》,第6页。

〔11〕《先验唯心论体系》,第253—254页。

〔12〕《先验唯心论体系》,第245页。

# 黑格尔的绝对唯心论

精神的探险旅行
实体即主体
世界的逻辑结构
哲学全书
辩证法

1806 年 10 月,正值德法耶拿大战,黑格尔携带着《精神现象学》手稿离开了耶拿。后来在给友人的信中,黑格尔写道:我见到了拿破仑这位"马背上的世界精神"。而此时此刻,黑格尔心中怀抱的远大理想则是成为哲学中的"绝对精神"。

黑格尔(Georg Wilhelm Friedrich Hegel)1770 年生于斯图加特。上中学时,他爱不释手的是一本叫做《索菲游记》的市民小说,后来叔本华不无恶意地说,少年时我醉心的是古希腊的悲剧,而黑格尔却在读这样的书。确实,从黑格尔少年时代的情况看,谁也不会预料到这个陶醉于如此乏味小说的平庸少年后来竟然脱胎换骨,成了一位思想深刻的大哲学家。不过黑格尔的学习成绩的确很好,在中学里名列第一。1788 年毕业时,这届学生中有 4个人被送入图宾根神学院,黑格尔就是其中之一。在神学院中黑格尔与两个同学结下了诚挚的友谊,一个是与他同时进入神学院的荷尔德林,今天被人们看做是与席勒和歌德比肩的伟大诗人,一个是 1790 年入学的谢林,曾经在黑格尔还默默无闻之时就已经名扬天下,这两个人后来都对德国文化产生了深刻的影响。1789 年的法国大革命受到了德国进步势力的热烈欢呼,据说黑格尔曾经与朋友们一起模仿法国人种了一棵自由树。当然,后来他与大多数同情革命的德国人一样,并不赞成雅各宾派所实行的恐怖行动,但是他终身都没有改变对法国革命的肯定态度。

1793 年,黑格尔以优异成绩从神学院毕业,已经具备了相当的哲学素养。后来人们根据他的毕业文凭认为黑格尔当时在哲学上"毫无成效",其实是一种误解。原来他的毕业文凭上写的是"在哲学上十分努力",由于字迹不清,拉丁语的"十分(multam)"被看成了"毫无(nullam)"。毕业后黑格尔没有成为神职人员,而是像他的前辈康德和费希特一样,做了家庭教师。经过了一段时间的徘徊与迷茫,黑格尔终于超越了启蒙主义彻底否定现实的片面性,以辩证法的思想使理想与现实达成了"和解"。1801 年黑格尔通过论文答辩,成为耶拿大学哲学系的编外讲师。此后不久,黑格尔与著名诗人歌德建立了通信联系,从此两人的友谊一直保持到终身。歌德对黑格尔厚爱有加,热情关怀着他的成长,黑格尔则始终对歌德恭敬备至,甚至在他功成名就之时仍然称自己是歌德精神的儿子。[1]

黑格尔从 1805 年着手写作《精神现象学》,发誓要"让哲学说德语"[2]。在哲学家中,他的经历算是比较复杂的:办过报纸,当过中学校长。1807年,黑格尔迁居班贝格,任日报编辑,同年他的第一部成熟的哲学著作《精神现象学》出版,1808 年 11 月成为纽伦堡文科中学校长。1816 年黑格尔迁居海德尔贝格,任海德尔贝格大学哲学系教授,此后从 1818 年开始任柏林大学哲学系教授,1827 年主编《科学评论年鉴》,以他为中心形成了黑格尔学派。柏林时期是黑格尔事业的鼎盛时期,他在 1829 年当选为柏林大学校长,1831 年因病逝世。

黑格尔与当时的普鲁士专制政府之间的关系经常是人们批评黑格尔思想保守的一个口实,人们指责他为专制制度辩护。这样批评黑格尔的人如果不是不了解他所处的那个时代,不了解他在教学和著述方面所受到的限制,就是没有真正理解黑格尔哲学。1821 年的某一天,黑格尔家中聚集着许多客人,他吩咐给每个人都斟上一杯酒。客人们感到很奇怪:今天不是节日,也不是哪个国王王妃的生日。黑格尔举杯一笑说:今天是 7 月 14 日,客人会心地一饮而尽。这就是说,即使是在普鲁士专制统治最黑暗的时候,黑格尔每年都要为攻占巴士底狱举杯庆祝一番,他对法国大革命的态度由此可见一斑。[3]

黑格尔生前正式出版的哲学著作有 4 部,这就是:《精神现象学》、《逻辑学》、《哲学全书》和《法哲学原理》。其中《哲学全书》与《法哲学原理》都是教学纲要，因而黑格尔真正意义上的哲学著作就是《精神现象学》和《逻辑学》这两部书。为了区别起见，人们一般将《逻辑学》一书称为《大逻辑》，而将《哲学全书》中的"逻辑学"部分称为《小逻辑》。黑格尔去世之后，他的友人和学生编辑出版了《黑格尔全集》，其中包括根据学生们的听课笔记整理而成的一系列讲演录，有《历史哲学讲演录》、《美学讲演录》、《宗教哲学讲演录》和《哲学史讲演录》等。实际上，黑格尔哲学的影响与其说是通过他那些晦涩的哲学著作，不如说是通过他卓有成效的教学活动展开的。

黑格尔生活的时代正是世界历史发生着波澜壮阔的激烈变革的时代。歌德曾经在一次谈话中这样说道："我所以得天独厚，是因为我出生在世界大事纷至沓来、方兴未艾的年代。"[4]黑格尔虽然比歌德小 21 岁，但是歌德所经历的重大事件他大部分都经历了：1776 年北美独立战争、1789 年法国大革命、拿破仑席卷欧洲以及他的失败等等。后来在《法哲学原理》中黑格尔深有感触地写到："哲学的任务在于理解**存在的**东西，因为**存在的**东西就是理性。就个人来说，每个人都是他那时代的产儿。哲学也是一样，它是**被把握在思想中的它的时代**。"[5]黑格尔是时代的产儿，他有幸生活在一个激动人心的年代，并且用他的思辨语言把握并表现了他那个时代的精神。

不过，与康德哲学相比，黑格尔哲学的历史命运可称得上是坎坷曲折了。在世之时，黑格尔的事业如日中天，在哲学界几乎取得了一统天下的地位，但是他去世后不久，黑格尔学派就解体了。不仅如此，由于现代西方哲学扭转了哲学的方向，坚决与古典哲学划清界限，对形而上学采取了彻底批判的态度，因而黑格尔作为形而上学最大最典型的代表人物，理所当然地成了形而上学的"替罪羊"。他的哲学一而再再而三地受到人们的批判，甚至可以说几乎现代西方哲学的所有流派无一不是从反黑格尔哲学而起家的，虽然在许多流派中都可以找到黑格尔的影子。直到 20 世纪 30 年代以后，黑格尔哲学才慢慢地重新引起人们的重视。然而，重新理解黑格尔，还其哲学以本来的面目，仍然是一项艰巨的工作。因为黑格尔哲学一向以晦涩难解著，它的辩证性和丰富深邃的内容给人们的理解留下了极其广阔的自由空间，以至于研究黑格尔哲学的人们不得不承认，谁若想理解黑格尔，只能靠他自己。甚至有人宣称，有多少研究黑格尔的人，就有多少个黑格尔。

理解黑格尔的难处在于其哲学是一个前无古人后无来者的庞大体系，他几乎把当时人类理性所涉及的全部领域都纳入到其哲学体系之中，而其深刻的辩证性亦使人们很难确切地把握他的思想。有人说黑格尔哲学"前无古人"比较好理解,说它"后无来者"似乎就有点儿过分了。其实不然。黑格尔之后,人们再也不可能像他那样将人类所有的知识统统纳入一个哲学体系之中了,更重要的是,哲学家们也不再把构建包罗万象的形而上学体系看做是哲学的工作了。不仅如此,黑格尔哲学的辩证性使得人们对它的理解必须采取"倒退"的方式,即从后向前地理解,用黑格尔的话说就是"在后的阶段是在前阶段的真理"。而黑格尔哲学体系的任何一个环节或片断都像"全息元"一样,它们中的每一个都贯彻或体现着其哲学的所有基本原则和方法,这就向所有试图理解黑格尔哲学的人提出了挑战。

但是也正因为如此,黑格尔哲学对于任何深入于其中的人始终保持着迷人的魅力。

黑格尔的理想是使形而上学成为科学,而这意味着他首先必须接受康德的挑战。

# 一 精神的探险旅行

黑格尔晚年时曾经将《精神现象学》称之为他的"探险旅行",实际上他要再现的亦是人类精神的"探险旅行"。在它之中,包含着黑格尔哲学的起源和基础。马克思在《1844年经济学—哲学手稿》中曾经把《精神现象学》看做是"黑格尔哲学的真正诞生地和秘密"[6]。的确如此。《精神现象学》不仅第一次提出了黑格尔哲学的基本原则,体现了黑格尔特有的辩证法,展示了黑格尔哲学的体系雏形,而且揭示了黑格尔哲学的起源,因而是我们理解黑格尔哲学的入门书,破解黑格尔哲学的秘密的一把钥匙。一句话,理解黑格尔哲学,应该从《精神现象学》开始。

《精神现象学》是西方哲学史上最为晦涩难解的哲学著作之一,也是一本前所未有的奇书。就通常的理解而言,这部标志着黑格尔哲学成熟的著作是很难归类的。黑格尔以恢弘的气势将从古至今的人类历史、思想史、文化史统统纳入了他的视野之中,把哲学、伦理学、心理学、文学、美学、宗教、政治、经济等等熔为一炉,再现了人类精神的发展过程,以其强烈的历史感和深邃的辩证法来解决哲学所面对的难题。当然,黑格尔在此所尝试的思辨方法也向所有试图理解它的人们的理解力提出了挑战。在这部著作中,黑格尔希望超越因为固执于有限的规定而无法把握事物之活生生的内在生命的"知性思维",他千方百计地试图突破确定性的界限,在肯定性中看到否定的因素,从否定性中发现肯定的环节,而且使用了大量的隐喻来表达他的思想。结果就使许多阅读这部著作的人很难把握究竟什么是黑格尔反对的以及什么是他赞同的，所有这一切只有到了最后的关头才真相大白。

据说歌德只看了《精神现象学》的前几页就弃之不读了，他读到的是："花朵开放的时候花蕾消逝，人们会说花蕾是被花朵否定了的；同样地，当结果的时候花朵又被解释为植物的一种虚假的存在形式，而果实是作为植物的真实形式出现而代替花朵的。这些形式不但彼此不同，并且互相排斥互不相容"。这明显与歌德的朴素辩证的有机生命观相左。于是歌德把《精神现象学》扔在一边儿，再也没有读这本书。然而，实际上只要他翻过这页来就会发现有一个"但是"——"但是，它们的流动性却使它们同时成为有机统一体的环节，它们在有机统一体中不但不互相抵触，而且彼此都同样是必要的；而正是这种同样的必要性才构成整体的生命"。显然，黑格尔的主张其实与歌德是一致的。[7]

由此可见，读黑格尔的书，至少要有耐心才行。

在某种意义上说，黑格尔哲学所面临的问题就是康德哲学的问题。

作为德国古典哲学的开创者和奠基人，康德以其批判哲学将事物划分为现象和物自体两个方面，一方面证明了科学知识的普遍必然性，另一方面亦通过限制知识而为自由、道德和形而上学保留了一片天地，确立了理性和自由这一德国古典哲学的基本原则。然而，由于其哲学特有的二元论使康德始终无法建立一个完满的哲学体系，这就给他的后继者们提出了一个亟待解决的难题。实际上，康德的后继者们所关注的并不是体现着自然必然性的理论理性，而是体现着自由的实践理性，甚至在某种程度上说，他们的思想都是从实践理性出发的。青年谢林在给黑格尔的一封信中说，"朝霞伴随着康德升起"，"自由贯彻全部哲学而始终"。[8]青年黑格尔亦从康德的实践理性中看到了人的自由、价值和尊严，他认为"人类自身像这样地被尊重就是时代的最好标志，它证明压迫者和人间上帝们头上的灵光消失了"，并且把理性和自由看做是永恒的口号。[9]当然，尽管费希特、谢林和黑格尔无不对康德表示由衷的敬意，但是他们也都意识到康德哲学是不彻底的，如果要想将哲学推向前进，那就必须超越康德。然而康德之后，费希特和谢林虽然都试图克服康德的自在之物，但是并不成功。费希特的知识学实际上是绕过了自在之物，由于谢林无法解决"绝对"的认识问题，因而也没有完成这个任务。当费希特面对知识学的基础问题时，他只好诉诸信仰，当谢林面对绝对的认识问题时，他也只好诉诸神秘性的理智直观和艺术直观。现在，黑格尔着手来解决这个难题。实际上，从《精神现象学》的"导言"中看，这本书就是回答康德的问题的。

按照黑格尔，康德要求对理性进行批判亦即分析是有道理的，问题在于这种批判是不彻底的。不错，在康德那里，理性固然经受了批判，可批判本身呢？批判作为理性的一种活动，是不是也应该受到批判？如果批判站在理性之外，批判是不是就变成了非批判的独断论？所以真正彻底的批判，应该是理性的自我批判。

问题是，理性的自我批判是如何可能的？

按照通常的观点，似乎理性的自我批判是无法进行的。知识的真理性就在于它与对象符合一致，但是由于我们只能认识意识范围之内的"为意识的对象"而不可能认识对象自身，亦即"自在的对象"，因而永远也无法超出自身之外去比较知识是否与意识之外的对象符合一致，康德就是因为这个难题退回到了主观性的立场。然而黑格尔却从知识与对象之间的差别看到了解决问题的可能性：由于在认识之中存在着知识与对象之间的差别，我们就完全有可能根据这一差别来考察知识。当我们发现知识与对象是不相符合的时候，通常我们就必须改变知识以符合对象，从而形成了新的知识。然而原来的知识毕竟是根据相应的对象而形成的，现在知识发生了改变，这就意味着对象也与知识不再相当了，它同样需要改变自己以适应新的知识。因此，认识不仅是改变知识的过程，同样也是改变对象的过程，在认识活动中，不仅出现了新的知识，而且也出现了新的对象。这就是说，原来在认识中未被我们意识到的对象现在成为了为意识的对象，而对象的改变就意味着原来被意识以为是"自在的对象"的对象，现在变成了为意识的对象：

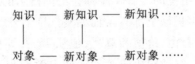

以认识的最初阶段——"感性确定性"——为例。

"感性确定性"属于直接性的认识，不过它仍然可以区别为感性的对象和"意谓"这两个方面。感性认识的对象是"这一个"个别的具体事物。认识以对象为真理，因而它要求在对象中确证"这一个"。"这一个"可以分为"这时"和"这里"，也就是时间和空间。当意识企图在对象中找到真理的时候，它却发现，无论这时还是这里都是消逝着的："这时是上午"，一转眼，这时就变成了中午；同样，"这里有一棵树"，一转身，这里就变成了一块石头。于是意识发现，"这一个"的内容处于变化之中，惟一不变的是"这一个"本身，因而它不是个别性的东西,而是一个共相。当意识在对象中找不到真理的时候,它只好转向了自身,在"意谓"中寻求真理。然而它最终发现,"意谓"的内容同样是变化着的,惟一不变的是"意谓"本身,因而"意谓"也是一个共相。于是以"这一个"个别事物为其对象的感性认识就走向了以共相为对象的知性。

因此,认识活动本身实际上是理性自己考察自己、自己改变自己的发展过程。黑格尔后来在《小逻辑》中说道:"考察思维形式已经是一种认识历程了。所以,我们必须在认识的过程中将思维形式的活动和对于思维形式的批判,结合在一起。我们必须对于思维形式的本质及其整个的发展加以考察。思维形式既是研究的对象,同时又是对象自身的活动。因此可以说,这乃是思维形式考察思维形式自身,故必须由其自身去规定其自身的限度,并揭示其自身的缺陷。这种思想活动便叫做思想的'矛盾发展'(Dialektik)"[10]。

由此可见,黑格尔扬弃康德的自在之物的关键在于他把认识看做是一个由知识与对象之间的差别和矛盾推动的发展过程。康德对理性认识能力的批判基本上是一种静态的结构分析,而黑格尔则意识到认识是一个由于其内在的矛盾而运动发展的过程。如果认识是一个过程,那么我们就得承认,认识不是一成不变的,而认识的发展变化则表明知识是处于变化更新的过程之中的,不仅如此,对象也一样处于变化更新的过程之中。

黑格尔不仅试图以辩证法来解决认识论的问题,而且使认识论上升到了本体论的高度。在他看来,知识与对象之间的不一致不仅是主观性自身内部的问题,同样也是本体论的问题。因为在我们的认识中发生的知识与对象之间的矛盾,表明这个世界本身还处于不统一不和谐的状态,于是认识的辩证运动就获得了本体论的意义:当认识扬弃了自在之物而达到了自身统一的时候,通过它的活动亦使世界本身达到了和谐和统一。黑格尔的《精神现象学》所展示的就是这个过程,它通过人类精神认识绝对的过程,表现了绝对自身通过人类精神而成为现实,成为"绝对精神"的过程。换句话说,人类精神的认识活动归根结底乃是绝对精神的自我运动,因为人类精神就是绝对精神的代言人,它履行的是绝对精神交付给它的任务。对黑格尔来说,人类精神这个艰苦漫长的"探险旅行"既是精神的"伊利亚特",也是精神的"奥德赛":它不仅是人类精神远赴他乡,寻求关于绝对的知识的征程,同时亦是精神回归其自身,认识自己的还乡归途。因为人类精神认识绝对的过程就是绝对自己成为绝对精神的过程,所以人作为精神性的存在并不在绝对之外,不如说它就是绝对精神的代言人,因而当它认识了绝对之时,也就回到了自身之内。从这个意义上说,《精神现象学》也就是对于"绝对即精神"的认识论证明。如果有谁无法理解黑格尔的绝对精神究竟从何而来,究竟是什么,只要他读了这本书就会真相大白了。

黑格尔通过《精神现象学》确立了其哲学的基本原则,这就是"实体即主体"。

## 二 实体即主体

《精神现象学》有两个序言,一个叫做"序言",一个叫做"导论",考虑到黑格尔一向轻视序言,认为任何预先的说明都无关紧要,真理在于过程,在于全体,所以总让人感到有些不同寻常。似乎只有一个合理的解释:对黑格尔来说一个序言有些不够用。

的确如此。

《精神现象学》的"导论"表明这本书的目的是解决康德问题的,但是由于它涵盖了太多的内容,加上黑格尔特有的辩证法,而且只有到最后我们才能理解和把握真理,黑格尔禁不住为人们的耐心担忧,也担心人们可能难以理解他的晦涩的思想。于是,黑格尔在完成了这部伟大的著作之后,又为它写了一篇"序言",以便为人们理解这部书提供帮助。应该说,黑格尔的忧虑不是没有理由的,歌德只翻了几页就弃之不读,就很说明问题。

在某种意义上说,《精神现象学》的"序言"不仅是这部著作的序言,而且是整个黑格尔哲学的序言。黑格尔在序言中说道:"照我看来,——我的这种看法的正确性只能由体系的陈述本身来予以证明———一切问题的关键在于:不仅把真实的东西或真理理解和表述为**实体**,而且同样理解和表述为**主体**。"[11]这就是黑格尔著名的"实体即主体"的基本原则。

第一个提出实体即主体的思想的并不是黑格尔,而是亚里士多德。亚里士多德在《范畴篇》中曾经从逻辑判断的角度为实体下了一个最基本的规定:"实体,在最严格、最原始、最根本的意义上说,是既不述说一个主体,也不存在于一个主体之中"[12]。在这里,"主体"即"主词",因而他的意思是说,所谓实体(ousia)就是只能充当命题判断中的主词而不能充当宾词的东西。当然,当黑格尔宣称"实体即主体"的时候,无论实体还是主体的概念都发生了深刻的演变。主体已经不仅仅是判断中的主词,而是更多地被用于人类理性。近代哲学试图在主体与客体存在着差别的基础上来谋求两者的同一性,这就注定了它是无法从根本上解决问题的。现在黑格尔提出这个原则,其目的就是在近代哲学主体性的基础上重新回到亚里士多德,将近代哲学的主观性原则与古代哲学的客观性原则融为一体。因此与亚里士多德相比,黑格尔考虑更多的是实体本身的能动性。所谓"实体即主体"的主要含义是,实体不仅是客观的,而且其自身就是能动的,这样的实体就是"活的实体"。

近代哲学所理解的实体主要是客观性原则,其中缺少能动性的因素,例如斯宾诺莎的实体就缺少自我意识的原则,这就使它难以解释实体与世界之间的关系问题。康德和费希特倒是发扬了主体的能动性原则,然而由于他们坚持思维就是思维,因而始终无法扬弃外部世界的坚硬的现实。谢林第一个要求超越思维与存在之间的对立,但是其哲学赖以为基础和出发点的"绝对"由于超越于一切差别和矛盾之外,所以他又陷入了无差别的绝对与有差别的世界之间的矛盾而不能自拔。与他们相比,黑格尔则主张"实体即主体",因而实体并非无差别的同一性,而是在其自身内部就蕴含着否定性和矛盾:由于实体自身就具有能动性,所以它自己否定自己而成为发展出来的现实。因此,只有当我们把实体同时也理解为主体,理解为自己展开自己的运动的时候,才能说明它的现实性,而实体作为主体的能动性就表现在它自身之中就包含着纯粹的否定性,因而它是单一的东西自己否定自己从而分裂为二,将自己树立为对立面,然后扬弃自身中的矛盾和对立,重建自身统一性的过程。由于实体就是主体,其自身就具有能动性,因而实体的运动过程乃是它的自我运动,世界就是它的外化和展开。于是实体的运动就成了以终点为目的的自己展开自己、自己完成自己的"圆圈",而且只有当实体真正成为主体,从潜在展开自身并且重建自身同一性的时候,它才是现实的。

因此,单纯的实体还只是潜在的因素,当它展开自身而外化为世界时,也仍然不是真正的现实,只有当实体展开为世界并且扬弃一切差别重建自身的同一性的时候,它才是真正的现实,而这个重建自身同一性的工作就是通过人类精神对于绝对的认识活动来实现的。换言之,绝对通过它的代言人——人类精神而自己认识自己,最终成为绝对精神。

近代哲学从笛卡尔开始就是在思维是思维,存在是存在的二元论框架下思考两者的同一性问题的,黑格尔则试图将思维与存在熔为一炉。在他看来,宇宙万物是"同一个"东西的自我运动、自我发展、自我完成的过程,所谓思维与存在、本质与现象并不是两个东西。他把宇宙统一的根据或者本质称为"绝对",宇宙不过是"绝对"的"外化",其目的是通过"外化"的方式展开自身,最终通过人类精神的认识活动达到自我意识,而且只有达到了自我意识的"绝对"才是真正的现实。所以在黑格尔哲学之中,"绝对"与"绝对精神"是有区别的:前者是潜在的,后者则是现实的。当马克思说《精神现象学》是黑格尔哲学的诞生地和秘密的时候,这不仅意味着《精神现象学》第一次公布了其哲学的基本原则和体系的雏形,而且意味着它揭示了绝对精神的秘密:绝对精神其实就是人类精神的绝对化和本体化。在此,黑格尔把康德关于知性为自然立法的思想推到了极端:不是知性为一切可能经验的自然立法,实际上自然法则根本上就是精神的法则,因为"实体即主体","绝对即精神"。黑格尔就是这样以辩证的客观唯心主义的方式来解决近代哲学的问题。

于是,黑格尔试图在全新的基础上来解决思维与存在的同一性问题。对他来说,思维与存在的同一性问题不仅是一个认识论问题,而且首先是一个本体论问题。所以黑格尔从实体即主体这一原则出发,将思维与存在之间的关系首先看做是事物与其自身之间的关系:思维是事物的本质,事物是思维的表现,而事物归根到底总要符合自己的本质,因此思维与存在在本体论上是同一的。其次,人类精神的认识活动是可以认识存在于事物中的思想的,因为我们的思想能够思想存在于事物中的客观思想。因而最后,本体论与认识论是统一的,人类精神履行的乃是绝对精神的工作。思维与存在的符合一致是一个过程,这个过程是通过人类精神对事物的认识来实现的。即是说,事物的本质虽然是思想,但是作为事物的本质的思想毕竟被限制在有限的事物之中,它虽然是思想但却还不具有思想的形式,这种尚未成为现实的思想只是潜在的。

比如说,当人类精神还不存在,或者说,还没有认识"树"的普遍本质的时候,树的普遍本质虽然也是存在的,但不是以普遍性的形式存在,而是被限制在一棵棵个别具体的树里。而当人类精神认识了树的本质,形成了树的概念的时候,树的本质便从个别具体的树里被"解放"了出来,具有了普遍性的形式,变成了现实。"自然界不能使它所蕴含的理性(Nous)得到意识,只有人才具有双重的性能,是一个能意识到普遍性的普遍者"[13],"哲学的最高目的,就在于确认思想和经验的一致,并达到自觉的理性与存在于尚未中的理性的和解,亦即达到理性与现实的和解。"[14]

由此,我们就理解了黑格尔为什么主张"凡是合乎理性的东西都是现实的,凡是现实的东西都是合乎理性的"[15]。因为按照他的观点,理性不仅仅是主观的理想性,而且是事物的本质,而事物归根结底要符合自己的本质,所以合乎理性的东西一定会成为现实。另一方面,并不是随便什么东西都可以被称为现实,只有真正合理的东西才能称为现实,因而一切现实的东西当然就是合理的。因此,对黑格尔来说,合理性 = 现实性,只不过从合理性到现实性是一个辩证运动的过程。其实,合理性与现实性之间的这一辩证的关系亦可看做是黑格尔哲学的主题,或者说,黑格尔哲学的全部内容就是围绕着合理性与现实性之间的辩证关系而展开的,其目的就是要达到合理性与现实性的"和解"。显然,人们将黑格尔这个命题看做是为当时的专制制度作论证,实在是对黑格尔的误解。这个命题的"革命性"昭然若揭,甚至用不着作深入解释的。

实际上,《精神现象学》所描述的就是"绝对"如何在人类精神的认识活动中成为"绝对精神",亦即成为现实的,所以黑格尔把"实体即主体"诠释为"绝对即精神"。

《精神现象学》在黑格尔的哲学体系中处于非常微妙的地位。《精神现象学》第一版发表时在扉页上曾经标有"科学体系,第一部分"的字样,但是后来黑格尔形成了由逻辑学、自然哲学和精神哲学组成的《哲学全书》体系,《精神现象学》便沦落为哲学体系的"导言"了,其中的许多内容都被吸收到了"精神哲学"之中。当然,无论黑格尔自己如何改变了看法,我们都不应该忽视《精神现象学》的重要地位。青年黑格尔派的著名代表之一大卫·弗里德里希·施特劳斯认为,"人们可以恰当地称《精神现象学》为黑格尔著作的全部。黑格尔在这里第一次驾着自己的船离开港口远航,周游世界,尽管这是一种奥德赛式的航行;而他随后的远征,虽然有着更好的引导,却好像局限在内陆海之内。所有黑格尔后来的著作和讲演,诸如他的《逻辑学》、《法哲学原理》、宗教哲学、美学、哲学史和历史哲学,都只是出自《精神现象学》的部分,而《精神现象学》的丰富性,即使在《哲学全书》中也保存得并不完全,而且无论怎么看也是一种干缩的状态。在《精神现象学》中,黑格尔的天才处于巅峰。"[16]施特劳斯的话虽然有点儿过分,但亦并非无稽之谈。

总之,《精神现象学》完成了人类精神"从现象到本质"的认识过程,现在黑格尔可以着手"从本质到现象",从精神现象学的成果回过头来重新理解我们的世界了。于是,黑格尔给我们留下了另一部奇书——《逻辑学》。

# 三　世界的逻辑结构

黑格尔在《逻辑学》第一版序言中指出，近 25 年以来——按时间推算应当是康德《纯粹理性批判》第二版出版以来，"那种被叫做形而上学的东西，可以说已经连根拔掉，从科学的行列里消失了"，"科学和常识这样携手协作，导致了形而上学的崩溃，于是便出现了一个很奇特的景象，即：**一个有文化的民族竟没有形而上学——就像一座庙，其他各方面都装饰得富丽堂皇，却没有至圣的神那样**"[17]。虽然康德批判形而上学的目的并不是为了彻底将形而上学从哲学中清除出去，而是为了重建形而上学，但是他和他的后继者们都没能最终解决这个难题。现在，历史的重任就落到了黑格尔的肩上。于是在《精神现象学》之后，黑格尔便着手写作《逻辑学》。

黑格尔的《逻辑学》与他的《精神现象学》一样是一部前无古人、独一无二的哲学著作，不过它所体现的是黑格尔完全不同的另一种风格。如果说《精神现象学》是一部才气喷涌、充满激情的作品，那么可以说《逻辑学》则是一部简洁明快、推理缜密的著作。在《精神现象学》中，不仅我们甚至黑格尔本人的思想航船都在辩证法之强力的推动下身不由己而一发不可收拾。而《逻辑学》在某种意义上则是远离激情的："学习这门科学，在这个阴影的王国中居留和工作，是远离感性直观和目的、远离感情、远离仅仅是意见的观念世界的。"[18]显然，不仅是因为《逻辑学》所处理的对象不同于《精神现象学》，而且此时的黑格尔对于辩证法的使用也已经得心应手、驾轻就熟了，他冷静地处理面前的对象，恰如其分而且有条不紊。

在黑格尔哲学中，"逻辑学"相当于传统形而上学或本体论的地位。表面看来，这与人们通常的观念大相径庭，然而实际上这一思想的确符合形而上学的内在精神。在近代哲学中，通常逻辑学，亦即形式逻辑所研究的只是单纯主观的思维形式，而古代哲学则不这样看。作为形而上学的创始人，亚里士多德将范畴看做是存在的存在方式，试图从范畴入手来解决存在问题，并且通过以实体(ousia)为中心的十个范畴确立了"存在之网"或世界的逻辑结构。后来经过中世纪哲学的改造乃至到了近代哲学那里，实体才从范畴体系中独立了出来，成了本体论所研究的最高对象。康德对亚里士多德的范畴体系作了调整，提出了四组十二个范畴作为知性为自然立法的根据，以将范畴主观化、内在化的方式，有条件地确立了世界的逻辑结构。现在黑格尔要做的工作就是恢复亚里士多德哲学的传统，重新赋予范畴以客观性的意义。

黑格尔的逻辑学不仅与本体论是同一的,而且与认识论、辩证法也是同一的。

逻辑学讨论的是思维规律和纯粹的思想规定,因而也可以说就是认识论。然而对黑格尔来说,所谓思维规律或者纯粹的思想规定都不仅仅是主观范围内的事情,它们同时亦是事物的客观规律和本质规定。另一方面,无论逻辑学还是认识论从根本上都是以辩证法为其基本形式的。所以,黑格尔与前人不同的地方是,他以独特的方式将所有的哲学部门熔为一炉。当然,熔为一炉归熔为一炉,叙述起来还是要有区别的。在《精神现象学》之后,黑格尔首先做的一项工作就是建立世界的逻辑结构,亦即对纯粹本质性的因素进行深入的研究,以期为哲学奠定基础。这些就构成了他的《逻辑学》的内容。

如果说逻辑学是本体论,它研究的是范畴的体系,那么这些范畴究竟是从何而来的?

答案就在《精神现象学》之中。当人类精神达到了"绝对知识"之后,整个认识过程便纯化成了范畴,《逻辑学》就以此作为它的对象。在黑格尔看来,人类精神对绝对的认识是一个艰苦漫长的过程,这个过程亦是一个由浅入深、从简单到复杂、从抽象到具体的过程,而哲学史恰恰就是这一过程的最高体现。在哲学史中,每个哲学体系都有它自己独特的哲学原则,它们都代表着人类精神认识绝对的一个阶段。因而看似相互对立、杂乱无章的哲学史实际上乃是一个哲学的发展过程。这就是说,只有一种哲学而没有许多种哲学,不同的哲学体系不过是这一种哲学在不同阶段上的表现,它们独特的哲学原则就凝结为范畴,构成了范畴体系上的诸多环节。所以黑格尔主张历史与逻辑是一致的,他所做的工作无非是将人类精神认识绝对的哲学史纯化为一个有着内在联系的、有机的范畴体系。不过,黑格尔的逻辑学虽然以纯思想规定为其研究的对象,然而他并不认为存在有脱离现实脱离具体内容的"纯粹思想"。正如他所说的,"逻辑的体系是**阴影的王国**,是单纯本质性的世界,摆脱了一切感性的具体性",[19]实际上他的逻辑学是从"一个方面"即本质的方面来展示真理。因而逻辑的理念还只是"幽灵"而不是活生生的灵魂,或者说,它还不是现实的真理。

如果说《精神现象学》是黑格尔哲学的导言,那么可以说《逻辑学》就是黑格尔哲学的基础。黑格尔的逻辑学既不同于形式逻辑,也不同于康德的先验逻辑:它所研究的既不是空洞的思维规律,也不是主体的先天认识形式,而是事物的纯粹的本质性因素——纯思想规定。因此,黑格尔的逻辑学与康德的先验逻辑一样都是具有认识论意义的逻辑,但是它同时亦消解了康德先验逻辑的单纯主观性和静态结构的局限性,因而不仅是一个动态的过程,而且具有本体论的意义。黑格尔说:"逻辑须要作为纯粹理性的体系,作为纯粹思维的王国来把握。**这个王国就是真理**,正如**真理本身是毫无蔽障,自在自为的那样**。人们可以说,这个内容就是**上帝的展示**,展示出永恒本质中的上帝在创造自然和一个有限的精神以前是怎样的。"[20] 根据这段话,人们完全有理由认为黑格尔哲学是极其荒谬的,似乎他主张绝对精神在外化为自然和人类精神之前,首先在某个地方进行着逻辑推演,然后才由这种纯粹的思想规定产生出自然和人类精神来。其实这是一种误解。作为一个唯心主义者,而且是有史以来最大的形而上学家,黑格尔所讲的"以前"并不是时间意义上的在先,而是逻辑意义上的在先。从时间上讲,黑格尔承认自然在人类精神之前就已经存在了。但是从逻辑上讲,就本质而言,精神则是真正在先的,因为它所体现的乃是决定世界之为世界、自然之为自然的本质和根据。当然,黑格尔把本质性的东西看做是精神性的存在归根到底是错误的。

逻辑学以纯思想规定为其研究的对象,也就是以范畴作为它的研究对象。当我们说范畴是具有本体意义的本质性因素的时候,这并不意味着范畴是什么高不可攀的神秘的东西,其实它就存在于我们的思想和语言之中。黑格尔说:"思维形式首先表现和记载在人的语言里。人兽之别就由于思想,这句话在今天仍须常常记住。语言渗透了成为人的内在的东西,渗透了成为一般观念的东西,即渗透了人使其成为自己的一切;而人用以造成语言和在语言中所表现的东西,无论较为隐蔽、较为混杂或已经很明显,总包含着一个范畴;范畴的东西对人是那么自然,或者不如说它就是人的特有本性自身。"[21] 所以,哲学不需要特殊的术语。然而这并不是说逻辑学是一项十分容易的工作,其困难之处乃在于如何使"熟知"纯化为"真知",亦即将人们日常使用的语言纯化为哲学的概念。

所以在某种意义上说,黑格尔的逻辑学是一项前所未有的崭新的事业。他一方面要总结人类精神对于绝对的认识史——这已经由他的精神现象学完成了,一方面要把人们的日常语言纯化为崭新概念,另一方面还要改造传统的逻辑学,使概念"流动"起来,使"逻辑的枯骨"通过精神成为有血有肉的实在。通过黑格尔的努力,他终于将亚里士多德的形而上学观念付诸实现,为世界确立了一个十分完善的逻辑结构。

黑格尔的《逻辑学》(大逻辑)分为"客观逻辑"和"主观逻辑"两大部分，其中"客观逻辑"分为"存在论"和"本质论"，"主观逻辑"是"概念论"。《哲学全书》中的逻辑学部分(小逻辑)则没有区分"客观逻辑"和"主观逻辑"，而是直接划分为"存在论"、"本质论"和"概念论"。

按照黑格尔的观点，"客观逻辑"部分地与康德的先验逻辑相一致，而更重要的是它取代了传统的形而上学或本体论的位置。康德的先验逻辑本身就是"内在形而上学"，因为它有条件地以范畴体系确立了世界的逻辑结构，而黑格尔所要做的就是在此基础之上重新恢复形而上学的客观性原则。"主观逻辑"所讨论的是传统的形式逻辑的内容，当然经过了黑格尔的改造。不仅如此，这一部分甚至处于逻辑学的最高阶段，因为在黑格尔看来，"概念"乃是"存在"和"本质"的真理。显然，黑格尔的逻辑学仍然给形式逻辑留有一席之地，那种认为辩证逻辑排斥形式逻辑的看法是错误的。黑格尔其实并不否认形式逻辑在认识中的作用，他只是认为形式逻辑是有局限的，仅仅停留在此，不可能把握事物活生生的生命。

黑格尔逻辑学的具体内容划分为三编：

第一编"存在论"研究的是直接性的认识阶段，在这一部分中范畴推演的特点是"过渡"，亦即从一个直接性的东西过渡到另一个直接性的东西。在这个阶段，概念还处在"自在的"或潜在的阶段，其内容是尚未展开的。"存在论"包括"规定性(质)"、"大小(量)"和"尺度"三个阶段，它以"存在"范畴作为开端，从一个范畴过渡到另一个范畴，最后扬弃了自身的直接性而进入到了间接性的领域，由此而过渡到了"本质论"的领域。

第二编"本质论"研究的是间接性的认识阶段，在这一部分中范畴推演的特点是"反思"，亦即成双成对的概念既相互对立又相互映现自身，这是"自为的"或处于展开过程中的阶段。"本质论"包括"作为反思自身的本质"、"现象"和"现实"三大阶段，反思概念以在他物中映现自身的方式展开自身，最终扬弃了直接性与间接性之间的矛盾，成为一个统一的概念的诸多环节，从而进入了"概念论"的领域。

第三编"概念论"研究的是直接性与间接性的统一、自在与自为的统一，相互对立的概念现在消融为一个概念，在这一部分中范畴推演的特点是"发展"，这是逻辑学的最后也是最高的阶段。"概念论"包括"主观性"、"客观性"和"理念"三大阶段，黑格尔在此讨论了概念、判断和推理，机械性、化学性和目的性以及生命、认识的理念和绝对理念，最终扬弃了一切差别和对立，将所有的范畴融合为一个有机的整体，这个整体就是"绝对理念"。

黑格尔在正式进入逻辑学的内容之前,首先说明了科学为什么以"存在"作为开端的理由。其实无论黑格尔提出了怎样充分的理由,只要想到"存在"乃是形而上学最基本的对象,而他的逻辑学就是形而上学或本体论,我们实在想象不出除了"存在"而外逻辑学还会有别的什么开端。在黑格尔看来,他的逻辑学所确立的范畴体系并不是他自己的独创,而是对哲学史这个关于绝对的认识史的概括和总结,所以他的工作就是以所有哲学的基本原则亦即范畴为"原料"形成一个统一的逻辑系统,而所有这些范畴作为"绝对"的诸多环节都被安排在恰当的位置之上,由此而形成的即是一个完整的"绝对"。当然,这里所说的"绝对"还不是现实的绝对精神而只是绝对精神的"骨架"或结构,只有到了"精神哲学"之中绝对精神才真正成为现实,所以黑格尔称之为"绝对理念"。不仅如此,由于人类精神对于"绝对"的认识就是"绝对"对其自身的自我认识,因而"绝对"的范畴体系实际上并不是我们推演的结果,而是它自己扬弃自己、自己推演自己的自我运动。众所周知,黑格尔逻辑学中的范畴推演不乏牵强附会之处,不过从总体上看的确具有极其严整的逻辑必然性。只要我们从它的第一个范畴"存在"开始进入这个逻辑系统,立刻就会身不由己地溶入于其中,感受到辩证法那种不可抗拒的强大力量。

黑格尔哲学是西方哲学史上公认最富于内在逻辑性、形式上最完善的哲学体系,他的逻辑学尤其如此。然而黑格尔自己并不认为他的逻辑学已经完善了。在他看来,这是一项新的事业,因而需要长时间的研究探讨。黑格尔不仅曾经在课堂上反复尝试过不同的范畴推演方式,而且在临去世之前还在修改《逻辑学》。在去世前一个星期,1831 年 11 月 7 日,黑格尔在《逻辑学》第二版序言中写道,想到柏拉图曾经七次修改《国家篇》,一部现代包含着深刻内容的哲学著作就应该修改七十七次才对。由此可见,黑格尔始终没有停止对其哲学体系的探索。

# 四　哲学全书

通常我们所理解的黑格尔哲学体系就是《哲学全书》的体系。黑格尔对于哲学体系的思考由来已久,因为这乃是康德、费希特和谢林试图解决而没能最终解决的难题。在他看来,哲学是科学,而惟有当它是一个体系的时候才真正称得上是科学。所以在黑格尔出版发表了《精神现象学》和《逻辑学》之后,如何将哲学建构成一个科学的体系就成了摆在他面前亟待解决的问题。现在黑格尔有了一个机会,虽然有点儿仓促——他在大学讲授哲学需要一个教学纲要。

1816年当黑格尔在海德尔贝格大学准备讲课的时候,他面临着教学纲要的问题。康德黑格尔所处的时代,德国在大学教育中十分注重教学纲要的作用。1778年10月16日,当时的国务大臣瑞特立芝在一份布告中说:"最差的纲要肯定也要比没有好,如果教授们博学多才的话,他们尽可以批评纲要的作者;但是口授笔录式的讲课必须废除。"[22]当年康德就曾经利用了迈耶、鲍姆嘉登的纲要,然而黑格尔却不想这么做,他希望使用自己编写的教学纲要。于是他一边以口授的方式讲课,一边着手编写新的教学纲要,这就是《哲学全书》。在1817年这部教学纲要出版之时,黑格尔写道:"为了适应我的哲学讲演的听众对一种教本的需要起见,我愿意让这个对于哲学全部轮廓的提纲,比我原来所预计的更早一些出版问世。"[23]与此同时,黑格尔强调说,由于该书采取的是纲要形式,因而它不仅未能依照理念的内容予以详尽发挥,而且它的系统推演的发挥也是特别浓缩的。所以作为纲要,《哲学全书》一方面是对哲学体系之轮廓的概括,另一方面亦表明其内容的发挥还有待于口头的讲授。《哲学全书》于1817年出版了第一版,1827年出了第二版,内容比第一版增加了一倍,1830年第三板问世,虽然篇幅增加不多,但文字的改动数以千计。显然,黑格尔在此下了很大的功夫。

黑格尔敢于编写而且能够出版自己的教材,这说明了其哲学在当时的影响和地位。

我们通常所说的黑格尔的哲学体系就是这个《哲学全书》的体系。就此而论,我们既不应该因为它只是纲要而忽视其意义,同时也不应该认为《哲学全书》的体系就是黑格尔定了型的哲学体系。显然,比较这本书的不同版本我们就会发现,黑格尔哲学体系的框架大致如此,而内容和细节则始终处于变化之中。

《哲学全书》分为三大部分:"逻辑学"、"自然哲学"和"精神哲学"。"逻辑学"是研究理念的自在自为的科学,它讨论的是纯粹的本质性因素,亦即纯思想规定或范畴;"自然哲学"是研究理念的异在或外在化的科学,它讨论的是理念外化自身而成为自然亦即理念的外在表现;"精神哲学"研究的是理念由它的异在返回它自身的科学,它讨论的是通过人类精神理念重新获得自己的形式,从而成为真正的现实的过程。

《哲学全书》中的"逻辑学"部分(小逻辑)基本上是《逻辑学》一书(大逻辑)的概要,虽然它们在形式、内容和细节等方面有许多差异,我们就不作更多的介绍了,需要说明的是从"逻辑学"到"自然哲学"的过渡。从本体论上说,当逻辑理念在"概念论"中达到了"绝对理念",亦即自在自为的真理之时,"按照它同它自己的**统一性**来看,就是**直观**,而直观着的理念就是**自然**。"[24]这就是说,"绝对理念"扬弃了一切差别和矛盾而实现了自身统一性,这个直接的统一性就是一个简单的事实,一个消解了所有间接性的现成的东西,这个东西就是"自然"。从宇宙论上看,这个达到了自身统一性的直接性(直观)的理念由于返回自身而享有绝对的自由,因而它便自由地决定将自身中的特殊规定和诸环节"释放"出来,将其自身作为它自己的反映,自由地外化为自然。换言之,现在"存在"在这里成了"存在着的理念",而存在着的理念也就是"自然"。显然,从逻辑理念到自然的过渡具有某种神秘主义的色彩,不过这里的"过渡"不应该理解为时间意义上的过程,而应该看做是逻辑上的关系:逻辑理念是自然的本质性因素,自然乃是逻辑理念的外化和表现。

与近代哲学机械论的自然观不同,德国古典哲学的自然观将自然看做是一个有机的整体,以渗透于自然之中的内在的精神活动来解释自然的运动,将自然理解为历史性的运动发展的过程。这种思辨的自然哲学经过谢林的发扬光大,在当时的科学家们中间引起了热烈的反响,他们在谢林的自然哲学中发现了一种不同于以往的理解和说明自然的新的方式。与谢林相比,黑格尔的自然哲学显然更系统更完善,但是当他建立自己的自然哲学的时候,由于思辨的自然哲学已经为科学家们所厌倦,所以其影响反而没有谢林大。

在黑格尔看来,"自然界是自我异化的精神。精神在自然界里一味**开怀嬉戏**,是一位放荡不羁的酒神。在自然界里隐藏着概念的统一性"[25]。"绝对"外化它自己而成为自然,自然不过是"绝对"的表现。然而也正是因为如此,"绝对"还不是现实的它自己,"绝对"还不是绝对精神。因此,黑格尔给自然哲学提出的课题是"扬弃自然和精神的分离,使精神能够认识自己在自然内的本质"[26]。他把考察自然的方式规定为"概念的认识活动",它是理论态度与实践态度的统一,其目的是把握事物的内在本质。在这种认识活动之中,我们强迫像希腊神话中那位千变万化的海神"普罗丢斯"一样的自然界停止它的变化,在我们面前显现和说明自身。《自然哲学》以从自然向精神的过渡作为它的终点。自然发展到了这样的阶段,它在有生命的东西中得到了完成。因此,"精神是在自然界中发展出来的。自然界的目标就是自己毁灭自己,并打破自己的直接的东西与感性的东西的外壳,像芬尼克斯那样焚毁自己,以便作为精神从这种得到更新的外在性中涌现出来。"[27]因此,精神与自然之间的关系是,两者在根本上是统一的:精神是自然的本质,自然是精神的异化或表现。所以精神既可以说在自然之后,也可以说在自然之前:精神是从自然界中发展出来的,因而自然在时间上是在先的;然而就精神是自然的本质,精神是自然的真理性和最终目的,是理念的真正现实而论,精神则是真正在先的。"自然并不是一个固定的自身完成之物,可以离开精神而独立存在,反之,惟有在精神里自然才达到它的目的和真理。同样,精神这一方面也并不仅是一超出自然的抽象之物,反之,精神惟有扬弃并包括自然于其内,方可成为真正的精神,方可证实其为精神。"[28]于是,我们就从自然哲学进展到了精神哲学。

黑格尔的"精神哲学"与他的《精神现象学》之间的关系是十分微妙的。由于它们讨论的都是人类精神认识绝对的过程,因而在内容上多有重复。当黑格尔的哲学全书体系建立起来的时候,他似乎有点儿后悔在《精神现象学》中过于详细地描述了本应该在"精神哲学"中阐述的内容,所以他放弃了《精神现象学》是"科学体系的第一部分"的说法,仅仅把它看做是其哲学的"导言",甚至成了"精神哲学"中的一个环节。实际上,《精神现象学》与"精神哲学"各有千秋:前者是黑格尔尚未确立其哲学体系之时写作的著作,因而阐述充分、比较生动而且很少刀斧之痕;后者作为体系成熟时的"纲要"中的一部分,形式十分规整,条理也比较清晰。当然,两者虽然内容大致相似,但是论述的角度毕竟不同:《精神现象学》类似绝对精神的"史前史",描述的是尚未成为绝对精神的绝对精神在人类精神中的生成史,而"精神哲学"则是我们在认识了绝对精神之后,回过头来由此出发所建立的哲学体系的一个部分。

"精神哲学"是黑格尔哲学全书体系中的最高阶段。如果说绝对理念在"逻辑学"中是潜在的,在"自然哲学"中是异在的,那么可以说它在"精神哲学"中则是现实的。因而"精神哲学"中所讨论的精神的发展过程既是人类精神认识绝对的过程,也是绝对成为绝对精神的过程,这两者是同一个过程。正是通过人类精神等于绝对的认识过程,绝对达到了自我认识从而成为了真正的现实。

"精神哲学"划分为三个阶段:"主观精神"、"客观精神"和"绝对精神"。当精神还只是处在它的尚未展开的概念中,还没有使它的概念成为有客观性的东西的时候,精神就是"主观精神",也就是个体精神。"主观精神"分为"灵魂"、"意识"和"自我规定着的精神"三个环节,分别是"人类学"、"精神现象学"和"心理学"的研究对象,其结果是"自由意志"的形成。"客观精神"以自由意志为前提,它是个人之内在精神的外部表现,也就是现实的人类精神所创造的社会、国家、政治法律制度、风俗习惯和伦理道德等等的世界,所以它讨论的是普遍的精神。"客观精神"的三个发展阶段是"抽象法"、"道德"和"伦理"。精神在"抽象法"阶段表现为抽象的自由,自由意志尚处在外在化、客观化的阶段;"道德"所体现的是主观的自由,内在的良心;而"伦理"所体现的则是自由的充分实现,达到了内部与外部、主体与客体之间的统一。这一部分主要体现了黑格尔的法哲学和历史哲学的思想。

在某种意义上说,黑格尔可以看做是历史哲学创始人之一,而且许多人了解黑格尔都是从他的历史哲学开始的。从"实体即主体"的原则出发,黑格尔主张理性统治世界。这个理性虽然指的是"宇宙理性",但它的具体化现实化则必须通过人类精神。世界历史是一个合理性实现自身而成为现实性的过程,也就是自由成为现实的过程,因为自由乃是精神的本性。因此黑格尔说:"世界历史无非是'自由'意识的进展",整个世界的最后的目的就是精神对其自身的自由的意识,亦即自由的现实。[29]然而,自由毕竟只是内在的观念或原则,就其本身而言还不是真正的现实。所以内在的观念必须通过外在的手段加以实现,而驱使人们行动的原动力就是人们的需要、本能、兴趣和热情。于是黑格尔提出了著名的"理性的狡计"的理论:就个人的行动而言,需要等等是他的直接动力,而观念和原则则是间接的动力。换言之,精神、观念和原则是通过利益、需要和热情来决定人的行动的。表面看来,每个人都是为自己的需要而行动的,而实际上他们的行动所实现的乃是理性自身的原则。显然,黑格尔看到了在个人行动背后的历史动因,以唯心主义的方式表达了历史规律的决定作用,但是他的历史哲学看似提高了个人在历史中的作用,但实际上将个人的行动完全看做了理性实现自身的工具和手段。这种强调过分整体性、普遍性原则的思想在现代哲学中尤其受到了人们的批评。

"精神哲学"的第三部分也是它的最高阶段是"绝对精神"。"绝对精神"经过了"艺术"、"宗教"和"哲学"三个阶段。在黑格尔看来,艺术、宗教和哲学都达到了无限性的境界,它们都以"绝对精神"作为认识的对象,所不同的是它们把握"绝对"的方式。"艺术"在直接性中把握"绝对",它以感性形象化的方式把真理呈现于意识,因而是对绝对精神的具体的直观。"宗教"以表象的方式把握真理,它通过人对上帝的认识而呈现"绝对"。至于"哲学"则是"艺术"与"宗教"的统一,它以概念的方式把握真理,其形式是绝对精神的自由思想,从而真正使绝对精神成为了绝对精神。

《哲学全书》虽然是黑格尔哲学思想最成熟时期的作品,但是它毕竟只是供教学使用的纲要,还有待他去展开和发挥。虽然体系的框架有了,但是黑格尔在世之时并没有以哲学著作的形式全面详尽地阐发他的哲学体系,我们不知道如果他写作了这样的哲学著作,其内容和细节会有怎样的改变,因为即使是教学纲要,《哲学全书》亦始终处于变化之中。譬如哲学体系的开端问题。哲学究竟应该以什么作为开端?黑格尔对这个问题非常重视。一般说来,黑格尔不同的哲学著作有不同的开端:《精神现象学》讨论人类精神的认识活动,它从最初的最基本的"感性确定性"开始;《逻辑学》讨论的是纯思想规定亦即范畴,作为形而上学,它以"存在"为其开端;那么整个哲学体系呢?在黑格尔看来,哲学不像一般科学那样总有其假定的前提,它是一个自己证明自己、自己创造自己的对象、自己返回自己的"圆圈",因而哲学没有一般科学意义上的起点。

通常我们把黑格尔哲学体系的顺序理解为"逻辑学"、"自然哲学"和"精神哲学",实际上在黑格尔看来,他的哲学体系不仅仅有这一种排列方式,作为自我运动的"圆圈",哲学可以从任何地方开始。在《哲学全书》的结尾之处(第 575、576、577 节),黑格尔分别以逻辑、自然和精神为"中项"提出了三个推论:

第一个推论:逻辑理念——自然——精神。自然作为逻辑理念与精神的"中项"展开于这两个极端之间,它是直接性的存在,在时间上在先的东西;

第二个推论:自然——精神——逻辑理念。精神作为自然与逻辑理念的"中项",是自然的预定目标,因而是先于自然的,它能够在自然中认识到逻辑理念,从而使自然得到提升而返回自己的本质;

第三个推论:精神——逻辑理念——自然。逻辑理念作为精神与自然的"中项",乃是这两者的绝对实体,它把自己区分为自然与精神,将它们规定为自己的显现。因而逻辑理念在逻辑上是真正在先的。

究竟应该怎样理解这三个推论?迄今尚未有定论。

最后,我们来讨论黑格尔的辩证法。

# 五　辩证法

黑格尔的名字是与辩证法联系在一起的。

　　黑格尔的辩证法是其哲学的一大特色,我们可以说辩证法既是黑格尔
对哲学的伟大贡献,同时也是受到人们批评最多的地方。有人把他的辩证
法推崇到了极致,视之为包治百病的灵丹妙药,也有人把他的辩证法贬低得
一无是处,看做是哲学癔症的胡说八道。实际上无论褒贬,都有可能是基于
对它的误解。譬如我们现在专门讨论黑格尔的辩证法,黑格尔本人肯定会
不以为然。因为他的辩证法与他的哲学体系是密不可分、融为一体的,我们
实际上既不可能脱离辩证法来讨论黑格尔的哲学体系,也不可能脱离他的
哲学体系来讨论他的辩证法。这就给我们出了一个难题:理解黑格尔的哲
学首先应当理解他的辩证法,而理解黑格尔的辩证法又必须把握他的整个
哲学。这真有点儿像后来海德格尔和伽达默尔所说的"解释学的循环"。然
而,我们实在无法通过叙述黑格尔的整个哲学体系来阐述他的辩证法思想,
如果那样的话就用不着我们多此一举了,因为直接阅读黑格尔是最好的办
法。所以为了叙述的方便起见,我们也只好专门来谈谈辩证法了。

　　哲学问题在某种程度上也就是方法问题。由于哲学要求超越有限具体
的事物而把握事物普遍的本质,所以在哲学诞生之初就存在着方法问题。
哲学的对象不同于科学,它是某种普遍的、无限的东西,当我们要求通过认
识来获得对它的知识的时候,这就意味着任何把握这样的对象的方法都不
可避免地带有有限性的特点——因为认识所通达的知识归根结底是确定性
的,然而只要知识是确定性的,它就不可能是无限的。所以从希腊哲学开
始,哲学就始终面临着有限的方法与无限的对象之间的矛盾。为了解决这
个矛盾,哲学家们苦心孤诣地力图找到能够把握无限的对象的新方法,而哲
学往往就在方法的变革之中发生着深刻的变化。

　　黑格尔登上哲学舞台的时候,正是近代哲学在方法问题上陷入了困境
之时。在他看来,近代哲学的困境源于其思维方式的片面性。在《精神现象
学》的序言中,黑格尔分析对比了古代人的思维方式与近代人的思维方式之
间的差别。

　　古代人的思维方式的特点是朴素性和直观性。当人类精神开始认识活
动之时,它还没有现成的抽象观念可以利用。对古代人来说,首要的问题是
如何从感性经验中抽象出普遍的共相。不知费了多大的功夫,经过了多长
时间的艰苦思考和探索,他们才形成了抽象的概念。"古代人的研究是真正
的自然意识的教养和形成。古代的研究者通过对他的生活的每一细节都作
详尽的考察,对呈现于其面前的一切事物都作哲学的思考,才给自己创造出
了一种渗透于事物之中的普遍性。但现代人则不同,他能够找到现成的抽

象形式;他掌握和吸取这种形式,可以说只是不假中介地将内在的东西外化出来并隔离地将普遍的东西(共相)制造出来,而不是从具体事物中和现实存在的形形色色之中把内在和普遍的东西产生出来。"[30]黑格尔称这种固执于思维规定之差别的思维方式为"知性思维"。第一个揭示知性思维的局限性的是康德,他通过对理性的批判指出了以知性范畴为基本形式的科学思维方式的局限性,认为这种思维方式只能运用于现象而不可能把握事物自身,并且通过理性的辩证法证明了这一点。康德的本义是通过揭示思维的辩证性来说明形而上学是不可能成为科学的,然而黑格尔却从康德的消极辩证法中看到了使哲学成为科学的一线曙光。在他看来,思维的辩证性为我们扬弃固定的概念,打破它们之间的界限,重新再现事物的整体生命提供了可能性。因此,现在的工作就在于扬弃那些固定的思想,从而使普遍的东西成为现实的有生气的东西。然而我们必须认识到,要想使固定的思想取得流动性比将感性存在变成流动的要困难得多,惟一的途径是辩证的思维:扬弃固定的思维形式,使它们流动起来,克服自身的片面性,再现事物之活生生的生命。

黑格尔将辩证法称为真正的科学方法。近代哲学在近代自然科学所取得的伟大成果的鼓舞下,试图将科学的方法应用于哲学,使哲学成为科学。然而黑格尔则认为,科学其实并不是真正的科学,因为任何一种科学总是从某些不证自明的前提出发的,所以它们都有着这样或那样的局限性。哲学就不同了。由于哲学所研究的乃是最高的对象,因而哲学是没有前提和条件的,它是自己证明自己、自己完成自己的。就此而论,惟有哲学才是真正的科学,而哲学自己证明自己的方法或真正的科学方法就是辩证法。

一般说来,辩证法是希腊哲学的产物。当黑格尔试图克服近代哲学的局限性,站在近代哲学的主体性原则的基础上恢复古代哲学的客观性立场的时候,古代哲学朴素天然的辩证性思想为他提供了扬弃近代哲学之"知性思维"的极其有效的可能方式。黑格尔曾经将赫拉克利特、芝诺和苏格拉底等人称做辩证法的创始人,虽然他们的思想很少共同之处,但是无论是赫拉克利特的自然辩证法、芝诺的概念辩证法,还是苏格拉底探索事物"是什么"的对话方法,都对黑格尔的辩证法思想的形成产生了深刻的影响。当然,最直接的影响是康德的消极的理性辩证法和费希特与谢林对康德辩证法的积极的改造。

辩证法(Dialektik)这个概念源于希腊文,原义是"对话"。在某种意义上说,黑格尔的辩证法乃是将苏格拉底通过两个人对话而追问事物的本质的方式进一步深化为思想自己与自己的"对话",因而它是一种概念辩证法。不过在黑格尔看来,思想不仅是我们的思想,而且是事物本身的本质规定,所以思想从根本上说乃是"客观思想"。于是,当黑格尔将思想看做是宇宙万物共同的根据和基础的时候,他的辩证法就不仅仅是一种认识的"方法",也不仅仅是建构哲学体系的方式,而是世间一切事物共同的运动方式或客观规律。换言之,辩证法与本体论是同一的。

由此可见,将黑格尔的辩证法单独拿出来进行描述不仅是十分困难的,而且也肯定不会得到黑格尔本人的认可,因为他的辩证法与他的哲学体系是不可分割的。然而如果不能对黑格尔的辩证法有所了解就贸然进入他的哲学体系,我们就很可能陷入其庞大繁杂的体系之中而难以自拔。所以我们只好从原则上对黑格尔的辩证法作一些简单的描述,只不过时时要提醒自己这在某种程度上说是"不合法的"。

在黑格尔看来,真正的科学方法亦即辩证法的本性,"一方面是方法与内容不分,另一方面是由它自己来规定自己的节奏"[31],这两个方面可以看做是其辩证法的基本特征。如前所述,黑格尔认为辩证法不仅仅是方法,而且是事物自身的客观法则。因而真正科学的方法并不是像唯理论所推崇的数学方法或康德的先验认识形式那样外在于内容,方法不是外在的形式或我们认识事物的某种方式,而是事物内在的生命、灵魂和运动方式。正因为如此,黑格尔认为一般的科学并不是严格意义上的科学,惟有能够自己说明自己的哲学才真正是科学。所以黑格尔说,科学方法"正是内容本身,正是内容**在自身所具有的**、推动内容前进的**辩证法**"[32],"方法不是外在的形式,而是内容的灵魂和概念"[33]。所以,我们的任务并不是去发现一种用来说明事物的方法,而是去发现事物自己运动的内在方式,也就是让事物自己展示自己内在的运动规律。要想做到这一点,关键就在于对否定性的辩证的理解。马克思曾经将黑格尔《精神现象学》的伟大成就概括为"作为推动原则和创造原则的否定的辩证法"。[34]的确,在对待否定性的态度上,黑格尔区别于任何一位近代哲学家,其辩证法的核心就是对于否定性的辩证的理解。

近代哲学通常是站在主体与客体之间差别的基础上来谋求两者的统一的,由于知性思维的限制,它在要求获得具有确定性的科学知识的同时对否定性的东西、有差别的东西或矛盾采取了排斥的态度,这就使它在将事物分解为各个部分和方面的同时,难以保持住事物的活生生的生命和内在的统一性。在黑格尔看来,事物本身是一个结合了诸多有差别的属性在自身之内的统一体,这种差别既不是仅仅存在于我们的认识之中的主观差别,也不是事物之外在的差别,而是"内在的差别":"在一个作为内在差别的差别里,那对立的一面并不仅仅是**两个之中的一个**——如果那样,那差别就不是一个对立的东西,而是一个**存在着**的东西了——而乃是对立面的一个对立面,换句话说,那对方是直接地存在于它自身之内"。[35] 所以,事物之中的差别是"对立面的统一"。

从知性思维的立场看,事物之中包含着差别意味着事物自身的瓦解,因而差别和否定性乃是死亡的因素。然而黑格尔则认为,否定性不仅不是死亡的因素,而且是真正的生命的力量和原则。因为正是否定性构成了推动事物运动发展的内在动力。事物之中存在着差别,所以事物之中包含着否定性的因素。在通常观点看来,差别就是否定,就是事物与其自身的不同一,所以是不真的。如果我们不能消解这些差别,事物自身就会消解为虚无。但是,与这种将否定仅仅看做是否定的观念不同,黑格尔认为"否定的东西也同样是肯定的",或者说,自相矛盾的东西并不消解为抽象的虚无,而是消解为它的特殊内容的否定,而这样的否定并不是全盘否定,而是自行消解的"被规定的事情的否定",因而是"规定了的否定"。这就是说,否定从来不是抽象的否定,而总是具体的特殊的否定,所以否定的结果也总是有内容的或有规定性的。因此,否定的结果其实是从否定之中而产生的有内容的东西,由于它在否定了先前内容的同时亦将其内容以新的形式包含于自身之内,这就使事物发展为更高更新更丰富的阶段。[36] 黑格尔将这种辩证的否定称为"扬弃"。

在德文中,"扬弃(aufheben)"这个概念本身就富于辩证性:"它既意谓保存、保持,又意谓停止、终结"[37]。因此我们可以说,扬弃或辩证的否定包含着三个环节:一是否定,二是在否定中对有价值的东西的保留,三是向更高的阶段的过渡。列宁十分恰当地把它概括为"联系的环节"和"发展的环节"。的确,通过"规定了的否定"——扬弃,前一阶段中有价值东西保留了下来,外在的形式被克服了并且发展为新的阶段,于是这种辩证的否定就使两个阶段"联系"起来,从而使事物成为一个"发展"的过程。

因此,"辩证的否定"乃是黑格尔辩证法的核心。熟悉黑格尔哲学的人都知道,在他的哲学体系中,前一阶段中的差别和矛盾的运动产生了后一阶段,在后的阶段是在先阶段矛盾运动的必然结果,亦是对在先阶段的继承和发展,因而前一阶段中的合理因素就保留在后一阶段之中,成为它的构成因素或环节。于是,整个事物过程就成了一个相互联系的、发展着的、具有内在必然性的有机整体。由于"实体即主体",在实体中就包含着纯粹的否定性,它自己否定自己,将自身树立为自己的对立面,然后扬弃自身,恢复自身的同一性,由此而成为现实。这样一个过程就是绝对的自我运动、自我完成、自己实现自己、自己成为自己的过程。所以,绝对精神乃是由于其自身内在的矛盾而自我运动的,在它的发展过程中,每一个阶段,每一个环节都是有限的、暂时的和有缺陷的,然而它们之间的相互扬弃以及继承和发展,又使它们构成了整体的必要环节。在《精神现象学》中,黑格尔形象地把绝对精神的自我运动比喻为"酒神的宴席":所有人都加入了欢庆酒神节的宴席之中,每个人都在这场豪饮之中一醉方休,但是这场宴席却不会因为我或者你的醉倒而告终结,而且也正是因为我或者你以及我们大家的醉倒而成其为酒神的宴席。我们都是这场豪饮不可缺少的环节,而这场宴席本身则是永恒的。

所以在黑格尔看来,真理是全体,哲学是一个"圆圈"。

黑格尔辩证法的独特之处就在于他把宇宙万物看做是一个由于其内在矛盾而自我运动的过程,从而把真理理解为过程、结果和全体,理解为一个自己完成自己的"圆圈"。以往的形而上学总是企图在最初的、原始的开端中寻求真理,并且在不同程度上将它看做是独立于我们之外的现成的存在。黑格尔则把绝对精神看做是一个自我生成自我发展的过程。在这个过程中,越是在后的阶段或环节越具有现实性和真理性,黑格尔称它们是在先的东西的"真理"或"本质",因为它们是前此阶段或环节"扬弃"自身的结果,因而克服了自身的缺陷并且保留了合理的因素,而最后的结果就是一个把前此一切阶段和环节都包容于自身之内的整体之大全。所以,黑格尔把这个过程看做是"前进—回溯"的辩证运动:"前进就是**回溯**到**根据**,回溯到**原始的**和**真正的**东西;被用作开端的东西就依靠这种根据,并且实际上将是由根据产生的",因而"离开端而**前进**,应当看做只不过是开端的进一步规定,所以开端的东西仍然是一切后继者的基础,并不因后继者而消灭",于是哲学之整体就是一个圆圈,在它之中,开端与终结、起点与终点乃是目的与目的的实现这样一个自我完成自我实现的关系。[38]

黑格尔的辩证法以"三一式"为其形式,这就是我们通常所说的正题、反题与合题。一般说来,正题是肯定的环节,它表明矛盾此时还处于潜在的阶段,黑格尔也称之为"自在的"阶段;反题是否定的环节,此时矛盾的双方得到了展开,黑格尔称之为"自为的"阶段;合题则是"否定之否定"的环节,它是正题与反题的对立统一,黑格尔称之为"自在而自为的"阶段。黑格尔的哲学体系就是由许许多多这样的正题、反题与合题的"圆圈"所组成的一个巨大的"圆圈"。有时人们把黑格尔的这种"三一式"就称为辩证法,实际上并不十分恰当,因为它毕竟只是某种形式。虽然黑格尔自己往往为了体系的缘故过于注重形式而使其哲学的内容经常有牵强附会之嫌,但是仅仅把他的辩证法理解为"三一式"毕竟只是抓住了辩证法的皮毛而没有理解它的精髓。

总之,哲学与一般的科学不同,它没有任何假设的前提,因而避免了独断论的嫌疑,或者说,它自己是自己的前提,这个前提经过自身的发展而得到了自身的证明,所以只有哲学才称得上是真正的科学。

黑格尔对否定性的辩证理解是人类思想史上最为大胆的思考之一。差别、对立和矛盾问题自哲学产生以来就是人们十分关注的难题,对此希腊哲学提出了极其深刻的辩证思想,但是由于它的朴素性和直观性,使得这些深刻的思想没有得到全面深入的阐发。由于近代哲学家们固执于科学思维方式的知性思维,因而无论他们怎样追求客观性的科学知识都最终因为主体与客体之差别的二元认识论结构而无法将有差别的东西结合统一在一起。在这个问题上,黑格尔的确与众不同。在他看来,在自然万物之中,否定性是死亡的力量,任何事物都将由于它而自我瓦解,失去自身的存在,但是精神的生活却是敢于承当死亡并在死亡中得以自存的生活,而且只有当它在支离破碎的瓦解之中保持其自身时它才是真正的存在。"精神在否定的东西那里停留,这是一种魔力,这种魔力就把否定的东西转化为存在。"[39]实际上精神自身就是否定性,它否定自己而变成了对象,在对象中仍然保持着自身的同一,从而使它能够扬弃对象成为真正现实的自己。未经否定的精神只是潜在的精神,不敢面对否定的精神还不是真正的精神,惟有投身于否定仍然保持着自身的同一性并且扬弃了否定的精神才是真正现实的精神。显然,黑格尔在此以形而上学的思辨语言阐发了主体的能动性。

毫无疑问,黑格尔是有史以来最伟大的形而上学家,他一方面使自亚里士多德以来哲学家们所怀抱的让哲学成为科学的理想最终得以实现,另一方面亦使形而上学这一古典哲学曾经走了两千多年的哲学之路终于走到了尽头。正所谓"夕阳无限好,只是近黄昏",形而上学在黑格尔那里就好像是一个人临终之前的回光返照,它的生命在黑格尔哲学中达到了最辉煌的时刻,但却是最后的辉煌。我们可以说黑格尔既是最好的形而上学家,也是最坏的形而上学家:他是最好的形而上学家,因为没有哪个哲学家能够像他那样建立起如此恢弘如此庞大乃至如此"合理"如此严密的形而上学体系;然而由于传统形而上学这条路最终被证明是根本不可能的,所以这位最好的形而上学家当然也就是最坏的形而上学家。总而言之,黑格尔哲学标志着形而上学的完成,同时亦标志着形而上学的终结。黑格尔之后,尤其是20世纪西方哲学彻底扭转了哲学的方向,当人们为古典哲学和形而上学举行临终告别仪式的时候,黑格尔哲学理所当然地被摆上了祭坛,遭到了极其猛烈的批判。显然,无论从哪个角度讲,黑格尔都是"罪有应得"。

那么,黑格尔哲学究竟在什么地方如此地引人反感呢?

首先是黑格尔哲学的理性主义与唯心主义。在古典哲学中,理性主义往往也就是唯心主义,因为它的根据和基本原则建立在宇宙的合理性之上,这个原则用黑格尔的话说就是"理性统治世界"。在当代哲学看来,黑格尔企图穷绝对真理实在是狂妄自大,而他将宇宙自然的本质或实体看做精神或理性更是没有根据。唯心主义者如黑格尔一方面认为我们能够认识事物的本质,另一方面又据此而主张事物的本质即是共相因而也就是概念、理性或精神,这不过是一种循环论证。因此,无论黑格尔哲学看上去多么精致,无论它体现了怎样美好的理想,归根结底是建立在虚幻的基础之上的。由于当代哲学一般地排斥形而上学的研究对象,放弃了理性统治世界这种乐观的理性主义立场,因而黑格尔哲学即使不被看做是美丽的谎言,最好的结果也就是某种美丽的梦幻而已。

其次是黑格尔哲学的普遍主义和整体主义。其实这并不是黑格尔所独具的特色,形而上学作为形而上学通常都有这种特性,因为它以宇宙之统一的本质或根据作为研究的对象,只不过黑格尔哲学表现得最典型而已。对于当代哲学来说,最使之无非忍受的就是黑格尔把人类精神看做是绝对精神实现自己的手段,把个人看做是世界历史进程的工具,以至于人们甚至视黑格尔哲学为国家主义、纳粹主义的理论根据。20世纪的哲学家们大多坚持个人的不可通约性,所以他们不仅放弃了古典哲学乐观的理性主义,而且对那种以普遍抽象的人性来规定个人的观念,尤其是黑格尔将个人淹没在绝对之汪洋大海之中的理论学说深恶痛绝。

最后就是黑格尔哲学晦涩思辨的辩证法。据说黑格尔生前就曾抱怨说人们甚至包括他自己的学生不理解他的思想,情况确实如此。哲学家们的思想一向被人们认为是晦涩难懂的,而黑格尔的思想与它们比起来恐怕还要加一个"最"字,以至于许多哲学家都指责他故意将简单的东西弄得繁杂化了,认为黑格尔是在故弄玄虚。虽然黑格尔关于联系和发展的观点,关于事物自身的矛盾运动的思想已经成了人们的认识活动自觉或不自觉的基本观念,但是他那种将所有一切事物牵强附会地统统纳入严格规整的辩证法的做法确实是无法为人们所接受的。在人们看来,黑格尔不是从事物本身出发,而是从自己的思辨方法出发来说明和解释事物的,因而他所谓的科学不过是一种伪科学。

人们对黑格尔哲学的批判还有很多,在这里就不再一一列举了。这些批评和指责有些确实击中了黑格尔的要害,但是也有一些是源于对他的误解,而且即使这些批评都是正确的,我们也不应该因此而彻底否定黑格尔哲学在哲学史上的贡献和意义。无论如何,批判黑格尔的前提是了解黑格尔,否则任何批判都将是没有意义的,然而许多人在批判黑格尔的时候却并不了解黑格尔。实际上,黑格尔哲学是充当了形而上学的"替罪羊"。

在某种意义上说,黑格尔哲学究竟有意义还是没有意义,主要取决于人们对形而上学的态度。从黑格尔去世至今已经一百多年了,人们批判形而上学批了一百多年,批判黑格尔也批了一百多年,现在人们仍然在批判形而上学,也仍然在批判黑格尔,这种现象值得我们深思。显然,传统形而上学的确是错误的,但是这并不意味着形而上学本身没有意义,并不意味着人类理性产生形而上学的理想不值得我们思考并且予以满足。应该说,形而上学的产生是因为人类理性对于"终极关怀"的需要,如果我们不想把它完全交付给宗教信仰,如果我们不想彻底放弃这一至高无上的理想,那么可以说,形而上学还是有其意义的,因而黑格尔哲学亦同样有其意义。

黑格尔哲学是人类思想史上的一笔极其宝贵的遗产,他对哲学的贡献是十分丰富的,也是多方面的。无论我们对形而上学采取怎样的态度,都不应该因为黑格尔是最大的形而上学家就彻底否定他在哲学史上的地位和意义,更何况批判黑格尔的前提条件是真正理解黑格尔。借用黑格尔的一个术语,我们对待黑格尔哲学应该采取"扬弃"的方式。显而易见,黑格尔哲学至今尚未被我们所"扬弃",因而"扬弃"黑格尔哲学而不是彻底否定黑格尔哲学,仍然是摆在我们面前的一项艰巨的工作。

我们以黑格尔哲学作为《西方哲学十五讲》的结束,是顺理成章的,因为黑格尔哲学标志着形而上学的终结,标志着古典哲学的终结。黑格尔之后,西方哲学经过短暂的迷惘时期,开始重新定位,重新寻找方向,那不在我们讨论的范围,属于《现代西方哲学十五讲》的内容。

**参考书目**

1. 黑格尔：《历史哲学》，三联书店，1956 年。

2. 沃·考夫曼：《黑格尔——一种新解说》，北京大学出版社，1989 年。

3. W.T. 司退斯：《黑格尔哲学》，中国社会科学出版社，1989 年。

4. 张世英：《自我实现的历程：解读黑格尔的〈精神现象学〉》，山东人民出版社，2001 年。

5. 邓晓芒：《思辨的张力——黑格尔辩证法新探》，湖南教育出版社，1992 年。

## 注　释

〔1〕　《黑格尔通信百封》，苗力田译，第 130 页，上海人民出版社，1981 年。

〔2〕　《黑格尔通信百封》，第 202 页。

〔3〕　参见伽达默尔：《科学时代的理性》，第 25 页，国际文化出版公司，1988 年。

〔4〕　转引自阿尔森·古留加：《黑格尔小传》，第 3 页，商务印书馆，1980 年。

〔5〕　黑格尔：《法哲学原理》，第 12 页，商务印书馆，1982 年。

〔6〕　马克思：《1844 年经济学—哲学手稿》，第 112 页，人民出版社，1979 年。

〔7〕　参见伽达默尔：《科学时代的理性》，第 19 页。

〔8〕　《黑格尔通信百封》，第 40、41 页。

〔9〕　《黑格尔通信百封》，第 43、38 页。

〔10〕　黑格尔：《小逻辑》，第 118 页，商务印书馆，1980 年。

〔11〕　黑格尔：《精神现象学》，上卷，第 10 页，商务印书馆，1979 年。

〔12〕　亚里士多德：《范畴篇》，2a13。《亚里士多德全集》，第一卷，第 6 页，中国人民大学出版社，1990 年。

〔13〕　黑格尔：《小逻辑》，第 81 页。

〔14〕　黑格尔：《小逻辑》，第 43 页。

〔15〕　黑格尔：《法哲学原理》，第 11 页；《小逻辑》，第 43 页。

〔16〕　转引自沃·考夫曼：《黑格尔——一种新解释》，第 169 页，北京大学出版社，1989 年。

〔17〕　黑格尔：《逻辑学》，上卷，第 1、2 页。

〔18〕　黑格尔：《逻辑学》，上卷，第 42 页。

〔19〕　黑格尔：《逻辑学》，上卷，第 42 页。

〔20〕　黑格尔：《逻辑学》，上卷，第 31 页。

〔21〕　黑格尔：《逻辑学》，上卷，第 7—8 页。

〔22〕　转引自沃·考夫曼：《黑格尔——一种新解说》，第 221 页。

〔23〕　黑格尔：《小逻辑》，第 1 页。

〔24〕　黑格尔：《小逻辑》，第 427 页。

〔25〕　黑格尔：《自然哲学》，第 21 页，商务印书馆，1986 年。

〔26〕 黑格尔:《自然哲学》,第 20 页。

〔27〕 黑格尔:《自然哲学》,第 617 页。

〔28〕 黑格尔:《小逻辑》,第 212—213 页。

〔29〕 黑格尔:《历史哲学》,第 57、58 页,商务印书馆,1956 年。

〔30〕 黑格尔:《精神现象学》,上卷,第 22 页。

〔31〕 黑格尔:《精神现象学》,上卷,第 39 页。

〔32〕 黑格尔:《逻辑学》,上卷,第 37 页。

〔33〕 黑格尔:《小逻辑》,第 432 页。

〔34〕 马克思:《1844 年经济学—哲学手稿》,第 116 页。

〔35〕 黑格尔:《精神现象学》,上卷,第 109 页。

〔36〕 黑格尔:《逻辑学》,上卷,第 36 页。

〔37〕 黑格尔:《逻辑学》,上卷,第 98 页。

〔38〕 黑格尔:《逻辑学》,上卷,第 55—56 页。

〔39〕 黑格尔:《精神现象学》,上卷,第 21 页。

# 后 记

　　首先我要感谢北京大学哲学系系主任赵敦华教授和北京大学中文系系主任,本系列教材的执行主编温儒敏教授。赵敦华教授推荐我参加这套教材中《西方哲学十五讲》的编写,使我感到非常荣幸。温先生则始终关心这部教材的编写,如果不是在他的督促下,也许这部教材还会拖一段时间,所以在表示感谢的同时,也表示歉意。

　　几年来,我陆续主编过几部与西方哲学有关的教材:《西方哲学问题研究》(张志伟、冯俊、李秋零和欧阳谦合著,中国人民大学出版社 1999 年出版,教育部推荐研究生教材)、《西方哲学智慧》(张志伟、欧阳谦主编,中国人民大学出版社 2000 年出版,人文素质课程教材)和《西方哲学史》(张志伟主编,中国人民大学出版社 2002 年出版,"九五"国家教委重点教材),感觉在这部《西方哲学十五讲》上花的心思要多一些。

　　原因有二。

　　一是在主编了上述教材之后,新编一部通识课的教材,若想突破自己的思维定式而有所创新是很难的,不重复就不错了。本教材使用了我主编过的教材的某些内容或资料,未能一一注明,在此向中国人民大学出版社和作者们表示歉意和感谢。

　　二是这部通识课的教材面向的对象是非哲学专业的本科生,不能也不应该像专业课的教材那样太过专业化。故而这套系列教材的主编温儒敏先生一再嘱咐我要通俗易懂生动活泼,尽量保持讲课的风格和语言。我当然谨遵教诲,尽量满足这个要求。另外,在列参考书目的时候,也考虑到了这一点,所以列出的书目都是能够找得到的中文哲学原著、译著和参考书,没有列出相关的外文原著和参考书。

　　其实我也一向认为,哲学理论无论多么晦涩艰深,都应该是能够说清楚的。如果说不清楚,或者读者读不懂,那不是读者的问题,而是作者的问题,他没有把话说清楚。

我当然希望我把话说清楚了。

因此，在这部教材上想不多花些时间都不行。加之杂务缠身，很少有完整的时间，所以一拖再拖，现在终于可以交稿，总算松了一口气。由于时间的关系，本书中第十讲、第十一讲和第十二讲，由中国协和医科大学社科系的马丽副教授所写，由我统稿，特此说明。

最后，我还要向本书的责任编辑表示由衷的感谢，由于他一丝不苟的工作，使本书避免了许多文字上的错误。

张志伟

2003 年 10 月 20 日

**后 记**

# 《名家通识讲座书系》第一批
## 选目(52种)

*《西方哲学十五讲》 中国人民大学哲学系 张志伟

*《现代西方哲学十五讲》 复旦大学哲学系 张汝伦

*《哲学修养十五讲》 吉林大学哲学系 孙正聿

*《美学十五讲》 东南大学艺术系 凌继尧

*《宗教学基础十五讲》 清华大学哲学系 王晓朝

*《生物伦理十五讲》 北京大学生命科学学院 高崇明 张爱琴

　《艺术哲学十五讲》 北京大学比较文学所 刘　东

　《文化哲学十五讲》 黑龙江大学 衣俊卿

　《科技哲学十五讲》 南京大学哲学系 林德宏


*《政治学十五讲》 北京大学政府管理学院 燕继荣

*《口才训练十五讲》 清华大学政治学系 孙海燕

　《社会学理论方法十五讲》 北京大学社会学系 王思斌

　《公共管理十五讲》 北京大学政府管理学院 赵成根

　《西方经济学十五讲》 中国人民大学经济学院 方福前

　《比较教育十五讲》 北京师范大学教育系 王英杰


*《道教文化十五讲》 厦门大学宗教所 詹石窗

*《周易哲学与易文化十五讲》 清华大学思想文化所 廖名春

*《美国文化与社会十五讲》 北京大学国际关系学院 袁　明

　《佛教文化十五讲》 中国佛教文化研究所 何　云

　《中国文化史十五讲》 北京大学古籍研究中心 安平秋 杨忠 刘玉才

　《儒家文化十五讲》 中国社会科学院哲学所 郑家栋

　《文化研究基础十五讲》 北京大学比较文学所 戴锦华

　《企业文化学十五讲》 武汉大学政治与行政学院 钟青林

　《现代性与后现代性十五讲》 厦门大学哲学系 陈嘉明

　《日本文化十五讲》 北京大学中文系 严绍璗

\*《汉语和汉语研究十五讲》 北京大学中文系 陆俭明 沈 阳

《语言学常识十五讲》 北京大学中文系 沈 阳


\*《唐诗宋词十五讲》 北京大学中文系 葛晓音

\*《中国文学十五讲》 北京大学中文系 周先慎

\*《中国现当代文学名篇十五讲》 复旦大学中文系 陈思和

\*《西方文学十五讲》 清华大学中文系 徐葆耕

\*《通俗文学十五讲》 苏州大学 范伯群 北京大学中文系 孔庆东

\*《鲁迅作品十五讲》 北京大学中文系 钱理群

《红楼梦十五讲》 文化部艺术研究院 刘梦溪 冯其庸 周汝昌等

《当代外国文学名著十五讲》 吉林大学文学院 傅景川


\*《西方美术史十五讲》 北京大学艺术系 丁 宁

\*《戏剧艺术十五讲》 南京大学文学院 董 健 马俊山

\*《音乐欣赏十五讲》 中国作家协会 肖复兴

《中国美术史十五讲》 中央美术学院 邵 彦

《影视艺术十五讲》 清华大学新闻传播学系 尹 鸿

《书法艺术十五讲》 北京大学中文系 王岳川


\*《中国历史十五讲》 清华大学 张岂之

\*《欧洲文明十五讲》 中国社会科学院欧洲研究所 陈乐民

《科学史十五讲》 上海交通大学文学院 江晓原

《清史十五讲》 中国人民大学清史研究所 张 研


\*《文科物理十五讲》 东南大学物理系 吴宗汉

《思维科学十五讲》 武汉大学哲学系 张掌然

《现代天文学十五讲》 北京大学物理学院 吴鑫基 温学诗

《青年心理健康十五讲》 清华大学教育研究所 樊富珉

《环境科学十五讲》 北京大学环境科学中心 张远航 邵 敏

《医学人文十五讲》 华夏出版社 王一方

《心理学十五讲》 西南师范大学心理系 黄希庭


(全套系列教材100种,其他48种选目正在策划运行中。其中,画 \* 者为已出)